闽江夏学院龙江学术著作出版基金资助出版

▶ 本书系国家社科基金项目"国家治理现代化中社会治理的社会协商机制研究"
（批准号 17CKS049）的最终成果

曾正滋 著

国家治理现代化中的社会协商治理研究

Research on Social Consultation Governance in the Modernization of National Governance

中央编译出版社
Central Compilation & Translation Press

图书在版编目（CIP）数据

国家治理现代化中的社会协商治理研究/曾正滋著. —北京：中央编译出版社，2023.5
ISBN 978-7-5117-4312-1

Ⅰ.①国… Ⅱ.①曾… Ⅲ.①社会管理-研究-中国 Ⅳ.①D63

中国版本图书馆 CIP 数据核字（2022）第 200594 号

国家治理现代化中的社会协商治理研究

责任编辑	李媛媛
责任印制	刘　慧
出版发行	中央编译出版社
地　　址	北京市海淀区北四环西路 69 号（100080）
电　　话	（010）55627391（总编室）　　　（010）55627310（编辑室）
	（010）55627320（发行部）　　　（010）55627377（新技术部）
经　　销	全国新华书店
印　　刷	北京印刷集团有限责任公司印刷一厂
开　　本	710 毫米×1000 毫米　1/16
字　　数	337 千字
印　　张	22.75
版　　次	2023 年 5 月第 1 版
印　　次	2023 年 5 月第 1 次印刷
定　　价	98.00 元

新浪微博:@中央编译出版社　　　微　信:中央编译出版社(ID: cctphome)
淘宝店铺:中央编译出版社直销店(http://shop108367160.taobao.com)　（010）55627331

本社常年法律顾问：北京市吴栾赵阎律师事务所律师　　闫军　梁勤
凡有印装质量问题，本社负责调换，电话：（010）55626985

序

党的十八届三中全会提出:"全面深化改革的总目标是完善和发展中国特色社会主义制度,推进国家治理体系和治理能力现代化。""国家治理体系和治理能力现代化"(简称"国家治理现代化"),从此成为我国政治话语体系的热词。它是我国继工业、农业、国防、科技"四个现代化"之后提出的第五个现代化,而且区别于前"四个现代化"都是物质层面的现代化,国家治理现代化是制度层面的现代化,标志着中国共产党人对中国式现代化的理解进展到更深刻的层次。国家治理现代化是中国式现代化的核心制度构件,是中国共产党人经过长期的实践探索与总结而来的重大理论创新。

党的十八届三中全会以来,在国家治理现代化的总体治理框架下,党领导人民进行了大量的社会治理创新实践,形成了"党委领导、政府负责、民主协商、社会协同、公众参与、法治保障、科技支撑"的社会治理体系,构建起共建共治共享的社会治理共同体。综观这些实践,社会协商是其共同的主导逻辑,社会治理与社会协商因此高度融合,逐渐演变出社会协商治理模式,成为我国社会治理的一大独有特征和制度优势,发挥出巨大的治理效能,有效助力实现了社会长期稳定的奇迹。

党的二十大鲜明指出:"全过程人民民主是社会主义民主政治的本质属性,是最广泛、最真实、最管用的民主。"自2019年11月2日,习近平总书记在上海考察长宁区虹桥街道古北市民中心时首次提出"全过程人民民主"重大概念以来,短短两年,全过程人民民主就载入党的最高会议文件并写入党章,充分彰显了中国共产党人不断增强的政治自觉与政治自信。2014年9月21日,在庆祝中国人民政治协商会议成立65周年大会上,习近平总书记就鲜明指出:"民主不是装饰品,不是用来做摆设的,而是要用来解决人民需要解决的问题的。"这高度肯定和重点强调了民主的治理功能,从根本上将全过程人民民主与社会协商治理内在地联结起来。

全过程人民民主与其说是一个新的概念和实践,勿宁说是中国共产党人对中国特色社会主义民主政治,尤其是新时代以来中国特色社会主义民主政治一系列新发展、新实践的新总结。社会协商治理是全过程人民民主在社会治理领域的具体体现与实现方式,是我国"民主选举、民主协商、民主决策、民主管理、民主监督""五位一体"民主治理体系中不可或缺的一环,是"民主协商"的核心治理方式,生动体现了全过程人民民主的全链条、全方位、全覆盖的鲜明特征。

本书作者自学术起步以来,一直从事公共治理、社会治理与社会组织方面的研究;2013年以来,聚焦于国家治理现代化中的社会治理研究,逐步探索凝练出社会协商治理的主导研究方向。作者已发表相关学术论文20余篇,主持教育部人文社会科学项目、福建省社科项目等相关项目多项,2016年入选"福建省高等学校杰出青年科研人才计划",2017年成功申报国家社科基金项目。作者经过近五年精心研究,完成写作本书,并顺利结项。可以说,本书是作者集近二十年研究心力与笔力,厚积薄发而成,基础厚实,逻辑一贯,写作纯熟。

在全过程人民民主的中国特色社会主义民主政治道路上,在国家治理现代化的总体治理框架下,社会协商治理具有显著的中国特色和中国气派,已经创造了社会长期稳定的奇迹,也将具有长期的治理生命力。既有的关于社会治理的研究多着眼于社会学和公共管理学的视角,关于社会协商的研究多着眼于政治学的视角,二者均不同程度上存在着过多关注相关研究能否"与国际接轨"的问题,而相对忽视了马克思主义中国化视角。本书遵循本土化的研究视角与思路,从马克思主义中国化的新视角,坚持习近平新时代中国特色社会主义思想的指导,将社会治理与社会协商关联起来进行研究。本书深入阐述了社会协商治理的马克思主义理论基础和中国特色社会主义的实践基础，全面解析了社会协商治理的内涵、特征、原则、要素、渠道，集中阐明了"嵌入式治理"的实现路径，结合典型案例分析了社区协商治理、乡村协商治理和社会组织协商治理的三大场域。因此，本书不失为社会协商治理领域的一本成功探索专著，对于构建社会协商治理的理论体系和指导社会协商治理实践，都具有显著的理论意义与实践意义。

是为序。

福建技术师范学院党委书记　赖海榕教授
2022 年 11 月 26 日

前　言

国家治理体系和治理能力现代化是中共十八届三中全会提出的全面深化改革的总目标之一，这是新中国成立以来，继工业、农业、国防和科技"四个现代化"之后，提出的第五个现代化。前面"四个现代化"均属于经济基础和技术层面的现代化，主要针对的是发展生产力，国家治理现代化是上层建筑和制度层面的现代化，主要针对的则是改革与完善生产关系。全面深化改革，就是要改革生产关系中束缚生产力发展的深层次体制问题，进一步解放广大人民生产的积极性和创造性，释放改革红利，赋予经济发展新动能。社会治理创新从属于国家治理现代化，是国家治理现代化的基础领域。社会协商治理是社会治理的主导逻辑和必由之路，它既能够有效维护社会秩序，又能够显著改善社会关系，有力激发社会活力，从而提升生产关系水平，促进经济社会长远可持续发展，是新时代全面深化改革和贯彻全过程人民民主在社会治理层面的理论指引与实践导向。

在当代政治学话语体系中，协商与民主紧密相连，而在西方语境中，民主理论又出现于协商理论之前，极易造成一种误解，即民主是协商的前提。同时，又极易让我们陷入西方话语陷阱，有意或无意地忽略了我国本土丰富的协商传统与现实实践。不可否认，协商民主作为一个当代政治理论，最早是西方政治学的理论成果，但是协商不仅具有民主的功能，首先具有的更是治理的功能。协商作为一种治理实践，则长期蕴藏在我国治理传统中。我国协商民主在中国共产党的政治协商实践中发扬光大，更发展出独具风格与优势的社会主义协商民主理论与话语体系。在新时代背景下，在中国特色社会主义的前提和基础上，党和国家把治理理论引入国家管理之中，就形成了国家治理；把协商民主引入国家治理之中，又形成了协商治理；把从属于社会主义协商民主的社会协商与从属于国家治理的社会治理相结合，最终形成了社会协商治理。社会协商治理正是社会协商与社会治理创新融合的结果，也是社会治理创新的主导逻辑和必由之路。社会协商治理是指在党委领导下，政府、社会组织、企事业单位以及公民个人等多元化治理主体，以民主协商、合作共治的方式，形成一系列共识，依法治理社会公共事务，实现公共利益最大化的过程。社会协商治理的要素包括目标、主体、客体、场域和渠道，社会协商治理的特征包括多元性、社会性、协商性和共治性，社会协商治理的原则包括坚持党的领导、坚持社会主义法治、坚持与基层群众自治制度相互嵌入、坚持全过程协商治理和坚持因地制宜。

在国家治理现代化的顶层设计下，当代我国学术与政治视野中的社会协商治理经历了由"术"而"道"的演变：透过对各种"治理术"的梳理、对比、验证、反思与批判，寻求中国特色社会主义理论体系中社会协商治理的"治理之道"。这种寻求过程，必须摆脱西方协商民主与治理理论的单向度影响，回归马克思主义经典理论。马克思主义在理论层面上就已经揭示了资本主义自由民主的虚伪，虽然马克思主义经典作家并没有具体描绘社会主义协商民主的蓝图，但他们关于马克思主义人学、政治哲学和民主理论的深刻阐发，都为社会主义民主政治植入了丰富的协商民主基因。马克思主义人学在价值层面阐释了从"个人自主活动"到人的自由而全面发展的必然逻辑和应然选择，确立了以人民为中心的价值立场，启示了我们社会协商治理是实现人的自由而全面发展的必经途径，社会协商治理必须始终坚持"以人民为中心"的价值准则。马克思主义政治哲学以确认"人的本质是一切社会关系的总和"为起点，深刻指明了国家应该以公共性为根本特性，而公有制正是确保国家公共性最坚实的经济基础，启示了我们国家治理应该以社会为本位，以人民的美好生活为追求。马克思主义民主理论从个人自主出发，主张社会自治，建构人民民主，启示了我们协商民主是个人普遍社会交往的产物，是符合人类社会政治发展规律的正确方向，同时，因为社会主义公有制的经济基础和中国共产党的坚强领导，社会主义协商民主具有了相比于西方协商民主丰富的理论内涵和鲜明的实践品格。

在马克思主义中国化的理论与实践历史中，无论是政治协商的概念，还是社会协商的概念，都是后来逐渐明确并提出来的，但是作为政治协商与社会协商核心的民主协商理念却是中国共产党自建党以来就固有的。中国共产党成立后，致力于实现个体的解放与独立，但是不可能走上西方国家个人至上、权力至上的道路，而必然是寻求个人与共同体的平衡，共和民主而非自由民主自然成为中国人民的最好选择。中国共产党人在长期的革命过程中，就创造性地将马克思主义民主真理与中国实践有机结合起来，开创了统一战线这个伟大的共和民主实践。在社会主义建设过程中，进一步发展成为中国共产党与各民主党派政治协商的独特政治制度。在改革开放后，又进一步发展出社会协商思想及其体制机制，党的十三大第一次提出"社会协商对话"的重大任务，直到党的十八届三中全会提出国家治理现代化的重大命题，并第一次明确提出了"社会协商"的概念。在国家治理现代化框架下，社会协商治理的理论走向成熟，治理实践全面展开。党的十九届六中全会通过了我党历史上第三个历史决议，决议用"全过程人民民主"对社会主义民主政治进行了新的阐释，更加深刻地体现了协商民主在社会主义民主政治体系中的独特地位。群众路线是党的生命线和根本工作路线，群众路线与社会协商治理相互成就，同向同行。一方面，群众路线为党和政府推进社会协商治理提出了政治要求，提供了政治原动力。另一方面，社会协商治理的广泛推行，也为新时代党和政府的群众路线工作创设了良好的制度平台。

以上是对马克思主义经典理论脉络及其中国化历程中，社会协商治理的理论渊源与发展历史的梳理。回到当前我国全面推进国家治理现代化的现实，在党的十八届三中全会之前，国家对社会的管理模式可以概括为"权威式管理"，国家总体上控制着社会管理的主要权力，承担着社会管理的主要责任。在此之后，"嵌入式治理"作为新的社会治理模式，响应了国家治理现代化的要求，是社会协商治理的实践路径。所谓"嵌入式治理"，就是国家通过社会中介组织，建构国家与社会之间的制度化联系，实现国家对社会的间接治理与合作共治，提升国家治理的有效性。当前我国正在加快构建"党委领导、政府负责、民主协商、社会协同、公众参与、法治保障、科技支撑的社会治理体系"，这是一个具有明确"嵌入式治理"指向的制度体制。国家一方面通过党委领导、政府负责的方式，以制度化方式嵌入社会结构，另一方面社会也反过来充分利用国家提供的制度化渠道，参与国家治理，嵌入国家体系。国家与社会通过共建共治共享的良性互动，最终建立起社会治理共同体，实现社会善治。党建引领与行政淡出，是党和政府有机嵌入社会治理路径，激活与社会协商治理有关的制度存量、吸纳新兴社会力量进入新的社会协商治理制度增量，是嵌入式治理的两种制度化方式。在"嵌入式治理"的过程中，党在社会协商治理中扮演着"元治理"的领导角色，必须不断强化党对社会协商治理的政治引领地位，不断提升党的服务群众水平。政府在社会协商治理中扮演着具体的负责角色，党的十八届三中全会以后，行政体制改革从"经济导向型"转为"治理导向型"，建设人民满意的服务型政府是政府职能转变的目标，一方面巩固政府的基础性社会管理职能是政府的职责所在，另一方面，厘清基层政府与城乡自治组织的边界是社会协商治理发展的必要前提。"党委领导、政府负责、民主协商、社会协同、公众参与、法治保障、科技支撑的社会治理体系"中，"民主协商"在党委政府与社会公众之间发挥着主渠道作用，这也是社会主义协商民主在社会治理领域的具体实现：在民主的站位上落实协商，用协商的方式做实民主。

社区治理、乡村治理和社会组织参与治理是社会协商治理的三大场域。其中，随着我国城市化进程的稳步推进，第七次全国人口普查数据显示，我国的城镇化率已经达到63.89%，城市治理日益成为社会治理的主要场景，社区作为城市治理的基层，也日益成为社会协商治理的基础场域。相比于乡村，城市社区治理更加迫切，也更具有良好的实施基础。总体上说，社区协商治理主要包含两个方面：体系现代化和行动协商化。现代社区治理以民主、参与、自治为核心原则，内在要求是培育更多的社区社会组织，引导和激活居民、社区社会组织、驻社区单位等各种治理主体，构建协商共治的合作体系。与西方国家不同，我国的城市社区不是国家与社会二元划分的边界，而是"具有相互摩擦力的接触面"，国家借助社区将一系列社会政策贯彻落实到底，社会也通过社区将居民的诉求反馈给国家。国家自上而下的管理要求和社会自下而上的自治要求，只有政社合作的社会协商治理方式才能实现有机整合。改革开放40多年以来，我国城市社区治理经历了转型、建设和治理三个阶段，相应地社区治理重心也从硬件建设、体制改革发展到社区行动。目前方兴未艾、如火如荼的社区治理现代化进程正是处于"以居民为中心"的社区行动阶段，该阶段的重点和难点就在于充分发挥和激活社区各治理主体的内生动力，让社区协商治理真正运转起来，提升社区组织化水平、培育和扩展社区与居民的主体性、营造社区协商治理的良好环境是三个要点。社区协商治理不是一个纯粹的社区自治领域，而是政府治理同社会调节、居民自治良性互动的领域，基层党组织领导下的多元共治（即"党领共治"）是其根本要求和基本特征。笔者经调研认为，福州市党建引领社区协商治理提供了这方面的典范实践。

党的十九届六中全会决议指出，我们不仅要坚持把马克思主义基本原理同中国具体实际相结合，而且要坚持把马克思主义基本原理与中华优秀传统文化相结合。习近平总书记在党的十九届六中全会第二次全体会议讲话时，在"四个自信"的基础上，进一步要求全党必须坚定历史自信。协商治理绝非完全源于西方的政治理念与实践，它同样深深根植于我国悠久的乡村自治历史与自治文化。长期以来，乡土中国运行着朴素而有效的乡村协商自治，正是我国当前建设社会主义协商民主一个丰富的传统资源。但因为一方面中国现代化过程中，传统乡村自治的宗族与文化土壤消失殆尽；另一方面，持续的快速城镇化进程，乡村人口与资源流失严重，乡村协商治理也是当前推进社会协商治理的一个薄弱的领域。中国传统社会中，费孝通描述的乡土中国的"差序格局"孕育了礼治理秩序，皇权专制下的"双轨政治"传统包容了乡村自治。改革开放初，与家庭联产承包经营责任制相适应，我国推行了以选举为核心的村民自治。全面深化改革进展到今天，与农地流转和农业适度规模经营相适应，党和国家正在大力推行以协商为核心的乡村社会治理创新。新时代打造服务乡村振兴的乡村协商治理机制，必须夯实乡村协商治理的实践基础，挖掘乡村协商治理的乡土资源，重建村民小组作为乡村协商治理的基本单元，发挥乡村协商治理对于农村选举的纠偏矫正作用。2019年，中共中央办公厅、国务院办公厅印发《关于加强和改进乡村治理的指导意见》再次强调："村党组织全面领导村民委员会及村务监督委员会、村集体经济组织、农民合作组织和其他经济社会组织。"完善党组织领导的嵌入式乡村协商治理机制，必须强化乡村协商治理的党建引领机制，规范党组织引领下的乡村协商治理程序。笔者经调研认为，广东省云浮市乡贤理事会参与协商治理的实践为此提供了典范。

在推进国家治理现代化的进程中，前所未有地创设了一个多元治理的新型社会治理格局，社会组织作为政府与市场之外的第三个主要治理主体，具有显著的比较优势。社会组织一方面可以以组织化的形式从内部整合社会碎片化力量，避免社会的无序，另一方面可以发挥专业、规范、自治的优势，促进社会与政府的外部整合，增强国家的凝聚力。党的十八届三中全会首次将社会组织作为协商主体提出来以后，社会组织协商就成为我国推进政府与社会合作共治的基本框架。社会组织协商作为最新的社会协商类型，既有效回应了国家治理多元化与社会组织兴起的新时代潮流，又有效规避了西方公民社会理论鼓吹的"公民社会对抗国家"的陷阱，是新时代推进社会协商治理的创新场域。从历史上看，严格地说，我国社会组织的发展是伴随着改革开放对于个人经济自主权的重新肯定与释放、个人的生活自主权和社会自治权逐步回归而来的，而社会组织协商是党的十八届三中全会以后才正式发展起来，但是发展速度很快。从理论上讲，社会组织协商的发展符合马克思主义国家观，它认为，国家消亡和社会自治是人类社会历史发展的客观规律。社会组织协商在提升社会需求整合水平、社会资源整合水平和社会行动整合水平上都能够发挥重要的作用。相对于政府和企业而言，社会组织虽然是社会治理的新兴主体，但在治理主体能力建设上存在着诸多短板，全面推进社会组织协商治理能力建设水平是当务之急。围绕着协商治理提升社会组织建设水平，社会组织应该以情感联结为主轴加强自身建设,加强社会组织协商治理的内部能力,同时,党和国家应该优化社会组织协商治理的外部环境。党的十八大前,甚嚣一时的公民社会理论,鼓吹社会组织的独立性,主张社会组织必须完全独立于政府,甚至对抗政府,这根本上不适用于我国。在我国社会主义制度下,资本和社会组织都必须服务于公共利益,服从于政府,社会组织应该跟党走。一方面,社会主义制度确保了社会组织的初心能够与党和政府的初心高度一致,为人民谋幸福。另一方面,社会组织追求公共利益,必须获得足够的资源,党和政府能够也愿意提供这些支持。为此,应该完善党建引领的嵌入式社会组织协商治理机制,树立"人民社会"的政社合作共治理念,构建政府领导下的社会组织分类发展与协商治理体系。笔者经调研认为,汕头市党建引领社会组织协商治理提供了这方面的典范实践。

目 录

第一章　社会协商治理概述 ………………………………… 1
　第一节　治理、国家治理与社会治理的源起与内涵 ……… 2
　　一、治理的源起与内涵 ……………………………………… 3
　　二、国家治理的源起与内涵 ………………………………… 5
　　三、社会治理的源起与内涵 ………………………………… 9
　第二节　协商民主、社会协商与社会协商治理的源起与内涵 …… 15
　　一、协商民主的源起与内涵 ………………………………… 16
　　二、社会协商的源起与内涵 ………………………………… 25
　　三、社会协商治理的源起与内涵 …………………………… 32
　第三节　社会协商治理的要素、特征与原则 ……………… 38
　　一、社会协商治理的要素 …………………………………… 38
　　二、社会协商治理的特征 …………………………………… 48
　　三、社会协商治理的原则 …………………………………… 51

第二章　马克思主义经典理论脉络中的社会协商治理之道 ……… 56
　第一节　社会协商治理的马克思主义人学底蕴 …………… 57
　　一、人的自由而全面发展 …………………………………… 57
　　二、以人民为中心 …………………………………………… 67
　第二节　社会协商治理的马克思主义政治哲学根基 ……… 76
　　一、社会本位 ………………………………………………… 77

二、国家公共性 …………………………………………… 81
三、公有制 ………………………………………………… 88
第三节 社会协商治理的马克思主义民主理论愿景 …… 95
一、个人自主 ……………………………………………… 96
二、社会自治 ……………………………………………… 100
三、人民民主 ……………………………………………… 105

第三章 马克思主义中国化理论与实践中的社会协商治理 ………… 111
第一节 统一战线为社会协商治理开辟了政治先河 …… 112
一、共和民主奠定了我国现代协商民主的政治理论基础 … 113
二、政治协商是统一战线的政治实现方式 ……………… 119
第二节 社会主义协商民主开启了社会协商治理的新境界 … 126
一、政治协商思想不断走向制度化、程序化和理论化 … 129
二、社会协商对话制度逐步提升成为社会协商思想 …… 134
三、社会协商正式提出并成为社会协商治理的具体指导思想 … 145
四、社会协商治理是社会协商和社会治理融合创新的必由之路 …………………………………………………… 154
第三节 群众路线为社会协商治理提供了根本工作指南 … 158
一、群众路线内生于中国共产党革命与建设的独特实践 … 158
二、群众路线是践行人民民主与共和民主的生动实践 … 160
三、社会协商治理是新时代群众路线的有效实现机制 … 162

第四章 嵌入式治理：社会协商治理的实践路径 ………… 166
第一节 嵌入式治理：国家有机嵌入社会 ……………… 166
一、嵌入式自主：国家自主性与社会自治性的平衡 …… 167
二、党建引领与行政淡出：党和政府有机嵌入社会治理的路径 …………………………………………………… 171
三、激活与吸纳：嵌入式治理的两种制度化方式 ……… 175
第二节 坚持和改善党对社会协商治理的领导 ………… 178

一、党在社会协商治理中扮演"元治理"角色 ………… 179
　　二、坚持党对社会协商治理的领导：不断强化党的政治
　　　　引领地位 ……………………………………………… 185
　　三、改善党对社会协商治理的领导：不断提升党服务群众
　　　　的水平 ………………………………………………… 190
第三节　在公共服务中提升政府的社会治理能力 …………… 192
　　一、建设人民满意的服务型政府 ……………………… 193
　　二、巩固政府的基础性社会管理职能 ………………… 196
　　三、厘清基层政府与城乡自治组织边界 ……………… 202
第四节　民主协商是国家有机嵌入社会治理的主导机制 …… 204
　　一、民主协商根源于中国特色社会主义民主政治实践 … 205
　　二、充分发挥民主协商的治理优势 …………………… 209

第五章　社会协商治理的基础场域：社区协商治理 ………… 215
第一节　社区协商治理：体系现代化与行动协商化 ………… 216
　　一、提升社区协商治理体系现代化水平 ……………… 216
　　二、推进社区治理行动协商化进程 …………………… 219
第二节　有效激发社区协商治理潜能 ………………………… 222
　　一、提升社区组织化水平 ……………………………… 223
　　二、培育和扩展社区与居民的治理主体性 …………… 227
　　三、营造社区协商治理的良好环境 …………………… 229
第三节　完善"党领共治"的嵌入式社区协商治理机制 …… 231
　　一、突出社区党组织的结构整合和协调运作功能 …… 232
　　二、健全党组织引领的社区协商治理制度 …………… 235
　　三、福州市党建引领社区协商治理的典范实践 ……… 239

第六章　社会协商治理的传统场域：乡村协商治理 ………… 244
第一节　协商治理是我国乡村自治的悠久传统 ……………… 245
　　一、乡土中国的"差序格局"孕育了礼治秩序 ……… 246

二、皇权专制下的"双轨政治"包容了乡村自治 …………… 254
三、家户制保障了农民自主的经济基础 ………………………… 260

第二节 打造服务乡村振兴的乡村协商治理机制 ……………………… 263
一、夯实新时代乡村协商治理的实践基础 …………………… 263
二、挖掘乡村协商治理的乡土资源 ……………………………… 267
三、重建村民小组作为乡村协商治理的基本单元 …………… 275
四、发挥乡村协商治理对于农村选举的纠偏矫正作用 ……… 280

第三节 完善党组织领导的嵌入式乡村协商治理机制 ………………… 284
一、强化乡村协商治理的党建引领机制 ……………………… 285
二、规范党组织引领下的乡村协商治理程序 ………………… 291
三、云浮市乡贤理事会协商治理的典范实践 ………………… 294

第七章 社会协商治理的创新场域：社会组织协商治理 ……………… 299

第一节 我国社会组织协商治理发展的历史与逻辑 …………………… 299
一、我国社会组织协商治理发展的历史脉络 ………………… 301
二、社会组织协商治理发展的理论逻辑 ……………………… 306

第二节 围绕协商治理提升社会组织建设水平 ………………………… 311
一、社会组织应以情感联结为主轴加强自身建设 …………… 311
二、加强社会组织协商治理的内部能力 ……………………… 316
三、优化社会组织协商治理的外部环境 ……………………… 320

第三节 完善党建引领的嵌入式社会组织协商治理机制 ……………… 324
一、树立"人民社会"的政社合作共治理念 ………………… 325
二、构建政府领导下的社会组织分类发展与协商治理体系 … 327
三、汕头市党建引领社会组织协商治理的典范实践 ………… 334

参考文献 ……………………………………………………………………… 338

第一章　社会协商治理概述

党的十八大第一次提出"社会主义协商民主"的重大概念,并明确指出这是我国人民民主的重要形式。党的十八届三中全会以来,国家治理现代化是推进我国国家治理领域改革的总目标,社会治理是国家治理的重要方面,服从并服务于国家治理现代化。同样在这次全会上,党中央第一次提出"社会协商"的重要理念,"社会协商"从此与"政治协商"一起成为社会主义协商民主的一体之两翼。社会主义协商民主和国家治理现代化同属社会主义民主政治的范畴,具有相互交融、高度统一的特点。2014年9月21日,在庆祝中国人民政治协商会议成立65周年大会上,习近平总书记就鲜明指出:**"民主不是装饰品,不是用来做摆设的,而是要用来解决人民需要解决的问题的"**[①],明确表达和高度肯定了民主的治理功能,从根本上将协商民主与社会治理内在地联结起来。"社会协商"和"社会治理"同样是一对各有侧重,但又交融共生的重要范畴,它们共同处于社会主义协商民主和国家治理现代化的重叠领域。那么,如何在国家治理现代化的总体框架下有机整合社会主义协商民主与社会治理创新?笔者认为:社会协商可以而且应该成为社会治理的核心机制,社会协商治理就是这个核心机制。

当今,我们正处于"两个一百年"的历史交汇点,面对"两个大局",

---

① 习近平:《在庆祝中国人民政治协商会议成立65周年大会上的讲话》,北京:人民出版社2014年版,第22页。

社会协商治理具有了更高层的战略意义。协商民主成为全过程人民民主的关键环节。在中华民族伟大复兴战略全局和世界百年未有之大变局的两个大局中，社会主义协商民主和国家治理现代化被赋予了走出一条中国特色社会主义民主政治和国家治理之路的战略意义，社会协商也不仅是为了有效应对新时代社会治理领域的新问题，更具有了探索中国特色社会治理道路的重大意义。政治协商与社会协商是社会主义协商民主一体之两翼，政治协商集中于高层级的政党和政治团体协商，社会协商集中于低层级的社会协商治理，社会协商治理是社会协商与社会治理必然融合的结果，是新时代社会治理创新的主导逻辑和必由之路。

第一节　治理、国家治理与社会治理的源起与内涵

治理（governance）研究首先是一个起始于西方而又迅速流行于国际的政治与学术思潮，自20世纪80年代末90年代初开始兴起，回应并进一步推动了一系列公共管理领域的改革，治理作为一种独立的理论虽然存在着"形而上学和信念层面的混乱及实用主义的盛行"①，但逐渐具有了治理理论的外在形式。2001年，我国加入WTO后，迅速融入全球化浪潮，也被治理理论卷入其中，在国内学术界相应兴起了治理研究的热潮。这股热潮受到西方治理理论的强烈影响，早先一批研究成果多是对西方治理理论的翻译、推介、诠释，潜藏的研究旨趣在于用西方理论来度量和引领中国公共管理改革。随后，越来越多的研究者发现并反思治理理论的中国适用性，"我们的选择必须体现策略性、能动性和阶段性，如此方能通过治

---

① 王诗宗：《治理理论与公共行政学范式进步》，载《中国社会科学》2010年第4期，第87页。

变革促进中国现代国家的建构进程。"① 一方面由于受到学术界治理研究的影响，另一方面也是因为我国政府改革创新的自发实践，21世纪以来，我国公共管理领域的诸多改革都具有明显的治理特征，最突出的表现就是治理主体的多样化和治理行为的协作化。2013年，党的十八届三中全会关于全面深化改革若干重大问题的决定中首次提出国家治理现代化的重大命题，并将"社会管理"革新为"社会治理"，反映了新一届党中央积极学习和顺应治理潮流的坚定改革态度，但也必须强调的是，我国从一开始提出国家治理和社会治理就是在完善和发展中国特色社会主义制度的前提之下，也开启了治理理论中国化、本土化的新进程。

一、治理的源起与内涵

事实上，国际多边援助机构先于学术界首先使用并界定了"治理"。1989年，世界银行率先运用"治理危机"来描述部分非洲国家面临的问题，指称很多受援助国之所以无法有效利用援助成果，主要是因为这些国家的政府机构和公共部门的治理能力出现危机。1992年，由时任德国总理勃兰特等人在联合国框架内发起成立了全球治理委员会（Commission on Global Governance），1995年，在其《天涯若比邻》（*Our Global Neighborhood*）报告中将"治理"界定为："治理是各种公共的或私人的个人和机构管理其共同事务的诸多方式的总和"②。其后，"治理"一词便被西方学者广泛用来针对发展中国家进行政治发展研究，并进而发展成为一个松散但又有核心共识的治理理论。

关于"治理"的概念，首要的是从外延上撇清"治理"（governance）与"统治"（government）的关系，这是中外学者们的共识。治理与统治的

---

① 郁建兴、王诗宗：《治理理论的中国适用性》，载《哲学研究》2010年第11期，第119页。

② 俞可平：《引论：治理与善治》，载俞可平主编：《治理与善治》，北京：社会科学文献出版社2000年版，第4页。

最基本的区别就是，治理虽然需要权威，但这个权威并非一定是政府机关；而统治的权威则必定是政府；政府统治的权力运行方向总是自上而下的，与此不同，治理则是一个上下互动的过程。① 随着研究的深入，以张康之为代表的一批学者进而认为，"治理"不仅区别于"统治"，还区别于"管理"，"管理"强调以政府为本位的自上而下的科层结构，"治理"则更强调政府与社会的平等互动与多元共治，更突出网络化结构。公共管理变革存在一个从"统治"走向"管理"，再从"管理"走向"治理"的进程。另一方面，经过了近30年的探讨，研究者们逐渐就"治理"的内涵取得了不少核心共识：**一是建构起一个"政府—社会—市场"的三元化治理结构，基于"政府失灵"和"市场失灵"的共识，学术界和实务界均认可社会力量的治理能量，从政府所代表的国家力量与社会和市场共同代表的民间力量来划分，治理结构又可以进一步简化为"政府—社会"二元结构；二是社会公共事务方面的管理，要充分调动社会力量的积极性和创造性，鼓励公民及社会组织的"自主治理"；三是政府与社会应该平等互动、合作共治，摒弃传统上政府单打独斗、强制命令的思维和行动惯性，充分发挥社会主体和市场主体的治理潜能，形成政府、社会、市场的网络化治理结构。**

我国学术界的治理研究始于20世纪90年代末，其中又以俞可平的论文《治理与善治引论》及其《治理与善治》译文集最为著名，该论文及译文集开启了学术界治理研究的热潮。但直到2013年党的十八届三中全会之前，相关研究多集中在引介西方治理与善治理论上，可以分为治理与善治、多中心治理、全球治理三个大的研究领域，其中又以多中心治理最为突出。虽说学术研究无界限，但我们必须清醒地看清"多中心治理理论"的本质。"'多中心治理理论'就有着深厚的'解释性'意涵——以研究案例的方式解释美国当前社会治理格局的'科学性''合理性'；以研究案例的方式解释美国式'多中心治理'扩散到西方国家、非洲国家乃至世界

---

① 俞可平：《引论：治理与善治》，载俞可平主编：《治理与善治》，北京：社会科学文献出版社2000年版，第5—6页。

范围的'科学性'与'合理性'。"① 随着"多中心治理理论"学派核心人物奥斯特罗姆获得诺贝尔经济学奖，该学派一时间大行于世，国内学界一大批人成为拥趸。客观上来说，以美国案例为核心的"多中心治理"学术研究，在政治上具有典型的西方中心论色彩，是西方新自由主义思想从经济领域到政治领域的必然蔓延。

二、国家治理的源起与内涵

我国学术界一开始引介治理理论，就伴随着对于"治理理论的中国适用性"这一重大课题的探讨。"一般意义上讲，治理理论阐明了受到有效监督的政府、得到有效监管的市场与逐渐成熟的社会之间的有机合作是应对复杂社会问题的最优选择。"② 从历史唯物主义的角度来看，治理理论的兴起根源于"二战"后国家过度干预市场和社会导致的西方福利国家危机，治理理论的破解路径就是减少政府干预，重新激活自由市场和自治社会，强调政府、市场与社会的多中心治理。我国当然不存在西方式的福利国家危机，但是在计划经济体制下，国家大包大揽，的确过度承担了本该由市场和社会承担的重担，邓小平南方谈话后，我们坚定了市场经济的改革方向，市场和社会力量快速发展壮大，政府、市场与社会共同治理的整体架构逐步建立起来。"这符合普遍意义上的'治理'意蕴，这是治理理论中国适用性的前提。"③ 同时，西方治理理论强调治理是应对"政府失灵"和"市场失灵"的必须的第三种机制。对于我国来说，并非简单的"政府失灵"和"市场失灵"可以一言以蔽之。我国政府与市场存在的问题，核心的就是如何同时建构起"有效市场"（市场在资源配置中起决定

---

① 尚虎平：《"治理"的中国诉求及当前国内治理研究的困境》，载《学术月刊》2019年第5期，第72—87页。
② 王岩、魏崇辉：《协商治理的中国逻辑》，载《中国社会科学》2016年第7期，第30页。
③ 王岩、魏崇辉：《协商治理的中国逻辑》，载《中国社会科学》2016年第7期，第30页。

性作用）和"有为政府",并且处理好政府与市场的关系。概而言之,在全球化背景下,治理理论的中国适用性是一个可以接受但又需要具体问题具体分析的重大课题。

学术研究无界限,政治选择有原则。学术界关于治理理论的研究客观上对接了国际上治理变革的趋势,反映了中西方国家治理的一些共同特点。然而,作为与西方具有迥异历史文化传统和现实政治道路选择的中国而言,以习近平同志为核心的中国共产党领导集体清醒地意识到了这一点,既大胆地吸收了当代文明成果,又坚守了马克思主义立场,在中国迈入新时代之际,灵活运用马克思主义基本原理和国家学说,创造性地提出了国家治理现代化的理论体系。**从"治理"到"国家治理",标志着在马克思主义指导下,治理理论的本土化发展与创造性转化。**

国家治理现代化提出后,一举淘洗了学术界一度混杂的治理研究状况,研究者们对于治理研究的西方中心论色彩日益警惕,纷纷摒弃,转向国家治理现代化研究（具体请见下图）,2013年以后,相关研究文献急速

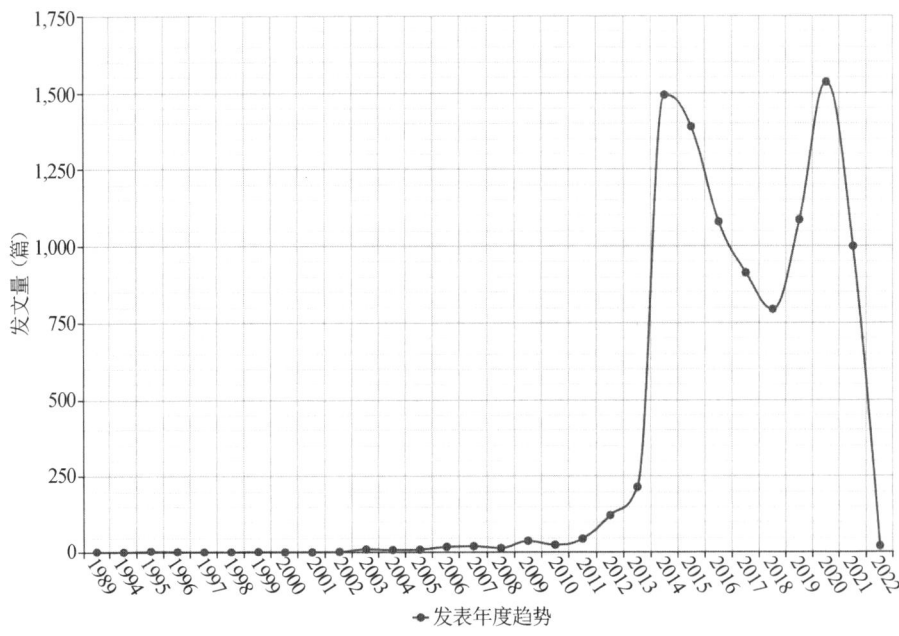

中国知网"国家治理"研究文献发表年度趋势图

（注：图表来源于中国知网统计数据,时间截至2022年1月25日）

攀升。有必要特别提醒的是，随着我们国家日益稳居世界第二大经济体地位，综合国力稳步提升，尤其是2020年新冠肺炎疫情的暴发，加速了以美国为代表的西方国家整体性的衰落，中西方力量对比发生了显著变化，西方国家为了遏制中国的发展，越发显得急躁和不择手段，有意扩大中西方意识形态矛盾与斗争。在此背景下，我们应当十分警惕西方政治理论的意识形态陷阱，充分利用马克思主义基本原则对其进行批判和扬弃，积极建构中国化国家治理理论。国家治理现代化理论正是这一思路的典型体现。

国家治理现代化是国家治理体系和治理能力现代化的简称或统称。习近平指出："国家治理体系和治理能力是一个国家制度和制度执行能力的集中体现。国家治理体系是在党领导下管理国家的制度体系，包括经济、政治、文化、社会、生态文明和党的建设等各领域体制机制、法律法规安排，也就是一整套紧密相连、相互协调的国家制度；国家治理能力则是运用国家制度管理社会各方面事务的能力，包括改革发展稳定、内政外交国防、治党治国治军等各个方面。国家治理体系和治理能力是一个有机整体，相辅相成，有了好的国家治理体系才能提高治理能力，提高国家治理能力才能充分发挥国家治理体系的效能。"① 据此，**国家治理就是全体人民在党的统一领导下，沿着中国特色社会主义的既定道路，激发和凝聚各方力量，依法有效地治国理政，推进社会主义民主政治，不断满足人民美好生活需要的各项活动。所谓国家治理现代化，就是充分发挥中国特色社会主义制度的各项优势，不断推进国家治理体系制度化、规范化、程序化，不断提高党和政府及其他治理主体治国理政的科学性、民主性和有效性的过程。**②

非常有必要注意的是，虽然我们同样使用"治理"一词，也积极吸收

---

① 习近平：《切实把思想统一到党的十八届三中全会精神上来》，新华网：http://news.xinhuanet.com/politics/2013-12/31/c_118787463.htm。

② 请参见笔者博士论文《中国特色社会主义社会组织协同治理研究——以国家治理现代化为视角》，福建师范大学博士学位论文，2015年，第16页。

了国际上治理理论关于多主体共治、平等合作的核心理念,但"国家治理"的提法内在地包含了我们党相对于西方人对于"治理"的不同理解。"它遵循的是马克思主义国家理论逻辑,即国家的职能由政治统治与政治管理有机组成。"① 按照马克思主义国家学说的预见,人类社会政治发展的方向是不断从政治统治向政治管理的方向转化。政治统治是阶级性的统治与被统治关系,政治管理则不然,它摒除了阶级性,只是人们对于人类社会不可或缺的政治生活的管理;政治统治是为统治阶级服务的,政治管理则是为全体人民服务的;政治统治是暴力的、强制性的,政治管理则是服务性的。

"价值理性体现的是对人文价值的追求,生活意义的向往,社会伦理的偏好。治理(无论是国家治理还是全球治理),不仅存在谁治理、治理什么、如何治理的问题,还必然提出为何治理,即治理的目的与意义问题。治理在国内层面要区别于政府的等级制和强制性的管理体制,在国际层面则要从价值和观念上倡导全球主义,从而与政府中心、国家主义的价值理念区分开来。"② 对于中国而言,国家治理现代化包含的治理体系现代化和治理能力现代化,不仅仅是工具理性意义上的治理改善,更是价值理性意义上的治理追求,这个价值目标只能是以人民为中心的发展思想。国家治理现代化作为一个政治目标宣示,在社会主义民主政治条件下,具体应该包含两个价值指向:国家治理的法治化与民主化。在此意义上,国家治理现代化作为全面深化改革的总目标之一,它与全面依法治国、全面从严治党所体现的法治与民主思维完全无缝对接,它与全面建成小康社会在以人民为中心的发展思想上也是一脉相承。

---

① 王浦劬:《国家治理、政府治理和社会治理的含义及其相互关系》,载于《国家行政学院学报》2014年第3期,第12页。
② 蔡拓:《全球治理与国家治理:当代中国两大战略考量》,载《中国社会科学》2016年第6期,第6页。

三、社会治理的源起与内涵

党的十九届四中全会指出:"**社会治理是国家治理的重要方面。**"① 社会治理研究的前身是社会管理研究。社会事务的管理虽然是古今中外面临的共同话题,但"社会管理"是一个富有社会主义特色和中国特色的概念。据陆学艺考证,社会管理这个概念最早是20世纪80年代由苏联东欧传过来的,多少带点计划经济色彩。② 保加利亚著名社会学家M.马尔科夫指出:"社会管理的概念具有两种含义:其一,是对社会系统和社会过程的有目的的影响,而不是对技术系统和技术过程的合理的影响;其二,它所规定的是管理主体对整个社会的影响,而不同于对社会系统的某些部分,例如对经济的影响。"③ 社会主义传统上将国家的各个管理领域划分为政治、经济、文化、社会四个方面,社会管理指称的就是社会领域的管理活动,按照以苏联为代表的传统社会主义模式,社会管理具有明显的计划性与强制性,政府是唯一管理主体。但在我国,"社会管理"作为一个独立概念在中央文献中是很晚近才出现的。2002年11月8日,党的十六大上首次将政府职能明确界定为"经济调节、市场监管、社会管理和公共服务",第一次单独提出"社会管理"的概念。④ 其后一直沿用了11年。

2013年11月15日,党的十八届三中全会通过了《中共中央关于全面

---

① 《中共中央关于坚持和完善中国特色社会主义制度 推进国家治理体系和治理能力现代化若干重大问题的决定》,人民网:http://cpc.people.com.cn/n1/2019/1106/c64094-31439558.html。

② 陆学艺主编:《社会建设论》,北京:社会科学文献出版社2012年版,第265页。

③ [保]马尔科夫主编:《社会管理学》,上海:同济大学出版社1988年版,第4页。

④ 请参见笔者博士论文《中国特色社会主义社会组织协同治理研究——以国家治理现代化为视角》,福建师范大学博士学位论文,2015年,第52—53页。

深化改革若干重大问题的决定》,在提出推进国家治理体系和治理能力现代化在大前提下,**将"社会管理"改称"社会治理"**。人们一般认为,所谓的"社会管理",就是国家对社会的管理,国家是管理社会的唯一主体。事实上,按照马克思主义唯物史观,先有社会,后有国家,国家由社会建立,服务于社会,社会建立国家的目的不是代替自身,而是借助于国家这个产生于社会、又高于社会之上的公共力量来维护社会自身的稳定与秩序,保障和促进社会的发展。苏联式的国家计划性"社会管理"本质上违背了马克思主义国家理论。习近平强调:"治理和管理一字之差,体现的是系统治理、依法治理、源头治理、综合施策。"[①] 在国际享有盛誉的著名政治学者郑永年清晰地看到:"'社会治理'概念的提法,显示出执政党更重视处理国家与社会、政府与人民之间的关系,而非简单的以国家为主体的管理思维方式。从前,无论是'维稳'还是'社会管理',主体都是政府,都往往被理解成为国家对社会的管理,官员对人民的管理。这种话语的变化也是一个进步的表现,因为在'治理'的话语里,无论是'国家治理'还是'社会治理',都会涉及国家和社会之间的关系问题,主体不仅是政府,而且是社会。"[②]

"社会治理"呼应了马克思主义国家理论,国家对社会的治理,只是社会治理的一个部分,社会先于国家,国家服务于社会,那么,社会治理肯定必须适应社会生产生活本身形成的治理结构。也就是说,国家与社会是社会治理的两大主体。具体地说,在当代中国,党和政府(中央和地方政府)共同代表国家力量,个体、社会和市场共同代表广义的社会力量。显然,从"社会管理"转进到"社会治理",意味着我们国家步入了社会领域管理规范化、制度化的稳步发展道路。在下面两图中,我们可以明显

[①] 习近平:《推进中国上海自由贸易区建设 加强和创新特大城市社会治理》,载《人民日报》2014年3月6日,第1版。
[②] 郑永年:《三中全会回答了什么样的政治问题?》,联合早报:http://www.zaobao.com/forum/expert/zheng-yong-nian/story20131203-283765。

地对比发现国内学界在党的十八届三中全会后,关于"社会管理"与"社会治理"研究关注度的显著变化,2013 年以后,"社会管理"研究迅速冷却,"社会治理"研究则急剧爆发。

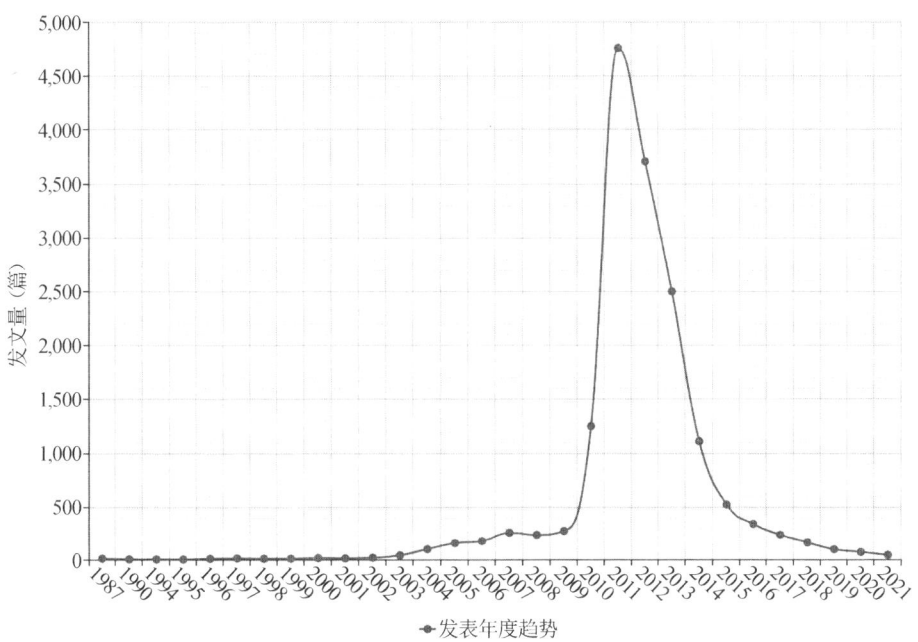

中国知网"社会管理"研究文献发表年度趋势图

(注:图表来源于中国知网统计数据,时间截至 2022 年 1 月 25 日)

党的十七大将经济建设、政治建设、文化建设"三位一体"总体布局扩展为经济建设、政治建设、文化建设、社会建设"四位一体"总体布局,首次将"社会建设"单列一章,题为"加快推进以改善民生为重点的社会建设",总共罗列了教育、就业、收入分配、社会保障、医疗卫生和社会管理等六个方面,前五个方面即是民生建设,明显属于社会的正面建设(正面增进社会福利),社会管理方面题为"完善社会管理,维护社会安定团结",罗列了处理人民内部矛盾、社会组织建设与管理、流动人口管理与服务、安全生产管理、应急管理、社会治安、国家安全等七个方面,除了社会组织建设与管理和流动人口管理与服务不是很明

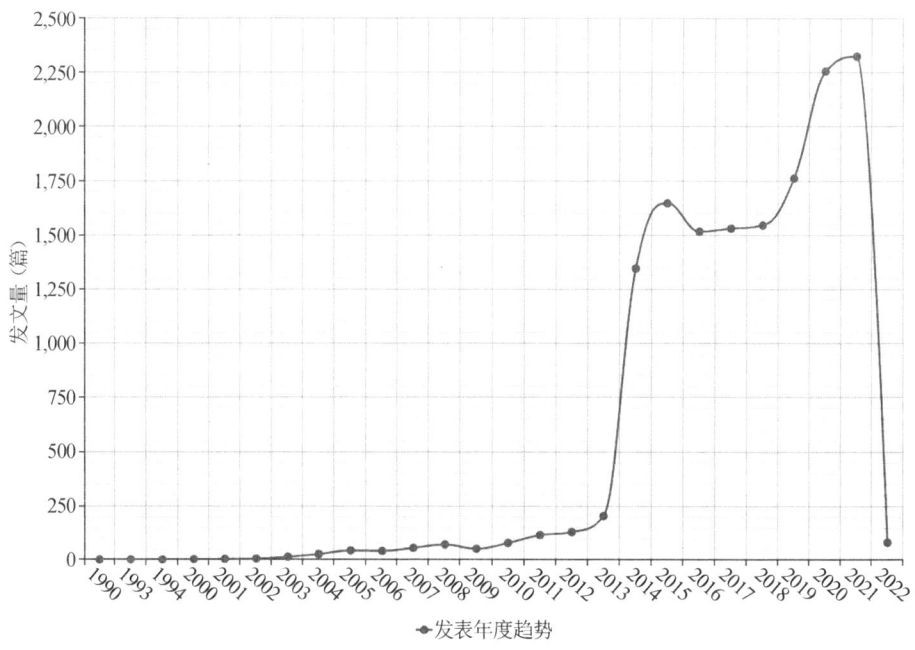

中国知网"社会治理"研究文献发表年度趋势图

(注：图表来源于中国知网统计数据，时间截至 2022 年 1 月 25 日)

显外①，其他基本上属于社会负面管理（消解社会负面问题，反向保障社会建设）。党的十八大时，"四位一体"总体布局演进为"五位一体"总体布局（经济建设、政治建设、文化建设、社会建设、生态文明建设），社会建设方面题为"在改善民生和创新管理中加强社会建设"，突出了社会管理创新的要求，增加了重大决策社会稳定风险评估和政法队伍建设两个方面，同样基本上属于社会负面管理范畴。党的十八届三中全会时，改称"社会管理"为"社会治理"，"社会治理"同样单列一章，题为"创新社会治理体制"，因为本次全会聚焦全面深化改革的重点领域，并未做面面俱到的罗列，只是在其中罗列了改进社会治理方式、激发社会组织活

---

① 社会组织具有公共服务、社会矛盾化解和价值倡导三大基本功能，从现行政策导向来看，主要突出前面两种功能。党的十八大前后，以农民工为代表的大量流动人口客观上引发了不少社会问题，这种背景下的流动人口管理与服务，主要突出的也是管理，或者说"寓管理于服务"。

力、创新有效预防和化解社会矛盾体制和健全公共安全体系等四个方面，还是基本上属于社会负面管理范畴。党的十九大时，沿用"五位一体"的总体布局，社会建设单列一章，题为"提高保障和改善民生水平，加强和创新社会治理"，在"打造共建共治共享的社会治理格局"条目中罗列了处理人民内部矛盾、健全公共安全体系、社会治安防控、社会心理服务、社区治理体系（包括发挥社会组织作用）等五个方面，这些都还是基本属于社会负面管理范畴。因此，我们可以认为，虽然历代党代会并未就"社会管理"或"社会治理"的具体内涵作出规定，但它们都是聚焦于社会负面管理以反向保障社会建设。

我们要探讨社会治理的内涵，有必要特别关注的是，虽然党的十八届三中全会作出的决定中将"社会管理"改称"社会治理"，但全文仍有一个地方没改，即"加强中央政府宏观调控职责和能力，加强地方政府公共服务、市场监管、社会管理、环境保护等职责。"[1] 党的十九届四中全会作出的决定中延续了这一表述："完善政府经济调节、市场监管、社会管理、公共服务、生态环境保护等职能，实行政府权责清单制度，厘清政府和市场、政府和社会关系。"[2] 显然，这表明了**在国家治理现代化理论体系中，明确区分了社会管理与社会治理**。社会管理仍然是以政府[3]为主要主体，是政府的主要职责；社会治理则在强调政府负责的同时，突出社会力量和公民乃至市场主体的多元参与和合作共治，这正是党的十九届四中全会强调"实行政府权责清单制度，厘清政府和市场、政府和社会关系"的特殊

---

[1] 《中共中央关于全面推进依法治国若干重大问题的决定》，新华网：http://www.sn.xinhuanet.com/2013-11/16/c_118166672.htm。笔者之前在写作博士论文《中国特色社会主义社会组织协同治理研究——以国家治理现代化为视角》及之后相当长一段时间并未发现这一重要细节，写作本文时得以弥补。

[2] 《中共中央关于坚持和完善中国特色社会主义制度 推进国家治理体系和治理能力现代化若干重大问题的决定》，中国政府网：http://www.gov.cn/xinwen/2019-11/05/content_5449023.htm。

[3] 此处的政府指的是狭义政府，即行政机关，而不是广义政府，即国家机关（包括党委、政府、人大、政协）。

意义所在。因此，笔者认为，社会管理是政府对社会问题进行管控和化解的过程。相应地，**社会治理是指政府、社会组织、企事业单位以及公民个人等多元化治理主体，在党和政府的领导下，以协同共治的方式，依法治理社会问题，实现公共利益最大化的过程**。①

在国家治理现代化的逻辑框架下，国家治理有广义和狭义之分。"国家治理在广义上涵盖对国家一切事务的治理，等同于治国理政。……从纵向看，国家治理体系包括国家治理、地方治理和基层治理；从横向看，国家治理体系包括国家治理和社会治理。……当国家治理与社会治理同时出现时，这里的'国家'指'state'，即政治国家或拥有公共权力的机构，而不是民族国家'nation'，后者是广义的国家，包含了社会。"② 也就是说，广义的国家治理包含了社会治理，即党的十九届四中全会明确的"社会治理是国家治理的重要方面"；狭义的国家治理则是与社会治理相对应的，"国家治理主要指政党治理、政府治理、政社关系等三个层面。国家与社会划界而治，同时国家在社会失灵时发挥元治理作用。"③ 这里必须强调的是，所谓国家与社会划界而治，在我国绝不是像西方自由主义政治哲学那样，意味着国家与社会的对立甚至对抗，而是一种功能上的划分，即"国家治理主要指提供全国性公共产品和承担跨区域协调治理的职能。"④ 社会治理则面向公众和社会主体提供具体服务。从逻辑上讲，社会治理是广义国家治理的纵、横两个方向上的交叉点，按照我国政府中央、省、市、县、乡镇五个层级的划分，中央为狭义的国家治理层面，省、市为地

---

① 请参见笔者博士论文《中国特色社会主义社会组织协同治理研究——以国家治理现代化为视角》，福建师范大学博士学位论文，2015年，第20页。引入此文时，将"依法治理社会公共事务"改为"依法治理社会问题"，以突出社会负面管理的意涵。

② 郁建兴：《辨析国家治理、地方治理、基层治理与社会治理》，载《光明日报》2019年8月30日第11版。

③ 郁建兴：《辨析国家治理、地方治理、基层治理与社会治理》，载《光明日报》2019年8月30日第11版。

④ 郁建兴：《辨析国家治理、地方治理、基层治理与社会治理》，载《光明日报》2019年8月30日第11版。

方治理层面，县、乡镇为基层治理层面，基层治理的主要职能就是社会治理。"基层治理是国家治理、地方治理的微观基础"①，同理，社会治理不仅是国家治理的重要方面，而且是国家治理的微观基础。

第二节 协商民主、社会协商与社会协商治理的源起与内涵

协商民主作为一个现代政治理论，最早是现代西方政治学的理论成果，但是协商作为一种治理实践，则长期蕴藏在我国政治传统中。**我国协商民主在中国共产党的政治协商实践中发扬光大，更发展出独具风格与优势的社会主义协商民主理论与话语体系**。建党 101 年来，我国具有成功而丰厚的政治协商传统，也在国家基本制度层面构建起了以人民政协为核心的政治协商体系，发展出相应的政治协商理论，但社会协商理论与实践则是改革开放后的成果。一方面为了回应西方民主理论，另一方面更是作为中国特色社会主义民主政治的实践总结、理论提升和理论自信，2012 年，党的十八大首次提出了"社会主义协商民主"的重大概念，2015 年，中共中央印发《关于加强社会主义协商民主建设的意见》，赋予了社会主义协商民主最高层面的政治定位："社会主义协商民主是中国社会主义民主政治的特有形式和独特优势，是党的群众路线在政治领域的重要体现，是深化政治体制改革的重要内容。"② 在社会主义协商民主的总体框架下，政治协商与社会协商成为一体之两翼。相对而言，社会协商发展比较滞后，也是社会治理领域全面深化改革的重点领域。**社会协商治理正是社会协商与社会治理创新融合的结果，也是社会治理创新的主导逻辑和必由之路。**

---

① 郁建兴：《辨析国家治理、地方治理、基层治理与社会治理》，载《光明日报》2019 年 8 月 30 日第 11 版。
② 《十八大以来重要文献选编》（中），北京：中央文献出版社 2016 年版，第 291 页。

一、协商民主的源起与内涵[①]

现代国家治理日趋复杂：治理对象更加复杂多变、治理主体更加多元、治理结构更加动态复杂、治理方式更加灵活多样、治理结果更加难以预测。国家治理复杂性导致了民主政治实践过程中的价值两难困境：治理复杂性要求精英治国，这与政治的民主化取向相违背；迎合民主，强调参与，又容易误入民粹主义，牺牲国家治理效能。现代国家治理的复杂性是风险社会的反映，与自然风险不同，现代社会的风险主要来源于人为的不确定性。随着人类改造和掌控自然能力的提升，自然风险已经显著降低，但是，民主政治带来的个性解放和自由主义却使得人的不确定性快速上升。如果说个性解放是一种必然，自由主义却应该反思。马克思主义国家观的核心要义就是国家要充当社会秩序的调节者和维护者，当个性解放导致社会失序甚至混乱之时，一味追求自由主义的国家治理必然沦为民粹主义，只能助长混乱。风险社会的国家治理必须寻求一条兼顾民主与效能的路径。"当代的协商民主理论框架为解决这种困境提供了一种新的破解思路，力图寻求国家治理复杂性视野下精英治国和公民参与相结合的民主政治实践有效路径。"[②]

（一）西方政治话语体系中的协商民主

西方现代经典政治理论认为，政府起源于人们的"同意"。社会契约论者卢梭强调："即使是最强者，如果他不把他的强力转化成权利，把服从转化成义务，他就不可能强到足以永远当主人。"[③] 自由主义政治理论先

[①] 本部分内容已经作为本课题阶段性研究成果《追寻"治理之道"：以马克思"个人自主活动"价值观引领社会协商治理》发表于《广西社会科学》2020年第2期，第83—89页。引入本文时做了适当修改。

[②] 陈炳辉：《国家治理复杂性视野下的协商民主》，载《中国社会科学》2016年第5期，第137页。

[③] 卢梭：《社会契约论》，北京：商务印书馆2011年版，第8页。

驱洛克也认为:"开始组织并实际组成任何政治社会的,不过是一些能够服从大多数而进行结合并组成这种社会的自由人的'同意'。这样,而且只有这样,才曾或才能创立世界上任何合法的政府。"① 洛克和卢梭都强调,政治权力与社会权力的基础只能是"同意"。强力转化成权利,服从转化成义务,只能依靠"同意"。民主是现代社会找到的实施"同意"的公认的方式,民主又可以分为两种方式,一是选举民主,二是协商民主。选举民主着重数量,通过选票计算"同意",少数服从多数。协商民主着重质量,理想的协商民主试图通过理性的协商趋近真理,只要真理出现,选票并非重要,所以协商民主并不看重数量,只要真理在握,多数也应该服从少数。著名历史学家许倬云在回顾中西民主政治时感叹:"瞩目数百年来民主政治发展的种种模式,我们已经知道,民主不能纯仗计算选票数字,多数不应强暴少数,而各种不同意见的协商与折中,也许更能顾及最大多数人的最合理的福祉。"② 然而,理想的协商民主并不容易,此时协商仍然有意义,意义就在于广泛的讨论能够沟通彼此,促进相互理解,为相互妥协和最终的集体行动创造前提。选举民主和协商民主都是"同意"的方式,但显然协商民主更接近真实的"同意"。

虽然协商民主一开始就蕴含在西方现代经典政治理论之中,但正式被提出来是很晚近的事。1981年,美国学者约瑟夫·毕塞特在其《协商民主:共和政府中的多数原则》一文中首先提出了"协商民主"(deliberative democracy)的概念。毕塞特借助这一概念,将美国立宪精神中对多数的制约解读为"协商民主",以反对批评者们对美国宪法精英化、贵族化的诘难,从而为"美国宪法的民主特性"辩护。其后众多学者纷纷加入,特别是当代世界几大哲学家和政治学家罗尔斯、哈贝马斯、吉登斯、米勒的加入,协商民主得以跻身当代学术研究的前沿论题。

西方协商民主的理论与实践,其出发点集中于将协商民主视为弥补选举民主缺陷的一种有效形式,重点在于如何提高投票之前的公共对话与共

---

① 约翰·洛克:《政府论》(下),北京:商务印书馆1964年版,第61页。
② 许倬云:《历史大脉络》,广西师范大学出版社2009年版,第266页。

识水平,借此提升投票选举的代表性和真实性。回顾西方民主政治思想史,我们可以大概梳理出这种弥补的简单逻辑。以密尔为代表的经典选举民主理论中,公民只有选举代理人的权利,代理人具有几乎完全的权力决策公共事务,公民事实上处于弱势民主的地位,米歇尔斯所谓的"寡头统治铁律"直白地道出了选举民主的精英统治本质;熊彼特所代表的精英民主理论试图在坚持精英统治的前提下,一定程度下兼顾公民参与的要求,认为民主政治就是精英竞争人民选票的过程,公民可以通过舆论等方式保持对政治决策过程低度的制约力;佩特曼等人的参与民主理论则走向矫枉过正,强调的是公民积极参与、直接制定公共政策,"公民是管理者,也是自治者、共治者与自己命运的主宰者。"① 巴伯称为"强势民主";而后毕塞特提出的协商民主理论试图走一条中间路线,协调精英权力与民众权利的分歧,"普通公民以协商的方式参与对公共事务问题的讨论、审议,使得公民协商的意见构成治国精英制定公共政策的基础。"② 简单说,即民主协商基础上的精英决策。哈贝马斯提出了一个双轨制的商谈民主框架:一是正式的制度层面的民主,在协商基础上形成公共意志;二是非正式的公共领域的商谈民主,在公共舆论的基础上形成公共意见,并将重心放在后者,期冀通过复兴公共领域和公共舆论来影响并制约政治领域。博曼对此批评:"在意志形成和意见形成之间作太强的区分会损害到任何实际的民主主权。"③ 博曼将协商民主置于正式的政治制度中,"包括立法和行政在内的各种政治机构都需要形成自己的公共领域。"④ 他希望协商民主的制度化或者制度化的协商民主可以赋予公民以实质性的政治权力。虽然协商

---

① 卡罗尔·佩特曼:《参与和民主理论》,上海:上海人民出版社2006年版,第101页。
② 陈炳辉:《国家治理复杂性视野下的协商民主》,载《中国社会科学》2016年第5期,第142页。
③ 詹姆斯·博曼:《公共协商:多元主义、复杂性与民主》,北京:中央编译出版社2006年版,第157页。
④ 詹姆斯·博曼:《公共协商:多元主义、复杂性与民主》,北京:中央编译出版社2006年版,第159页。

民主与参与式民主都是对于精英民主的一种反思与批判,都强调一般民众参与到治国理政中去,但是协商民主不如参与式民主激进,协商民主既可以是大规模的公众参与式民主,也可以是精英主导的协商民主。

赵汀阳指出:"自古希腊以来,民主就由两个方面组成:选举和公议,或者说,投票和公开辩论。"① 公议以真理为目的,以自由和理性为原则,显示的是民主的质量(社会共识);投票以行动/决策为目的,以平等为原则,显示的是民主的数量(多数决定)。理想的民主是建立在公议基础上的多数决定制度。"在民主政治中,公议制度甚至比投票制度更基本也更重要。……公议是投票的前提,只有先通过公议摆明问题,发表意见,自由辩论,使人们对所要解决的问题以及各种可能方案有了足够清楚的认识之后,投票才有意义。"② 协商民主试图复兴的正是公议基础上的民主决策。公议的基础是公共知识,即在社会中均衡的、平等的知识分布格局。精英统治一直建立在两大基础之上:一是知识论基础,精英比大众掌握更多的治理国家的专业知识;二是道德论基础,精英比大众更具有公共关怀,更能代表公共利益。柏拉图的"哲学王"因此理应获得统治地位。但问题在于,自从马基雅维利一改古希腊理想主义的伦理化政治视角,变为现实主义视角后,已然发现了所谓的政治精英充其量不过道德水平与大众齐平,精英统治只剩下知识论基础。待到现今大众化教育,尤其是互联网的时代,知识领域可以说是全社会中最平等的领域,精英统治的知识论基础无可挽回地快速崩塌:"现代国家治理的复杂性,决定了掌握国家权力的政治精英、行政精英也不可能精通所有的公共事务问题……更重要的是,现代社会精英事实上广泛分布在经济、军事、文化、教育等各个专业领域,他们不可能全部集中在国家的权力机构中。"③ 协商民主的合理性正

---

① 赵汀阳:《坏世界研究:作为第一哲学的政治哲学》,北京:中国人民大学出版社2009年版,第286页。

② 赵汀阳:《坏世界研究:作为第一哲学的政治哲学》,北京:中国人民大学出版社2009年版,第290页。

③ 陈炳辉:《国家治理复杂性视野下的协商民主》,载《中国社会科学》2016年第5期,第147页。

是建立在精英统治崩塌的知识论与道德论基础的废墟之上：知识的均衡分布决定了协商民主的可能性，政治精英与民众道德的齐平性决定了协商民主的必要性。

正如习近平所指出的："民主不是装饰品，不是用来做摆设的，而是要用来解决人民要解决的问题的。"① 在国家治理现代化背景下，我们更加看重的是协商民主的治理功能。选举民主的主要意义在于为现代政治提供合法性根基，相对而言，选举民主的治理功能并不突出，因为多数决定的规则在解决具体的公共问题时，往往难以确保一个各方都能接受的结果；协商民主的主要功能则在于公共治理，它对于公开讨论、理性沟通、平等协商的偏重非常契合于当代治理理论，即使协商民主最后难免要以投票和多数决定的方式来达成结果，但此时显然是协商重于投票。然而，西方协商民主相对于选举民主的从属与辅助地位，主要是为了弥补选举民主（选举民主）代表性不足的问题，而非在选举民主之外寻求一种新的民主形式。这决定了西方协商民主主要是追求一种选举之外的新"治理术"，而非探求一种不同于自由主义政治哲学的"治理之道"，其"公民陪审团""共识会议""民意测验日""协商日"等制度，充其量只是弥补性治理方式，并非根本性的制度设计。②

西方学者们对于协商民主的具体含义主要有三种解释：一是把它看作一种决策体制；二是把它看作一种民主治理形式；三是把它看作一种团体组织或政府形式。即便只是把协商民主当作一种补充，但**从本质上讲，协商民主理论一开始就浸润了浓厚的治理意味**。西方主流学者们都认可协商民主理论与社会治理的内在契合。首先，协商民主意味着包括政府在内的社会多元力量之间就分歧和冲突进行对话，德雷泽克指出："治理网络就是一种潜在的协商制度。"卡尔卡森等人将协商民主界定为"通过讨论来

---

① 《十八大以来重要文献选编》（中），北京：中央文献出版社2016年版，第76页。

② 陈炳辉：《国家治理复杂性视野下的协商民主》，载《中国社会科学》2016年第5期，第147页。

治理"。其次,协商民主指明了多元力量在治理过程中相互作用的方式——公共协商,公共协商是治理获得不可缺少的合法性的必要条件。本哈比指出:"只有当决策在原则上对自由而平等的公民参与的适当的公共协商过程开放时,这一预设(指具有强制性的建议)才能得以实现。"再次,协商民主是处理日益复杂的公共事务的有效机制,特别是当今各种社会问题呈现出深刻分歧与道德冲突的状态。古特曼和汤普森认为,尽管并不指望通过协商来产生一致性意见,但协商能促成理解和相互尊重,从而会使深层次的道德冲突更易于处理。

(二) 中国政治话语体系中的协商民主

2001年,哈贝马斯访华,并作了"协商民主的三种规范"演讲,开启了西方协商民主理论大规模进入我国学术界的潮流。协商民主试图复兴公议基础上的民主模式。相对于以个人主义为基础的一人一票制选举民主,协商民主将重心转移到集体性的讨论与协商过程,关注的焦点不是决策的形式与结果,而是决策过程的公共性与实质正义。正是因为协商民主与选举民主的这种显著差别,加上协商民主与我国社会主义传统中的政治协商最初就显示出的诸多似曾相识的特征,协商民主迅速获得了诸如林尚立、俞可平、陈家刚、陈剩勇等一线学者的瞩目。协商民主理论舶来之初,携着哈贝马斯这一新世纪访问中国的第一位西方学术界顶尖人物的东风,国内学界一时热门非凡,但甚至关于其具体中文译法都众说纷纭,"审议民主""审慎民主""商议民主""商谈民主"等等,不一而足。陈家刚力主翻译为"协商民主",并将其界定为:"**协商民主是指自由平等的公民,基于权利和理性,在一种由民主宪法规范的权力相互制约的政治共同体中,通过对话、讨论、辩论等过程,形成合法决策的民主形式。**"[①]

随着西方协商民主理论传入我国并引起学术界一阵热烈的探讨与研究

---

① 陈家刚主编:《协商民主与政治发展》,北京:社会科学文献出版社2011年版,第8页。

后，协商民主进入中国共产党领导集体的视野，并迅速受到高度重视。这阵研究热潮不仅让诸多学者猛然发现原来我国原来应有很多本土协商民主的理论与实践，更让党和政府意识到亟须对这些理论与实践进行中国特色的总结与提升，否则有丧失话语权的危险。2006年2月，在《中共中央关于加强人民政协工作的意见》中首次出现了"协商民主"的概念；2007年11月，国务院新闻办公室发布了《中国的政党制度》，再次出现这一表述。但是，正如前述，政治选择与学术研究从来都遵循不同的逻辑，作为中国社会主义民主政治发展的一条道路，中国共产党人既大胆吸收了协商民主理论的合理内核，又扬弃了其中西方自由主义民主政治的不当理念。最终经过11年的淘洗，在2012年党的十八大上第一次提出了"社会主义协商民主"的概念，并将其定位为"我国人民民主的重要形式"。2015年，进一步以中央最高文件的方式颁布了《关于加强社会主义协商民主建设的意见》，更加具体明确地对社会主义协商民主的地位做了界定："社会主义协商民主是中国社会主义民主政治的特有形式和独特优势，是党的群众路线在政治领域的重要体现，是深化政治体制改革的重要内容。"① 同时，意见还对其内涵做了明确定义："**协商民主是在中国共产党领导下，人民内部各方面围绕改革发展稳定重大问题和涉及群众切身利益的实际问题，在决策之前和决策实施之中开展广泛协商，努力形成共识的重要民主形式。**"至此，学术界关于协商民主的诸多争论尘埃落定，相关研究获得快步推进（具体请见下图）。

2019年11月2日，习近平在上海考察长宁区虹桥街道古北市民中心时，首次强调，我们走的是一条中国特色社会主义政治发展道路，人民民主是一种全过程的民主，所有的重大立法决策都是依照程序、经过民主酝酿，通过科学决策、民主决策产生的。② 2021年7月1日，在庆祝中国共

---

① 《十八大以来重要文献选编》（中），北京：中央文献出版社2016年版，第291页。

② 《习近平：中国的民主是一种全过程的民主》，中国政府网：http://www.gov.cn/xinwen/2019-11/03/content_5448083.htm。

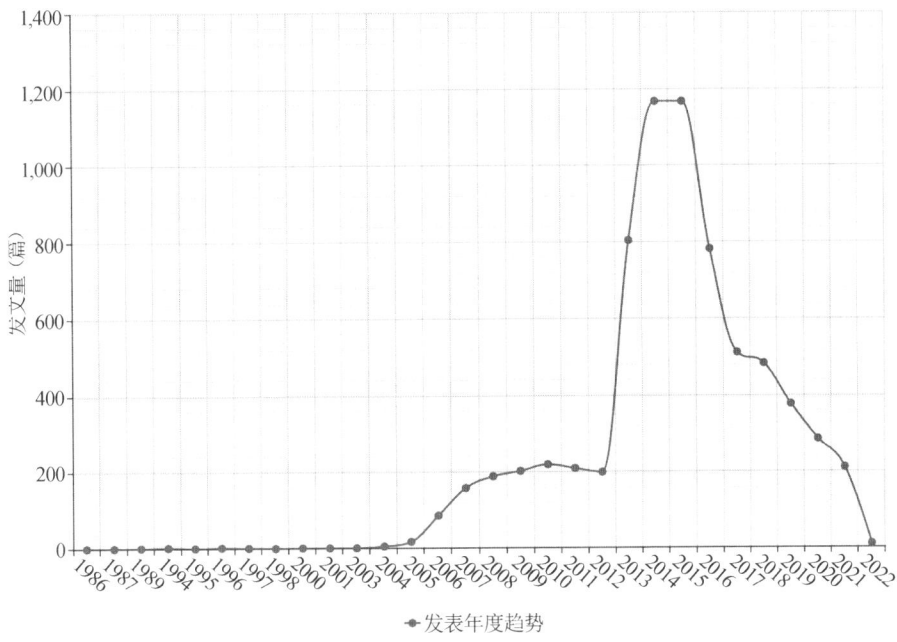

中国知网"协商民主"研究文献发表年度趋势图

（注：图表来源于中国知网统计数据，时间截至 2022 年 1 月 25 日）

产党成立 100 周年大会的重要讲话中，他再次重申了"践行以人民为中心的发展思想，发展全过程人民民主"① 的重要要求。2021 年 11 月，党的十九届六中全会通过了《中共中央关于党的百年奋斗重大成就和历史经验的决议》，把"发展全过程人民民主"作为党的十八大以来的重大成就和历史经验加以总结，进而将其列为习近平新时代中国特色社会主义思想的重要内容，并且明确要求全党在第二个百年的新征程中必须"发展全过程人民民主，保证人民当家作主"②。**"全过程人民民主"对社会主义民主政治进行了新的阐释，更加深刻地体现协商民主在社会主义民主政治体系中的独特地位。**西方选举民主只是在选举前将选民唤醒，选举后绝大多数选民都

---

① 习近平：《在庆祝中国共产党成立 100 周年大会上的讲话》，新华网：http://www.xinhuanet.com/2021-07/15/c_1127658385.htm。

② 《〈中共中央关于党的百年奋斗重大成就和历史经验的决议〉辅导读本》，北京：人民出版社 2021 年版，第 81 页。

进入休眠状态，是一种间歇性民主和"单环节民主"。社会主义协商民主生动体现了"全过程人民民主"。首先，协商民主的主体是全面的，它不仅强调民主的代表性，"众人的事由众人商量"，更强调全民的参与性。其次，协商民主的过程是全面的，民主选举、民主协商、民主决策、民主管理、民主监督，方方面面都涉及，人民群众都可参与，其中，"民主协商"的加入，使得社会主义民主政治由"四个民主"跃升为"五个民主"，补足了全过程人民民主的最后一环，实现了人民民主的全面性。再次，协商民主的形态是全面的，不仅有理论上的阐释与制度上的设计，关键还有广泛、多层、制度化的民主实践，是"管用"的民主，而非只是"管说"的民主。

为了更好地估量社会主义协商民主在社会主义民主政治发展中的地位，还应该站在全球民主政治演变和大历史两个角度进行纵深考察。自鸦片战争以后，中国人一直在反思自身在制度和文化上的痼疾，五四运动后，最终归结到科学和民主两个方面。相对而言，不讲科学主要是工具意义上的缺陷，没有民主则是价值意义上的缺陷，是国家制度疲弊的总根源。两千多年的专制历史就是我们缺乏民主的最好注脚，民主话语权羸弱也就成为现代以来我们民族自信和国际话语权最大的一个"短板"，人们一谈起来就不自觉地底气不足，甚至一度因为过于敏感而闭口不谈。尽管我们有着长期而丰富的协商实践经验，但近代以来，我们的理论自信和制度自信一直低迷羸弱，对于协商实践没有进行必要的学术研究和理论建构，协商理论严重滞后于实践。政治协商实践在新中国成立前后具有功勋卓著的地位，但在理论上也"**仅仅将协商民主理解为人民政协和党派之间的政治协商，而没有将'协商'与'民主'融为一体，升华为一种新型的民主理论范式。**"① 为此，中共中央《关于加强社会主义协商民主建设的意见》明确指出，加强社会主义协商民主建设是我国面对世界范围内不同政治发展道路竞争博弈的新挑战背景下，发挥我国政治制度优越性，增强中国特色社会主义道路自信、理论自信、制度自信、文化自信的必然选择。

---

① 厉有国：《当代中国马克思主义民主理论的新发展——学习习近平关于社会主义协商民主的重要论述》，载《世界社会主义研究》2019年第6期，第9页。

社会主义协商民主自此以后，从作为民主形式之一的政治协商上升为与资本主义自由民主相并列的新型民主制度。

虽然在全球化背景下，社会主义协商民主的发展肯定是我们积极吸收西方协商民主的优秀成果的一次借鉴与创新，但是我们也应该充分、自觉地认识到社会主义协商民主深深扎根于我们优秀的传统文化土壤。与西方传统上依靠宗教力量进行国家治理不同，我国自古以来就有深厚的"为了人""依靠人"的人文精神，这种人文精神的核心虽不排斥基于规则的法制手段，但更看重基于情感的德治手段。西方当代协商民主总体上遵循的还是选举民主、票决民主的传统，协商民主是为了弥补、救治选举民主和票决民主的不足，而不是为了取代他们，西方协商民主的目的是通过理性凝聚共识，以便更好地促进选举民主；我国传统的协商治理更多透露的是注重情感的德治思想，协商的过程就是情感的相互倾吐、交融、互通的过程，协商并不以票决为直接指向，协商本身就有化解矛盾、解决问题的功能。"实际上，人类社会近500年的发展，充分展示了人文精神在国家治理、社会管理过程中全面提升的趋势和规律。中国社会的人文精神，中华民族的文化自信，将会在法律道德共同治理方面进一步体现其价值和优势。"[①] 换言之，透过人类大历史的视角，浸润了中华人文精神及其德治理念的社会主义协商民主，提供了一种既包容选举民主，又超越选举民主的新的民主政治道路。

二、社会协商的源起与内涵[②]

（一）社会协商是协商民主在社会治理领域的独特优势

国际经验表明，发展中国家在现代化与民主化的双重进程中，必须慎

---

① 朱勇：《中国古代社会基于人文精神的道德法律共同治理》，载《中国社会科学》2017年第12期。

② 本部分内容已经作为本课题阶段性研究成果《追寻"治理之道"：以马克思"个人自主活动"价值观引领社会协商治理》发表于《广西社会科学》2020年第2期，第83—89页。引入本文时做了适当修改。

重处理社会动员与社会整合的关系,这也是亨廷顿"变动社会中的政治秩序"理论的主要观点,即"政治参与的扩大必须与政治制度化水平相适应"。现代化与民主化势必在短期内激发出众多而强大的新生社会力量,它们往往会表现出与传统相互疏离的品性。如果按照西方治理理论所要求的政府与社会平等合作,片面强调多中心治理,势必造成各种社会力量各自为政,对抗政府,政府必要的权威丧失,社会秩序混乱,反过来吞噬现代化与民主化的成果。所谓的"拉美陷阱",相当大程度上就是这样一个"参与陷阱"。一个国家在现代化快速进展的阶段,一旦盲目地采取快速而普遍的选举民主策略,往往无法实现社会整合,而是社会分裂。因为选举民主的一人一票制、多数决定制和多党竞争制,其目的主要就不在于社会整合,而在于为执政者输送政治合法性。西式民主的成功与稳定,很重要的一个前提就是它们作为发达国家具有良好的经济社会发展基础,一旦经济社会基础出现问题,西式民主也会出现重大曲折。2008年国际金融危机以来,西方发达国家普遍挣扎于经济泥潭,尤其是受到这次新冠肺炎疫情巨大冲击之后,所谓的自由民主纷纷堕落为民粹主义和民族主义,国内社会动荡和国际无序倾轧一举打破了人们长期以来对于西式民主的"灯塔幻想"。

正如上面所述,当代协商民主的兴起是与西方选举民主面临的重重困难紧密相关的,协商民主虽然本质上具有治理的功能,但主要被视为弥补选举民主弊端的一个良方。我国对于协商民主的理论研究一开始深受西方的影响,将协商与民主紧紧挂钩起来。这就出现了两个问题:一是错位,我国并不存在西方式的多党竞争性选举,当然就不存在西方选举民主出现的很多问题。二是遮蔽,美国学者伊桑·莱布指出:"如果没有竞争性选举,一个国家根本无法称自己为民主国家。……没有选举层面的政治平等,就没有被视为协商民主核心的公民审议和社会平等。"[①] 莱布的这种观点具有非常的典型性,是西方学者用来否定我国

---

① Ethan J. Leib, "Pragmatism in Designing Popular Deliberative Institutions in the United States and China", In Ethan J. Leib, Baogang He, *The Search for Deliberative Democracy in China*, New York: Palgrave Macmil-lan US, 2006, p. 115.

存在协商民主历史与现实的代表性观点。如此一来，我国社会主义协商民主建设就丧失了根基，充其量只能跟在西方后面亦步亦趋，中国特色社会主义政治学的话语权就会沦落，显然与我们当前强调的理论自信、制度自信相悖而行。

实际上，"基于现代民主视角的协商理念遮蔽了长期历史实践中丰富的协商事实"①，协商不是与民主简单地一一挂钩，协商更与日常的政治和社会治理实践紧密相连。正如马克思所言，社会性是人的本质属性，人类的群居生活必然进化出人与人之间相互沟通、协调的本能，否则社会就会出现因为相互斗争而解体。也就是说，相对于国家出现以后（特别是国家采取民主的组织形式之后）协商与民主的关联，国家出现以前，协商就与治理相互关联，这一点更为根本。相对于西方选举民主的话语霸权和协商民主的话语强权，我们应该更加注意突出协商治理的话语优势和社会功能。在治理的视角下，"传统中国的社会治理实行双轨制，体现国家与农民关系的纵向治理依靠强制，联结民众社会的横向治理依靠协商。"② 传统中国乡村自治蕴含着丰富、持续而又可开发的社会协商治理资源，我们当然可以理直气壮地树立社会主义协商民主的理论自信与制度自信。

因此，我国社会主义协商民主相对于选举民主，协商民主虽然也提供政治合法性，但主要功能是提高公共治理品质。如果说选举民主是"主权民主"，那么协商民主就是"治权民主"，它不改变现有的政治权力架构。党的十八大报告首次正式提出社会主义协商民主，就将其任务明确界定为："通过国家政权机关、政协组织、党派团体等渠道，就经济社会发展重大问题和涉及群众切身利益的实际问题广泛协商，广纳群言、广集民

---

① 陈军亚：《公理共议：传统中国乡村社会的协商治理及价值——以"深度中国调查"的川西"断道理"为据》，载《山东社会科学》2019年第1期，第70页。

② 陈军亚：《公理共议：传统中国乡村社会的协商治理及价值——以"深度中国调查"的川西"断道理"为据》，载《山东社会科学》2019年第1期，第69页。

智,增进共识、增强合力。"① 这个任务显然是治理性任务,而非政治民主性任务。在我国这样一个非政党竞争性的政治系统中,社会主义协商民主有利于引进多种社会力量参与公共管理,能够显著提高政府单独治理导致的低效与腐败风险,激活政府治理潜能,提升治理绩效。当然,协商民主在我国的推进不仅仅是上述公共治理的客观要求,也是渐进式民主政治改革的主观设计。虽然协商民主并不直接实施竞争性选举,但它显然大大有利于培养理性的公民、民主的行为习惯与文化氛围。同时,在实践上,笔者调研发现,地方政府官员实际上也主要是在治理意义上理解社会主义协商民主。在笔者一项面向福建省527位政府官员的调查问卷中,当被问到"您认为社会主义协商民主首先是以下哪种方式时?" 15%认为协商民主首先是一种民主决策方式,34%认为协商民主首先是一种群众参与的具体方式,高达41%认为协商民主首先是一种化解社会矛盾的治理技术,只有10%认为协商民主首先是一种政治民主方式。民主决策、群众参与和化解社会矛盾实质上都属于社会治理领域。显然,把社会主义协商民主转化为地方治理实践,更符合地方政府官员的认知倾向,也更符合地方治理的现实。

(二) 我国社会协商理论与实践的演变

国内学界对于社会协商的研究分成明显的两个阶段。早在1987年,中共十三大就正式提出"社会协商对话制度"的概念。这一时期的社会协商研究具有明显的独立性,基本上不受西方学术思潮的影响,甚至当时国内学界都尚未接触西方的协商民主理论。这也从另一个方面强有力印证了中国共产党人能够自己寻找出一条解决中国问题的有效途径,而不必跟在西方后面亦步亦趋。其时,社会协商对话有着明确的实践指向,就是希望通过这一制度来应对改革冲关面临的诸如价格改制等难题。在理论界,这一

---

① 《十八大以来重要文献选编》(上),北京:中央文献出版社2016年版,第21页。

概念一经提出便引起了广泛讨论和研究。研究者们对社会协商的形式、特点、内容、意义有一些探讨，把社会协商与党的群众路线、社会稳定、社会主义民主的发展等联系起来。后来，因为国内外局势的变化，社会协商对话制度的实践探索及相关研究随着政治体制改革遇冷而有所隐现，但一直在以多种形式延续着探索的进程。

21世纪以来，伴随着科学发展观、和谐社会的提出，社会协商研究重新回归学术视野。此时的研究不再像20世纪80年代末那样与政治改革伴随左右，而是开辟了两个新视角：一是在西方协商民主理论的视角下，从政治学进入探讨，但重点不再是高层的政治体制改革，而是基层民主协商；二是在社会建设的视角下，从社会学进入探讨。

新一轮的社会协商研究受到当代协商民主理论的重大影响。虽然新民主主义革命时期，毛泽东已经提出相当系统的政治协商思想，但它主要是一种政党协商理论。当代协商民主理论一开始是作为外来理论被引入的，主要是作为选举民主理论的一种补充和完善。经过多年的理论探讨，以及对于我国本土协商民主实践的反思与凝练，应该说，我国协商民主的理论研究已经趋于成熟，并且基本实现了理论的本土化。外来的协商民主理论已经有效对接上本土既有的社会主义政治协商制度，形成了中国特色社会主义协商民主理论。二者的结合，使得既有的社会主义政治协商制度从原先的政治协商扩展到了社会协商领域，力图打造广泛、多层、制度化的协商民主体系。协商民主理论本土化的成功集中体现在该理论成功地进入党的十八大报告。党的十九大报告进一步将社会主义协商民主通俗化为："有事好商量，众人的事情由众人商量"，并将其定位为"人民民主的真谛"，"协商民主是实现党的领导的重要方式，是我国社会主义民主政治的特有形式和独特优势"[①]，这一定位充分显示了新一届党中央治国理政更加自觉自信。

---

① 《十八大以来重要文献选编》（中），北京：中央文献出版社2016年版，第291页。

(三) 社会协商概念的界定

虽然党的十八届三中全会第一次明确提出"社会协商"重大概念时，是与立法协商、行政协商、民主协商和参政协商并列，但笔者赞同周友苏等人的观点，认为"社会协商作为沟通国家与社会的协商形式，从包容度和涵盖面来看，并不与立法协商、行政协商、民主协商、参政协商处于完全并列的层级，而应当与政治协商处于并列的层级，共同属于协商民主之下的第一层级的协商形式。"① 也就是说，社会主义协商民主包含政治协商与社会协商两大组成部分，社会协商作为新兴的协商民主形式，是社会主义协商民主新的生长点与着力点。如果说政治协商是社会主义协商民主体系的高级形态，那么社会协商就是社会主义协商民主体系的基础形态。② 社会协商相比于政治协商：第一，社会协商可以最大限度地包容各种社会力量，体现社会主义民主的广泛性与真实性；第二，社会协商可以贯穿社会主义协商民主体系的各个层次；第三，社会协商主要在基层开展，对于激活基层社会活力，促进基层治理具有重要意义；第四，社会协商是当今基层民主建设的创新点，有助于社会主义协商民主理论的突破与实践的探索，从走出一条不同于西方选举民主的社会主义协商民主道路的角度来看，更可能具有突围性的意义，可以极大地在政治上提升中国特色社会主义的道路自信、理论自信与制度自信。社会主义协商民主将原有的政治协商体系扩展至社会领域，社会协商因此将与政治协商共同构成新时期的"双轨政治"系统：政治协商偏重于宏观的高层政治议题，政治协商主要与民主关联；社会协商聚焦于基层的日常公共议题，社会协商主要与治理关联。如此上下互动，上下交融，开辟一条中国特色的协商民主道路。

国内研究协商民主的主流学者林尚立从主体的角度将协商民主划分为

---

① 周友苏等:《社会协商论》，北京：人民出版社2017年版，第28页。
② 这里的"高级"与"基础"的说法并不含优劣之分，只是区分二者的地位。

政治协商、社会协商和公民协商。① 政治协商主要指执政党与参政党之间的政治性议题协商；社会协商指政府与社会之间的协商，偏重于组织化的协商；公民协商则指社会内部公民之间的协商，主要是个人化的协商。在社会治理实践中，社会协商与公民协商往往相伴随，都指向多元化的社会治理，二者很难区分，也没必要区分。因此，**从社会治理的角度出发，笔者主张将上述社会协商与公民协商统括为社会协商，从协商内容的角度来界定社会协商，无论是政府、社会组织、公众，还是企事业单位，只要是针对社会性公共事务的协商，都应该归为社会协商**。但是，在社会主义协商民主的总体框架下，从走出一条区别于西方以竞争性选举民主为主体、具有中国特色的民主道路的角度来看，"社会协商主要应当指向党委政府与社会主体的协商，即官民之间协商，这一协商大致可以分为两个基本的层次：第一，党委政府与社会主体的协商，包括与社会团体和公民的协商，应当成为社会协商的主要部分；第二，社会团体与公民的协商，社会团体作为党委政府联系群众的桥梁和纽带，与公民的协商实际上也是前一层次协商的延伸。"② 笔者基本赞成周友苏等人提出的这个观点，即社会协商主要指"官民协商"，"民民协商"虽然也具有显著的社会治理创新意义，但从促进社会主义协商民主的角度看，是从属于官民协商的。只不过，周友苏等人这里所指的"社会团体"显然是指工、青、妇等"准政府"的人民团体，而在"民民协商"中，社会团体具有更广大得多的覆盖面，既包括了"准政府"的人民团体，也包括"非政府"的社会组织。进一步说，在社会主义协商民主的总体框架下，将社会协商的重点界定在"官民协商"，尤其是将各级党委纳入其中并居于主导地位，可以充分发挥我们党密切联系群众的最大优势，拉近以往一段时间中一度疏离的党群关系，更好地体现新时代全面深化改革中，党和政府以人民为中心的改革价值取向和更多地还权于民的改革路径取向。

---

① 林尚立、赵宇峰：《中国协商民主的逻辑》，上海：上海人民出版社2015年版，第36—48页。

② 周友苏等：《社会协商论》，北京：人民出版社2017年版，第28页。

综上所述，社会主义协商民主体系可以划分为政治协商和社会协商两大部分，其中，政治协商按照协商主体又可以划分为政党协商、人大协商、政府协商、政协协商、人民团体协商，社会协商又可以划分为城乡社区协商、社会组织协商、企事业单位协商和公民协商，鉴于我国城乡二元分化的长期历史和城乡融合发展正在推进尚未完成的现有状态，城乡协商存在着广泛而明显的差距，有必要进一步将城乡社区协商划分为城市社区协商和农村社会协商。

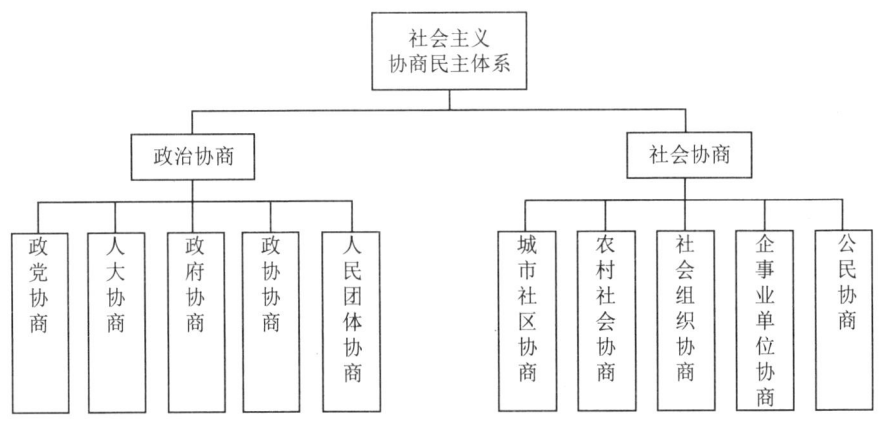

社会主义协商民主体系结构图

三、社会协商治理的源起与内涵[①]

（一）社会协商治理是国家治理现代化在社会治理领域的具体体现

正如前述，"国家治理现代化"的表述明显透露出新时代全面深化改革的价值导向性，本身已经内含了中央对于治理理论主张多元化治理与合

---

① 本部分内容已经作为本课题阶段性研究成果《社会治理社会化视域下的社会协商制度建设——兼论社会协商的社会组织平台构建》发表于《闽江学院学报》2018年第3期，第31—37页。引入本文时做了适当修改。

作治理的认同。纵观改革开放以来的众多外来政治理念,能够获得如此持续的关注与实践,并最终上升为中央执政理念的,"治理"不能说是唯一,但可以说是少见的一个。究其原因,应该包含以下几个:首先,就"治理"理念本身来说,"在地化"正是其核心的精神气质,即治理的安排必须基于国别及地域传统;①其次,基于中国特色社会主义的政治发展道路,治理改革的提法相比于政治改革,既与国际接轨,又摆脱了意识形态争论的麻烦;再次,虽然治理理论存在着内核不清晰和应用范围的混乱,但反过来说,"治理"理念具有很大的包容性,既可以上溯至治理哲学层面,又可以落实为治理制度,还可以下探到治理实践,这一巨大的包容性对于寻求渐进式变革的我国来说,具有灵活、可控的明显优势。以上三个原因从党的十八届三中全会的表述中可以明确地引申出来,"全面深化改革的总目标是完善和发展中国特色社会主义制度,推进国家治理体系和治理能力现代化。"② 国家治理现代化资本主义可以用,社会主义也可以用,前提是坚持和发展中国特色社会主义。

正是因为治理理念具有很大的包容性和灵活性,在马克思主义中国化理论的指导下,中国共产党人创造性地运用治理理念,提出了国家治理现代化的理论框架与实践体系。在此框架和体系下,社会协商治理是社会主义协商民主与社会治理相互融合的产物,是国家治理现代化在社会治理领域的具体体现,或者说是国家治理现代化视野下社会治理的社会协商机制。

(二) 我国社会协商治理理论与实践的发展过程

在我国,社会协商首先是作为一种治理创新实践出现在地方治理层面的,以浙江温岭的民主恳谈会为典型,党的十八届三中全会的决定第一次

---

① 徐林、宋程成、王诗宗:《农村基层治理中的多重社会网络》,载《中国社会科学》2017年第1期,第32页。

② 《中共中央关于全面深化改革若干重大问题的决定》,新华网:http://www.xinhuanet.com/politics/2013-11/15/c_118164235.htm。

将地方治理创新在国家层面上做出提升与概括,并将国家治理现代化列为全面深化改革的总目标之一,这种顶层设计无疑将开启我国治理创新的新格局。据此,又在全面深化改革的框架之下提出"推进协商民主广泛多层制度化发展"的要求,明确将社会协商纳入社会主义协商民主建设的范畴,在充分肯定社会协商的治理意义的基础上,进一步开发了社会协商的民主意义。社会协商因此成为一个兼具治理与民主双重意义的制度平台。

从现实的政策指向来看,社会治理与社会协商具有相互融合而成社会协商治理的趋势。党的十八大报告首次提出"社会主义协商民主"的概念,要求"推进协商民主广泛、多层、制度化发展"。党的十八届三中全会紧接着明确提出了"社会协商"的概念,要求"深入开展立法协商、行政协商、民主协商、参政协商、社会协商",同时,首次将"社会管理"改称"社会治理",一字之差,充分显示了中央构建多元化社会治理体系的决心与战略部署。两次大会都强调了社会治理与社会协商的有机融合,通过广泛有效的社会协商治理集民智,聚民力,促和谐。党的十八届五中全会及其制定的"十三五"规划进一步提出构建全民共建共享的社会治理格局。

党的十九大在论及"发展社会主义民主政治"时,一改十八大及之前只提"民主选举、民主决策、民主管理、民主监督"的做法,特别加入了"民主协商",变成"民主选举、民主协商、民主决策、民主管理、民主监督",社会协商与社会协商治理因此被纳入社会主义民主政治的范畴。同时,党的十九大在总结过去五年社会治理创新的基础上,再次将"全民共建共享的社会治理格局"提升为"打造共建共治共享的社会治理格局。加强社会治理制度建设,完善党委领导、政府负责、社会协同、公众参与、法治保障的社会治理体制,提高社会治理社会化、法治化、智能化、专业化水平。"[①]"共治"的提法事实上就为社会协商治理开辟了充足的实践空间,"社会治理社会化"的提法充分显示了社会治理领域多元治理主体合

[①] 习近平:《决胜全面建成小康社会 夺取新时代中国特色社会主义伟大胜利》,人民网: http://cpc.people.com.cn/n1/2017/1028/c64094-29613660.html。

作共治的政策取向。"十三五"规划确定的是"构建全民共建共享的社会治理格局",党的十九大进一步将这一格局充实、提升为"打造共建共治共享的社会治理格局",增加了"共治"一词,意味深长。"共建"强调的是共同的社会治理资源投入,"共享"强调的是社会治理成果应该为全体人民共有,而"共治"则是强调社会治理过程的协同参与,共同发力。如此一来,社会治理从投入到过程再到成果,真正实现了闭环,多元共治的社会治理创新体系亦趋于完整。在国家治理现代化的总体框架下,多元共治是社会治理社会化的具体实现路径;政府与其他多元治理主体合作治理的过程不能再简单依靠行政命令的手段,协商互动是主要手段;在社会主义协商民主体系之中,社会协商指的就是政府与社会之间、社会主体之间就社会性公共事务展开协商的过程,社会协商因此高度契合于社会治理社会化。

党的十九届四中全会着重研究了坚持和完善中国特色社会主义制度、推进国家治理体系和治理能力现代化的若干重大问题,在论及"健全充满活力的基层群众自治制度"时,强调"健全基层党组织领导的基层群众自治制度,在城乡社区治理、基层公共事务和公益事业中广泛实行群众自我管理、自我服务、自我教育、自我监督,拓宽人民群众反映意见和建议的渠道,着力推进基层直接民主制度化、规范化、程序化。"[1] 将"直接民主"写入党中央文件这是第一次[2]。虽然这里并未提及"协商民主""社会协商"或"协商治理",但是,众所周知,协商民主相对于选举民主来说,就是一种典型的直接民主。这里的"直接民主"与前面的"民主协商"和之后的"坚持和完善共建共治共享的社会治理制度"是一脉相承的。党的十九届四中全会明确指出:"社会治理是国家治理的重要方面。必须加强和创新社会治理,完善党委领导、政府负责、民主协商、社会协

---

[1] 《中共中央关于坚持和完善中国特色社会主义制度 推进国家治理体系和治理能力现代化若干重大问题的决定》,人民网:http://cpc.people.com.cn/n1/2019/1106/c64094-31439558.html。

[2] 根据人民出版社"中国共产党思想理论资源数据库"(http://data.lilun.cn/index_custom.html)查询结果,2022年2月25日查询。

同、公众参与、法治保障、科技支撑的社会治理体系,建设人人有责、人人尽责、人人享有的社会治理共同体,确保人民安居乐业、社会安定有序,建设更高水平的平安中国。"① 相比于党的十九大报告中"完善党委领导、政府负责、社会协同、公众参与、法治保障的社会治理体制"的提法,四中全会"民主协商"和"科技支撑"两个方面的重要表述,"民主协商"与"社会协同""公众参与"相互配套,架构起了一个三足鼎立的完整的社会协商治理框架。因此,我们可以认为,**党的十九届四中全会在国家治理现代化的理论框架中完整奠定了社会协商治理的理论基础**。

(三) 社会协商治理的内涵

正如本节第一点所述,协商民主本身就具有强烈的治理意蕴和治理潜力,协商民主追求多元力量的协商合作,这与国家治理本质上相通,协商民主可以很好地服务于国家治理,国家治理也必然需要通过协商民主的方式提升治理效能。如若不然,协商民主与国家治理相互隔阂与脱节的话,协商民主就只能成为一个空洞乏力甚至虚假的政治口号。西方协商民主正是因为无法大规模运用到国家治理实践中,而迄今主要停留在理论层面上。我国在推行选举民主的过程中,也碰到过类似的困境。20世纪90年代后,不少地方开始试行"海选""两票制""公推直选"等乡镇直接选举,但民众只是在选举期间被唤醒,选举完了不能广泛参与基层治理,参与热情很快就消磨殆尽,这些试验绝大多数都不了了之,没能扩展成协商民主的广泛实践。21世纪以来,我国社会主义协商民主实践的快速发展,以至于在党的十八大正式形成社会主义协商民主理论,恰恰是因为协商民主与地方治理紧密联结在一起,在党的领导下突出了协商治理的公共利益导向,很大程度上推动了地方治理不断改善,反过来促进了实质性的民主化建设。**在新时代背景下,在中国特色社会主义的前提和基础上,把治理**

---

① 《中共中央关于坚持和完善中国特色社会主义制度 推进国家治理体系和治理能力现代化若干重大问题的决定》,人民网: http://cpc.people.com.cn/n1/2019/1106/c64094-31439558.html。

理论引入国家管理之中，就形成了国家治理；把协商民主引入国家治理之中，又形成了协商治理；把从属于社会主义协商民主的社会协商与从属于国家治理的社会治理相结合，最终形成了社会协商治理。

理论上来讲，社会治理与社会协商具有内在的关联。二者均属于"国家—社会"关系的范畴，都是为了实现国家与社会的良性互动与合作；二者均体现了多元主体、合作共治的治理理念；二者均强调政府主导与社会协同的统一；二者均具有相同的对象，即社会性公共事务。因此，社会协商是社会治理运作的核心机制。"从中国的政治逻辑来看，能够同时提升政府与社会治理能力，并促进它们协调、合作和融合的有效机制，就是社会协商。"[①] 社会协商治理所创造的效应是双向的，对国家或政府来说，社会协商治理将为社会有效参与政府的社会管理提供机制和平台；对社会来说，社会协商治理将为政府顺应民意、关照民情、提高社会自治的能力与水平提供机制与平台。

从社会实践来看，社会治理创新与社会协商探索存在着高度的融合。观察各地先后涌现的社会治理创新案例，都不约而同地将协商作为创新的主要增长点，将社会协商贯穿社会公共事务处理的全过程，不仅包括社会公共事务决策前的调研，也包括决策中的拍板，还包括决策后的审议以及决策引发问题的后续处理，特别是在公共决策引发的群体性事件处置中，社会协商已经成为必备程序。"可见，社会协商不仅要针对社会事务的正确决策和妥当处理，而且要针对处理社会事务产生的矛盾冲突的化解。在这个意义上，社会协商也是社会治理创新的重要方式和内容。"[②] 在此社会治理思路下，各地开发出了诸如民主恳谈会、民主议事会、市民听证会、平安协会等社会协商治理载体，既是基层社会协商的积极探索与成功经验，又涌现出了众多社会治理创新的典范。

既然社会协商治理是社会主义协商民主与社会治理相互融合的产物，

[①] 林尚立：《协商民主：中国的创造与实践》，重庆：重庆出版社2014年版，第112页。

[②] 周友苏等：《社会协商论》，北京：人民出版社2017年版，第48页。

那么，结合这二者的内涵，我们可以将社会协商治理界定为：**社会协商治理是指在党委领导下，政府、社会组织、企事业单位以及公民个人等多元化治理主体，以民主协商、合作共治的方式，形成一系列共识，依法治理社会公共事务，实现公共利益最大化的过程。**

作为社会治理机制的社会协商治理，具有三层意义，一是通过社会主体之间的协商，可以促进沟通交流，有效准确地表达公共服务需求，从而提高公共服务效率，提高民生保障水平；二是社会协商的过程，可以将社会矛盾的隐患消解在萌芽状态，如果社会矛盾产生，社会协商相比行政强制手段能更好地化解矛盾；三是除了上述两层民生意义之上外，社会协商治理还具有更长远的民主意义，广泛、制度化的社会协商实践，无疑可以培养民众的协商精神和公共关怀，锻炼民众的协商能力，从而为更大规模、更高水平的社会主义民主政治建设提供坚实的社会基础。党的十九大报告明确指出了这一点："发展社会主义协商民主，健全民主制度，丰富民主形式，拓宽民主渠道，保证人民当家作主落实到国家政治生活和社会生活之中。"

第三节 社会协商治理的要素、特征与原则

社会协商治理作为一种新兴的社会治理与社会协商融合创新的模式，我们不仅要理解其特定的内涵，也要通过纵向的社会管理与社会治理对比、横向的中西社会治理对比，把握其构成要素，理解其治理特征和治理原则。

一、社会协商治理的要素

（一）社会协商治理的目标

众所周知，新时代国家的目标从富起来走向强起来，群众的生活目标则从富裕转向美好。理论与实践证明，社会协商治理是适应我国新时代社

会主要矛盾变化必须树立起的新社会治理理念。**面对人民的美好生活需要，社会协商治理的目标可以一言以蔽之：从"富民"到"乐民"**。党中央一再强调，新时代社会治理的方式方法则必须走向精细化、科学化、协商化。其中，精细化和科学化侧重于技术手段的更新，协商化则是制度形态的变革，应该是新时代社会治理创新贯穿始终的核心理念之一。在推进社会主义协商民主建设和国家治理现代化进程的背景下，社会治理领域因为具有弱政治性和强公共性，社会协商治理方面的改革阻力较小，既能稳步提升社会主义民主水平，又能保障政治稳定与社会稳定；社会协商治理可以显著提高社会治理绩效，大大有利于提升民生福利水平，增强人民的安全感与获得感，从而增强人民对中国共产党执政的认同感；社会协商治理着眼于通过提高社会治理领域的民主水平，大量释放制度红利，相对降低人力、物力和财力投入，能够获得事半功倍的效果；社会协商治理可以经常化养成民众的民主意识，训练民众的民主技能，从而为高水平的社会主义民主奠定社会基础。

具体从现实角度来看，社会协商治理又可以区分出高低"两个目标"。2013年年初，习近平提出："要善于运用底线思维的方法，凡事从坏处准备，努力争取最好的结果。"① 随后几年，又在不同场合强调了数十次，底线思维成为全面深化改革、推进国家治理现代化的主导性思维方式之一。运用底线思维，我们可以进一步探讨**社会协商治理面向改善社会治理状况、实现社会善治的双重目标**。

"从坏处准备"来说，社会协商治理可以消除社会矛盾的"不可治理性"，塑造社会公共事务的"可治理状态"。社会矛盾无时不有，无处不在，引导社会矛盾进入"可治理状态"是社会治理的前提。如果社会冲突呈现的是责任主体不清、问题原因不详、问题结构不清晰的状态，它就进入了"不可治理状态"。比如，在本世纪初期多发的群体性事件中，众多无利益相关者参与其中，他们很多抱着围观、起哄甚至发泄的心态，在不

---

① 习近平治国理政之底线思维 [EB/OL]. (2016-04-10) [2018-04-06]. 人民网：http://politics.people.com.cn/n1/2016/0410/c1001-28264095.html。

明真相的状态下"把事情搞大",而相关部门往往将其视为聚众闹事甚至"刁民",原本只是一件简单的民事纠纷、刑事案件或行政案件就演变成一场官民冲突。所谓的"可治理性"则包括:通过协商中的信息交流,充分暴露社会问题的真相,促使社会问题的结构化;搭建社会协商平台,实现当事各方的理性沟通;促进当事各方的相互尊重与信任;增大各方达成共识的可能性。社会协商治理的首要现实目标是使社会问题进入"可治理状态"。进入可治理状态本身不是解决问题,却可以使解决问题成为可能。

"争取最好结果"来说,社会协商治理并非是一种主要的决策方式,但是社会协商治理为决策的科学化、民主化创造了有利条件。社会协商治理的最终目标是社会善治,即社会的良好治理。善治的社会并非没有社会问题与社会矛盾的社会,而是社会问题与社会矛盾能够通过理性的沟通、相互的理解、协商的合作得以缓和、谅解与治理。协商的本质是以"交互理性"达成各方的相互理解、尊重和妥协,是缓和矛盾,减少冲突。因此,社会协商制度设计的首要目标应该是建立政府与社会各方力量之间相互沟通交流的平台。比如,很多人将听证会误解为决策会,认为听证会应该达成最终方案,而且最好是以民主决策(投票)的方式达成,如果以此考察我国听证会的现状,大多数观察者会得到悲观的结论,认为价格听证"逢听必涨",听证会只不过是一个中看不中用的"花瓶"、走过场的程序而已。然而,如果从创造沟通交流平台的角度来看,再差的听证会也都能够起到沟通信息的作用,总比政府官员的"拍脑袋"决策要好得多。社会协商治理首要的是通过理性沟通暴露社会问题的真相,厘清问题的内部结构,而问题的解决主要依赖于后续的经济、法律、行政等诸多手段。毕竟,民意所产生的沟通权力并不能取代行政权力。

(二) 社会协商治理的主体

社会协商治理的主体是指社会协商治理的责任承担者和利益相关者,党组织、政府、企事业单位、社会组织和普通民众都是社会协商治理的主体。

首先,中国共产党是我国唯一的执政党,党政军民学,东南西北中,党是领导一切的,是社会协商治理的当然主体,具有领导地位。党的十九届四中全会明确指出:"必须加强和创新社会治理,完善党委领导、政府负责、民主协商、社会协同、公众参与、法治保障、科技支撑的社会治理体系,建设人人有责、人人尽责、人人享有的社会治理共同体。"[①] 党组织是社会协商治理网络的政治核心和领导者,承担着确保社会协商治理朝着改善民生、保障发展的正确方向前进的最终责任。当前,在全面从严治党的总体要求下,党组织对社会协商治理的领导,当然应该掌握必要的权力,但首先意味的是责任,是在党要管党的前提下,通过社会协商治理全面提升党建引领治理、党建服务群众的水平。

其次,政府是实施社会协商治理的实际责任者。建设人民满意的服务型政府是我国政府职能转变的目标。服务型政府是一个有限政府,政府必须改变以前大包大揽的社会管理理念,主动把不该管、管不好的事务让渡给其他治理主体,但又始终承担着兜底社会治理的责任。同时,由于我国其他社会治理主体基础差、底子薄、经验少,政府又承担着培育治理主体、营造协商治理环境的重任,政府必须合理分配手中掌握的各种资源,合理使用各种约束手段,激励各个治理主体的积极性和创造性,吸纳它们进入制度化协商治理的有序轨道,发挥最大的治理效能。

再次,企事业单位是社会协商治理的重要参与者。在以往的单位制中,国有企事业单位直接就是"单位办社会",承担了职工就学、就医、养老、住房等各种社会责任。经过单位制改革、国有企业改革和街居制改革后,国有企事业单位的社会职能基本上剥离完成,改由市场化运作。但是,基于社会主义制度的本质要求,国有企事业单位不可能完全放弃社会治理职能。它们必须在各自的行业领域内积极承担起社会责任,比如主动参与抢险救灾等紧急任务,选派优秀干部参与扶贫攻坚和乡村振兴,积极配合所在社区实施社区协商治理。特别是社区协商治理,当前党中央要求

---

① 《中共中央关于坚持和完善中国特色社会主义制度 推进国家治理体系和治理能力现代化若干重大问题的决定》,人民网:http://cpc.people.com.cn/n1/2019/1106/c64094-31439558.html。

各级各类国有企事业单位都必须通过区域化党建、联合党建等党建引领的方式，加强单位党组织与社区党组织的共建共治共享，密切单位党组织与驻地群众的党群关系，走好群众路线，主动为群众排忧解难，建设社会治理共同体。另外，在社会主义制度下，资本必须服从并服务于国家和人民，而非操纵国家和人民，其他私营企业、合资企业、外资企业等非公有制企业也理应积极承担企业社会责任，参与社会协商治理。当前，我国已经顺利完成第一个一百年的伟大目标，全面建成小康社会，正在昂首迈进第二个一百年的新征程，共同富裕已经成为优先的议事日程。在此背景下，企业社会责任日益成为衡量一个企业发展水平、判断企业发展前景的关键指标。

又次，社会组织是社会协商治理的关键参与者。政府、企业和社会组织是现代国家的三大治理主体，这是现代政治学的普遍共识。在"党委领导、政府负责、民主协商、社会协同、公众参与、法治保障、科技支撑的社会治理体系"中，代表社会进行协同的主要就是社会组织。相比于追逐利润的企业而言，社会组织天然就具有更强的公共性。社会组织一般分为互益性社会组织和公益性社会组织两种。互益性社会组织指的是由特定群体基于共同的利益、兴趣、情感等纽带组成，致力于增进群体成员利益的社会组织，行业协会就是典型的互益性社会组织。公益性社会组织也是由特定群体组成，但它们首要的目标不是增进群体成员利益，而是增进整体社会利益，扶贫组织、助学组织、环境保护组织等是典型的公益性社会组织。无论哪种社会组织，非营利性和公益性（包括互益性）都是其本质要求，这就使得社会组织天然亲近社会治理。党和国家正是看到了我国社会组织蓬勃发展和积极参与社会治理的必然趋势，才主动把社会组织吸纳进社会治理体系，通过社会协商治理的途径，充分引导和发挥它们有序参与的正能量，规避无序参与的负面效应。

最后，普通公众是社会治理体系的基础性力量。社会治理主要的服务对象就是普通公众，他们是社会治理的受益者。但是，基于社会主义民主政治的要求，公众不能只是被动的接受者，也应是主动的参与者。所谓社会治理共同体，必然是人人有责、人人尽责，才能人人享有。马克思主义理想的共产主义社会，是一个国家消亡、社会自治、人民自主的社会，社会主义国家的公民，不能只是寄希望党和国家的庇护，更应该在党和国家提供的良好环境中，积极提高民主意识，增强民主能力。普通公众是社会协商治理的需求者，大家必须通过各种渠道，合理反应各种诉求，让各种社会治理主体有的放矢；普通公众是社会协商治理的参与者，大家必须积极关心关注社会协商治理的过程，建言献策，监督提质，确保治理效能；普通公众又是社会协商治理的评判者，治理结果必须通过线上线下各种渠道，征询公众意见，吸取经验教训。

（三）社会协商治理的客体

社会协商治理的客体就是社会协商治理所涉及事务的范围与内容。社会协商治理的客体可以分为两个层次。第一个层次是个体和组织利益的表达和协调。随着我国经济社会的发展，发展不平衡不充分的矛盾日益突出，社会成员之间的利益日益分化，个性化、群体化的利益诉求日益增加，这些利益诉求有些直接指向政府，更多指向社会本身，但无论诉求对象是谁，它们都是社会协商治理的客体。在全面深化改革的过程中，党和国家不断简政放权，让利于民，政府不再过多介入本属社会内部的事务，社会自身也不断自主，希望通过自身的合作协商，自主协调矛盾，解决冲突，增进福利，社会协商治理正在成为个体和组织利益表达和协调的优先途径。第二个层次是公共利益的追求。从总体上看，全面建成小康社会意味着全体人民一举摆脱了个体层面的生存与保障问题，朝着更高生活水平和共同富裕的方向迈进。我们正处于新发展阶段，公共利益的诉求日益凸显。诸如生态环境保护、家庭教育提升、就业环境改善、养老保障健全、行业环境治理等各种公共事务，都早已不是个别主体和个别地区可以单独治理，需要各个治理主体各司其职、各负其责、各尽所能、协商发力，才能合作治理。

从上述两个层次可知，社会协商治理所涉及的协商内容主要是与民众切身利益相关的社会性公共事务，而非无关紧要的私人性事务，以及敏感的政治性公共事务。私人性事务主要依靠个人自主解决或者通过市场化手段解决，只有在它激化升级成为社会性事务的情况下，才由社会协商治理手段介入解决。正如本章第二节所述，在社会主义协商民主的框架下，政治协商和社会协商是一体之两翼，政治性公共事务是政治协商的客体，而非社会协商的客体。社会协商治理切不可轻易介入政治性公共事务，否则会严重干扰甚至破坏社会协商治理的正常运行。具体而言，社会性公共事务主要包括两个方面：一方面是党和国家发起的有关社会性事务的公共政策和立法协商，比如行业政策、生态政策、精神文明政策等等。社会力量主动参与政党、政府、人大、政协、人民团体等发起的相关事务协商活动，既能充分发挥社会力量的咨政功能，又能体现全过程人民民主的真实性、广泛性和有效性。当然，我们也应清醒地看到，这一方面的协商毕竟频率不高，能够参与的主体不多，社会力量也只是处于辅助和补充地位。社会协商治理主要体现在第二方面，也就是基层治理方面。城市社区、乡村、企事业单位同属基层治理的范围，社会自主自治是党和国家一贯的方针。在全过程人民民主的新理念下，民主选举、民主协商、民主决策、民主管理、民主监督贯通了基层治理的各个环节，涵盖了基层治理的各个领域，这才是社会协商治理能够也应该大有作为的天地。

（四）社会协商治理的场域

第一，社区协商治理是社会协商治理的基础场域。社区协商治理就是指城市基层党组织、街道政府和社区自治组织在社区场域内[①]，通过一系列协商平台，引导居民就社区公共事务进行广泛而理性的讨论协商，从而对社区公共事务进行有效治理的方式。社区协商治理的主体包括街道党工委、街道办事处、社区党组织、居委会、社区服务站、社区社会组织、物业公司、业主委员会、居民以及驻区企事业单位等。社区协商治理的对象

---

① 鉴于我国目前市域范围内同时存在着街道办事处和镇政府，它们分别下辖居民委员会或村委会，从改革趋势来看，全国各地都在逐步推进"村改居"工作。因此，本文所涉有关论述，不区分街道办事处和镇政府、居民委员会和村委会，一般情况下统称为街道办和居委会。

是社区公共事务。社区协商治理的主导机制是民主协商，既包括社区各治理主体之间的协商，也包括它们与城市基层政府之间的协商。2017年8月，《中共中央关于加强和完善城乡社区治理的意见》再次强调，城乡社区是社会治理基本单元。第七次全国人口普查数据显示，我国的城镇化率已经达到63.89%，城市治理日益成为国家治理的主要场景，社区作为城市治理的基层，也日益成为社会协商治理的基础场域。相比于乡村，城市社区治理更加迫切，也更具有良好的实施基础。城市社区的社会协商治理水平，是全国社会协商治理的"样板"，既关系到城市整体治理水平的提升，也关系到社会主义协商民主和国家治理现代化的战略实施。

第二，乡村协商治理是社会协商治理的薄弱场域。乡村协商治理①指的就是乡村基层党组织、乡镇政府和农村自治组织在乡村场域内，广泛发动村民、乡村社会组织、驻村企事业单位等主体，就乡村公共事务开展的一系列讨论、决策、审议等治理活动。乡村协商治理的主体包括乡镇党委和政府、农村党组织和村委会、乡村社会组织、村民以及驻村企事业单位等。乡村协商治理的对象是乡村公共事务。乡村协商治理的主导机制是民主协商，既包括乡村各治理主体之间的协商，也包括它们与乡镇党委和政府之间的协商。长期以来乡土中国朴素而有效的乡村协商自治正是我国当前建设社会主义协商民主一个丰富的传统资源，但因为一方面中国现代化过程中，传统乡村自治的宗族与文化土壤消失殆尽，另一方面，持续的快速城镇化进程，乡村人口与资源流失严重，乡村协商治理也是当前推进社会协商治理的一个薄弱场域。

第三，社会组织协商治理是社会协商治理的创新场域。在社会协商治理的三大场域中，相比社区协商治理和乡村协商治理，社会组织协商治理从时间上看，是最新兴的场域。社会组织协商治理，指的是由社会组织发起或者参与，针对社会组织内部事务、社会组织之间公共事务或者社会公

---

① 2019年，中共中央办公厅、国务院办公厅颁布了《关于加强和改革乡村治理的指导意见》，统一使用"乡村治理"的提法，本文因此也基本采用这一提法，但与普遍使用的"农村治理"同等意义，没有内涵和外延差异。

共事务，通过平等、民主、理性和包容的方式，进行讨论和协商的治理活动。社会组织协商治理的主体包括各种社会组织、各级党委和政府、城乡基层党组织和自治组织、企事业单位、普通民众等。社会组织协商治理的对象包括社会组织内部事务、社会组织之间公共事务或者社会性公共事务。当前社会组织协商的重点是党和政府与社会组织就社会性公共事务的合作共治。在推进国家治理现代化的进程中，前所未有地创设了一个多元治理的新型社会治理格局，社会组织作为政府与市场之外的第三个主要治理主体，具有显著的比较优势。社会组织一方面可以以组织化的形式从内部整合社会碎片化力量，避免社会的无序，另一方面可以发挥专业、规范、自治的优势，促进社会与政府的外部整合，增强国家的凝聚力。社会组织协商治理作为最新的社会协商治理类型，既有效回应了国家治理多元化与社会组织兴起的新时代潮流，又有效规避了西方公民社会理论鼓吹的"公民社会对抗国家"的陷阱，是新时代推进社会协商治理的创新场域。

（五）社会协商治理的渠道

2017年，党的十九大报告提出"统筹推进政党协商、人大协商、政府协商、政协协商、人民团体协商、基层协商以及社会组织协商。"[①] 这是社会主义协商民主的七大协商类型。其中，政党协商专指中国共产党作为执政党和其他八个参政的民主党派之间的政治协商，不属于社会协商的范围。除此之外，人大协商、政府协商、政协协商和人民团体协商，既有政治协商的内容，也有社会协商的内容，当然也是社会协商治理的渠道，基层协商和社会组织协商则主要是社会协商的内容，也是社会协商治理的主要渠道。

一是人大协商渠道。人民代表大会制度是我国的根本政治制度，具有最权威的法律效力、规范的协商程序和严谨的操作过程。党的十九届四中全会通过的《中共中央关于全面推进依法治国若干重大问题的决定》中明确提出："健全立法机关和社会公众沟通机制，开展立法协商，……拓宽

---

① 《十九大以来重要文献选编》（上），北京：中央文献出版社2019年版，第27页。

公民有序参与立法途径,健全法律法规规章草案公开征求意见和公众意见采纳情况反馈机制,广泛凝聚社会共识。"① 面向社会力量进行立法协商,是人大"开门立法"的重要举措,赋予了社会力量正式的协商地位,这既是进一步发挥人大制度协商功能的需要,也是在当前社会协商方兴未艾但又缺乏健全制度之际的现实选择。

二是政府协商渠道。政府部门涉及社会治理的方方面面,是最广泛的社会协商治理渠道。政府部门已有现成的各种渠道吸纳社会力量参与协商,比如领导接待日制度、听证会制度、居民恳谈会制度、电视和网络问政制度等等,充分发挥各种社会力量表达民意、上传下达和专业咨询等作用,既是社会主义协商民主的内在要求,也是增强政府决策科学性和民主性的现实需求。

三是政协渠道。人民政协是专门的协商机关,它已经从原来专职政治协商,日益扩展出社会协商的职能。人民政协作为面向各种社会力量的统一战线组织,充分吸纳新兴社会力量进入制度化协商体系,是其本质要求。社会力量通过人民政协参与协商治理,既能扩大与党和政府各个部门、社会各界的交流沟通,也更加容易受到党和政府的关注与重视,锻炼协商能力,提升协商质量。

四是人民团体协商渠道。我国具有八大人民团体,分别是:工会、共青团、科协、工商联、妇联、侨联、台联、中青联,它们在人民政协拥有正式的代表席位,因此,人民团体协商和政协协商具有一定的交叉性,其他社会力量可以通过政协平台,与人民团体进行广泛的协商。同时,人民团体代表着中国社会八个主要社会群体,具有广泛的群众基础和正式的代表性,它们也代表着相应群体的利益诉求,就社会性和公益性而言,人民团体协商与社会协商治理具有内在的一致性。党的十八大以来,人民团体改革日益深入,摒弃机关化、行政化、贵族化的不良形象,树立群众性、服务性、公益性的新形象,积极参与社会治理、改善民生水平、创新社会

---

① 《中共中央关于全面推进依法治国若干重大问题的决定》,中国政府网:http://www.gov.cn/zhengce/2014-10/28/content_2771946.htm。

服务成为工作重点,这些都需要通过社会协商治理的方式才能有效实现。

五是基层协商渠道。党的十八大以来,党中央一直强调社会治理重心下移,城市社区、乡村、企事业单位等基层领域是社会治理重心,也是社会协商治理最适合的场域。其一,因为基层是社会自主自治的领域,本质上要求社会协商治理;其二,因为基层治理绝大多数都是社会性公共事务,极少涉及政治性公共事务,适合社会协商治理;其三,因为基层是各种社会力量最为集中、最为活跃的领域,基层治理的各种事务与他们息息相关,最能激发他们参与的积极性和创造性。

六是社会组织协商渠道。社会组织是现代国家主要的治理主体之一,党和国家把社会组织协商单独提出来,充分体现了对社会组织的重视。社会组织本身就是社会力量的主要代表,具有自愿性、组织性和非营利性等特点,能够整合碎片化的社会利益诉求,保障社会参与的有序性和有效性。同时,社会组织既可以单独通过社会组织协商的渠道参与协商治理,还可以作为社会力量的代表通过人大、政府、政协、人民团体、基层等其他渠道参与协商治理。

二、社会协商治理的特征

(一)多元性

多元性针对一元性而言,指的是社会协商治理主体的多元性。社会协商治理归属上层建筑的范畴,受到社会主义市场经济基础的决定。社会主义市场经济以公有制为主体、多种所有制经济共同发展,塑造了一个多元化的经济格局,造就了一个多元化的社会格局,必然需要一个多元化的社会治理主体。改革开放之前,与一元化计划经济体制相配套,我国实行的是一元化的社会管理,政府大包大揽,无所不包。改革开放后直到党的十八大前,社会主义市场经济不尽完善,社会管理领域政府单打独斗的局面并未根本改观,其他治理主体虽然已经出现并发挥一定的作用,但依然主要是拾遗补阙的配角。党的十八大以后,社会主义市场经济日趋成熟,经济社会发展的多元化趋势不可逆转,党和国家的社会治理理念也不断革新,政府职能转变日益到位,市场力量、社会力量和普通民众成长壮大,政府不再一家独大,主动放权让利,多元治理主体的协商共治体制机制渐趋稳固。

有必要强调的是,在现代化的道路上,中国和西方当然有共通性,都需要构建一个与多元化社会相互适应的多元化治理格局。然而,西方治理理论的根基是资本主义私有制基础和自由主义政治体制,中国式社会治理现代化的根基则是社会主义公有制和社会主义民主政治体制,"西方的治理理论基于多元主体竞争替代的基础之上,中国协商治理则是多元主体的和谐共进。"① 西方多元治理过度强调公民社会权利,鼓吹"公民社会对抗国家",在国家经济发展社会稳定的状况下,可以对国家产生有效的制衡,一旦国家面临困境,则会造成社会撕裂、国家动荡,当前的世纪大疫情就是明证,所谓的自由成为"不戴口罩"的最大幌子,折射出的是西方社会治理的痼疾。社会主义中国强调的是个人权利与社会利益的平衡协调,在确保个人权利的前提下,个人应该服从社会,多元不应该破坏团结。

(二)社会性

社会协商治理的社会性,指的是社会协商治理的内容是社会性公共事务。它首先是针对私人性事务而言的。私人事务属于私人权利范围,除非得到本人允许,他人、社会乃至国家无权随意干涉,这是现代社会的基本规则。其次,是针对政治性事务而言的。在社会主义协商民主体系框架中,政治协商聚焦于关系国计民生的全局性、重大性、政治性问题的协商,突出的是协商的民主功能,其治理场域主要体现在国家治理的高层次;社会协商则聚焦于社会正常运转与良性发展的微观层面,集中于社会性公共事务的治理,突出的是协商的治理功能,其治理场域主要体现在社会治理的低层次。再次,是针对经济性事务而言的。经济性事务适用经济逻辑,由市场主体自主治理。当然,当经济性事务突破个体企业层次,上

---

① 王岩、魏崇辉:《协商治理的中国逻辑》,载《中国社会科学》2016年第7期,第30页。

升为社会性问题时,经济性事务就可以由企业与政府、社会力量共同协商治理。

这里有必要讨论的是文化性事务。笔者认为,公共文化产品的供给和公共文化问题的治理,可以通过社会协商的方式来有效治理,宽泛地说,这两者都可以视为社会性公共事务。但是,公共文化意识领域的思想争议则不适用社会协商治理,它主要依靠思想教育、公共讨论、伦理与道德舆论等方式应对。

(三) 协商性

协商性针对命令性,指的是社会协商治理的手段是民主协商。随着我国经济社会发展的多元化,各社会主体日益相互独立、平等协作。在法治的框架内,无论是党委政府,还是私人企业和社会组织,抑或是普通公众,都是平等的。一般治理状态下,党和政府并不直接强制命令。地位的平等决定了民主协商必然成为主要手段。在协商过程中,协商各方要充分尊重其他方的主体人格和意见,不能随意进行人身攻击和忽视他方诉求,除非对方主动让步,否则不能强加意见。虽然法律上的平等并不足以确保事实上的平等,但作为主导协商治理的党和政府,有义务主动消除或减少权力、地位、资源等各种因素带来的不平等影响。

必须强调的是,协商的首要目标是促进沟通,达成共识,营造有利于合作治理的整体态势,而非直接决策。"普通公民对公共事务的决策,可以以协商、讨论的方式来参与,而不是以直接投票的方式来决定。"[①] 社会力量之间的协商如果能够在共识的基础上作出决策,实施治理行动,自然最好。政府与社会之间的协商则并非一定要以协商决策和一致行动为目标。政府与社会之间的协商,主要目的在于避免以往政府闭门决策的随意性和盲目性,增强决策的科学性和民主性。政府涉及的社会治理事务,牵涉面广,结构复杂,知识专业,超出了很多普通民众的理解和把握能力,

---

① 陈炳辉:《国家治理复杂性视野下的协商民主》,载《中国社会科学》2016年第5期,第143页。

当然不是简单的一人一票可以决策的。

(四) 共治性

共治性相对的是"独治性"(单一主体的治理行为),指的是社会协商治理的行动是各个治理主体的共同行动。不仅政府必须摒弃以往单打独斗的做法,其他治理主体也必须始终携手共同治理。当然,在合作共治的过程中,鉴于政府的优势地位及其培育其他治理主体的责任,政府的共治理念和主动行为显得尤为重要。政府有责任通过制度化平台的建设,激发以社会组织和公众为主体的多元治理力量,参与社会公共事务的讨论和协商,培育社会自治与合作的内生秩序。在此过程中,政府实现角色的转换,从行政权力的直接实施者和社会事务的大包大揽者,转变为社会自治的引导者、支持者和监督者。从社会协商治理改革与创新的既有实践来看,简政放权是各地普通采取的主流思路,其实质是突出社会的主体性地位,政府把社会公共事务的决定权和主导权还给社会,而社会对于自治权利的主动运用,是公民个体成长、社会力量发展与政府职能转变三者之间的共融共促的契合点。社会自我治理权利的落实,首先就是体现在政府在制度层面上对于政府与社会的权责界限进行明确的规范,把凡属于社会自治范围内的事务都纳入协商治理的范畴,政府不能随意干预。同时,政府不仅在宏观政策上为社会力量发展创造良好的外部环境,也通过资源下沉的方式支持社会力量成长壮大,这既要把上级政府社会治理资源的控制权和使用权下放给下级政府,尤其是基层政府,也要更加注重以政府购买社会服务的方式,把社会治理资源外放给社会力量。

三、社会协商治理的原则

(一) 坚持党的领导

办好中国的事情,关键在党。正因为多元化、分散化、零碎化甚至是区隔化是各个社会治理主体之间的常态,如果没有有效的"元治理","治理失灵"是注定的，社会协商治理也不例外。在我国，"元治理"的扮演者只能是各级党委，党委的政治引领事实上就是把握国家和社会发展的大方向，凝聚人心，汇聚共识。从理论角度来说，根据马克思主义的逻辑，国家消亡之前，国家都在治理中扮演着至高无上的权威角色，是国家治理的主导者和社会冲突的仲裁者，即使是西方治理理论也早在 20 世纪 90 年代就发现了"治理失灵"的风险，被迫把国家请回"元治理"的角色。从现实角度来看，中国共产党的领导核心地位是中国历史与人民的选择，没有共产党就没有新中国，就没有中国特色社会主义，就没有社会主义现代化，"党政军民学，东南西北中，党是领导一切的"。

全面深化改革进程中的中国新治理观，赋予了治理概念以鲜明的政治内涵。这种政治内涵是具有鲜明中国特色的，虽然它汲取了治理概念本有的多主体治理思想，但强调了中国共产党领导这一中国政治的最本质特征。社会协商治理以有效治理和解决问题为指向，不是虚幻的价值口号。社会协商治理绝非直接民主甚至民粹主义的狂欢，而是寻求精英治理与民众参与平衡的一个有效治理策略。中国共产党作为先锋队和领导核心，起着引领治理方向和协调治理主体关系的作用，减少治理网络的内耗和冲突，最大限度增进治理效能。推进社会协商治理制度化的动态过程，就是社会多元治理主体在党的领导下，构建系统完备、科学规范、运行有效的社会协商治理制度体系，塑造成熟理性、协商合作的新型价值观，进行广泛、多样、有效的协商治理实践。

当前我们已经全面建成小康社会，迈入了全面建设社会主义现代化国家的新征程，但也正面临着世界百年未有之大变局，国际形势日益严峻，西方国家借着自由民主的幌子，无所不用其极地加紧渗透我国社会领域，社会治理多元化正是西方一直想要突破也一直在试图突破的口子。我们当然要顺应社会治理多元化、协商化的大趋势，但也应该十分警惕过度的多元化，以至于冲击党的领导地位，引发社会动荡。这是社会协商治理应该坚持的政治底线。

(二) 坚持社会主义法治

社会协商治理的客体就是社会性公共事务的治理，必须遵循社会主义核心价值观。社会主义核心价值观在社会层面上有四个内容，即自由、平等、公正、法治，法治就是其中一个重要内容。在全面依法治国的布局之下，社会协商治理必须在法治思维下开展一系列治理活动，社会协商治理的主体、客体、内容、手段、程序都应该在法律框架之内。特别要通过法律法规确认社会协商治理主体的合法性，保护它们参与治理的主动性和积极性，党和政府、企事业单位、社会组织、民众作为主要的治理主体，其中社会组织的治理主体地位虽然已经得到现有法规的肯定，现有法规主要是社会组织三大条例，即《基金会管理办法》(1988年)、《社会团体登记管理条例》(1998年颁布，2016年修订)、《民办非企业单位登记管理暂行条例》(1998年)，但是这些条例都是属于民政部的行政法规，已经制定二三十年，修订也不及时，跟它们作为社会组织"基本法"的地位并不匹配，有必要加快由全国人大制定统一的《社会组织法》，真正赋予社会组织基本法的法律保障。

(三) 坚持与基层群众自治制度相互嵌入

基层群众自治制度是我国社会主义的一项具有独特作用的基本制度。我们一再强调，社会协商治理天然适合基层，主要发生在基层。社会协商治理机制与基层群众自治制度在社会自治的核心治理理念上是一致的，在民主决策、民主协商、民主管理、民主监督的治理方式上是共享的，在基层党组织、基层自治组织、居民代表、普通民众等治理主体上是共同的，在居民代表会议、居民议事会议、村民小组会议等组织平台上是共用的。社会协商治理绝不是要另起炉灶，再造一套基层治理制度，而是与基层群众自治制度相互嵌入。基层群众自治制度要利用社会协商治理机制，激活一整套现有体制机制，充分激发自治活力。社会协商治理机制要有机嵌入基层群众自治制度，增强自身的合法性与权威性，获得基层政府的重视和民众的支持。

（四）坚持全过程协商治理

2021年11月，党的十九届六中全会通过了《中共中央关于党的百年奋斗重大成就和历史经验的决议》，把"发展全过程人民民主"作为党的十八大以来的重大成就和历史经验加以总结。全过程人民民主对社会主义民主政治进行了新的总结和阐释，更加深刻地体现协商民主在社会主义民主政治体系中的独特地位。作为社会主义协商民主重要组成部分的社会协商治理，是全过程人民民主在社会治理领域的具体体现。首先，社会协商治理的主体必须是全面的，它不仅强调民主的代表性，"众人的事由众人商量"，更强调全民的参与性。其次，社会协商治理的过程必须是全面的，从民主选举协商代表，到代表进行民主协商、民主决策和民主管理，再到民众的民主监督，方方面面都涉及，老老少少都参与。党中央反复强调，要坚持协商于决策之前和决策实施之中，增强决策的科学性和实效性。再次，社会协商治理不仅是"管说"（协商）的民主，更是"管用"（治理）的民主，通过治理实践，真正改善社会治理水平，提高民生福祉，才是社会协商治理的目标。

（五）坚持因地制宜

坚定不移地推进社会主义协商民主和国家治理现代化是我们既定的目标，但在具体的实施上必须充分考虑各个地区的不同情况。2015年，中共中央办公厅、国务院办公厅印发了《关于加强城乡社区协商的意见》，对协商内容、协商主体、协商形式、协商程序、协商成果运用等都做出了框架性规定，没有非常具体的操作性规定。鉴于社会协商治理具有很强的区域性和差异性特点，这样的规定显然照顾到了各个地方的具体情况，给各个地方留足了创新空间，各个地方在积极探索和推进的同时，有必要及时出台地方性社会协商治理的法规进行规范。习近平总书记反复告诫我们："基础不牢，地动山摇。"在乡村协商治理中，县域是重点。所谓"郡县治，天下安"，县政府是拥有完整治理权限的基层政府，县域治理是社会治理最重要的基础，有必要赋予县政府更大的社会协商治理的自主权，下放给它们更多的社会治理权限。在城市协商治理中,市域则是重点。区政府虽然也是县一级,但不拥有完整的治理权限,市政府有必要拥有更大的行政立法权限,统一出台市域社会协商治理规章制度。

第二章 马克思主义经典理论脉络中的社会协商治理之道

我国的改革开放因为一开始就具有的探索性,国家治理各个领域的诸多策略大多具有"治理术"的特点,即相关治理只是社会问题出现之后应激而发,过往一段时间内难免流于滞后,疏于制度化,缺乏主动性、整体性和协调性,其根源在于缺乏明确而坚定的价值引领。2013年,党的十八届三中全会提出国家治理现代化,这是继技术层面的工业、农业、国防、科技"四个现代化"之后,首次提出的第五个"现代化"。国家治理现代化具有十足的制度现代化意味,反映的是中央对于三十多年改革开放一系列变革的整体性总结、反思与进一步全面深化改革的顶层设计。党的十九届六中全会在总结党的十八大以来全面深化改革的经验时,高度肯定了"加强顶层设计和整体谋划,增强改革的系统性、整体性、协同性"① 的杰出经验。正是在此顶层设计下,当代学术与政治视野中的社会协商治理经历了由"术"而"道"的演变:透过对各种"治理术"的梳理、对比、验证、反思与批判,寻求中国特色社会主义理论体系中社会协商治理的"治理之道"。这种寻求过程,必须摆脱西方协商民主与治理理论的单向度影响,回归马克思主义经典理论,这对于增强"四个自信"和我国哲学社会科学自主性具有鲜明的现实意义。应该说,改革开放四十多年后的今

---

① 《〈中共中央关于党的百年奋斗重大成就和历史经验的决议〉辅导读本》,北京:人民出版社2021年版,第49页。

天，我们反思过往的社会治理经验，总结并追寻"治理之道"，反映的是我国社会治理从自发走向自觉的过程，而回归马克思主义经典理论，挖掘社会协商治理的马克思主义理论渊源，并结合当今时代的最新变化和发展趋势进行创造性的理解与阐释，则更是理论自信的根本要求与全面深化改革实践的必然路径。

第一节　社会协商治理的马克思主义人学底蕴

马克思被誉为"千年第一思想家"，马克思主义哲学以其庞大、宏观、深邃的视野，对以德国古典哲学为代表的西方哲学体系进行了卓有成效的批判性继承，马克思因此堪称是西方哲学的批判性集大成者。人类解放（人的解放）是马克思主义哲学的轴心议题，政治解放只是人类解放的前奏和初级阶段，只有共产主义才真正实现人类解放。政治民主作为政治解放的核心路径，当然也只是人类解放议题的一个子议题。西方以自由主义为核心理念的政治思想史和政治实践史，充其量只是为政治解放探索出了一条适合西方社会的道路，到此就止步不前，自由主义政治哲学家反而极力以政治解放为幌子遮蔽乃至阻碍人类解放。因此，他们往往将民主，尤其是政治民主问题放置于现代政治思想的中心地位，企图达到"一俊遮百丑"的目的。马克思以其鲜明的人民立场、彻底的科学逻辑和批判精神，从"个人自主活动"的逻辑起点出发，以历史唯物主义和辩证唯物主义为犀利武器，将"个人自主活动"确立为历史的评判标准，撕破了资本主义自由民主的虚伪面孔，描绘了自由而全面发展的理想社会，吹响了人类解放的号角。

一、人的自由而全面发展

在马克思的视域中，人类解放包含了两个方面：人类从自然奴役中的解放和个体从不合理社会关系中的解放。两种解放的最终旨归都是个人的自由自主，即体现为"自由人的联合体"的共产主义。"共产主义是对私有财产即人的自我异化的积极的扬弃，因而是通过人并且为了人而对人的本质的真正占有；因此，它是人向自身，也就是向社会的即合乎人性的人的复归，这种复归是完全的复归，是自觉实现并在以往发展的全部财富的范围内实现的复归。"① 在此意义上，马克思主义哲学就是马克思主义人学（关于人的解放的哲学），马克思主义政治经济学就是要为人的解放奠定经济根基，为此必须要集中批判资本主义经济体系，科学社会主义就是现实的人的解放的政治道路。

（一）"自由的有意识的活动恰恰就是人的类特性"

身处西方现代启蒙思想的历史大潮之中，"人"及其以"人"为核心展开的"人性""人的本质""人的权利"等诸多问题是马克思绕不开的议题，也是马克思哲学展开的基点性概念。众所周知，马克思是以批判黑格尔哲学作为其新哲学的起点，在《〈黑格尔法哲学批判〉导言》中，马克思开宗明义，表白了新哲学的根本："批判的武器当然不能代替武器的批判，物质力量只能用物质力量来摧毁，但是理论一经掌握群众，也会变成物质力量。理论只要说服人，就能掌握群众；而理论只要彻底，就能说服人。所谓彻底，就是抓住事物的根本。而人的根本就是人本身。……人是人的最高本质"。② "人的根本就是人本身""人是人的最高本质"，这些命题乍一看是对接了西方文艺复兴、启蒙运动的哲学主流，然而，马克思人学思想的彻底性和革命性就在于扬弃了以往人学的唯心主义根基，转而寻求"物质力量"，进而追求"武器的批判"。

循着批判黑格尔法哲学的逻辑，马克思自然不满足于启蒙运动的政治成果，旋即在《论犹太人问题》中明确区分了"政治解放"与"人的解放"，一针见血地指出了资产阶级民主革命的泥足不前："政治解放的限度

---

① 《马克思恩格斯文集》（第1卷），北京：人民出版社2009年版，第185页。
② 《马克思恩格斯文集》（第1卷），北京：人民出版社2009年版，第11页。

一开始就表现在：即使人还没有真正摆脱某种限制，国家也可以摆脱这种限制，即使人还不是自由人，国家也可以成为自由国家。"① 这里的"自由"显然是"人的解放"的意义。但此时的马克思尚未明确到"人作为人"的根本性"物质力量"。

当人的自主意识还完全笼罩在神与神意之下，人是没有价值的。在西方思想史上，文艺复兴将人从上帝的奴仆中拯救出来，开拓了人的价值空间，而康德关于"人是目的"的揭示则"开启了哲学价值论研究的端绪"②，在此之前，人们对于价值的理解只是停留在物用价值或经济价值上。然而，为什么"人是目的"？康德无法提供一个确凿的证明，只能求助于"上帝"。马克思通过对劳动的考察，用历史唯物主义的方式回答了这一根本问题，为人作为价值主体奠定了坚实的基础。在《1844年经济学哲学手稿》中，马克思从国民经济学的劳动价值论承继了"劳动是人用来增加自然产品的价值的唯一东西，劳动是人的能动的财产"③的观点，即"劳动是价值的唯一源泉"。正是从劳动中，马克思找到了将人定义为人的根本性"物质力量"：唯有通过劳动，人类才自我定义，自我成全，劳动使人的"类特性"成为现实的物质力量。同时，人类的劳动具有区别于其他一切动物的创造性特征，"一个种的整体特性、种的类特性就在于生命活动的性质，而自由的有意识的活动恰恰就是人的类特性。"④ "自由的有意识的活动"是人类劳动的精神内核，创造性劳动是人的"类特性"的集中体现。为此，马克思做了一个著名的类比："蜜蜂建筑蜂房的本领使人间的许多建筑师感到惭愧。但是，最蹩脚的建筑师从一开始就比最灵巧的蜜蜂高明的地方，是他在用蜂蜡建筑蜂房以前，已经在自己的头脑中把它建成了。"⑤ 因此，"人的根本就是人本身""人是人的最高本质"的命题

---

① 《马克思恩格斯文集》（第1卷），北京：人民出版社2009年版，第28页。
② 郁建兴：《关于马克思价值概念的商榷》，载《哲学研究》1996年第8期，第44页。
③ 《马克思恩格斯文集》（第1卷），北京：人民出版社2009年版，第123页。
④ 《马克思恩格斯文集》（第1卷），北京：人民出版社2009年版，第162页。
⑤ 《马克思恩格斯文集》（第5卷），北京：人民出版社2009年版，第208页。

就转换成为"人的根本就是人的劳动""人的自由的有意识的活动就是人的最高本质"。借助于劳动,同样是说"人的根本就是人本身""人是人的最高本质",但马克思主义人学的实践性、历史性人本观就同资产阶级抽象人本观区别开来:人本主义不再仅仅停留于宗教的、理念的、超历史的人性,劳动使得人成为"现实的、有生命的个人",而这恰恰是马克思历史唯物主义的全新基石。"对社会主义的人来说,整个所谓世界历史不外是人通过人的劳动而诞生的过程,是自然界对人来说的生成过程,所以关于他通过自身而诞生、关于他的形成过程,他有直观的、无可辩驳的证明。"① 简言之,通过劳动,人自我生成,自我确证。从作为人的本质的创造性劳动出发,马克思不仅寻求更好地"解释世界",而且要求"改变世界"。

(二) 人的自由表现为"个人自主活动"

当"人的根本就是人本身""人是人的最高本质""劳动是价值的唯一源泉""自由的有意识的活动恰恰就是人的类特性"这些核心命题贯通起来以后,马克思运用"个人自主活动"的概念全新解释了"自由"。

马克思的自由观源于黑格尔。在黑格尔那里,"他抓住了劳动的本质,把对象性的人、现实的因而是真正的人理解为人自己的劳动的结果。"② 黑格尔认同人通过劳动而自我生成,自我确证,因为劳动,人是自由的。"他把劳动看作人的本质,看作人的自我确证的本质……黑格尔唯一知道并承认的劳动是抽象的精神的劳动。"③ 人因为劳动而自由,但劳动只能是精神的劳动,因此,精神才是自由的主体,"依靠自身的存在,这就是'自由'。……'精神'——人之所以为人的本质——是自由的"④。由此,"人的本质,人,在黑格尔看来=自我意识。"⑤ 从"劳动是人的本质"这

---

① 《马克思恩格斯文集》(第1卷),北京:人民出版社2009年版,第196页。
② 《马克思恩格斯文集》(第1卷),北京:人民出版社2009年版,第205页。
③ 《马克思恩格斯文集》(第1卷),北京:人民出版社2009年版,第207页。
④ 黑格尔:《历史哲学》,上海:上海世纪出版集团2006年版,第16页。
⑤ 《马克思恩格斯文集》(第1卷),北京:人民出版社2009年版,第196页。

一正确命题出发,黑格尔最终得出的是"人的本质是自我意识"这一悖逆的结论。

马克思超出了精神自由的界限,进一步从生活自主的角度来理解"自由":"任何一个存在物只有当它用自己的双脚站立的时候,才认为自己是独立的,而且只有当它依靠自己而存在的时候,它才是用自己的双脚站立的。靠别人恩典为生的人,把自己看成一个从属的存在物。"① "依靠自己而存在",这是马克思和黑格尔共通的理念。按黄克剑先生的理解,"'自由'提示的意义在于主体的自作主宰、自为理由而不牵累在他物中,亦即所谓依自不依他。"② 通俗地说,自由就是"自己是自己的理由",其对立面是"他由"。正是在此意义上,马克思说人是"自由的存在物"③。

与黑格尔历史观围绕绝对精神展开不同,按照马克思历史观的运思逻辑,"现实的、有生命的个人"才是一切历史的事实前提和价值归宿。马克思认同黑格尔关于"自由"的界定,但他对此做了哲学史上著名的颠覆,把精神的自由还原为现实的人的自由。按照黄克剑先生的观点,马克思不仅在本然意义上使用"自由"概念,把"自由"作为人的类特性区别于动物,而且在应然意义上将"自由"宣示为人类历史的价值祈向。④ 从"自由"出发,马克思进一步引出了"个人自主活动"的概念,"历史中的人的'自由'也更多地体现为人与自然、人与人的实践关系中的'个人自主活动'。"⑤ 如果说"自由"范畴主要是一个哲学范畴,有时显得过于高远、流于空泛,甚至可能堕落为放纵或异化为专制,那么,马克思通过历史唯物主义的运思,借助"个人自主活动"的范畴,把"自由"落实为一个历史的、实践的范畴,也据此与自由主义划清了界限。

从本质上看,马克思"个人自主活动"的说法强调的是"自主",相

---

① 《马克思恩格斯文集》(第1卷),北京:人民出版社2009年版,第195页。
② 黄克剑:《人韵——一种对马克思的读解》,北京:东方出版社1996年版,第260页。
③ 《马克思恩格斯文集》(第1卷),北京:人民出版社2009年版,第161页。
④ 黄克剑:《"自由"范畴三题》,载于《哲学研究》2000年第8期。
⑤ 黄克剑:《"自由"范畴三题》,载于《哲学研究》2000年第8期。

对于自由主义所谓的"摆脱他人控制"的消极自由,"个人自主活动"旗帜鲜明地拥护的是积极自由,透过这个概念,马克思不仅强调个体自由,还看重群体自由,一切人的自由发展以每个人的自由发展为前提;自由主义则偏袒个体自由。马克思不仅强调个人摆脱他们控制而自由,还强调个人摆脱物役而自由。自由主义者总是将自由奉为永恒真理,超越历史,跨越国家,自由因此成为一个"抽象真理";马克思追求自由,但始终将自由纳入历史唯物主义的视野,从"有生命的、活生生的个人"出发,考察"处在现实的、可以通过经验观察到的、在一定条件下进行的发展过程中的人"①,关注自由的现实内容。"个人自主活动"中"活动"这一提法凸显了自由的现实性与实践性。正如前述,西方协商民主无意也无力改变自由主义民主,因此只是自由主义民主的一种"治理术"补充;马克思基于对自由主义的批判,将自由转化并落实为"个人自主活动",以此为基点,则可开拓出不同于自由主义民主的社会主义协商民主之道。

(三)"个人自主活动"是历史唯物主义的价值标准

马克思指出历史就是人通过"个人自主活动"、以实践的方式自己创造自己,从而不断趋向自由的过程。实践源于"个人自主活动","个人自主活动"表现为实践。"个人自主活动"具有能动的、创造的特点,每一次的"个人自主活动"过程,都是对既有环境的否定,其结果又造就新的环境,而新的环境又总是下一次"个人自主活动"改造的对象,如此反复,以此无穷。进而,马克思一方面运用"个人自主活动"概念剖析了生产力的构成要素,另一方面将历史上生产力的不同状况按照"个人自主活动"水平归纳为不同类型,亦即将"个人自主活动"确立为历史评价的价值标准,这就是著名的生产力与生产关系基本原理:"这些不同的条件,起初是自主活动的条件,后来却变成了自主活动的桎梏……已成为桎梏的旧交往形式被适应于比较发达的生产力,因而也适应于进步的个人自主活动方式的新交往形式所代替;新的交往形式又会成为桎梏,然而又为另一

---

① 《马克思恩格斯文集》(第1卷),北京:人民出版社2009年版,第525页。

种交往形式所代替。"① 马克思将自己的新哲学期许为"改变世界"的哲学,而"改变世界"的密码正是蕴含于"个人自主活动"之中:"正是在改造对象世界的过程中,人才真正地证明自己是类存在物。"② 因此,完全可以认为,"个人自主活动"是马克思新哲学的生长基点。

以"个人自主活动"为标准,马克思在价值上,而非时间上,将历史的演进划分为三个阶段:"人的依赖关系""以物的依赖性为基础的人的独立性"和"建立在个人全面发展和他们共同的、社会生产能力成为从属于他们的社会财富这一基础上的自由个性"。③ 资本主义处于第二个阶级,"在资产阶级社会里,资本具有独立性和个性,而活动着的个人却没有独立性和个性。"④ 个人(无论是工人还是资本家),都成为资本的奴隶,丧失了个人自主活动的能力。只有到了第三个阶段,也就是共产主义阶段,建立"自由人的联合体",个人才真正达致"自主活动",获得独立性和个性,可谓之"全人"或"完人"。

马克思坚持从"个人自主活动"的角度来为共产主义辩护,那种基于财产平均分配的共产主义在他眼中不过是"粗陋的共产主义","由于这种共产主义是从私有财产的**普遍性**来看私有财产关系的,所以共产主义……在它的最初的形态中不过是私有财产关系的**普遍化**和**完成**。"⑤ "不仅没有超越私有财产的水平,甚至从来没有达到私有财产的水平"⑥,马克思不满于"粗陋的共产主义"仅仅从物质的、经济利益的角度来理解共产主义,他主张共产主义是私有财产即人的自我异化的积极扬弃,是"自由人的联合体",借着"个人自主活动"的宗旨,将共产主义拔高至价值论上进行

---

① 《马克思恩格斯文集》(第1卷),北京:人民出版社2009年版,第575—576页。
② 《马克思恩格斯文集》(第1卷),北京:人民出版社2009年版,第163页。
③ 《马克思恩格斯全集》(第30卷),北京:人民出版社1995年版,第107—108页。
④ 《马克思恩格斯文集》(第2卷),北京:人民出版社2009年版,第46页。
⑤ 《马克思恩格斯文集》(第1卷),北京:人民出版社2009年版,第183页。
⑥ 《马克思恩格斯文集》(第1卷),北京:人民出版社2009年版,第184页。

重建，洗清了共产主义的污名，赋予其全新的、震撼人心的伟大力量，更是将共产主义提升为伦理的、科学的、具有世界历史意义的运动。虽然马克思也认定共产主义应该以物质极大丰富为前提条件，他绝不认为彼时人们应沉迷于物质享受，相反，物质极大丰富不过是按需分配的条件，按需分配之"需"标准就在于"个人自主活动"之"需"，按需分配以后，人们才能摆脱束缚人的社会分工，将劳动从谋生的无奈之举提升为"人的全面而自由发展"的本性需要。"共产主义是对私有财产即人的自我异化的积极的扬弃，因而是通过人并且为了人而对人的本质的真正占有。"① 一句话，物质生产必须是也只能是"个人自主活动"的手段。

在唯物史观逻辑之中，"个人自主活动"概念在马克思那边有了独特的辩证法："个人自主活动"当然是以"现实的、活生生的个人"为前提，然而，"人的本质不是单个人所固有的抽象物，在其现实性上，它是一切社会关系的总和。"② 个人意欲实现自主活动，总是离不开一系列的社会条件，"自主"不是为所欲为的"自由"，而是个人充分自觉到社会约束，并且充分利用社会条件之下的自由选择，"活动"透露的是"自由"并非黑格尔意义上抽象的"自由"，而是能够转化为现实行动的"自由"。在此意义上，"个人自主活动"概念内在地整合了个人性与社会性，相对于自由主义主张的消极的、形式主义的"自由"，可以更好地表征马克思的价值关怀，其终极眷注指向的正是"人的全面而自由发展""每个人的自由发展是一切人的自由发展的条件"③ "自由人的联合体"。因此，"个人自主活动"与"人的自由而全面发展"可谓一体之两面。"自由"标示着发展的深度，即自主水平的高下，"全面"标示着发展的广度，即个人实现其潜能的丰富性与否。

综合上述马克思关于"自由"的主要观点，更准确更严格地说，马克思的自由观应称为"个人自主活动观"，理由归纳如下：其一，虽然马克

---

① 《马克思恩格斯文集》（第1卷），北京：人民出版社2009年版，第185页。
② 《马克思恩格斯文集》（第1卷），北京：人民出版社2009年版，第501页。
③ 《马克思恩格斯文集》（第2卷），北京：人民出版社2009年版，第52页。

思无疑是追求"个人自由而全面发展"意义上的高阶自由,但马克思文本中随处可见的是马克思对于资本主义自由无情的批判,将之称为马克思自由观容易产生混淆。更重要的是,马克思自由观的说法潜藏的逻辑是以自由主义解读、衡量马克思思想。事实上,我们应该以马克思"个人自主活动观"来评判自由主义自由观。其二,"自由"的说法在西方语境中,具有一个不言自明的前提,就是一个人的自由不能侵犯他人的自由,自由是法律之下的自由;但在中文语境中,虽然现在随着法治观念日益深入人心而有所改观,但"自由"历来因为其"随心所欲"的内涵而背受污名。其三,从本质上看,马克思"个人自主活动"的说法强调的是"自主",透过这个概念,马克思不仅强调个体自由,还看重群体自由;马克思不仅强调个人摆脱他们控制而自由,还强调个人摆脱物役而自由。其四,马克思追求自由,但始终将自由纳入历史唯物主义的视野,"个人自主活动"中"活动"这一提法凸显了自由的现实性与实践性。其五,马克思更多是在"有待"①的向度上论说"自由",寻求通过改造世界的"革命的实践"落实人的权利,实现人的自由而全面的发展。然而,完整意义上的"自由"不仅包括"有待"的"自由权利",还应包括"无待"的"境界"或者"自由意志",虽然这并非完全外在于马克思的视野,但显然马克思对此着墨不多。若以"个人自主活动"称谓马克思的自由论说,其"活动"的字眼更加突出了马克思论说的"有待"意味和社会实践性。

(四)社会协商治理是实现人的自由而全面发展的必经途径

按照马克思的逻辑,社会治理的终极目标可以分为两个层面,在价值层面上,是实现完全的"个人自主活动",与此相对应的是,在制度层面上,是塑造真正的共同体或者自由人的联合体。在马克思看来,"在过去的种种冒充的共同体中,如在国家等等中,个人自由只是对那些在统治阶

---

① 黄克剑先生主张,人生具有两个向度:有待和无待。"有待"是指人对外部条件有所依赖的维度,如吃饭、穿衣,乃至一切生死利害问题;"无待"是指人对外部条件无所依赖的维度,若是你想做一个善良的人,一个诚实的人,一个正直的人,只要你愿意做,总可以做得更好。

级范围内发展的个人来说是存在的，他们之所以有个人自由，只是因为他们是这一阶级的个人。……在真正的共同体的条件下，各个人在自己的联合中并通过这种联合获得自己的自由。"① 自由人的联合体只能是个人自由自觉的联合，而非外在的强制的联合。在此意义上，理想的社会治理只能是人们自主自治的治理，这样的社会治理过程中，理性沟通、互动合作的社会协商治理是题中之义。

在当前政治话语体系中，社会治理的目标可以区分为两个层次：紧迫的是保障社会稳定，维护社会秩序；长远的是实现社会和谐，激发社会活力。经过这几年的社会建设与治理，早先相当紧张的社会关系、突出的社会矛盾已经得到了根本的缓和。改革开放四十多年，中国共产党带领人民取得了经济快速发展和社会长期稳定两大奇迹。特别是放在国际疫情的大背景下进行对比，我们充分确证我国是世界大国中有效维护社会安定方面做得最出色的国家。社会总体稳定之余，社会治理应该致力于更大的目标。事实上，党的十八届三中全会将"社会管理"改称"社会治理"，与社会治理相配套的是"十三五"规划提出的"构建全民共建共享的社会治理体系"，已经充分透露了这个目标；党的十九大则进一步提出"打造共建共治共享的社会治理格局"，"共治"的提法进一步发展了社会治理主体多元化、方式多样化、关系伙伴化。

社会治理属于生产关系中的上层建筑，马克思用"个人自主活动"水平来衡量历史发展水平，即生产关系适应生产力发展的水平。高水平的社会治理可以保证社会的善治，最大限度地释放个人的积极性和创造性，从而促进生产力的发展；反之，则会成为生产力发展的桎梏。中国特色社会主义进入新时代，以往过度依赖要素投入的粗放式增长路径不再合时宜，人口红利转向制度红利，经济社会发展的新动能主要来源于生产关系的革新，全面深化改革就是要改变对人们积极性和创造性的不合理束缚。作为建立在社会主义公有制基础之上的先进的社会治理形式，社会协商治理根本上体现的是人的自由全面发展，是人的主体性的积极表现，是实现人的

---

① 《马克思恩格斯文集》（第1卷），北京：人民出版社2009年版，第571页。

本质的必然要求。在中国特色社会主义进入新时代的背景中，社会协商治理当然必须也应该能够在更高层面上激发和维护新时代人民的自主活动水平，推动中国特色社会主义协商民主向更加广泛、多层、制度化发展。从社会稳定，到社会活力，社会协商治理最终要走向的"全体人民自由而全面发展"的善治社会，届时，"个人自主活动"将完满实现。

二、以人民为中心

（一）以人为本是唯物史观的价值标识

众所周知，唯物史观和剩余价值论是马克思的两大发现。相比较而言，唯物史观不仅科学地阐明了历史的真相和逻辑，更指明了历史演进的归宿：人民群众既是历史的创造主体，也是历史的价值主体。或者说，唯物史观绝不仅仅是历史观，还是价值论，它集中体现了无产阶级及其政党全心全意为人民谋解放的初心和使命。而剩余价值论则是马克思借以剖析资本主义社会，并且论断资本主义必然灭亡、共产主义必然胜利的理论工具。正如习近平总书记所说："马克思主义之所以具有跨越国度、跨越时代的影响力，就是因为它根植人民之中，指明了依靠人民推动历史前进的人间正道"[①]，并反复强调："人心是最大的政治"[②]。马克思主义以人民为中心的价值感召力赋予了共产党人凝聚人心、团结群众、共谋发展的最大力量源泉。

马克思主义从社会存在与社会意识的辩证关系出发，首先明确了社会存在决定社会意识的基本关系，划清了与唯心史观的根本界限，从而也就否定了唯心史观将神或者少数英雄人物视为历史主体的基本观点。实践既

---

① 习近平：《在纪念马克思诞辰200周年大会上的讲话》，北京：人民出版社2018年版，第8页。
② 《习近平关于协调推进"四个全面"战略布局论述摘编》，北京：中央文献出版社2015年版，第157页。

是辩证唯物主义认识论的基石，同时也是唯物史观的慧眼。旧唯物主义者费尔巴哈只是认识到直观的实践，不理解能动的、革命的实践，因此，他一碰到现实问题，就犯了唯心主义的错误，不能也不敢改变现实，注定了是一个哲学上的直观唯物主义者，历史观的唯心主义者，政治上的保守主义者。马克思反对费尔巴哈将实践仅仅视为感性的直观，主张将实践理解为人类能动地改造自然，从而也改造自身的过程。从社会实践出发，马克思提出了生产力决定生产关系的原理，生产力的主体是人，是人民群众的合力。据此，确立了人民群众在社会历史发展中的主体地位。马克思正是因为不满于黑格尔客观唯心主义哲学将历史看作绝对精神的演变史，才转向费尔巴哈人本主义哲学；但马克思同样不满于费尔巴哈直观地从生物学的角度解释历史，而是主张能动地、实践地理解并改造现实，推动历史发展。人不仅是历史的剧中人，还是历史的剧作者，历史是人自身演变的历史，历史也是为人服务的历史，历史本身不以自身为目的，历史的归宿只能是人类的自由而全面发展。显然，马克思主义唯物史观从始至终浸润了深厚的马克思主义人本价值观。这是马克思主义理论与其他一切理论的价值分水岭。

（二）以人民为中心是中国共产党人高度的价值自觉

价值观无疑位居人类灵魂的最深处。马克思明确指出："'**价值**'这个普遍的概念是从人们对待满足他们需要的外界物的关系中产生的。"[①] "表示物的对人有用或使人愉快等的属性。……实际上是表示物为人而存在。"[②] "物为人而存在"集中说明了只有人类才具备价值主体性，而人的主体性正是出于人的"类特性"。作为哲学范畴，价值是指在实践基础上形成的主体和客体之间的意义关系，价值关系表明了客体满足主体需要的属性和功能。价值活动是指价值主体进行的一系列价值发现、价值追求、价值创造、价值配置、价值享用的行为。显然，价值活动属于实践活动，

---

① 《马克思恩格斯全集》（第19卷），北京：人民出版社1974年版，第406页。
② 《马克思恩格斯全集》（第26卷），北京：人民出版社1974年版，第326页。

并且因为其直接关涉人类"类特性",从而居于实践活动的核心地位。价值活动为实践活动提供了最根本的目标指向和意义指向。

价值活动受到价值理念支配。在价值理念中,最重要的就是判明价值主体,这是"为了谁"的根本性问题。关于价值主体,不同历史时期、不同阶级、不同群体对此有不同的回答。马克思主义价值哲学最鲜明的特点就是明确指出:只有人民才是价值主体,发展必须以人民为中心。这是马克思主义鲜明的人民立场。马克思主义哲学视野中的民主政治,其底色与特色就是以人民为中心,这集中体现了无产阶级及其政党全心全意为人民谋解放的初心和使命。"国家制度不仅自在地,不仅就其本质来说,而且就其**存在**、就其现实性来说,也在不断地被引回到自己的现实的基础、**现实的人**、**现实的人民**,并被设定为人民**自己**的作品。"[1] 马克思主义的民主价值观在本质上认为民主是人类不断提高自身主体能力,从不合理社会中解放出来,追求自由而全面发展的过程。

价值理念的另一个重要问题就是判明价值指向,即"指向何物"或者"何物有价值"的问题。价值指向指的是主体需求指向不同客体或同一客体的不同属性:生存、安全、社交、尊严、创造、审美等等,它具有多样性和社会历史性。唯物史观认为,随着人的自由而全面发展,作为价值主体的人,其价值指向必然从单一转向多元、从低级转向高级、从片面转向全面、从物质转向精神。新时代人民的需求,已经由相对单一的物质文化生活需要转变为丰富充实的美好生活需要。以习近平同志为核心的中国共产党人在新时代的历史起点上提出社会主义协商民主,正是顺应了新时代我国社会主要矛盾的变化及其相应的人民需求变化的要求。社会主义协商民主也适应了新时代价值主体的价值需求变化:"人民群众对美好生活的向往更多向民主、法治、公平、正义、安全、环境等方面延展"[2]。

---

[1] 《马克思恩格斯全集》(第3卷),北京:人民出版社2002年版,第39—40页。

[2] 习近平:《登高望远,牢牢把握世界经济正确方向》,载《人民日报》,2018年12月1日。

如果说社会主义基本制度在中国的确立，标志着马克思主义以人民为中心的价值观在中国开始有了坚实的基本制度基础，那么，中国特色社会主义建设道路的探索，尤其是新时代中国特色社会主义制度的不断推进，则完全意示着中国共产党人以人民为中心的价值观高度的自觉和践行。人类本能地具有反思性和价值自觉性。马克思极其重视人的自觉，"自由的有意识的活动恰恰就是人的类特性"。① 自觉是相对于自发而言的，自发显示的是事物自然而然、顺从变化、被动发展的状态；自觉凸显的是事物的自我意识、自主决定，它的前提是认识和掌握客观规律。价值自觉是最高程度的自觉。作为哲学层面的价值自觉，是价值主体对自身价值活动的目标、手段、过程、结果、影响及观念的反思。价值自觉既是对实然的反思与解蔽，又是对应然的开拓和导引；既是对当下价值活动正当性、合理性、合目的性的确认，又是对未来价值活动的展望与价值理念的建构。

毋庸讳言，改革开放后一段时间内，出于中国人民几千年以来对于经济增长和生活富裕的极度渴望，以及"文革"十年的惨痛反思，加之西方新自由主义的影响，"以经济建设为中心"一度异化为"GDP至上论"，社会贫富分化比较严重，社会矛盾比较突出。中国特色社会主义进入新时代以后，党中央提出"以人民为中心"的发展理念，是站在新时代的历史起点上，对改革开放前一阶段的深刻反思，"既是对中国特色社会主义国家性质的回归，更是对党执政的社会基础的夯实。"② 也正是在此背景下，社会治理创新和社会协商治理被凸显出来。

（三）社会治理应该致力于人性的改善和社会的改良

人的自由与物役成反比，对物的依赖越高，自由越小。前资本主义的生产方式是由生产主导的，低级而提升缓慢的生产力水平抑制人的需求和欲望，生产与需求相对平衡，低水平的欲望适应于低水平的生产，个人相

---

① 《马克思恩格斯文集》（第1卷），北京：人民出版社2009年版，第162页。
② 何艳玲：《中国行政体制改革的价值显现》，载《中国社会科学》2020年第2期，第42页。

对而言容易获得生活的满足感与幸福感,比如中国农民几千年来就一直安稳地过着男耕女织的生活;资本主义的生产方式则由消费主导,日新月异的机器化大生产极大地提升了生产力,同时也极大地放纵了人的欲望,人的需求不成比例地急剧超越生产力水平,生产与需求的平衡打破了,生产越发展,人反而越难满足,欲壑难填的人们纷纷拜倒在金钱之下,根本上成为物的奴隶,丧失人的自主性。所以,马克思说:"各个人在资产阶级的统治下被设想得要比先前更自由些,因为他们的生活条件对他们来说是偶然的;事实上,他们当然更不自由,因为他们更加屈从于物的力量。"①在人们屈从于物役的背后,马克思一眼洞察了"人役"的本质:一切的物役不过是人与人之间不合理的支配与被支配的关系的表现而已。改变不合理的人类社会关系,一方面根本上靠社会主义革命,另一方面在社会主义革命完成后,则靠社会治理的改良与创新。

在马克思的意义上,社会治理的对象是市民社会,治理的目标一是在秩序意义上实现市民社会的整合,防止社会的分裂,二是在价值意义上提升市民社会的品格,即提升市民社会中"个人自主活动"的水平,在社会领域中实现个人"自由而全面的发展"。资产阶级的"政治解放",其历史功绩就在于使个人摆脱了"人的依赖关系",解除了政治压迫,获得了形式上的自由自主,但也仅仅是形式上的。"政治解放一方面把人归结为市民社会的成员,归结为**利己的**、**独立的**个体,另一方面把人归结为**公民**,归结为法人。"② "法人"可以理解为法律上自由平等的个人,即形式上自由平等的个人;"利己的、独立的个人"却很难说达到了更高的"个人自主活动"水平,在"物的依赖性"上反而更加深了人的异化。更为严重的是,"**政治革命把市民生活分解成几个组成部分,但没有变革**这些组成部分本身,没有加以批判。它把市民社会,也就是把需要、劳动、私人利益和私人权利等领域看作**自己持续存在的基础**,看做无须进一步论证的**前**

---

① 《马克思恩格斯文集》(第1卷),北京:人民出版社2009年版,第572页。
② 《马克思恩格斯文集》(第1卷),北京:人民出版社2009年版,第46页。

提，从而看作自己的**自然基础**。"① 资产阶级政治革命以资本主义私有制为其经济基础，不想也不敢触动私有制根基。马克思并不认为人性是普遍的、抽象的、永恒的，而是历史的、具体的、可变的，私有制恰恰是社会堕落的根源。"私有制使我们变得如此愚蠢而片面，以致一个对象，只有当它为我们所拥有的时候，就是说，当它对我们来说作为资本而存在，或者它被我们直接占有，被我们吃、喝、穿、住等的时候，简言之，在它被我们**使用**的时候，才是**我们的**。"②

在资本主义条件之下，市民社会领域中"个人自主活动"的提升并非国家和社会关心的公共事务，反而借着个人自由的名义，被划归私人事务，普通人一旦缺乏外在约束与激励，是极其容易堕落为形形色色欲望的奴隶和以金钱为代表的拜物教"死忠"。自由主义在政教分离的口号之下，国家主动地拒绝承担教化功能，国家治理与社会治理仅仅成为秩序性的治理，治理的伦理教化功能缺失，人性的改善只能依赖个人的道德挣扎。

个体人性的改善及人类社会的道德改良无疑是人类的永恒话题和终极追求。马克思的共产主义理论绝不仅仅意味着政治经济制度的变革，马克思主义理论的永恒魅力之一在于它对人性的反思和改良的思考。柏拉图等人奠基的古希腊政治哲学，一开始就将政治定位在追寻理念世界中的美好德性，人的自然需求被认为是等而下之的、不值得追求的。理念世界发展到极致，变成了中世纪基督教世界中的"上帝之城"，人类成为宗教的仆人，自然需求被压制到极端。因此，中世纪末期的文艺复兴才高呼"重新发现人"，肯定和追寻人的自然需求。启蒙运动、工业革命和资产阶级革命则进一步从思想上、经济上、政治上完全释放了人的感性生活。政治生活从追寻德性到感性生活的转变，往好的说是冲破了中世纪"人是上帝的奴仆"的牢笼，促成了个人的觉醒与对人的价值的肯定，权利和自由于是成为政治哲学的主题；然而，一旦矫枉过正，物欲横流的生活洪流注定将淹没孤独无助的个人，这样的个人不仅仅陷于原子化的泥淖，也失去了追

---

① 《马克思恩格斯文集》（第1卷），北京：人民出版社2009年版，第46页。
② 《马克思恩格斯文集》（第1卷），北京：人民出版社2009年版，第189页。

第二章　马克思主义经典理论脉络中的社会协商治理之道

寻德性的信仰,现代化社会中的人类于是面临整体性的危机,"人类危机"亦即"信仰危机"。面临此一危机,政治哲学必须实现一个转进,即在继承和发扬个人权利与自由的基础上,补上社会性的短板,以公平和正义矫正权利和自由。在此意义上,马克思关于"人的异化""人类社会""作为真实共同体的共产主义社会"等极端重要思想的阐发成为政治哲学转向的标志。

在马克思的设想下,作为"自由人联合体"的共产主义具有三个不可或缺的前提:一是生产力极大发展,社会财富充分涌流;二是消灭一切旧的分工;三是劳动不再是谋生手段,而是生活第一需要。这三个前提看似只讲物质条件,事实上,按照马克思主义关于社会存在决定社会意识的基本原理,一旦具备这三个物质条件,就为人们高度自觉自律的精神文明奠定了充足的基础。因此,共产主义的前提当然可以进一步理解为两个方面:一是物质财富的极大涌流以至于可以按需分配,人们从此摆脱物役而自由全面发展;二是人们精神境界的极大提高以至于可以完全的自由自觉,国家及其法律作为外在的强制而完全消亡。马克思透过其对共产主义的祈望,启示人们首先反思资本主义的罪恶,资本主义剥削根源于私有制及对财富的无止境贪婪,借此,马克思深刻地警示世人对财富和资本进行反思。历史唯物主义从来不停留于理论反思与批判,马克思希冀通过生产关系的变革和良好的治理来实现人性的改善与社会的教化。

于中国而言,传统哲学就有典型的实用理性或实践理性特征,不信神,重视世俗生活,但也重视超越世俗生活的人文价值实现。在近代中国面临的巨大转折中,传统价值哲学追求的超越层面被以自由主义哲学为代表的西方现代哲学所解构,救亡的迫切要求急剧放大了工具和器物层面的价值,超越层面的人文价值一再被忽略乃至轻视。在马克思主义进入中国及其中国化过程中,虽然马克思主义本有对于自由主义价值哲学的批判性,但对于救亡、革命和解放时期的中国人民来说还是非常疏远的,只有在改革开放后,中国跻身世界第二大经济体的今天,这个批判性维度才被人们所重视、挖掘和应用。当前中国社会面临的一系列问题,其根源在于价值观的不确定。因此,重新确定社会治理的超越性价值追求具有首当其冲的要义。

（四）社会协商治理深刻体现了"以人民为中心"的价值准则

人民立场从来是共产党和社会主义国家的根本立场，"但人民对国家（政府）而言，是服务的对象（群众）？参与的主体（公众）？还是公权的主体（公民）？这是一个较少被厘清的问题。……'以人民为中心'的提出，表明了人民的主体性，……既包括了'人民满意'，也包括了以人民为本、以人民为先、以人民为主等三重深刻内涵。"[①] 社会协商治理作为新时代提出的社会治理理念，深刻体现了"以人民为中心"的价值准则。

第一，社会协商治理是以人民为本的治理。从全球范围来看，各国治理改革纷纷以合作治理为取向，代表性的就是肇始于英美的新公共管理运动，加强政府与社会的协商，公共部门和私人部门广泛开展合作。社会协商治理根源于当今时代生产方式的深刻变革，人类社会的生产方式已经从以物为本的阶段跨越进以人为本的时代。无论是土地，还是机器，抑或是资本，都是物。以物为本的生产方式面临着日益加剧的局限。现今世界，土地开发急剧加速而近乎全球环境恶化，机械化大生产日趋接近顶峰，过度偏重资本导致泛滥，更引发全球性金融危机。新的生产力增长点转向人类自身潜能的开发。所谓知识经济，即是以知识为本的"知本经济"，亦是人本经济。个人的创造力及其集中体现——科技——已经成为生产力最活跃、最核心的驱动力。人与物不同，物是死的，人是活的，对物的开发本质上是一种资源的榨取，不必考虑物自身的感受；人力的开发则不然，"人的类特性恰恰就是自由与自觉的活动"，或者说人力的特性就在于人的能动性，表现出来就是人的积极性和创造性，人的能动性开发取决于是否尊重人的主体地位，尊重人的自主活动，自主活动水平越高，创造性越高。进入新时代，我国社会主要矛盾已经转变为人民日益增长的美好生活需要同不平衡不充分的发展之间的矛盾，体现在社会治理上，当前网络时

[①] 何艳玲：《中国行政体制改革的价值显现》，载《中国社会科学》2020年第2期，第41页。

第二章 马克思主义经典理论脉络中的社会协商治理之道

代公众的话语表达、利益诉求、交往互动都日益活跃,民主参与、民主监督、民主协调的需要日益突出。"在第一阶段,公众作为接受者,需要的权利是回应、数量和质量;在第二阶段,公众作为积极参与者,需要的权利是参与、平等和分享;在第三阶段,公众作为主体,需要的权利是掌控、自主和意义。"① 我国社会治理目前已经基本完成了第一阶段,正在从第二阶段快速进展到第三阶段,党的十八届三中全会将单向管制的"社会管理"革新为双向互动的"社会治理",已经响应了第一阶段到第二阶段的转变,社会协商治理则是为了呼应第二阶段到第三阶段的转变,它更加突出公众作为权利主体的主动地位和协商地位。

第二,社会协商治理是以人民为先的治理。按照历史唯物主义的逻辑,思想不过是精神性的生产关系,制度亦只是固定化、规范化的精神性生产关系。生产关系能动地作用于生产力。社会协商治理建立在对人民主体性的充分肯定上,力图建立一个人人参与、理性沟通、合作共治的良善社会,如此,将能大大解放个人被束缚的社会关系,激发个人的积极性和创造性,提高个人自主活动水平,促进生产力发展。社会治理创新的总体要求,就是要最大限度激发社会活力、最大限度增加和谐因素、最大限度减少不和谐因素,一句话,社会治理创新意在构建一个"全体人民各尽所能、各得其所而又和谐相处的社会","各尽所能"、"各得其所"体现的正是高度的个人自主活动水平。社会治理与经济治理不同,其主要目标不在于直接满足人民的经济需要,而是满足人民的社会生活需要,这正是新时代我国社会不平衡不充分发展中的一个显著短板。社会协商治理强调以人民为先,就是要拒绝过去"唯 GDP 论"的发展取向,以满足人民的社会生活需要为优先考虑,通过满足美好社会生活需要反过来释放经济发展的新动能。

第三,社会协商治理是以人民为主的治理。马克思的历史唯物主义哲

---

① 何艳玲:《中国行政体制改革的价值显现》,载《中国社会科学》2020 年第 2 期,第 38 页。

学，核心概念无疑是实践。"全部社会生活在本质上是**实践的**。"① 人的异化源于现实生产力与生产关系的矛盾，反映了扭曲的生产关系，表现在社会治理上，就是个人对置身其中的社会公共事务的隔阂，个人无法有效参与其中，只是被治理者，丧失了治理者的主体地位。"人的本质不是单个人所固有的抽象物，在其现实性上，它是一切社会关系的总和。"② 单一的、自上而下的社会管理塑造了片面的个人，导致了个人对于社会生活的无力感；体现了丰富人性的社会协商治理必然是将个人充分纳入其中的协商式治理，在协商过程中，人们培养起公共利益的价值关怀、公共理性的精神品质、互动合作的行为模式、宽容妥协的人际关系。站在马克思主义人学的立场上，社会协商不仅仅是通过理性沟通来达成相互理解与尊重，求同存异，弥合分歧，降低冲突的频度和烈度；也不仅仅是通过开创共识，寻求相互支持，促成集体行动，实施公共治理；更重要的是通过人们的相互监督与相互激励，形塑自律与他律两相配合的良性氛围和制度，以求克服私心私利，将个人从自我的狭隘圈子中引导出来，生发共同体关怀和社会责任感，发现并实现公共利益，达成社会善治，最终实现社会善治促动的人性改善。至此，社会协商显然不仅仅是一种治理技术（治理术），它内蕴的是重要得多的价值诉求和伦理规范。

第二节　社会协商治理的马克思主义政治哲学根基

马克思的"个人自主活动观"虽然以个人为标识，但历史唯物主义逻辑浸润下的"个人"本质上迥异于自由主义逻辑灌注的"个人"。在西方政治思想史中，马克思是一个转折性人物，他将政治哲学的立论支点从

---

① 《马克思恩格斯文集》（第1卷），北京：人民出版社2009年版，第501页。
② 《马克思恩格斯文集》（第1卷），北京：人民出版社2009年版，第501页。

"自然人"置换为"社会人","所以与过往政治哲学家不同,马克思所着重分析和提示的是权利、自由、平等、公正、道德的社会和制度基础而非自然基础。"① 马克思主义政治哲学建立在社会本位的基础之上,既鲜明地指出了国家的阶级统治本质,但更强调国家的公共性,同时,基于经济基础与上层建筑的历史唯物主义基本原理,马克思主义明确指出了公有制才是确保国家治理公共性的坚实经济基础。

一、社会本位

(一) 个体的、自然的人不是人的本质

众所周知,马克思是在反思德国古典哲学、重塑出历史唯物主义和辩证唯物主义的哲学基础上,提出共产主义的政治学说的。马克思主义哲学的起点则是人,"旧唯物主义的立脚点是市民社会,新唯物主义的立脚点则是人类社会或社会的人类。"② 显然,这是社会化的人,而非茕茕孑立、荒野中的自然人。这在西方哲学史上具有划时代的意义。文艺复兴以后,西方政治哲学家不再以"上帝视角"俯视人间、仰视君主,换之以"把人当人"的人类视角重思政治、平视君主,"以'人''人性'或'个人'为起点推导民主逻辑的学者不计其数,但是,与马克思主义相比,他们只认识到人的本质的个体性一面,由此发现了促进个体公平、市场竞争、社会繁荣之道,但是,并没有充分注意到人的社会性,没有发现社会贫穷、阶级对立的根源,没有发现实现社会平等的路径。"③ 由于缺乏正确剖析现实社会的哲学工具,霍布斯、洛克等为代表的自由主义政治哲学家无视

---

① 李佃来:《马克思的政治哲学:理论与现实》,北京:人民出版社2015年版,第8页。
② 《马克思恩格斯文集》(第1卷),北京:人民出版社2009年版,第502页。
③ 梁宇:《论经济民主、政治民主与党内民主——马克思主义民主内涵和基本逻辑再思考》,载王浦劬主编:《国家治理现代化研究(第二辑)》,北京:中国社会科学出版社2018年版,第8页。

现实人类的社会性，转而虚构出一个"自然状态"，假设人类进入政治社会之前是一种个体性的存在状态，并以此为基础推导出个人主义的政治秩序，并千方百计为其辩护，最终塑造出近现代西方自由主义民主政治体系。

马克思对于资本主义民主政治的批判，恰恰是从自由主义止步的地方开始的。马克思深刻指出，"封建社会已经瓦解，只剩下了自己的基础——人，但这是作为它的真正基础的人，即**利己**的人。因此，这种人，市民社会的成员，是**政治**国家的基础、前提。"① 马克思一度相信黑格尔关于理性国家的理论，但一旦碰到林木盗窃法中赤裸裸的社会现实，黑格尔对于国家这个"地上行进着的神"的褒扬就显得如此苍白。马克思按照黑格尔的辩证法深入市民社会之中，用政治经济学的方式深刻剖析作为"物质的生活关系的总和"的市民社会。马克思正是在黑格尔理解市民社会的方式的启发下，反过来颠覆了黑格尔的结论，不是"国家决定市民社会"，而是"市民社会决定国家"！资本主义国家在实质上并没有超越和改良自私自利的市民社会，而是服从和服务于市民社会！以利己的个人为基础构建起的资本主义市场经济和民主政治，极大地放纵了个人的利己性，伤害了人的利他性，根本性破坏了人的社会性。马克思正是通过解剖市民社会，从而确立了唯物史观；也正是在解剖市民社会的过程中，发现了剩余价值，并将其认定为资本主义社会不可解决的基本矛盾之集中体现，进而根据历史唯物主义，判定资本主义必将灭亡。因此，马克思从新唯物主义的哲学视角出发，要求重建合理社会的基础：不是市民社会，而是人类社会；不是私有制的社会，而是公有制的社会；不是利己的自然人，而是利他的社会人；不是碎片化的工人，而是整体性的工人阶级。这样一个新的经济性社会形态，必然决定了建立在其基础之上的新的政治性社会形态，一定是超越了资本主义的共产主义。

---

① 《马克思恩格斯文集》（第1卷），北京：人民出版社2009年版，第45页。

（二）"人的本质是一切社会关系的总和"

人作为社会存在物，既具有受动性（受制约于社会），更具有能动性（改造社会），马克思称这种"受动而能动"的活动为"对象化"活动。诚然，"非对象性的存在物就是非存在物"，但人之外的存在物只是"对象性存在物"，只有人不仅是"对象性存在物"，更具备"对象化活动"的特性。"'观念地存在着'的规划、意象加于对象，通过对象的改变而成为客观的存在，这是'对象化'，对象化也因此被称作'客观化'。'对象性'是存在物之间的互依性或互受性，'对象化'则除开这一层意蕴外，还指示了一个由人到物的非可逆推的向度。就'对象性'而言，可以说外物是人的存在对象，人也是外物的存在对象，就'对象化'而言，却只能说人向着物的对象化，不能说物向着人的对象化。"① 个人受动于社会，依赖于社会，社会的公共利益制约着个人利益，个人与个人、个人与群体协商的必要性由此显现；个人又能动于社会，个人的协商性社会行为和政治行为能够推动社会的改变，更多地尊重、包容和实现个人的利益。

马克思认定人是"类存在物"，也就是"个体是社会存在物"②，"人对自身的关系只有通过他对他人的关系，才成为对他来说是对象性的、现实的关系。"③ 在社会生活中，任何人都以他人为对象，同时又是他人的对象，只有在社会交往中，个人才能谋求生存与发展，更只有在社会交往中，个人实现自我认识，确证自身的本质力量。"甚至当我从事**科学**之类的活动，即从事一种我只在很少情况下才能同别人进行直接联系的活动的时候，我也是**社会的**，因为我是作为人活动的。不仅我的活动所需的材料——甚至思想家用来进行活动的语言——是作为社会的产品给予我的，

---

① 黄克剑：《人韵——一种对马克思的读解》，北京：东方出版社1996年版，第326页。
② 《马克思恩格斯文集》（第1卷），北京：人民出版社2009年版，第188页。
③ 《马克思恩格斯文集》（第1卷），北京：人民出版社2009年版，第165页。

而且我**本身**的存在**就是**社会的活动；因此，我从自身所做出的东西，是我从自身为社会做出的，并且意识到我自己是社会存在物。"① 既然社会性是人的第一属性，那么一个合理社会的建构就应该基于社会本位，而非个人本位。最终，马克思的社会本位论归结为他关于人的本质的著名论断："人的本质是一切社会关系的总和。"②

（三）社会主义民主政治是以社会为本位的政治形态

自由主义民主的政治哲学基础是个人本位（个体存在论）的，民主政治只是提供了一个独立个体相互竞争冲突的平台，国家的主要责任是维护竞争的秩序；社会主义民主的政治哲学基础是社会本位（共在存在论）的，个体存在于社会之中，共在是存在的前提。据此，社会主义的"社会"意味就在于凸显人的社会性，这种社会性与协商民主内在的社会性两相契合。因此，社会主义民主本质上亲和协商民主，而非自由民主。我们寻求个体协商基础之上的总体性决策，个人与政府主要不是基于个人利益的对立对抗，而是基于公共利益的合作互助。

自由主义从起始起即以原子化的个人主义为逻辑起点，自由主义的政治哲学本质上是寻求竞争性个人调和的政治形式，选举式民主、形式主义（程序主义）法治都是这种政治形式的具体方式。虽然现代自由主义也看重个人之间的理性协商与共识，但原子化的个人主义根本上没有为公共利益或者公共性政治留下足够的空间，理性协商充其量只是弥补了选举式民主的不足，无法建构起一个新的、以公共性为基础的政治形式。西方协商民主虽然试图在制度上突破选举民主的单一设计，但其哲学根基仍然是个人主义。这就导致了其内在的悖论：个人主义奉行权力至上，选举民主只是追求简单统计学上的"众意"，协商民主却追求公共利益和共识基础上的"公意"，二者之间在理论上存在着根本的鸿沟，在实践上导致了决策与执行的断裂，"因为决策意味着达成共识，而执行则意味着对少数个人

---

① 《马克思恩格斯文集》（第1卷），北京：人民出版社2009年版，第188页。
② 《马克思恩格斯文集》（第1卷），北京：人民出版社2009年版，第501页。

第二章　马克思主义经典理论脉络中的社会协商治理之道

利益的调整甚至否定。"①

马克思对于自由主义政治的批判，以"社会主义"（强调人的社会性）针锋相对于原子化的个人主义。个人与他人、个人与社会须臾不可分，奠定了公共性政治的哲学根基，公共性政治哲学以建构和扩展社会的公共利益为基础。基于此，马克思进而寻求个人的自由与全面发展，未来的共产主义应该是"每个人的自由发展是一切人的自由发展的条件""真正的共同体"。因此，也有必要重申的是，依着马克思辩证唯物主义的逻辑，他的社会本位论并不排斥个人，个人与社会互摄互动，辩证演变。

二、国家公共性

（一）资本主义国家是市民社会的"利己的工具"

"市民社会"概念在马克思文本中具有两层含义。在《德意志意识形态》中，"市民社会"是与"经济基础"对等的概念；在《关于费尔巴哈的提纲》中，"市民社会"则具体化为资本主义的生产关系。旧唯物主义立足于市民社会，即资本主义市民社会，对其采取了不批判、辩护的态度，为此美化国家，寄希望于国家来弥补市民社会中权利冲突的不足，黑格尔就认为国家相比于市民社会在绝对精神的演化过程中占据更高的位阶；马克思对黑格尔产生怀疑后，集中精力研究"市民社会"这个枢纽，他发现，为了解剖市民社会，不能停留在哲学或理论的层面上，必须到政治经济学中去寻求答案，研究政治经济学，目的不仅仅是发现客观规律，更在于解剖市民社会，进而将新唯物主义的立脚点从市民社会转向人类社会，亦即从"解释世界"转向"改变世界"。因此，马克思"市民社会决定国家"的论断绝非为资本主义社会辩护。一方面，在"市民社会"对等

---

① 李传兵：《社会主义协商民主的制度逻辑与路径选择——兼析中西方协商民主的制度差异》，载《马克思主义研究》2019年第6期，第126页。

于"资本主义生产关系"的层面上,借助"市民社会决定国家"的论断,马克思深入研究政治经济学,发现了资本主义剥削的秘密——剩余价值,揭穿了自由主义承诺自由与权利虚假的面目;另一方面,在"市民社会"对等于"经济基础"的层面上,马克思通过"市民社会决定国家",找到了"改变世界"、走向共产主义的道路,那就是将生产资料个人所有制改变为公有制,确立公有制的经济基础。

马克思在使用"市民社会"一词时,并非仅仅在中性的、描述性的意义上使用,而且赋予了其鲜明的价值意味:"在国民经济学家看来,**社会是市民社会**,在这里任何个人都是各种需要的整体,并且……就人人互为手段而言,个人只为别人而存在,别人也只为他而存在。"① 市民社会是个人主义的,极端的市民社会就是霍布斯意义上"人与人像狼""人与人之间的战争"的社会。建立在市民社会基础上的资产阶级政治国家,其信奉的自由主义政治哲学当然也是个人本位的。资本主义国家成为市民社会的奴隶,被动地成为市民社会钩心斗角的舞台,丧失公共性。马克思做出的"市民社会决定国家"的著名颠覆,深刻揭示了资本主义国家与社会关系的本质。亚当·斯密所谓的"最小政府"恰恰反映了资本主义国家沦为市民社会工具的事实。自由主义者进一步将"最小政府"包装为"最好政府",马克思则将其指认为革命的对象。

资产阶级民主革命确立了自由、平等、安全等基本权利,然而,在马克思看来:"任何一种所谓的人权都没有超出利己的人,没有超出作为市民社会成员的人,即没有超出封闭于自身、封闭于自己的私人利益和自己的私人任意行为、脱离共同体的个体。在这些权利中,人绝对不是类存在物,相反,类生活本身,即社会,显现为诸个体的外部框架,显现为他们原有的独立性的限制。把他们连接起来的唯一纽带是自然的必然性,是需要和私人利益,是对他们的财产和他们的利己的人身的保护。"② 在资本主义条件下,所谓自由、平等、安全等基本权利本质上是基于个人本位的利

---

① 《马克思恩格斯文集》(第1卷),北京:人民出版社2009年版,第236页。
② 《马克思恩格斯文集》(第1卷),北京:人民出版社2009年版,第42页。

己的、霸道的个人权利，本质上违背人作为"类存在物"的"类本性"，都不能说是"个人自主活动"的完整体现。

（二）国家应该是公共利益的代表

从霍布斯尤其是洛克以来的政治哲学，始终存在一个隐性的道德问题就是，"只有在自然生存的层面上去考虑人的欲望和需要的满足，进而使人的权利和自由成为现实的东西，道德原则才是可以挺立起来的。"① 在自然生存层面考虑人的欲望和需要的满足，当然相对于中世纪完全压制人的欲望来说，是巨大的历史进步。但如果止步于此，人在脱离宗教的束缚后，又陷入了资本主义的拜物教中。人还是在卢梭所谓的"无处不身戴枷锁"②。这一切问题的本质还在于个人主义与私有制，"在一个私人利益本位的共同体建制中，所谓普遍的人道期望和公共性关切完全是一句空话。"③ 在个人主义的价值观中，一切都以个人为中心，个人又以功利为中心，他人与己无关，只具有工具价值，社会、国家甚至都是虚幻的，所谓的公共利益因为脱离了个人的自我利益追求，同样也不存在。

马克思在区分政治解放与人的解放时，从社会本位的角度特别强调："**任何解放都是使人的世界即各种关系回归于人自身**。政治解放一方面把人归结为市民社会的成员，归结为**利己的**、**独立的**个体，另一方面把人归结为**公民**，归结为法人。只有当现实的个人把抽象的公民复归于自身，并且作为个人，在自己的经验生活、自己的个体劳动、自己的个体关系中间，成为**类存在物**的时候，只有当人认识到自身'固有的力量'是**社会**力量，并把这种力量组织起来因而不再把社会力量以**政治**力量的形式同自身分离的时候，只有到了那个时候，人的解放才能完成。"④ 在 1843 年《论

---

① 李佃来：《马克思的政治哲学：理论与现实》，北京：人民出版社 2015 年版，第 17 页。
② 卢梭：《社会契约论》，北京：商务印书馆 2011 年版，第 1 页。
③ 袁祖社：《公共价值的信念与美好生活的理想——马克思哲学变革的理论深蕴》，载《中国社会科学》2019 年第 12 期，第 33 页。
④ 《马克思恩格斯文集》（第 1 卷），北京：人民出版社 2009 年版，第 46 页。

犹太人问题》中,马克思如此通过"政治解放"与"人的解放"的概念表述出了"政治力量"与"社会力量"的逻辑关系:社会力量是人自身"固有的力量",政治力量则是社会力量的自我分离,在政治上,人的解放表现为政治力量向社会力量的回归。这是马克思关于国家与社会关系的政治哲学的初步表达。

1845年,马克思和恩格斯在《德意志意识形态》中进一步明确了国家与社会相分离的历史必然性:"正是由于特殊利益和共同利益之间的这种矛盾,共同利益才采取国家这种与实际的单个利益和全体利益相脱离的独立形式。"① 阶级社会之上的国家虽然只是"虚幻的共同体"②,但就国家必然至少在形式上代表共同利益而言,国家必须具备调和社会冲突、维护社会秩序的公共职能。

"人天生是政治动物",亚里士多德的这个经典论断历来为人们所公认,但如何处理好个人与他人、个人与社会、个人与共同体的关系可谓人类自始至终探求思索的终极问题,位列政治哲学或社会哲学的核心问题域。自国家产生以来,除了国家固有的强制性与阶级性之外,人们就期待国家能够在相当大程度上扮演公共利益代表者的角色,协调个体与群体的分歧,尤其是近现代民主政治兴起后,如何实现个人与社会、个人与国家的利益和谐、情感共融,就是民主政治的核心论题。现代政治学对此有个基本的假设,即"国家—社会"二分。在黑格尔那里,市民社会具有伦理非充分性,因为市民社会是一个"需求体系",即需要与需要的满足,这种需求由每个人的主观决定,但必须通过普遍交往才能实现。③ 于是,市民社会呈现狭隘、自私的精神气质,只有代表普遍意志的国家才能够克服市民社会的狭隘性,达到伦理的充分。马克思一方面承认市民社会的狭隘与自私,另一方面,他也肯定了市民社会中的人们具有合作、参与公共生

---

① 《马克思恩格斯文集》(第1卷),北京:人民出版社2009年版,第536页。
② 《马克思恩格斯文集》(第1卷),北京:人民出版社2009年版,第536页。
③ 王旭:《公民参与行政的风险及法律规制》,载《中国社会科学》2016年第6期,第114页。

第二章　马克思主义经典理论脉络中的社会协商治理之道

活的一面,人类的群体生活具有双重本质:"前一种是政治共同体中的生活,在这个共同体中,人把自己看作社会存在物;后一种是市民社会中的生活,在这个社会中,人作为私人进行活动,把他人看作工具,把自己也降为工具,并成为异己力量的玩物。"① 在这里,马克思使用了著名的"异化"概念,市民社会的生活放纵了人们自私自利的劣根性,当人仅仅是工具(手段),而非目的时,人异化了。马克思的"异化"概念包含双重含义:一是人与物之间的异化,人类的劳动产品反过来奴役人本身;二是人与人之间的异化,人们之间因为金钱、权力等中介物而导致一部分人遭受另一部分的奴役与剥削。市民社会的这种异化显然属于人与人之间的异化。为此,打破人与人之间异化的过程就是政治解放的过程。然而,政治解放并不意味着人类解放。近现代人类通过民主政治找寻到了一条政治解放的道路,在民主国家中,人们面临着另一种异化的威胁:来自国家权力的威胁。权力具有自我扩张的本性,垄断了政治权力的国家很难遏制其权力膨胀的本性。民主国家一方面需要吸纳公民的参与来显示民主的要求,另一方面,政府和官僚对于权力的追逐又会设置重重障碍阻止公民参与。总之,"从今天来看,公民参与行政最基本的正当性就在于它是人实现自我解放的需要,而其风险根源就来自社会和国家对人本质的异化。……所谓人的异化在社会的逻辑下就表现为人推动了对自我作为一种社会关系的类存在物的历史感受,从一种社会公共生活中的'公民'变成了纯粹的'私人'。"② 正是在此意义上,马克思斥责仅仅满足于政治解放的资本主义民主国家是"虚假的共同体",只有致力于实现人自由而全面发展的共产主义社会才是"真正的共同体"和"自由人的联合体"。"只有当现实的个人把抽象的公民复归于自身,并且作为个人,在自己的经验生活、自己的个体劳动、自己的个体关系中间,成为类存在物的时候,只有当人认识到自身'固有的力量'是社会力量,并把这种力量组织起来因而不再把

---

① 《马克思恩格斯文集》(第1卷),北京:人民出版社2009年版,第30页。
② 王旭:《公民参与行政的风险及法律规制》,载《中国社会科学》2016年第6期,第116页。

社会力量以政治力量的形式同自身分离的时候,只有到了那个时候,人的解放才能完成。"① 社会协商治理的意义就在于启发并激励个体认识到自身"固有的力量"是社会力量,从"利己的市民"复归于"利他的公民",回复其"类本性"。

(三) 国家的首要职能是公共职能

1848年,在《共产党宣言》这一马克思主义诞生的标志性文献中,马克思指出:"当阶级差别在发展进程中已经消失而全部生产集中在联合起来的个人的手里的时候,公共权力就失去政治性质。原来意义上的政治权力,是一个阶级用以压迫另一个阶级的有组织的暴力。"② 这里已经明确区分了政治权力与公共权力,表达了阶级消亡、国家消亡和政治消亡,肯定了公共权力机构(国家是其在阶级社会的表现形式)的首要职能就是公共职能。

到了1884年,恩格斯写作《家庭、私有制与国家的起源》时,作为对马克思政治哲学的总结,恩格斯做了一个世人熟知的结论:"国家是社会在一定发展阶段上的产物,国家是承认:这个社会陷入了不可解决的自我矛盾,分裂为不可调和的对立面而又无力摆脱这些对立面。而为了使这些对立面,这些经济利益互相冲突的阶级,不致在无谓的斗争中把自己和社会消灭,就需要有一种表面上凌驾于社会之上的力量,这种力量应当缓和冲突,把冲突保持在'秩序'的范围以内;这种从社会中产生但又自居于社会之上并且日益同社会相异化的力量,就是国家。"③ 这里,恩格斯首先明确界定了应然意义上的国家职能,即国家的首要职能是履行公共职能——充当公共权力,调和社会冲突,确保社会秩序。然而,国家在应然意义上诞生之后,作为凌驾于社会之上的力量,国家在实然意义上迅速走向异化:自居于社会之上并且日益同社会相异化。就像国家的产生是不可

---

① 《马克思恩格斯文集》(第1卷),北京:人民出版社2009年版,第46页。
② 《马克思恩格斯文集》(第2卷),北京:人民出版社2009年版,第53页。
③ 《马克思恩格斯文集》(第4卷),北京:人民出版社2009年版,第189页。

避免的，应然意义上的国家与实然意义上的国家的冲突也是不可避免的，根源就在于国家产生的私有制基础及其阶级社会基础。但是，恩格斯借助辩证唯物主义的逻辑，明确地预告："随着阶级的消失，国家也不可避免地要消失。在生产者自由平等的联合体的基础上按新方式来组织生产的社会，将把全部国家机器放到它应该去的地方，即放到古物陈列馆去，同纺车和青铜斧陈列在一起。"① 这也就是马克思所说的"政治力量向社会力量的回归"，就是"人的解放"。在《论人民民主专政》中，毛泽东直白地继承了马克思关于国家消亡的思想："阶级消灭了，作为阶级的工具的一切东西，政党和国家机器，将因其丧失作用，没有需要，逐步地衰亡下去，完结自己的历史使命，而走到更高级的人类社会。……共产党的领导和人民专政的国家权力，就是这样（笔者注：阶级、政党和国家的消灭）的条件。不承认这一条真理，就不是共产主义者。"② 因此，国家消亡理论成为马克思主义政治哲学的一条核心原则。

既然市民社会是在价值上令人不齿的，马克思断然宣称，新唯物主义的立脚点必须是人类社会或社会的人类。人类社会同样不仅是一个描述性概念，其中灌注了十足的"社会主义"（相对于个人本位的社会本位论）价值，或者说公共性价值。正是在社会本位论的基础之上，马克思提出了公共性政治的实践构想。马克思在实践上最初受到了巴黎公社的强烈启示，"国家的职能将只限于几项符合于普遍性、全国性目的的职能。"③ 公社实行高度自治，公共权力掌握在由普选产生的、总是在公众监督下的、随时可以撤换的、只领取普通工人工资的勤务员手中。换句话说，公社实现了国家的消亡。人民的勤务员不再是高高在上、颐指气使的官老爷，国家的职能不再是"对人的政治统治"，变成了"对物的管理和对生产过程的领导"④，此即所谓的"普遍性、全国性目的的职能"，这些职能与现代

---

① 《马克思恩格斯文集》（第4卷），北京：人民出版社2009年版，第193页。
② 《毛泽东选集》（第4卷），北京：人民出版社1991年版，第1468页。
③ 《马克思恩格斯文集》（第3卷），北京：人民出版社2009年版，第197页。
④ 《马克思恩格斯文集》（第3卷），北京：人民出版社2009年版，第531页。

的社会化大生产相对应，是取代资本主义私有制和生产无政府状态的更为先进的生产关系。这可以称为无产阶级专政的"最小国家"，它拥有与资产阶级的"最小国家"（"最好的政府就是管得最少的政府"）类似的外表，它们一样都只履行非常有限的职能。它们的本质区别在于两个方面，一方面，马克思认为无产阶级建立的国家应该具备完全的公共性，"只能显示出走向属于人民、由人民掌权的政府的趋势。"① 虽然无产阶级专政的国家仍然具有阶级性，但是"公社提供合理的环境，使阶级斗争能够以最合理、最人道的方式经历它的几个不同阶段。"② 而且它致力于最终消灭阶级统治乃至于消灭国家本身，无产阶级首先解放的是自己，最终要解放的是全人类；资产阶级国家"不过是管理整个资产阶级的共同事务的委员会罢了"③，只有阶级性，没有公共性，所谓的公共职能不过是资产阶级为了维护政权刻意的打扮而已。另一方面，无产阶级专政的国家对应的是无产阶级自由的、联合的社会自治，它建立在无产阶级高度的、自觉的自治意识之上；资产阶级国家对应的是资本家在市场上的自由放任竞争，其结果在历史上导致贫富悬殊和经济危机。

三、公有制

（一）私有制下的"权利悖论"

马克思在政治哲学上继承了卢梭意欲通过政治改良人性的道德关怀，只不过，相比于热烈而外显的卢梭，马克思显得更加深沉而深刻。"在解决道德的社会向度问题上，马克思与休谟、黑格尔及卢梭等人的任务是大致相同的，这就是都要通过补入'社会性'原则，去克服唯我独尊的'个体性'原则，这个任务应当说也是现代社会为每一个有'共同体'观念的

---

① 《马克思恩格斯文集》（第3卷），北京：人民出版社2009年版，第163页。
② 《马克思恩格斯文集》（第3卷），北京：人民出版社2009年版，第198页。
③ 《马克思恩格斯文集》（第2卷），北京：人民出版社2009年版，第33页。

第二章　马克思主义经典理论脉络中的社会协商治理之道

理论家所提出的一个难题。……问题就在于，黑格尔、休谟、卢梭等人在市民社会的立脚点上去审视权利悖论，进而在市民社会内部去确立用以克服个体性原则的社会性原则，说明他们在道德问题上所作的种种理论阐说，最后都是为了修补或构建市民社会的价值体系和行为规则，因为他们的道德学说无一不是在'规则伦理'的意义上建立起来的。"① 卢梭等人只是提出"社会性"原则代替"个体性"原则，却最终找不到实现"社会性"原则的现实路径。资产阶级革命鼓舞了个人的权利与自由，然而，权利与自由本质上不过是个人欲望的另一个"马甲"，个人欲望的膨胀总是导致权利的冲突与难以调和。这次新冠肺炎疫情之下，西方社会普遍陷入戴不戴口罩、隔不隔离的争论与冲突，就是权利悖论的一个典型。

"'创建一种能以全部共同的力量来维护和保障每个结合者的人身和财产的结合形式，使每一个在这种结合形式下与全体相联合的人所服从的只不过是他本人，而且同以往一样的自由。'社会契约所要解决的，就是这个根本问题。"② 卢梭意图通过社会契约论的方式，既尊重和落实个人权利，又保护个人权利免受国家这个"利维坦"的侵犯。他的主要构思就是区分"众意"（众人意愿的加总）和"公意"（公共利益和共同意志），贬抑"众意"，张扬"公意"，人民只服从"公意"，服从"公意"就是服从自己。问题在于，"公意"只是一个原则，如何用制度的方式做实"公意"呢？"众意"虽然会导致"多数的暴政"和民粹主义，但至少它可以通过票选的制度来有效实现，"公意"则更多是一个道德口号而已。

人类所谓的终极问题，都是简单、重大而永恒的问题。卢梭提出的这个问题就是终极问题，它与马克思关于共产主义的终极设想具有异曲同工之妙："每个人的自由发展是一切人的自由发展的条件"③。对于终极问题而言，提出问题本身就比解决问题更为重要。虽然卢梭的方案本身值得商

---

① 李佃来：《马克思的政治哲学：理论与现实》，北京：人民出版社2015年版，第26—27页。
② 卢梭：《社会契约论》，北京：商务印书馆2011年版，第18—19页。
③ 《马克思恩格斯文集》（第2卷），北京：人民出版社2009年版，第52页。

权,但是足以启发一系列现代政治方案,包括马克思的政治方案。

(二) 公有制才是破解"权利悖论"的钥匙

马克思运用历史唯物主义的透视镜,一眼就洞察了资本主义纷繁复杂的社会关系的本质:资本主义生产关系的私有制。"社会不是由个人构成,而是表示这些个人彼此发生那些联系和关系的总和。……就像下面的说法一样:从社会的角度看,并不存在奴隶和公民;两者都是人。其实正相反,在社会之外他们都是人。成为奴隶或成为公民,这是社会的规定,是人和人或 A 和 B 的关系。A 作为人并不是奴隶。他在社会里并通过社会才成为奴隶。"① "黑人就是黑人,只有在一定的关系下,他才成为**奴隶**。纺纱机是纺棉花的机器。只有在一定的关系下,它才成为**资本**。脱离了这种关系,它也就不是资本了,就像**黄金**本身并不是**货币**,砂糖并不是砂糖的价格一样。"② 归结到一句话,就是"人的本质不是单个人所固有的抽象物,在其现实性上,它是一切社会关系的总和。"③ 这里的关键词不是"社会",而是"关系",只是看重"社会",就会误以为社会不过是个人的集合,作为机械结合起来的个人,就可以是自由而平等的,事实上,马克思对自由主义者的批判就在于自由主义者所坚信的自由平等的个人只能存在于理论的抽象中,永远不可能是现实的,自由而平等的个人恰恰是自由主义一切政治哲学和社会哲学的根基;一旦看重"关系",就回到了现实中,现实社会中的人总是处于各种关系之中,因而总不可能是自由而平等的,这才有了父子、夫妇、君臣、主仆,等等,只要面对私有制的现实,所谓的自由而平等都是虚假的。

在历史上各种社会形态中,生产关系是一切社会关系中最基本的,起着决定性的作用。在资本主义社会中,资本主导着生产关系及其他社会关

---

① 《马克思恩格斯全集》(第 46 卷上册),北京:人民出版社 1979 年版,第 220 页。
② 《马克思恩格斯选集》(第 1 卷),北京:人民出版社 2009 年版,第 344 页。
③ 《马克思恩格斯选集》(第 1 卷),北京:人民出版社 2009 年版,第 344 页。

系。"毫不相干的个人之间的互相的和全面的依赖,构成他们的社会联系。这种社会联系表现在**交换价值**上,因为只有在交换价值上,每个个人的活动或产品对他来说才成为活动或产品;他必须生产一般产品——**交换价值**,或孤立化和个体化的交换价值,即**货币**。另一方面,每个个人行使支配别人的活动或支配社会财富的权力,就在于他是**交换价值**或**货币**的所有者。他在衣袋里装着自己的社会权力和自己同社会的联系。"① "在资产阶级社会里,资本具有独立性和个性,而活动着的个人却没有独立性和个性。"② 资产阶级社会宣称每个人都是独立自由的,富于主体性的,但事实上,只要在私有制的条件下,这种自由只能是虚假的、受资本物役的,即使是资本家,也不过是资本的傀儡,或者人格化的载体而已。马克思面对现实的资本主义私有制,一改以往哲学家"解释世界"的哲学和非批判的态度,以"改变世界"的新哲学和决绝的姿态毫不留情地批判,希冀于社会化大生产带来物质的极大丰富,根本上还是通过彻底改造私有化的生产关系,迎来理想的共产主义,实现个人的完全自主活动。

从政治角度而言,规则伦理必须落实为制度伦理。马克思正是通过历史唯物主义的逻辑尤其是对资本主义政治经济学批判,敏锐而深刻地洞见了资本主义伦理的虚伪本质。在马克思看来,卢梭等人无解的权利导论,表面上看是人的欲望膨胀的结果,实质上根源是私有制。"众意"之所以甚嚣尘上,就是因为它有私有制的根基;"公意"之所以难以落实,就是因为它缺乏公有制的根基。"毋宁说在马克思看来,只有以革命的方式去推翻私有财产制度,道德的社会向度才可以在一个全新的历史地平上挺立起来,特殊利益与普遍利益、个体性原则与社会性原则之间的矛盾也才可以得到根本解决。……马克思在批判和革命的语境中建立的乃是制度伦理。"③

---

① 《马克思恩格斯全集》(第46卷上册),北京:人民出版社1979年版,第103页。
② 《马克思恩格斯文集》(第2卷),北京:人民出版社2009年版,第46页。
③ 李佃来:《马克思的政治哲学:理论与现实》,北京:人民出版社2015年版,第27—28页。

从历史唯物主义的角度看，无论是市民社会的发展，还是建基于此的个人权利的张扬，都是社会发展的必然趋势，由此引发的权利悖论也是人类不得不面临的现代性的根本难题。"不仅是马克思，而且自由主义哲学家们也大都看到了现实市民社会中个人主义的大行其道及其由之而造成的社会冲突的问题。然而，其解决之道是从'自然人的平等权利'这一大前提出发，借助于公平正义之类的价值而提出对人的思想规范和行为规则的修正与重构，试图以此接近或达至他们所不忘宣说的市民社会的理想状况。"① 自由主义政治哲学建基于市民社会之上，其对于权利和自由的期许与辩护回应了市民社会的现实需要，权利和自由的核心即是财产所有权。"为了取得所有权即达到人格的定在，单是某物应属于我的这种我的内部表象或意志是不够的，此外还须取得对物的占有。通过取得占有，上述意志才获得定在，这一定在包含他人的承认在内。"② 按照自由主义政治哲学的逻辑，"他人的承认"只能通过契约（法律）的方式保障，权利和自由表现为法治之下的权利和自由，自由主义的伦理学也就将能够促进权利和自由的认定为正义，反之则是不正义，可谓之为法权正义，又因为法治本质上遵循程序主义，又可称为法权正义。

自由主义的正义原则表现为一种补救性原则，用法治的方式弥补个人在权利冲突中遭受的损失；马克思的思路则是釜底抽薪，从根本上反思和改变造成权利冲突的经济根源——个人所有制，是为革命性正义原则。"从现实市民社会层面来看，自由主义哲学家所深信不疑的'自然人的平等权利'这个大前提是根本不存在的，因为人总是根据社会规定性来进行'编码'，故而人的自然存在总是镶嵌在社会政治结构之中，即自然人总是以社会人的形象活在市民社会这个世俗世界中。"③ 既然个人权利在现代社

---

① 李佃来：《马克思的政治哲学：理论与现实》，北京：人民出版社2015年版，第42页。
② 黑格尔：《法哲学原理》，北京：商务印书馆1961年版，第59页。
③ 李佃来：《马克思的政治哲学：理论与现实》，北京：人民出版社2015年版，第42—43页。

第二章 马克思主义经典理论脉络中的社会协商治理之道

会中已经成为不可怀疑的基石,那么权利悖论的解法只能是在权利中以社会性约束和克服个人性,表现在社会层面上,就是塑造一个共同体社会来代替原子式个人的集合体。然而,自由主义的解决方案是在不挑战"私有财产神圣不可侵犯"、不触动原子式个人的前提下,以公平正义来弥补权利冲突,其典型就是罗尔斯所谓的"作为公平的正义",这是现代自由主义能做的最大妥协,可也马上受到了诺齐克代表的自由至上主义者们的批判;马克思釜底抽薪的方案将共同体社会的基石奠基于财产公有制,不再将人与人合作的希望完全寄托于人性的改善与正义的原则,由此宣扬新唯物主义不再立足于市民社会,而是立足于"人类社会或社会的人类"。"类"字凸显的正是共同体的色彩,马克思因此指认共产主义才是"真正的共同体"。与自由主义者张扬原子式个人主义不同,马克思在确立人在本质上是"社会关系的总和"这一前提下,以生产资料的公有制为根本保障,构建人类共同体,思路有了根本转向,也更具现实性。同时,马克思并不以社会性压抑个体性,鲜明地主张共产主义"每个人的自由发展是一切人的自由发展的条件",在社会性的基础上寻求个体性的满足。

之所以说资本主义条件下的民主注定是一个形式主义的摆设,不能真正发挥民主的效能,根源就在于资本主义私有制本身。早在1844年,恩格斯在其《英国状况》一文中就揭露了亚当·斯密国民经济学的本质:"他把政治、党派、宗教,即把一切都归结为经济范畴,因此他认为财产是国家的本质,致富是国家的目的。"[①]"财产的统治必然要首先反对国家,瓦解国家,或者,既然财产没有国家又不行,那么至少也要挖空它的基础。"[②] 现代国家作为"社会矛盾不可调和的产物",本来应该以公共性为其首要职能,然而在私有制条件下,国家丧失了必要的公共经济基础,只能沦落为资产阶级利益的代言人,国家缺乏自主性。

既然私有制是资本主义不可能改变的经济基础,资本主义民主政治只能是资产阶级专政的遮羞布,那么资本主义协商民主注定了也只能是资产

---

① 《马克思恩格斯文集》(第1卷),北京:人民出版社2009年版,第105页。
② 《马克思恩格斯文集》(第1卷),北京:人民出版社2009年版,第105页。

阶级缓和阶级矛盾的幌子，不具有实现的现实性。早在《1844年经济学哲学手稿》中，马克思就已经初步阐述了经济基础决定上层建筑的基本原理，"宗教、家庭、国家、法、道德、科学、艺术等等，都不过是生产的一些**特殊**的方式，并且受生产的普遍规律的支配。因此，对**私有财产**的积极的扬弃，作为对**人的**生命的占有，是对一切异化的积极的扬弃，从而是人从宗教、家庭、国家等等向自己的**合乎人性的**存在即**社会的**存在的复归。"① 私有制基础上的资本主义国家建构，必然表现为人民权利的异化物，反过来控制、压迫人民。虽然，马克思此时并没有明确提出公有制的解法，但显然只有公有制才能扬弃私有制，公有制是国家力量向社会复归的必要前提。

恩格斯在《家庭、私有制和国家的起源》中就倾情赞美氏族制度"十分单纯质朴"②"纯朴道德高峰"③。相应地，共产主义意味着对私有制的反思，虽然私有制及其人性基础——欲望是不可否认的历史的动力，但当"财富被当作最高的价值而受到赞美和崇敬"④ 时，这也成了人类堕落的渊薮。从此角度出发，公有制是人性改善的前提，与资本主义鼓吹个人主义和私有制不同，社会主义和共产主义首先必须被理解为集体（社会）主义和公有制。

（三）社会主义协商民主是建立在公有制基础上的正义制度

社会主义社会协商民主具有鲜明的现实性。作为"社会主义协商民主"一级概念下的"社会协商"属于上层建筑的范畴，其中的"社会"建立在社会主义公有制的经济基础之上，总体上摆脱了资本主义市民社会的自私自利性。因为公有制，社会主义"社会"具有公共性的现实根基，社会群体之间、社会与政府之间的协商是基于公共性、追求公共利益的协

---

① 《马克思恩格斯文集》（第1卷），北京：人民出版社2009年版，第186页。
② 《马克思恩格斯文集》（第4卷），北京：人民出版社2009年版，第111页。
③ 《马克思恩格斯文集》（第4卷），北京：人民出版社2009年版，第113页。
④ 《马克思恩格斯文集》（第4卷），北京：人民出版社2009年版，第125页。

商；而不是资本主义条件下的社会协商，虽然也有公共利益的追求，但总体上是私有制主导的私人利益的角斗场。反过来说，按照历史唯物主义的逻辑，上层建筑必然反作用于经济基础。"英国的民主政治，使其全国国民都参与国家事务，其动员国家资源的能力堪为现代国家体制楷模。"① 马克思之所以穷其一生追寻"自由人的联合体""真正的共同体"，就是要通过这种联合体和共同体来彻底重塑生产关系，让"每个人的自由发展是一切人的自由发展的条件"②，完全释放每个人的创造力与生产力，从而在物质生产极大丰富、可以按需分配的基础上，实现共产主义。肇始于英国的西方自由主义民主政治其释放的生产力就使得马克思惊叹"资产阶级在它的不到一百年的阶级统治中所创造的生产力，比过去一切世代创造的全部生产力还要多，还要大。"③ 那么，比自由主义民主政治更加先进的社会主义协商民主政治，必然释放出更大的制度红利，更高程度地解放和发展生产力。

自由主义以个人主义式竞争政治为根基，以个体间协商政治为辅助；马克思主义则以公共性政治为根基，以此包容个人自由与发展。协商政治在二者之中的地位一次一主，泾渭分明；协商政治的现实可行性也决然可判，真正的协商只能以公共性政治为前提。因此，社会主义协商民主从政治协商扩展到社会协商，是社会主义公有制条件下国家力量向社会力量复归的重要标志。

第三节 社会协商治理的马克思主义民主理论愿景

马克思对于人类解放的终极关怀，必然要通过政治哲学，贯彻到其民主理论中。马克思作为一个从小浸淫西方思想海洋的思想家，对于"自

---

① 许倬云：《历史大脉络》，桂林：广西师范大学出版社2009年版，第129页。
② 《马克思恩格斯文集》（第2卷），北京：人民出版社2009年版，第52页。
③ 《马克思恩格斯文集》（第2卷），北京：人民出版社2009年版，第36页。

由""民主"从来都不是简单的拒绝与排斥。他首先肯定:"工人革命的第一步就是使无产阶级上升为统治阶级,争得民主。"① 直至把自己对共产主义理想的深情祈望标识为"自由人的联合体"。对于民主,虽然从文本上看,马克思到处都在批判民主,但这只是表象。按照马克思主义政治哲学,民主是理想共同体的一种属性,标示着人与社会关系的和谐,其首要逻辑前提就是自由自主个体的存在。马克思在政治哲学的高度深刻指出:"民主制是国家制度的类。君主制则只是国家制度的种,并且是坏的种。民主制是内容和形式,君主制似乎只是形式,然而它伪造内容。"② "一切国家形式在民主制中都有自己的真理,正因为这样,所以它们有几分不同于民主制,就有几分不是真理,这是一目了然的。"③ 民主既然被马克思当作国家形式的真理,那么,马克思就不可能反对民主。列宁则顺着马克思的逻辑,进一步清晰地论断共产主义社会:"民主是完全的,它成为习惯,并且因此而消亡"。④ 事实上,作为政治价值的民主,马克思对其是"抽象的肯定",马克思批判的只是资本主义的民主,是"具体的否定",因为资本主义条件下,根本不可能实现真正的民主。马克思从指认"人的本质是社会关系的总和"出发,将民主牢牢根植于人的社会性本质要求,又在政治革命与社会革命的过程中追求实现个人自主和社会自治,最终通过最广泛最真实的人民民主,实现"自由人的联合体"。

一、个人自主

(一)"一切历史的前提只能是现实的、有生命的个人"

为什么马克思如此看重民主制?甚至把它作为一切国家形式的真理?

---

① 《马克思恩格斯文集》(第2卷),北京:人民出版社2009年版,第53页。
② 《马克思恩格斯全集》(第3卷),北京:人民出版社2002年版,第39页。
③ 《马克思恩格斯全集》(第1卷),北京:人民出版社1956年版,第282页。
④ 《列宁全集》(第31卷),北京:人民出版社2017年版,第162页。

这需要在马克思人学里面挖掘根源。同样是论证民主制的合理性,马克思与之前的资产阶级自由主义学者不同,以洛克为代表的自由主义者从天赋人权得出主权在民的结论,问题在于,天赋人权这一理论基础是抽象的,经不起追问的,即使求助于自然法,也无法找到一个明证性的、不可置疑的根基。马克思从其唯物史观出发,找到了这样一个明证性根基,即"一切历史的前提只能是现实的、有生命的个人",历史不过是"个人自主活动"在时空长河中的展开。"国家制度在这里表现出它的本来面目,即人的自由产物。"① 马克思所谓的"自由",不是自由主义者口中抽象的、天赋的"自由","自由"就是"个人自主活动",按黄克剑的理解,就是"自己是自己的理由","自由"是相对"他由"而言的。换言之,国家不过是"个人自主活动"的产物。值得特别强调的是,这个判断不仅是事实判断,而且是价值判断,即国家不仅仅是"个人自主活动"历史积累的结果,国家的目标只能是为"个人自主活动"的不断提升提供条件,"个人自主活动"由少到多,最终将使得国家成为"自由人的联合体",国家至此完成了自我否定,从"虚幻的共同体"变成"真实的共同体",退出历史舞台,"在真正的民主制中**政治国家就消失了**"。②

马克思说:"国家是人和人的自由之间的中介者。"③ 正如林尚立所言:"人是追求自由的社会动物。所以,在政治社会,即国家领域,人对民主具有内在需求,以保障和实现人对自由的追求。正是在这个意义上,马克思认为民主制是国家制度的类本质。"④ 马克思的历史唯物主义哲学认为,人的异化源于现实生产力与生产关系的矛盾,扭曲的人性反映了扭曲的生产关系。国家治理属于生产关系的一部分,人的异化投射在国家治理上,就是个人对置身其中的公共事务的隔阂,个人无法有效参与其中,沦为纯

---

① 《马克思恩格斯全集》(第3卷),北京:人民出版社2002年版,第40页。
② 《马克思恩格斯全集》(第3卷),北京:人民出版社2002年版,第41页。
③ 《马克思恩格斯文集》(第1卷),北京:人民出版社2009年版,第29页。
④ 林尚立,赵宇峰:《中国协商民主的逻辑》(修订版),上海:上海人民出版社2016年,引言第1页。

粹的被治理者，丧失了治理者的主体地位。在此意义上，君主制就是民主制的异化，是在"伪造内容"。在描述巴黎公社的革命性质时，马克思说："公社的真正秘密就在于：它实质上是工人阶级的政府，是生产者阶级同占有者阶级斗争的产物，是终于发现的可以使劳动在经济上获得解放的政治形式。"① 单一的、自上而下的国家统治塑造了片面的个人，导致了个人对于社会生活的无力感，用马克思的话语来说，这就是国家的异化。巴黎公社将国家权力从统治阶级手中收归占绝大多数的生产者阶级，就是国家异化的克服，正如公有制是劳动者对于生产过程中劳动异化的克服一样，国家权力消除其阶级统治性质而回归公共权力的本质，也是权力异化的克服，从经济基础决定上层建筑的关系原理来看，公社就是"使劳动在经济上获得解放的政治形式"，是劳动解放的政治保障。"公社的伟大社会措施就是它本身的存在和工作。它所采取的各项具体措施，只能显示出走向属于人民、由人民掌权的政府的趋势。"② 巴黎公社的具体措施当然有其特定的历史背景，甚至由于其产生的战争和应急状态，很多措施是不可复制、值得商榷的，但公社的历史性意义就在于它开启了现代社会真正的人民共和国的序幕。因此，马克思主义民主理论从巴黎公社就确立了一个基本命题："民主的主体是感性的人、实践的人，人的表现形式是个体和共同体（共产主义社会实现以前呈现为个人和集体），民主的基本含义是个体自由自主地参与共同体、组建共同体和运营共同体的机制，在自然、社会和历史面前保持人的主体性，以高效地改造客观世界，让自己高质量地生活、生存。"③

（二）协商民主是个人普遍社会交往的产物

马克思认为，异化的克服是"以生产力的巨大增长和高度发展为前提

---

① 《马克思恩格斯文集》（第3卷），北京：人民出版社2009年版，第158页。
② 《马克思恩格斯文集》（第3卷），北京：人民出版社2009年版，第163页。
③ 梁宇：《论经济民主、政治民主与党内民主——马克思主义民主内涵和基本逻辑再思考》，载王浦劬主编：《国家治理现代化研究（第二辑）》，北京：中国社会科学出版社2018年版，第5页。

的……只有随着生产力的这种普遍发展，人们的**普遍**交往才能建立起来。"① 普遍交往首先是人们交往在广度上的扩大，进而是深度上的拓展，即人们的交往不仅仅是出于生产需要而结成的物质关系，还是超脱于物质需要而结成的更广泛的社会政治关系。生产力的高度发展使得人们有闲暇开始关注内在的精神需要，开始能够突破一己之私关注公共事务的治理。在此意义上，协商民主正是生产力发展的必然产物，人们就公共事务开展广泛多层而制度化的协商，体现的是政治上的"普遍交往"。

马克思批判黑格尔将国家作为绝对精神的化身，按照黑格尔法哲学，只有国家是现实的，人却是抽象的。真正的民主制不应仅仅是政治上的抽象规定，从其现实性来说，必然"不断地被引回到自己的现实的基础、**现实的人**、**现实的人民**，并被设定为人民**自己**的作品"。② 协商民主批判的正是选举民主的"抽象性"：它仅仅将民主视为选举和投票，从而视为一种几年一次的间断性政治行为。协商民主主张将民主扩展到日常政治生活，社会协商更进一步，要求将民主扩展到日常社会生活，实现社会民主的现实化和社会生活的协商化。

在民主制中，抽象的人要落实为具体的、现实的人，需要社会组织的中介和载体。"其实，**抽象的人**只是在为法人即社会团体、家庭等等之中，才使自己的**人格**达到真正的存在。"③ 人是一种社会性动物，个人作为个人是无力的、孤独的，尤其在社会与政治生活中，个人如果不能联合起来，以团体的形式参与，那么普遍的政治权利与社会权利注定无法坐实。在现代社会中，社会组织正是社会协商治理主要的组织平台和载体。

相对于社会协商治理而言，单独依靠政府的垄断性治理显然是政治上的"片面交往"。政府单打独斗式的治理，其前提假设是只有政府能够超越私利，代表公共利益；社会协商治理并不否认政府的公益代表性，但它认为发展了的公民个人也能够超越私利，代表公共利益，用马克思的逻辑

---

① 《马克思恩格斯文集》（第1卷），北京：人民出版社2009年版，第538页。
② 《马克思恩格斯全集》（第3卷），北京：人民出版社2002年版，第40页。
③ 《马克思恩格斯全集》（第3卷），北京：人民出版社1956年版，第50页。

来说，意识到公共利益的个人才真正具有人的"类意识"，自觉维护公共利益的个人才能实现人的"类本质"。体现了丰富人性的社会协商治理必然是将个人充分纳入其中的协商式治理，在协商过程中，人们培养起公共利益的价值关怀、公共理性的精神品质、互动合作的行为模式、宽容妥协的人际关系。

二、社会自治

（一）市民社会决定国家

马克思的"市民社会"概念至少有双重含义：在哲学和经济学上使用时，市民社会代表的是物质关系的总和，即生产关系或交往形式；在政治学上使用时，指的是对应于国家的、由民众组成的社会。马克思生活的时代，生产力已然发展但仍不够发达，人们围绕生产形成的生产关系构成了交往的主要形式，市民社会也主要表现为生产关系的总和，即"物质的生活关系"[①]的总和。生产的相对落后决定了人们在生产之外的生活世界的狭小，日常社会生活关系相对于生产关系而言是次要的。马克思之后，随着生产力的快速发展，生产世界与生活世界逐步分离，物质的生产关系之外，精神的、文化的生活关系日益凸显，市民社会中非物质的生活关系上升为交往的主要形式。因而，自葛兰西开始，马克思主义者关注市民社会研究的重点转向文化领域。"二战"后的法兰克福学派，特别是哈贝马斯则更关注"生活世界"（文化公共领域）的殖民化问题。今天，我们讲的社会协商和社会治理主要发生在生活世界之中，而非生产世界之中。

当代意义上的市民社会生活（相对于政治生活、经济生活而言），在马克思时代并未完全从经济生活中分离出来，充其量只是在资产阶级中分离出来，广大无产阶级每天被迫从事"面包的生产"，完全无暇、无权、无能拥有市民社会生活，当代意义上的社会生活的管理职能也就不突出。

---

① 《马克思恩格斯文集》（第2卷），北京：人民出版社2009年版，第591页。

第二章　马克思主义经典理论脉络中的社会协商治理之道

但这并不妨碍马克思的市民社会概念囊括社会生活领域，社会生活领域是市民社会概念的自然延伸，马克思关于"市民社会决定国家"的基本原理无疑适用于分析当代国家与社会的关系。

马克思时代的市民社会是以资本主义私有制为基础的，充满了各种不合理；马克思做出"市民社会决定国家"这一重大论断，因此同样是一个基于唯物史观的事实判断，而非价值判断。通过这一论断，马克思揭示了资本主义私有制主宰的市民社会必然只能产生维护资本家利益的政治上层建筑——资本主义国家和思想上层建筑——自由主义思想。正是强烈不满于这一现实，马克思指出代替旧唯物主义立足点的市民社会的，必然是"人类社会"或"社会化的人类"。显然，"人类社会"是一个灌注了马克思理想的价值概念，是与"自由人联合体"相并列的概念。

基于"市民社会决定国家"的逻辑，"人类社会"决定的国家必然是一个公有制基础之上的公共性国家。作为"社会主义协商民主"一级概念下的"社会协商"概念，其中的"社会"建立在社会主义公有制的经济基础之上，总体上摆脱了资本主义市民社会的自私自利性。因为公有制，社会主义"社会"具有公共性的现实根基，社会群体之间、社会与政府之间的协商是基于公共性、追求公共利益的协商；而不似资本主义条件下的社会协商，虽然也有公共利益的追求，但总体上是私有制主导的私人利益的角斗场。也因此，社会主义的"社会"，应称为人民社会，人民是一个价值概念，既是一个集体概念，又是个体概念。社会主义协商民主赋予了人民主体地位。人民既是实体，又是主体。实体意味着人不仅仅是群体性的、抽象的"人民"，又是现实性的、活生生的"个人"，这样的个人才能成为协商的主体；主体意味着个人是自我独立、自我表达、自我管理的个人，不仅是被管理者，而且是管理者和共治者。

（二）人类解放意味着社会自治

巴黎公社虽然只维持了短短的71天，然而，马克思透过历史唯物主义的视角，深刻洞悉了巴黎公社的历史性政治意义："公社体制会把靠社会供养而又阻碍社会自由发展的国家这个寄生赘瘤迄今所夺去的一切力量，归还给社会机体。……公社的存在本身自然而然会带来地方自治,但这种地方自治已经不是用来牵制现在已被取代的国家政权的东西了。"① 巴黎公社所处的时代,资本主义民主政治革命尚处于风起云涌的上升期,仍然显示了其相对于封建专制巨大的历史进步性,马克思却超越了时代,敏锐地揭示了政治革命必然走向社会革命、国家必然走向消亡且必然被社会自治取代的趋势。

马克思之所以得出这个结论,在于他对国家的产生及其异化的深刻分析。他指出:"在中世纪,人民的生活和国家的生活是同一的。人是国家的现实原则,但这是**不自由的人**。因此,这是**不自由的民主制**,是完成了的异化。"② 国家与市民社会的同一,这是"正题"。资本主义兴起后,市民社会和国家逐步分离,通过资产阶级革命,个人在政治上获得了解放,国家以法律的形式确认了个人的自由、民主与平等。国家与市民社会分离乃至对立,这是"反题"。但政治解放仅仅停留在形式上,因为资本主义国家的基础——市民社会不仅没有摆脱私有制,反而强化了私有制,个人成为利己主义的个人。与黑格尔幻想"绝对精神"化身为国家然后在国家之中扬弃市民社会的利己性不同,马克思清醒而坚决地论断"市民社会决定国家",在资本主义条件下,自私自利的市民社会造就了代表资产阶级己私利的国家。国家与市民社会的异化仍然存在,克服异化只能深入市民社会进行改造,在生产资料所有制上建立公有制及其相应的经济民主,在交往方式上将政治民主贯彻到市民社会中实现社会民主。市民社会一旦摆脱利己主义,实现马克思期许的人类解放,反过来又能实现国家真正的公共性,市民社会与国家就此在新的公共性的基础上完成了统一,这是"合题"。人类解放真正克服了人的异化,实现了人的本质的回归。概而言之,政治解放为人类解放准备了条件,但人类解放才是政治解放真正的目标。

无论是政治解放,还是人类解放,马克思运思的轴心始终是人的异化

---

① 《马克思恩格斯文集》(第3卷),北京:人民出版社2009年版,第157页。
② 《马克思恩格斯全集》(第3卷),北京:人民出版社2002年版,第43页。

及其克服——"个人自主活动","任何解放都是使人的世界即各种关系回归于人自身。"① 在马克思眼中,人的解放是最高阶的"个人自主活动",是真正的自由,个人的权利和自由可以导向人的解放,但只是人的解放的一个阶段,即所谓的"政治解放"阶段。个人的权利和自由带来个人的解放,人的解放不仅仅是个人的解放,还包括人类的解放。个人解放是人类解放的前提和内在要求,个人解放可能导向人类解放,但也可能不会。自由主义满足于个人的政治解放,对现实采取辩护至多是改良的态度,看不到私有制对于个人权利和自由根本上的阻碍,这种个人解放虽然在解除封建束缚的意义上具有历史性的进步,但也遮蔽乃至取消了人类解放。自由主义所谓的个人权利和自由,只是停留于个人摆脱他人控制的自由;马克思更进一步揭示了资本主义社会个人遭受物役、普遍异化的残酷事实,人类解放具有了摆脱物役、还原个人以"类生活"("个人自主活动")的深刻含义。

马克思正是在自由主义止步的地方,不仅解蔽了人类解放的历史任务,而且提出了人类解放的路径——革命,以及人类解放的主体——无产阶级。"过去时代的个人的自主活动,总是受不发达的生产工具和狭隘的地域性的交往形式束缚,因此他们每一次对现有生产工具的占有,都是在私有观念支配下达到一种新的局限。无产者个人的自主活动能力是同高度发达的开放型的生产工具和普遍的世界性的交往形式相联系的,他们对与私有制不相适应的生产力的占有,有着突破私有观念的自主活动的眼界。"② 人类通过扬弃异化而达致的解放,根植于生产力的高度发达(亦即个人自主活动的完满实现)及随之而来的社会化生产方式和生产关系。无产阶级在人类解放的过程中,只是作为一个中间环节,无产阶级只有解放全人类,才能解放自己;无产阶级解放了自己,也就是解放了全人类。无产阶级与资产阶级的矛盾是资本主义社会中异化的集中体现,矛盾的不可

---

① 《马克思恩格斯文集》(第1卷),北京:人民出版社2009年版,第46页。
② 黄克剑:《黄克剑自选集》,南宁:广西师范大学出版社1998年版,第272页。

忍受导致了无产阶级自我解放的革命斗争的必要性；而无产阶级自我解放和解放全人类的可能性则在于，只有无产阶级真正体现了社会化的生产方式，因此只有它才有机会造就与社会化大生产相适应的社会化的、普遍的交往方式。

按照马克思历史唯物主义的运思，社会治理既然指向市民社会，就要贯彻社会民主，其价值必须取向"个人自主活动"，其制度相应指向社会自主治理。马克思认为，"人始终是这一切实体性东西的本质，但这些实体性东西也表现为人的**现实**普遍性，因而也就是一切人**共有的东西**。"① 社会组织的公共性源于人的类特性，"自由的有意识的活动恰恰就是人的类特性"②，换言之，社会治理就是要实现个人更高水平的自由与自觉，这首先有赖于个人与社会的自主治理，而非国家和政府的外部治理。众所周知，马克思从来不认为国家是永恒的，在人类解放的进程中，"国家也是中介者，人把自己的全部非神性、自己的全部**人的自由**寄托在它身上。"③ 国家是人类解放的工具，国家对社会的治理必须以实现个人更高水平的"自主活动"和"自由"为目的，一旦社会能够自主治理，国家就将完成历史使命，退出历史舞台，"在真正的民主制中政治国家就消失了。"④ 共产主义作为"自由人的联合体"，将摆脱作为阶级统治工具的国家这一"虚幻的共同体"，回归符合人类自由自觉本性的"真实共同体"。

无疑，从历史发展的总趋势来看，社会领域的治理是一个从社会管理走向社会治理再走向社会自治的过程。社会管理就是政府运用公共权力来管理社会，社会只是被管理对象，没有社会权力可言；相应地，社会治理就是发展了的社会权力充分参与到治理社会的过程中，与政府平等合作，社会不再仅仅是被治理者，而且还是治理者。相对于社会完全自治，社会

---

① 《马克思恩格斯全集》（第3卷），北京：人民出版社2002年版，第52页。
② 《马克思恩格斯文集》（第1卷），北京：人民出版社2009年版，第162页。
③ 《马克思恩格斯文集》（第1卷），北京：人民出版社2009年版，第29页。
④ 《马克思恩格斯全集》（第3卷），北京：人民出版社2002年版，第41页。

治理是政府与社会共治。社会共治即社会权力与政府权力平等合作，共同治理社会；最终，按照马克思的政治设想，国家消亡以后，就是社会自治，社会可以独立进行自我治理。从实践来看，西方国家出于历史上的国家与社会二分的传统与现实中强大的公民社会，基本上奉行的是社会自治原则，然而，西方的社会自治并非马克思意义的社会自治，西方的社会自治并非没有政府干预，只是政府干预最小化，马克思话语中的社会自治则已经没有了政府。我国作为社会主义国家，在理念上当然认同马克思的论断。然而，对于现今而言，不管是中国，还是西方，马克思的社会自治理想无疑是高远而难以企及的。在当前我国的社会治理规划与设想中，社会共治才是社会治理的理想追求。

三、人民民主

（一）社会主义民主是基于平等与责任的民主

在古代哲学中被大大贬抑的权利与自由理念，之所以在近代以来获得高扬，根源不在于现代政治观念中的"哥白尼式革命"，因为这不符合历史唯物主义的原则，相反，根源在于近代以来逐步发展，而又在工业革命中崛起的市民社会。正是在市民社会中，个体的经济独立能力和市场交换原则，决定了人们必然摆脱集体和社群（比如封建家庭、行会）的束缚，追求个体所有权。权力的核心就是所有权，自由的本质也就是经济自由。权利与自由都以个人主义为起点。资本主义民主革命张扬的正是个人主义的自由、平等、博爱。然而，资本主义民主革命也就止步于此了。

马克思在政治哲学上深受卢梭的影响。卢梭社会哲学和政治哲学的主题聚焦于：社会发展如何带来人性改善？如何构建一个有利于人性改善的政府？"我看出一切问题在根本上都取决于政治，而且无论人们采取什么方式，任何民族永远都不外是它的政府的性质所使它成为的那种样子；因此我觉得什么是可能最好的政府这个大问题，就转化为如下的问题：什么是适合于形成一个最有德、最开明、最睿智并且从而是最美好的民族的那种政府的性质。"① 卢梭看重的公意，之所以不同于量化的众意，根本之处就在于公意具有内在的、强烈的价值意味，公意永远是正确的、向善的，根本于人类善良的意志或"良心"。现代自由主义民主本质上是基于个人主义和功利主义的利益计算，过分重视量化的众意，则是民主的价值缺失。卢梭声明，他对社会契约的研究，"将努力把权利所许可的和利益所要求的结合在一起，以便使正义与功利二者不致有所分歧。"②

顺着卢梭的政治逻辑，马克思尖锐地批判止步于个人主义的民主只是少数人的民主，不是多数人的民主，只是少数个体的民主，不是全体人民的民主，一句话，不是真正的民主。在此意义上，马克思提出"旧唯物主义的立脚点是'**市民**'社会；新唯物主义的立脚点则是**人类**社会或社会化的人类。"③ 就不仅仅是一个哲学的宣示，更是一个政治的宣言，一个革命的号角。基于新唯物主义的民主革命理论，必然要超越以个人主义的利己主义为价值追求的市民社会，建立一个以公共主义（社会主义）的利他主义（兼顾了个人与他人）为价值追求的人类社会。正如上一节所述，唯有建立了公共性的哲学基础和社会根基，民主政治才不再纯粹是个人竞争的舞台，而必然是以人民整体为单位，社会协商治理的平台。

西方近现代民主观念，尤其是自由主义民主观念，着重在于强调"主权在民"，国家主权在源头上属于人民，但是具体人民如何行使国家主权，则主要是定期性的选举，此即谓选举民主，民主体现为一种选择统治精英的程序，人民缩水为选民，人民只是在选举期间履行一下权利，选举过后则缺乏实质性的主权。在代议制民主的总体框架下，所谓的协商民主只能是代议制民主的补充，充其量是为选举补足协商成分，本质上还是一种程序性、片面性民主。

---

① 卢梭：《社会契约论》，北京：商务印书馆2003年版，第1页。
② 卢梭：《社会契约论》，北京：商务印书馆2003年版，第3页。
③ 《马克思恩格斯文集》（第1卷），北京：人民出版社2009年版，第140页。

第二章 马克思主义经典理论脉络中的社会协商治理之道

从个人主义和社会主义①不同的哲学立场出发,自由主义民主和马克思主义民主分野开来:自由主义的民主只是"基于权利的民主",马克思主义民主是"基于平等的民主";自由主义的民主只是"基于自由的民主",马克思主义民主是"基于责任的民主"。

"基于权利的民主"认为只要从形式上(法律上)赋予人们民主的权利,就是民主,而无论具体的个人是否有条件实现实质性的民主。举一个众所周知的例子而言,一个普通民众根本无法实现宪法赋予他们的竞选总统的权利,他连基本的竞选广告的钱都筹不到。马克思意义上的民主必然是"基于平等的民主",而且这种平等不是被广为误解的"结果平等"②,而是建立到公有制基础上的政治平等与社会平等。理想社会治理的目标是消弭社会矛盾并塑造"真正的共同体",这就不能走资本主义那条"基于权利的民主"治理之路,因为它立足于私有制及其相应的个人主义。同样,唯有在公有制的基础上,"基于平等的民主"才能真正导致社会协商治理。

个人主义的政治哲学鼓吹自由,强调自由至上,殊不知自由必然需要边界,否则自由终将泛滥,从而导致某些人的自由干涉、侵犯甚至剥夺另一些人的自由。自由民主政治总是将自由与权利捆绑在一起,结果往往是助长了泛滥的自由与"专制的权利"③。马克思基于社会主义的立场,"如何超越利己的自然人的局限而进入互利共生的社会共同体,进而在这种互利共生的社会共同体中来满足人们的自然需要以及实现人们的自然权利,

---

① 这里的社会主义不是通常政治意义上的社会主义,而是哲学意义上的社会主义,指的是以社会为本位的哲学立场,与以个人为本位的哲学立场相对立。当然,哲学意义上的社会主义本质上导向政治意义上的社会主义。

② 通俗地说,就是你有我有大家有,而且大家有的都一样。

③ "专制的权利"指的是强调个人权利神圣不可侵犯,个人因此无节制地要求国家、社会与他人满足一己私欲,从而出现"权利的绑架",权利只能满足,不是削减。相对于"专制的权力","专制的权利"因为权利的光环,更加似是而非,更加具有迷惑性,也隐藏着更大的危险。

便成为马克思政治哲学思考的核心课题了。"① 相应地,马克思主义民主理论的核心课题就是如何实现自然权利的分配正义,更加注重构建一个合理的社会关系结构。因此,马克思主义的民主不是"基于自由的民主",而是"基于责任的民主",即人与人通过民主的制度相互的承诺与担责,从而实现人民整体的民主,而非个体的民主。

(二) 我国的人民民主就是"人民当家作主"

马克思在看待人民与国家的关系时,得出了"人民主体"的结论。他认为,国家作为人类现实生活最大的共同体,其最大的意义就在于真实体现人民的意志,这就是"真实的共同体",而非"虚幻的共同体"。国家权力应该为人民所掌握,国家机构应该由人民所组成,一旦国家权力异化为对人民的强制性力量,人民就应该推翻它,正如巴黎公社所做的那样。"在民主制中,任何一个环节都不具有与它本身的意义不同的意义。每一个环节实际上都只是整体人民的环节。"② 在"真正的民主制"中,国家不过是"人民的自我规定和人民的特定内容"③。在公有制的经济基础上,国家的"人民主体性"有了坚实的根基。同时,又避免掉入西方自由民主中社会与国家对立对抗的陷阱。自由民主建立在以私有制为基础的个人主义和自由主义之上,市民社会是私有制的坚固堡垒,以资本逻辑为主体逻辑,被资产阶级所统治,国家成为资产阶级各个利益集团竞相胁迫的工具,国家自主性丧失殆尽,无法真正代表公共利益,国家与社会的必要合作很难真正展开。法律上的政治权利平等遭到现实中经济社会权利不平等一再的侵蚀甚至羞辱,所谓的"人民主权"异化为"资本主权",因而被马克思斥责为"虚幻的共同体"。

列宁领导了人类历史上第一次成功的无产阶级革命,划时代地将马克

---

① 李佃来:《马克思的政治哲学:理论与现实》,北京:人民出版社2015年版,第108页。
② 《马克思恩格斯全集》(第3卷),北京:人民出版社2002年版,第39页。
③ 《马克思恩格斯全集》(第3卷),北京:人民出版社2002年版,第41页。

第二章　马克思主义经典理论脉络中的社会协商治理之道

思主义民主政治理论转化为现实的社会主义民主国家。虽然在探索社会主义道路的过程中，列宁难免走了弯路，最后也是"壮志未酬身先死"，但是他在理论和实践上为社会主义民主政治作出了不可磨灭的贡献。在阐释社会主义民主时，列宁特别强调："承认公民一律平等，承认大家都有决定国家制度和管理国家的平等权利。"①他汲取了资产阶级民主承认公民平等政治权利的民主成果，又进一步主张："让群众自下而上地直接参加全部国家生活的民主建设"②，"让群众有效地参加各方面的生活，让群众在管理国家中起积极的作用。"③虽然并没有明言"协商"，但从其内在逻辑上就否定了将民主局限于阶段性选举的观点，而将民主扩展到国家生活的各个方面。

马克思主义民主理论经由十月革命一声炮响，迅速为先进的中国共产党人青睐。"从'Democracy'到'德先生'，再到当前的'民主'，因中国人百年的认识变化和实践经历，汉语中'民主'一词已经糅合了西方自由民主观、马克思主义民主观、中国传统的民本思想和中国共产党人的历史实践和政治经验等多种元素。"④从根本上说，中国特色社会主义理论体系中的"民主"是一个中西结合的产物，是中国优秀政治文化在马克思主义指导下创造性转化、创新性发展的精华，这就是中华人民共和国的核心政治理念：人民民主。众所周知，儒家是中国优秀传统文化的主流，儒家政治文化就重在阐述互为责任的君民（官民）关系。"民之所欲，天必从之"，从天理之根本上确立了民本思想的合法性；"民为贵，社稷次之，君为轻"，从政道上明确了政治价值次序；"民为邦本，本固邦宁"，从治道上指点了英明君主的施政策略。三者共同旨在限制君权、保护民众。从现代民主的视角来看，我们当然可以指摘儒家民本思想缺乏民权观念，对于

---

① 《列宁全集》（第31卷），北京：人民出版社2017年版，第96页。
② 《列宁全集》（第29卷），北京：人民出版社2017年版，第162页。
③ 《列宁全集》（第29卷），北京：人民出版社2017年版，第287页。
④ 梁宇：《论经济民主、政治民主与党内民主——马克思主义民主内涵和基本逻辑再思考》，载王浦劬主编：《国家治理现代化研究（第二辑）》，北京：中国社会科学出版社2018年版，第5页。

君权的限制主要依靠虚悬的天理和统治者的自觉自律,但是,按照马克思主义唯物史观,这是对古人的苛求,农耕文明滋养的传统中国并没有养育近现代民主的土壤。统观历史,正是儒家民本思想周期性地抑制了君权无限扩张的冲动,启迪并鼓舞了开明统治集团和民众改朝换代、将国家治理拉回正轨的。同时,更为近现代中国留下了优秀政治文化的火种。"民为邦本,意味着保护人民利益是君主统治和国家治理的核心工作,因此,在中华文化圈中,'民主'与'民本'的关系如水乳交融、不易分割。"① 一旦先进的马克思主义理论传入中国,就点亮燃烧了中国共产党人在五千年文化沃土上重塑政治文明、构建社会主义民主政治的熊熊烈火。

"总体来说,可以把汉语中的'民主'通俗地解读为'人民当家作主',既强调了国家和社会权力的具体归属——由人民作主,同时,也强调了人民作主的具体形式——'当家',这个极具中国生活气息的词即意味着,中国所有社会事务和社会机构都在人民群众的直接或间接参与下有序运转。"② "人民当家作主"的核心内涵,规定了社会主义民主必须是实质性民主,是囊括民主选举、民主协商、民主决策、民主管理、民主监督的全方位民主。这也就是党的十九届六中全会概括的"全过程人民民主"。唯有遵循"全过程人民民主"的规定,社会主义协商民主才具备了政治上的合法性和逻辑上的正当性。也正是在此框架下,社会主义协商民主具有了相比于西方协商民主丰富的理论内涵和鲜明的实践品格。

----

① 梁宇:《论经济民主、政治民主与党内民主——马克思主义民主内涵和基本逻辑再思考》,载王浦劬主编:《国家治理现代化研究(第二辑)》,北京:中国社会科学出版社2018年版,第14页。

② 梁宇:《论经济民主、政治民主与党内民主——马克思主义民主内涵和基本逻辑再思考》,载王浦劬主编:《国家治理现代化研究(第二辑)》,北京:中国社会科学出版社2018年版,第7页。

第三章 马克思主义中国化理论与实践中的社会协商治理

中国具有深厚悠远的共生政治传统，这是我们巍然立于世界民族之林几千年的宝贵政治财富。"如果说'仁政'创造的是中国传统的共生政治，那么协商民主创造的是现代的共生政治。"① 社会主义协商民主制度是中国特色社会主义民主政治制度的特有形式和独特优势，社会协商与政治协商并列为社会主义协商民主的两种主要形式，是一体之两翼，社会协商治理是从属于社会协商的具体社会治理机制。当然，无论是政治协商的概念，还是社会协商的概念，都是后来逐渐明确并提出来的，然而，作为政治协商与社会协商核心的民主协商理念却是中国共产党自建党以来就固有的，特别是第一次国共合作后，更具有了北伐战争的伟大实践果实。虽然经历国民党的背叛与残杀，但是中国共产党人仍然站在马克思主义的人民立场上、站在中华民族的民族大义上，坚持民主协商，振臂高呼抗日民族统一战线，从而发展成为新中国成立后的政治协商制度。在改革开放后，又进一步发展出社会协商思想及其体制机制。最终在党的十八大后提出独特的社会主义协商民主的重大概念。因此，我们很有必要回顾并总结社会主义协商民主制度发展的历史进程，重点梳理这个历史进程中，社会协商治理是如何伴随着社会主义协商民主的不断进展，其理论元素是如何不断累积、汇

---

① 林尚立：《当代中国政治：基础与发展》，北京：中国大百科全书出版社2016年版，第360页。

集而渐成系统,其实践形式是如何相应地不断探索、丰富而绩效显著。

第一节 统一战线为社会协商治理开辟了政治先河

正如上一章所述,根据马克思的民主理论,民主深深根植人们追求自由的本性,"在民主制中,**国家制度本身**只表现为**一种规定**,即人民的自我规定。……国家制度在这里表现出它的本来面目,即人的自由产物。……在民主制中,不是人为法律而存在,而是法律为人而存在;在这里法律是**人的存在**,就是法律,而在其他国家形式中,人是**法定的存在**。"① 民主制的本质在于人民能否真正实现"自我规定",当家作主,这是民主制的内容。同一内容总是可以通过多种形式实现,至于达成民主制内容的形式,则一定是多样化的,不可能简单套用某种放之四海而皆准的民主模式。进一步说,民主制作为一种将个人与社会合理联结起来的制度,必然是共同体性的而非个体性的。马克思主义哲学认为,社会性是人类的本性,人类社会共同体具有历史的延续性,任何个体都不可能摆脱其固有的社会属性而完全独立,那么具体的民主制度形式也就必然需要遵循特定社会共同体的文化传统与历史发展逻辑。形式服从于内容。现代民主制度虽然发源于西方,然而,断然不能否定中国文化传统里面具有民主的基因,因为这个基因根植于人性本身。只不过,中国历史上的经济社会土壤中未能发育出现代民主制度。西方现代民主制度最典型的形式就是代议制民主,它以普遍的投票和选举为基本要求。事实上,赵汀阳指出:"自古希腊以来,民主就由两个方面组成:选举和公议,或者说,投票和公开辩论。"② 协商是民主最原始、最

---

① 《马克思恩格斯全集》(第3卷),北京:人民出版社2002年版,第39—40页。

② 赵汀阳:《坏世界研究:作为第一哲学的政治哲学》,北京:中国人民大学出版社2009年版,第286页。

基础的形式。西方现代民主制度在选举方面一枝独秀,在协商方面自古希腊以后却步履维艰,以至于当代西方政治学界才大肆宣扬协商民主,以弥补和救治选举民主的弊病。反观现代中国,虽然在选举民主上属于后发国家,但在协商民主上却与西方不遑多让。中共中央《关于加强社会主义协商民主建设的意见》明确指出:"协商民主在我国具有深厚的文化基础、理论基础、实践基础、制度基础,为发展中国社会主义民主政治丰富了形式,拓展了渠道,增加了内涵。"①

选举民主和协商民主作为两种基本的民主形式,相对而言,协商民主在中国拥有更好的历史、社会与文化基础。中国共产党人在长期的革命过程中,就创造性地将马克思主义民主真理与中国实践有机结合起来,开创了统一战线的伟大实践;在社会主义建设过程中,又进一步发展成为中国共产党与各民主党派政治协商的独特政治制度;在中国特色社会主义进入新时代后,进而逐步构建起社会主义协商民主广泛、多层、制度化的体系,政治协商进一步扩展成为政府协商、社会协商、公民协商。我国社会主义协商民主的发展,绝非对西方协商民主亦步亦趋的模仿,也绝非简单呼应或顺应协商民主潮流,当前全球化时代背景下中西协商民主的兴起,应该说是中西方对于相似的经济社会发展状况的共同回应,是一种历史的巧合。客观地说,中西方协商民主的兴起具有明显的相似性与互动性,究其本质,则各自代表着不同的民主发展战略和发展道路。在近年来特朗普上台、全球新冠肺炎疫情、美国从阿富汗撤军等诸多事件中,我们不断见证了西方民主的种种内在弊病,美国作为西方民主的"灯塔"在相当程度上暗淡起来,我们可以从中看到,社会主义协商民主制度相对于西方选举民主制度的战略优势与上升势头。

一、共和民主奠定了我国现代协商民主的政治理论基础

毫无疑问,就现代化进程来说,中国属于后发外生型国家,是在1840

---

① 中共中央文献研究室:《十八大以来重要文献选编(中)》,北京:中央文献出版社2016年版,第291—292页。

年鸦片战争之后，受到西方的强烈冲击才开始学习模仿西方政治、经济、社会制度的。但中国几千年形成的独特传统，决定了我们一开始就不可能全盘西化，必须寻求现代制度与传统社会的有机结合。从这个意义上说，洋务运动提出的"中学为体，西学为用"在方法论上不应受到太多的诟病。也是在此意义上，林尚立认为："中国现代政治的首要任务，不是将中国基层社会的政治实践上升为国家政治的制度形态，而是如何给传统的中国社会安上一个现代的政治体系，使其能够在帝国体系解体之后依然能够维系在大一统的共同体之中。"①

洋务运动仅仅寄希望于学习西方的坚船利炮而失败了，维新派自然而然转向近现代世界风起云涌的政治革命浪潮，也希望通过政治革命的"火车头"将中国这辆两千年专制的"破车"拉进现代化的潮流中。民主制是近现代政治革命的共同目标，维新派虚君共和的制度构想也不离于此，但仅仅历时103天旋即夭折，其根本原因就在于保守派不允许他们的头上被"安上一个现代的政治体系"，而彼时的大众又根本没有得到现代政治动员，无法为改革派提供强大的社会支持。于是，维新变法后的中国革命，民主政体的选择成为政治革命的重中之重。

"在现代政治文明中，民主不外两大取向：一是天赋人权，人自由平等，是国家的主人；二是天下为公，国家属于人民，人民管理国家。前者强调自由的神圣性，后者强调权力的人民性（公共性）。进入民主的实践领域，民主就被其内在的两大取向划分为两种民主形态：一是自由主义民主；二是共和主义民主。"② 自由主义民主以普遍选举为其典型形式，以市场经济的兴起为其根基，以大众权利的觉醒为其前提，以法治的护航为其保障，如若这三点都不具备，普遍选举只能导致普遍分裂；"共和国家的统治原则上是由公民为着共同的善所从事的一项共同事业

---

① 林尚立、赵宇峰：《中国协商民主的逻辑》（修订版），上海：上海人民出版社2016年版，第4页。

② 林尚立、赵宇峰：《中国协商民主的逻辑》（修订版），上海：上海人民出版社2016年版，第6页。

第三章 马克思主义中国化理论与实践中的社会协商治理

(公有物)。"① 共和主义民主着眼于通过共同的理想和利益（共同的善）对国家与社会进行整合，强调国家社会团结与个人权利自由的平衡，强调政治体系对于全体国民的包容，强调公共利益和公共秩序。

马克思通过历史唯物主义的基本原理浅显而又深刻地告诉人们："人们自己创造自己的历史，但是他们并不是随心所欲地创造，并不是在他们自己选定的条件下创造，而是在直接碰到的、既定的、从过去承继下来的条件下创造。"② 每个国家都有自己特定的文化传统与政治传统，决定了我们国家不可能重走西方国家的政治现代化之路。西方国家的自由民主政治根本上是以个人的独立甚至是孤立为历史前提，然而，我们国家传统上一直都以家族团结和家国一体为传统，不是个人本位而是共同体本位。"现代化及其所决定的现代政治可以从新的逻辑起点出发，但不可能脱离出历史与社会所塑造的社会结构与文化传统。"我们国家顺应现代化的潮流，必须实现个体的解放与独立，但是不可能走上西方国家个人至上、权力至上的道路，而必然是寻求个人与共同体的平衡，共和民主而非自由民主自然成为中国人民的最好选择。事实上，我国五千年悠远的政治文明史中，并不乏共和的因子。根据《史记·周本纪》的记载，西周周厉王因"国人暴动"流亡后，"召公、周公二相行政，号曰共和。"政权由大臣周公和召公共同执掌，带有原始民主与协商政治的意味。秦朝创立而持续了两千年的大一统体制，近代中国市场经济羸弱的状况、大众的普遍蒙昧、法律完全沦为专制的工具，这些都在政治传统和政治文化上决定了我国必然亲和共和主义民主，而不便于自由主义民主。苏联开创的社会主义民主政治，基于马克思主义的人民立场和共同体追求，本质上必然要走共和主义民主的道路，实践上通过共产党的集中统一领导实现人民主权与国家有效治理的平衡。

---

① 戴维·米勒、韦农·波格丹诺、邓正来：《布莱克维尔政治学百科全书》（修订版），中国政法大学出版社2002年版，第699页。
② 《马克思恩格斯文集》（第2卷），北京：人民出版社2009年版，第470—471页。

在现实的政治实践中,共和主义民主也成为中国人民的必然选择。在救亡图存的长期斗争中,中国人民也曾经十分憧憬自由主义民主,毛泽东在《论人民民主专政》中回顾道:"要救国,只有维新,要维新,只有学外国。那时的外国只有西方资本主义国家是进步的,它们成功地建设了资产阶级的现代国家。"① 然而,"帝国主义的侵略打破了中国人学西方的迷梦。很奇怪,为什么先生老是侵略学生呢?"② 面对残酷的现实世界政治斗争格局,十月革命一声炮响为我们送来了马克思列宁主义。但在中国共产党诞生之前,孙中山首先关注到了苏联,关注到了列宁主义,并且在其政治生命的后期确定了"联俄联共扶助农工"的政治路线,用列宁主义的建党建国思路改造国民党,重新阐释并确立"新三民主义"。

众所公认,孙中山是中国的民主共和之父。孙中山"三民主义"的政治思想既汲取了西方共和民主思想的精华,又充分融入了中国传统上"天下为公"的政治理念。在讲解"民族主义"时,孙中山抛弃了旧三民主义中单纯的"大汉族"主义,把"驱除鞑虏,恢复中华"修改为"五族共和",共和主义的意味跃然纸上。在讲解"民权主义"时,孙中山简明扼要地指出:"政治两字的意思,浅而言之,政就是众人的事,治就是管理,管理众人的事便是政治。有管理众人之事的力量,便是政权。今以人民管理政事,便叫作民权。"③ 将"政治"界定为"管理众人的事",直白地阐明了共和的理念;将"民权"界定为"以人民管理政事",换言之,就是"人民当家作主",这个理念表明孙中山已经抛弃资产阶级专制的思想,而更接近于苏联社会主义民主政治的思想。用他的原话说就是:"共和国家成立以后,是用谁来做皇帝呢?是用人民来做皇帝,用四万万人来做皇帝。"④ 无独有偶,1941年11月6日,毛泽东在陕甘宁边区参议会的演说中也将共产党人在边区实行的主义称作"革命的三民主义",他说:"国事

---

① 《毛泽东选集》(第4卷),北京:人民出版社1991年版,第1470页。
② 《毛泽东选集》(第4卷),北京:人民出版社1991年版,第1470页。
③ 《孙中山选集》(下),北京:人民出版社2011年版,第719页。
④ 《孙中山选集》(下),北京:人民出版社2011年版,第736页。

是国家的公事,不是一党一派的私事。因此,共产党员只有对党外人士实行民主合作的义务,而无排斥别人、垄断一切的权利。"① 孙中山径直地指出:"孔子说:'大道之行也,天下为公。'便是主张民权的大同世界。"② 虽然,孙中山此言有当时便于宣传推行三民主义的权宜考虑,但无可否认的是我国政治文化传统中"天下为公"的核心理念确实遗传下了共和主义的思想基因。将"民权"做了如上界定后,孙中山进而将"民权"与"自由"对举起来说明。"所谓'德谟克拉西'(笔者注:即民主,亦即孙中山所说的'民权'),此乃希腊之古名词。而欧美民众至今对这个名词亦不大关心,不过视为政治学中之一句术语便了;比之自由二个字,视为性命所关,则相差远了。"③ 欧美现代政治革命,自由才是第一号召力,民主也只是为了实现自由,所以现代西方自由主义民主,也称为自由民主主义。欧美之所以如此看重自由,因为他们深受近代欧洲的君主专制之苦。相反,所谓两千年封建专制的中国,因为"皇权不下县"的传统界限,皇帝的专制力量并没有能力深入基层社会,"人民对于皇帝只有一个关系,就是纳粮,便算尽了人民的责任。政府只要人民纳粮,便不去理会他们别的事,其余都是听人民自生自灭。"④ 在此意义上,中国人民传统上并不以自由为稀缺,极缺乏的反倒是民权。而中国人的"民权"观念,是紧紧关联于"天下为公"的政治理念。当孙中山领导革命之时,他最为痛心疾首的恰恰就是中国当时"一盘散沙"的局面,改变这一局面,绝不能再去倡导自由主义,"外国人批评中国人,一面说没有结合能力,既然如此,当然是散沙,是很自由的;又一面说中国人不懂自由。殊不知大家都有自由,便是一片散沙;要大家结合成一个坚固团体,便不能像一片散沙。"⑤ 因此,中国的革命在孙中山看来,首要的不是争取个人的自由,"如果用

---

① 《毛泽东选集》(第3卷),北京:人民出版社1991年版,第809页。
② 《孙中山选集》(下),北京:人民出版社2011年版,第727页。
③ 《孙中山选集》(下),北京:人民出版社2011年版,第740页。
④ 《孙中山选集》(下),北京:人民出版社2011年版,第742页。
⑤ 《孙中山选集》(下),北京:人民出版社2011年版,第739页。

到个人，就成一片散沙。万不可再用到个人上去，要用到国家上去。个人不可太过自由，国家要得完全自由。到了国家能够行动自由，中国便是强盛的国家。"① 如此，孙中山巧妙地以国家来代表共同体，将"自由"的主体从个人转换为"团体"和"国家"，传统的"天下为公"理念经由现代的共和主义理念导引开创出民主共和的新政治理念，并在此政治理念的指导下，进行了第一次国共合作和北伐战争的伟大实践。

历史难免留下遗憾，孙中山"革命尚未成功，同志仍须努力"的政治遗言，并没有激励国民党人继承总理遗志继续革命事业，反而很快走向了革命的对立面。面对蒋介石反动势力的疯狂杀戮，中国共产党人反倒是坚定继承并发扬光大了孙中山"三民主义"思想关于共和主义民主的建国方略，经过了建党28年的奋斗与牺牲，建立起了中华人民共和国。毛泽东对此给予了明确的肯定："一九二四年，孙中山亲自领导的有共产党人参加的国民党第一次全国代表大会，通过了一个著名的宣言。这个宣言上说：'近世各国所谓民权制度，往往为资产阶级所专有，适成为压迫平民之工具。若国民党之民权主义，则为一般平民所共有，非少数人所得而私也。'除了谁领导谁这一个问题以外，当作一般的政治纲领来说，这里所说的民权主义，是和我们所说的人民民主主义或新民主主义相符合的。只许为一般平民所共有、不许为资产阶级所私有的国家制度，如果加上工人阶级的领导，就是人民民主专政的国家制度了。"② 毛泽东继承了孙中山关于共和民主的思想，又对其在理论和实践上进行了创新，最根本的就是"资产阶级的民主主义让位给工人阶级领导的人民民主主义，资产阶级共和国让位给人民共和国。这样就造成了一种可能性：经过人民共和国到达社会主义和共产主义，到达阶级的消灭和世界的大同。"③ 因此，这种创新不是表面上的领导阶级的转换而已，而是直接指向了国家性质或者说国体上的创新——"资产阶级共和国让位给人民共和国"。

---

① 《孙中山选集》（下），北京：人民出版社2011年版，第750页。
② 《毛泽东选集》（第4卷），北京：人民出版社1991年版，第1477—1478页。
③ 《毛泽东选集》（第4卷），北京：人民出版社1991年版，第1471页。

第三章 马克思主义中国化理论与实践中的社会协商治理

正如上述，共和主义民主与自由主义民主本质的区别就在于共和主义更加重视"共同的善"，国家越能代表最大多数人的利益，就越趋近于共和主义。在此意义上，孙中山虽然提出"若国民党之民权主义，则为一般平民所共有，非少数人所得而私也。"但更多只是一种理念，也只有国共首次合作期间短暂的实践，国民党人并没有真正地持久地去践行，国共合作破裂后，国民党迅速地堕落为大地主大资产阶级的代言人。只有以工农联盟为基础、代表多数人利益的共产党及其领导的社会主义民主政治制度，才是真正的共和主义民主。在中国，只有中国共产党最大限度地通过统一战线唤起并团结了民众。抗日战争胜利前夕，毛泽东在《论联合政府》中就提出："我们主张在彻底地打败日本侵略者之后，建立一个以全国绝大多数人民为基础而在工人阶级领导之下的统一战线的民主联盟的国家制度，我们把这样的国家制度称之为新民主主义的国家制度。"① 联合政府的主张被蒋介石政府拒绝后，内战爆发。解放战争胜利前夕，毛泽东再次提出基于统一战线的民主建国方略："这就是团结工人阶级、农民阶级、城市小资产阶级和民族资产阶级，在工人阶级领导之下，结成国内的统一战线，并由此发展到建立工人阶级领导的以工农联盟为基础的人民民主专政的国家。"② 人民民主专政就是中国共产党最终的共和主义民主方案。

二、政治协商是统一战线的政治实现方式

不可否认，中国自古以来，就具有悠久的大一统历史，自秦王朝以来，更具有大一统的体制。在马克思看来，这个大一统体制就像一个麻袋一样，将分散的、自由散漫的小农统一在一起。马克思在论及19世纪中叶的法国农民时，说"小农人数众多，他们的生活条件相同，但是彼此间并没有发生多种多样的关系。他们的生产方式不是使他们互相交往，而是使

---

① 《毛泽东选集》（第3卷），北京：人民出版社1991年版，第1056页。
② 《毛泽东选集》（第4卷），北京：人民出版社1991年版，第1472页。

他们互相隔离。这种隔离状态由于法国的交通不便和农民的贫困而更为加强了。他们进行生产的地盘,即小块土地,不容许在耕作时进行分工,应用科学,因而也就没有多种多样的发展,没有各种不同的才能,没有丰富的社会关系。每一个农户差不多都是自给自足的,都是直接生产自己的大部分消费品,因而他们取得生活资料多半是靠与自然交换,而不是靠与社会交往。一小块土地,一个农民和一个家庭;旁边是另一小块土地,另一个农民和另一个家庭。一批这样的单位就形成一个村子;一批这样的村子就形成一个省。这样,法国国民的广大群众,便是由一些同名数简单相加而形成的,就像一袋马铃薯是由袋中的一个个马铃薯所汇集而成的那样。数百万家庭的经济生活条件使他们的生活方式、利益和教育程度与其他阶级的生活方式、利益和教育程度各不相同并互相敌对,就这一点而言,他们是一个阶级。而各个小农彼此间只存在地域的联系,他们利益的同一性并不使他们彼此间形成共同关系,形成全国性的联系,形成政治组织,就这一点而言,他们又不是一个阶级。因此,他们不能以自己的名义来保护自己的阶级利益,无论是通过议会还是通过国民公会,他们不能代表自己,一定要别人来代表他们。他们的代表一定要同时是他们的主宰,是高高站在他们上面的权威,是不受限制的政府权力,这种权力保护他们不受其他阶级侵犯,并从上面赐给他们雨水和阳光。所以,归根结底,小农的政治影响表现为行政权支配社会。"[①] 这段精彩的论述具有普遍的历史意义,用它来描述历史上专制皇权统治下的中国小农社会非常的贴切,专制皇权虽然将广大农民剥夺压制在生存的底线,但也确实在国家层面上"代表他们",维持着国家的大一统以及大一统带来的和平与稳定。然而,当近代中国面临着西方世界一次次强烈的冲击与剥削之时,皇权不再能代表他们、维护他们,反而沦为西方势力的帮凶,中国不仅面临着政治的危机,还面临着社会的解体,马铃薯的袋子已经残破不堪,而马铃薯也都快散落一地了,以至于孙中山发出了"一盘散沙"的灵魂拷问。问题的根源

---

① 《马克思恩格斯文集》(第 2 卷),北京:人民出版社 2009 年版,第 566—567 页。

第三章 马克思主义中国化理论与实践中的社会协商治理

就在于，新的时代需要新的国家社会整合力量，而中国传统小农"他们利益的同一性并不使他们彼此间形成共同关系"，形成不了阶级，他们内部又无法内生出这么一个整合的力量，历史的惯性导致他们需要一个新的外部力量来整合自身。这个力量就是现代性政党。一开始国民党意识到了这一点，但做得并不成功。后来的共产党接过了历史性任务。只不过，当时中国的工人阶级力量过于弱小，并不足以单独形成强大的整合力量。毛泽东独具慧眼地分析了中国的阶级状况，得出了"农村包围城市"、工农联盟进而结成革命统一战线的战略思路。因此，中国共产党的领导及其开创的统一战线是近现代中国社会面临历史性转型之际，重新进行国家与社会整合的必然选择。概而言之，当乡土中国面临现代冲击之时，党的领导与统一战线为小农社会提供了新的外部整合力量。

对于一个拥有两千年专制传统的中国社会，重新进行一次脱胎换骨的整合，绝非简单说说而已或者只需要时间的自然演变即可，中国人民在此期间经历了血与火的考验。在此意义上，毛泽东运用马克思主义唯物辩证法，深刻地指出了抗日战争的历史意义："中国的长期战争，使中国人民付出了并且还将再付出重大的牺牲；但是同时，正是这个战争，锻炼了中国人民。这个战争促进中国人民的觉悟和团结的程度，是近百年来中国人民的一切伟大的斗争没有一次比得上的。"[①] 正是强大的日本帝国主义势力及其无耻的侵略行径，激起了中国人民普遍的现代国家意识，在民族解放、民族独立的号角下，坚定地站在一起，结成了牢不可破的统一战线。统一战线与党的建设、武装斗争被毛泽东视为中国革命胜利的三大法宝，在革命实践中，统一战线"从一种策略手段上升为一种战略原则，它所具有的能量和效应就大大超出了其基本使命，而成为能够决定全局和长远的政治法宝。其中的神奇力量在于两个方面：其一，它具有无限的延展性，即可以不断地延展出去；其二，它具有巨大的核心性，即统战聚合的力量越多，统战主体在政治空间的位置越是移向中心，不仅成为凝聚力量的核

---

① 《毛泽东选集》（第3卷），北京：人民出版社1991年版，第1032页。

心,而且成为决定政治全局的核心。"① 新中国成立后,统一战线这个法宝不仅被中国共产党人完整地承续下来,并且不断发扬光大,从革命统一战线演变为爱国统一战线,在此基础上,建立起独具特色的多党合作与政治协商制度,奠定了社会主义协商民主的政治基础。如果说战争时期的统一战线更多具有团结起来一致对外的意味的话,那么新中国成立之后的政治协商则更具突出了协商民主的功能。事实上,众所周知,1949 年到 1954 年,中国人民政治协商会议履行了全国人民代表大会的职能,《中国人民政治协商会议共同纲领》承担了立宪建国的使命,中国人民政治协商会议是人民民主的最高载体和集中体现。

  政治协商是统一战线的政治实现方式。政治协商思想早在中国共产党创党之初就在一些早期共产党员中有所萌芽。1922 年 6 月 15 日,中国共产党发表了《对于时局的主张》,其中提出了建立真正的民主共和,实现"民主党或宗旨相近的数个党派之联合"②,建立联合政府,"这是中共在 20 世纪 40 年代中期关于政治协商思想的核心内涵之一。"③ 同年 7 月中共"二大"通过的《关于"民主的联合战线"的决议案》进一步提出了构建民主联合战线、实现党派合作共事的三点具体建议。有必要特别指出的是,其中有一点即是"在全国各城市集合工会农民团体商人团体职教员联合会学生会妇女参政同盟团体律师公会新闻记者团体等组织"构建"民主主义大同盟"④。这就不同于各政治党派之间的政治协商合作,属于各社会团体之间的社会协商合作,从思想溯源的角度来看,应该可以视为现今社会协商思想的萌芽状态,只不过,当时的社会协商合作直接的和最终的目

---

① 林尚立、赵宇峰:《中国协商民主的逻辑》(修订版),上海:上海人民出版社 2016 年版,第 11 页。
② 中央档案馆:《中共中央文件选集》(第一册),北京:中共中央党校出版社 1989 年版,第 35 页。
③ 黄国华等:《中国社会主义协商民主思想史稿》,成都:西南交通大学出版社 2013 年版,第 8 页。
④ 中央档案馆:《中共中央文件选集》(第一册),北京:中共中央党校出版社 1989 年版,第 66 页。

标当然也还是政治性的——构建民主联合战线的政治联盟，还不具备当前社会协商概念具有的独立意义。

随着蒋介石集团的背信弃义，中国共产党早期的多党合作思想丧失了实践的根基。随后日本全面侵华，中国面临的国情状况更是急转直下。然而，日本入侵也导致了国内各党派团体形成了一致对外、统一抗战的共识，西安事变之后，国共开启了第二次合作，也为中国共产党接续之前的多党合作与政治协商思想重新构建了现实基础。在中国共产党和各民主党派的共同努力下，1935年8月，国民政府成立了"国防最高会议参议会"，1938年7月成立了参政会，基本囊括了包括中国共产党人在内的各主要党派代表，参议会和参政会的参政议政功能也在一定程度上得以实际运行开来。因此，我们可以说："抗战时期的中国，实际上已经形成了属于政治协商范畴的协商民主思想潮流。"[1] "其后的整个抗战期间，几乎所有中国民主政治的重大进展都是围绕和运用参政会展开的。……抗战胜利后，这一协商民主形式和思想随即进一步演变成了政治协商会议和政治协商思想。"[2]

当然，抗战时期除了国民党主导的参议会和参政会之外，1939年后，中国共产党在根据地之内还开创性地进行了以"三三制"闻名于世的"政治改革"，建设"抗日民主政权的模范区"[3]。共产党员、非中共的左派进步分子、中间派各占三分之一，"真正组织各党各派各军的联合政权"[4]，并强调各党派"务必互相开诚布公，相互尊重，互相帮助……一切有关原则性的争议，应当平心静气的讨论，在施政纲领和民主集中制的精神下，

---

[1] 黄国华等：《中国社会主义协商民主思想史稿》，成都：西南交通大学出版社2013年版，第17页。

[2] 黄国华等：《中国社会主义协商民主思想史稿》，成都：西南交通大学出版社2013年版，第19页。

[3] 中央档案馆：《中共中央文件选集》（第十二册），北京：中共中央党校出版社1991年版，第209页。

[4] 中央档案馆：《中共中央文件选集》（第一册），北京：中共中央党校出版社1989年版，第575页。

求得合理的解决。"① 由此可见,"'三三制'政权应是中共当时选举民主与协商民主并举的初步实践,是后来形成的民主联合政府与政治协商的雏形。"② 此外,有必要指出的是,相比于国民党参议会和参政会有名无实的实际运行状态而言,"三三制"是实实在在的根据地治理机制,不仅是政权组织形式,还是政治、经济、文化、社会等方方面面的治理机制,既涵盖了政治协商,也涵盖了社会协商。在这一点意义上,"三三制"应该视为基本上接近了今天我们所说的社会协商治理的范畴。有了"三三制"的成功实践,中国共产党人对于抗日战争胜利后的政权组织模式有了清晰的思路。毛泽东将其归结为新民主主义的宪政,"什么是新民主主义的宪政呢?就是几个革命阶级联合起来对于汉奸反动派的专政。从前有人说过一句话,说是'有饭大家吃'。我想这可以比喻新民主主义。既然有饭大家吃,就不能由一党一派一阶级来专政。"③ 显然,新民主主义宪政就是明确要求取缔国民党的一党独裁,参照孙中山关于军政、训政、宪政的方略,通过政治协商与多党合作的方式,建立各党派联合执政的民主共和政府。

抗战胜利后,中国共产党与各民主党派一道共同推动了政治协商会议于1946年1月10日在重庆召开。"在中国历史上,这是第一次由政府召开的政治协商会议。不管各党派实际上是如何打算的,乃至协商结果能否落实,这件事本身,就在中国协商民主思想史上具有标志性意义。"④ 历史证明,政治协商会议根本不可能阻止国民党的一党独裁,很快国民党就抛弃了政治协商会议决议,悍然发动内战。"但中国第一次政治协商会议在中国各民主党派中形成了以'政协精神'、'政协程序'、'协商原则'为主的政治协商精神,这个精神自此深入人心,至今还是中国基本政治制度的

---

① 中央档案馆:《中共中央文件选集》(第一册),北京:中共中央党校出版社1989年版,第557页。

② 黄国华等:《中国社会主义协商民主思想史稿》,成都:西南交通大学出版社2013年版,第21页。

③ 《毛泽东选集》(第2卷),北京:人民出版社1991年版,第733页。

④ 黄国华等:《中国社会主义协商民主思想史稿》,成都:西南交通大学出版社2013年版,第23页。

第三章 马克思主义中国化理论与实践中的社会协商治理

重要有机构成部分。"①

也正是因为有了政治协商会议失败但具有历史意义的努力，标定了此后建立新中国的基本政治路径。解放战争胜利前夕，1948年4月30日，中共中央在著名的"五一"口号中再次提出："各民主党派、各人民团体、各社会贤达迅速召开政治协商会议，讨论并实现召集人民代表大会，成立民主联合政府"②的民主建国方针。有了旧政治协商会议失败的教训，中国共产党人决心在自己的领导下召开新政治协商会议。旧政协是在新民主主义宪政的倡议下召开的，新政协则是在人民民主专政的指导下召开的。"这就是团结工人阶级、农民阶级、城市小资产阶级和民族资产阶级，在工人阶级领导之下，结成国内的统一战线，并由此发展到建立工人阶级领导的以工农联盟为基础的人民民主专政的国家。"③新政协虽然还是属于新民主主义范畴的政治设计，但因为有了工人阶级的领导和工农联盟的基础，无疑更多具有了社会主义的政治色彩。经过中国共产党与各民主党派一年多的协商与筹备，在中国共产党在战场上取得决定性胜利后，1949年9月，中国人民政治协商会议隆重召开。中国人民政治协商会议及其通过的《中国人民政治协商会议共同纲领》成为中华人民共和国建立的最根本性政治基础。这也落实践行了"五一"口号确立的"先协商民主商议国是，后选举民主成立民主联合政府的民主建国程序与思想"，"中国人民政治协商会议标志着中国政治协商思想的正式形式，标志着中国共产党领导的多党合作和政治协商制度的初步形成。"④

中国共产党领导中国人民通过中国人民政治协商会议的形式，建立了新中国。随后，中国共产党与各民主党派不仅在中国人民政治协商会议

---

① 黄国华等：《中国社会主义协商民主思想史稿》，成都：西南交通大学出版社2013年版，第24页。

② 中央档案馆：《中共中央文件选集》（第十七册），北京：中共中央党校出版社1992年版，第146页。

③ 《毛泽东选集》（第4卷），北京：人民出版社1991年版，第1472页。

④ 黄国华等：《中国社会主义协商民主思想史稿》，成都：西南交通大学出版社2013年版，第25页。

中，而且在中央和地方各级政府中密切合作，共同执政。直到1954年全国人民代表大会召开，并通过了新宪法，中国人民政治协商会议完成了协商建国的历史使命，选举民主取代协商民主，奠定了中华人民共和国作为社会主义国家的政治基础。但中国人民政治协商会议并没有就此完全退出历史舞台，而是转型为中国共产党与各民主党派共商国是、各民主党派参政议政的常设机构。毛泽东在《论十大关系》中对转型后的中国人民政治协商会议做了明确的定位：中国共产党领导、多党合作、长期共存、互相监督、政治协商。随后，虽然人民政协在反右派运动尤其是在"文革"中受到巨大冲击几乎长期陷于停滞，但改革开放后，人民政协的协商民主思想与制度也逐步恢复、重归正轨并进入稳定快速发展阶段。

第二节　社会主义协商民主开启了社会协商治理的新境界

基于唯物史观的逻辑，马克思提出了著名的关于人类历史发展的"五阶段论"：原始社会、奴隶社会、封建社会、资本主义社会、共产主义社会。实际上，马克思还从另外一个角度提出了人类历史发展的"三阶段论"："人的依赖关系""以物的依赖性为基础的人的独立性"和"建立在个人全面发展和他们共同的、社会生产能力成为从属于他们的社会财富这一基础上的自由个性"。[①] 这三个阶段基本对应的是农业社会、工业社会和共产主义社会三种文明形态。农业文明时期，"人的生产能力只是在狭小的范围内和孤立的地点上发展着"[②]，生产力的低下导致个人注定依附于家庭、家族、村社、国家等共同体而生活，"国家—社会"高度一体化，国

---

① 《马克思恩格斯全集》（第30卷），北京：人民出版社1995年版，第107—108页。

② 《马克思恩格斯全集》（第30卷），北京：人民出版社1995年版，第107页。

第三章　马克思主义中国化理论与实践中的社会协商治理

家总体上统摄并控制着社会生活。工业文明时期，生产力大爆发，形成了一个"普遍的社会物质变换、全面的关系、多方面的需要以及全面的能力的体系"①，个人凭借着经济的自主，逐步摆脱了共同体而走向自由，社会也凭借着经济的独立，逐步走上与国家相分离，甚至对立的道路，"国家—社会"二元分离。共产主义社会，生产力极为丰富，生产资料彻底公有化，社会财富按需分配，每个人都具备了自由发展个性、自由交往的前提和基础，国家完成了政治使命而走向消亡，社会完全自主自治，"国家—社会"关系再次走向辩证统一。

马克思的描述虽然是着眼于人类大历史的视角，他关于农业文明与工业文明形态下"国家—社会"关系转型的逻辑却仍然适用于分析近代以来中国社会的两次历史性转型。鸦片战争以后，中国社会沦为半殖民地半封建社会，但仍然是农业国家，即使是新中国成立后，改革开放之前，中国生产力的根基依然是农业，这就决定了上层建筑方面，国家统摄并控制着社会，无论是晚清政府的专制统治模式，还是民国政府的"训政"模式，抑或是改革开放前的计划经济模式，"国家—社会"都是呈现国家单向控制的一元化模式。改革开放后，随着市场经济的崛起，个人与社会的自主性日益增强，社会力量不断增长，"国家—社会"日益分离，二元结构日益成形，这是第一次转型。但在社会主义公有制的经济基础和中国共产党的统一领导下，社会并没有走向西方式的与国家对立对抗道路，而是既受到国家的多方面制约，又反过来一定程度着制衡着国家权力的滥用。这也就为党的十八大以后"国家—社会"关系走向辩证统一奠定了基础。如果说，党的十八大之前的改革开放，我们更多地借鉴了西方市场经济快速壮大了中国特色社会主义的经济基础，那么，党的十八大之后进入新时代，我们更多地突出了中国特色社会主义中公有制、中国共产党领导、共同富裕等特色，日益重视"国家—社会"关系的相互协调、相互合作，这是第二次转型。这两次转型反映在社会主义协商民主发展上，"国家—社会"的一元化结构下，"协商民主的主要目标自然是凝聚多方共识、维护统一

---

① 《马克思恩格斯全集》（第30卷），北京：人民出版社1995年版，第107页。

战线、加强多党合作、稳固国家政权,基本体现为'政治协商'。"① 改革开放以后,个人与社会经济日益自主,民主意识日益提高,社会利益也日益多元化,原有的"国家—社会"一元化模式难以为继,国家必须尊重社会的独立地位,与社会协作方能有效调解社会矛盾,因此,1987年,党的十三大报告率先提出要建立"社会协商对话制度",社会主义协商民主从单一的"政治协商"引申出"社会协商"的新领域。此后,中国经济与社会转型继续稳步推进,政治体制改革逐步走向深入,党的十八大以后,一度受到西方势力和资本力量鼓动而有所失调"国家—社会"关系开始回调,走向辩证统一。党的十八大正式提出"社会主义协商民主"的重大概念,将选举民主与协商民主统括其中,这不仅是受到西方协商民主理论的激发,更是回应西方选举民主理论的挑战,在世界范围内第一次开拓出了一条不同于西方民主道路的中国特色社会主义民主政治道路,至此,"社会主义协商民主全面展开并成为推进中国政治体制改革的重要战略平台。"② 社会主义协商民主也成为国家与社会相互协调、相互合作的基础性政治架构。有必要强调的是,受到私有制的局限,西方"国家—社会"的二元分立对抗是不可克服的,西方协商民主理论试图援引协商民主救治选举民主的努力注定也只能是弥补性的,而非根本性的,难免沦为"一种自由主义或批判主义思想家的理论构想"③,极难真正弥合现实中"国家—社会"日益分裂的鸿沟。只有社会主义公有制才为社会主义协商民主奠定了真实而巩固的基础,社会主义协商民主也具有中国共产党人追求理想共产主义政治形态的思想底蕴。综上所述,社会主义民主政治发展历程中,"政治协商—社会协商—社会主义协商民主"的理论与实践脉络既反映了中国社会的两次转型,又呼应了马克思关于人类历史发展的总体设想。

----

① 马梦菲:《社会转型视角下中国协商民主的生成与发展》,载《南开学报(哲学社会科学版)》2020年第2期,第47页。

② 马梦菲:《社会转型视角下中国协商民主的生成与发展》,载《南开学报(哲学社会科学版)》2020年第2期,第48页。

③ 李君如:《协商民主在中国》,北京:人民出版社2014年版,第154页。

第三章　马克思主义中国化理论与实践中的社会协商治理

一、政治协商思想不断走向制度化、程序化和理论化

"新中国建立以来，尤其是改革开放以来，中国共产党推动政治协商思想与实践向制度化程序化发展，宏观上呈现出由统一战线组织向基本政治制度进而进入决策程序的三部曲发展过程。"① 1954 年 9 月 15 日，第一届全国人民代表大会胜利召开，并制定和颁布中国历史上第一部人民宪法——《中华人民共和国宪法》，中国人民政治协商会议关于协商建国的历史使命完成，由最高国家权力机关转型为专门的统一战线组织，与中国共产党"长期共存、互相监督"。然而，1957—1977 年，中国人民政治协商会议及其代表的政治协商制度遭受重大挫折，改革开放后，才逐渐恢复和发展起来。"从 20 世纪 80 年代初期到 21 世纪初期，政治协商思想与制度开始逐步向中国特色协商民主思想与制度发展，进而形成了社会主义协商民主思想及其理论概括。"② 改革开放至今，这个时期是社会主义协商民主不断发展成熟的历史阶段，主要包含两大显著特点：一方面政治协商不断走向"制度化、程序化和理论化"③，另一方面社会协商被全新地提出并迅速发展起来。于是，政治协商与社会协商"比翼双飞"，共同构建起社会主义协商民主的理论和制度框架，推动社会主义协商民主日益成为区别于西方选举民主、凸显中国特色、具有显著治理效能的新时代中国特色社会主义民主政治模式。

1949 年 9 月 29 日，中国人民政治协商会议通过了具有临时宪法性质的《中国人民政治协商会议共同纲领》，明确规定："中国人民政治协商会

---

① 黄国华等：《中国社会主义协商民主思想史稿》，成都：西南交通大学出版社 2013 年版，第 27 页。

② 黄国华等：《中国社会主义协商民主思想史稿》，成都：西南交通大学出版社 2013 年版，第 26 页。

③ 黄国华等：《中国社会主义协商民主思想史稿》，成都：西南交通大学出版社 2013 年版，第 26 页。

议,就是人民民主统一战线的组织形式。"① 这一界定在建国伊始就以国家最高法律的方式给予了政治协商制度权威的政治制度地位。1954年9月20日经第一届全国人民代表大会第一次会议全票通过的《中华人民共和国宪法》重申:"今后在动员和团结全国人民完成国家过渡时期总任务和反对内外敌人的斗争中,我国的人民民主统一战线将继续发挥它的作用。"② 虽然全国人民代表大会取代中国人民政治协商会议成为最高国家权力机关,但中国人民政治协商会议依然存在,只不过转型为统一战线组织,直到1957年反右派斗争扩大化,人民政协名存实亡了整整二十年。

1976年10月,江青反革命集团被粉碎,"文革"结束,人民政协开始恢复工作。1978年2月24日,中国人民政治协商会议第五届全国委员会第一次会议召开,标志着政治协商制度的开始回归。1978年12月18日召开了历史性的党的十一届三中全会,在《解放思想,实事求是,团结一致向前看》的报告中,邓小平用了整整四分之一的篇幅集中阐明了民主问题,强调"民主是解放思想的重要条件"③,这就为包括政治协商制度在内的社会主义民主政治的快速恢复与发展创造了良好的思想和政治氛围。正是在此背景下,1979年6月15日,全国政治五届二次会议召开,邓小平当选全国政协主席,并作了题为《新时期的统一战线和人民政协的任务》的报告,将新时期统一战线和人民政协的任务明确定位在:调动一切积极因素,努力化消极因素为积极因素,团结一切可以团结的力量,同心同德,群策群力,维护和发展安定团结的政治局面,为把我国建设成为现代化的社会主义强国而奋斗。④ 人民政协至今依然沿着这一定位源源不断地在社会主义民主政治中发挥着越

---

① 《建国以来重要文献选编》(第一册),北京:中央文献出版社1992年版,第1页。

② 《建国以来重要文献选编》(第五册),北京:中央文献出版社1992年版,第450页。

③ 《三中全会以来重要文献选编》(上),北京:中央文献出版社1982年版,第20页。

④ 《三中全会以来重要文献选编》(上),北京:中央文献出版社1982年版,第20页。

第三章　马克思主义中国化理论与实践中的社会协商治理

来越重要的功能。然而，必须承认的是，1954年全国人大取代人民政协的最高权力机关地位之后，人民政协长期被视为统一战线组织，原有的政治协商功能弱化了，其在改革开放新时期急需的社会主义民主政治发展方面的功能并没有完全发挥出来。

有了党的十一届三中全会开创的全新局面，1979年10月，中共中央对于政治协商制度的性质很快有了新的认识。邓小平提出："在中国共产党的领导下，实行多党派的合作，这是我国具体历史条件和现实条件所决定的，也是我国政治制度中的一个特点和优点。"① 政治协商制度就从新中国成立之初的"统一战线组织"提升为"政治制度"，这使得人民政协的政治协商功能重新展现出来，政治协商制度正式走进社会主义民主政治制度框架的核心位置。值得注意的是，邓小平首次将其视为"中国政治制度中的一个特点和优点"，这与2015年中共中央《关于加强社会主义协商民主建设的意见》的相关界定——"社会主义协商民主是中国社会主义民主政治的特有形式和独特优势"②，显然有着历史的传承。

1987年10月，党的十三大召开，党的十三大的中心任务就是加快和深化改革，"进一步确定今后经济建设、经济体制改革和政治体制改革的基本方针"③。党的十三大报告以党的最高文件的形式确认了邓小平的这一新定位，将政治协商制度界定为"共产党领导下的多党合作和政治协商制度"，并强调要"逐步使国家大政方针和群众生活重大问题的政治协商和民主监督经常化"④。这是改革开放后，党在最高文件中对政治协商制度化与程序化的第一次明确而重大的重新阐述，这一界定沿用至今。党的十三大更是第一次明确提出了"社会协商"思想和构建"社会协商对话制度"，

---

① 《邓小平文选》（第二卷），北京：人民出版社1994年版，第205页。
② 《十八大以来重要文献选编》（中），北京：中央文献出版社2016年版，第291页。
③ 《改革开放以来重要文献选编》（上），北京：中央文献出版社2008年版，第493页。
④ 《十三大以来重要文献选编》（上），北京：中央文献出版社1991年版，第136页。

也就第一次在"政治协商"之外,提出了第二种协商民主的重要形式,政治协商与社会协商共同构成了现今社会主义协商民主的两种基本形式。因此,党的十三大在社会主义协商民主发展历史进程中具有标志性意义。当然,因为之后的国内政治风波和国际反华势力的所谓制裁,党的十三大确定的政治体制改革的基本方针的落实过程一开始并不顺利,但不可否认基本方针的正确性与指导性,随后也都得到了逐步落实。党的十三大关于构建"社会协商对话制度"的改革要求,虽然此后直到党的十八大前在字面上几乎没有出现在中央文件中,但是相关的改革实践一直都在断断续续展开,直至迎来党的十八大开创的社会主义协商民主的春天。

1989年12月,中共中央颁布《中共中央关于坚持和完善中国共产党领导的多党合作和政治协商制度的意见》,这是中共中央历史上第一次专门就政治协商制度颁发的专门文件。该意见是为了落实党的十三大制定的关于政治体制改革的基本方针,于1989年1月根据邓小平的批示精神启动制定,中间虽然经历了政治风波,仍然在12月颁布施行,这也充分印证了中国共产党坚持和发展多党合作和政治协商制度的决心与信心。该意见在推动我国政治协商制度的制度化、程序化与理论化进程中主要具有以下三个方面的重要意义:一是意见对政治协商制度的定位在党的十三大的基础上进一步提升:"中国共产党领导的多党合作和政治协商制度是我国一项基本政治制度",即"符合中国国情的社会主义政党制度"[1],政治协商制度取得了"基本政治制度"地位,政治协商的制度化得到了最高形式的保障。二是意见首次明确提出并阐释了政治协商的五种主要形式,即召开民主协商会、开展谈心活动、召开座谈会、提交书面建议、直接约请面谈。三是在此意见中,中共中央还明确提出:"在决定某些重大政策措施前,组织有关民主党派座谈,征求意见。"[2] 这就意味

---

[1] 《十三大以来重要文献选编》(中),北京:中央文献出版社1991年版,第243页。

[2] 《十三大以来重要文献选编》(中),北京:中央文献出版社1991年版,第248页。

第三章 马克思主义中国化理论与实践中的社会协商治理

着将政治协商纳入正式的决策程序。这一点在 2000 年 12 月 31 日，中共中央颁布的《关于加强统一战线工作的决定》中首次得到明确："把政治协商纳入决策程度，重大方针政策和重要法律法规的制定，各级人大、政府、政协和司法机关等方面领导人选的确定，应征求民主党派的意见，坚持协商于决策之前。"①

2005 年 2 月，中共中央颁布了《中共中央关于进一步加强中国共产党领导的多党合作和政治协商制度建设的意见》，并于次年 2 月和 7 月分别相应出台了《中共中央关于加强人民政协工作的意见》和《中共中央关于巩固和壮大新世纪新阶段统一战线的意见》。从时间来看，可以发现 1989—2005 年 16 年间，政治协商制度步入正轨后得到了快速而重大的发展，以至于中共中央必须再次以最高文件的形式提出建设意见。该意见在 1989 年第一个意见的基础上，对政治协商的主要内容、主要形式和基本程序或者做了重申，或者做了必要的修订，或者新提出了不少新的具体做法，同时相对系统地阐释了民主党派的参政、议政和民主监督问题。2005 年意见相比于 1989 年意见理论上更为全面、系统，实践操作上也更具有指导意义。

在 2005 年 2 月《中共中央关于加强人民政协工作的意见》中，出现了如下表述："人民通过选举、投票行使权利和人民内部各方面在重大决策之前进行充分协商，尽可能就共同性问题取得一致意见，是我国社会主义民主的两种重要形式。"② "协商民主" 的内涵以及将选举民主和协商民主视为 "社会主义民主的两种重要形式" 的界定已经显而易见。2007 年 11 月，国务院新闻办公室在《中国的政党制度》白皮书中明确提出："选举民主与协商民主相结合，是中国社会主义民主的一大特点。……选举民主与协商民主相结合，拓展了社会主义民主的深度和广度。"③ 这是我党在

---

① 2000 年 12 月 31 日中共中央《关于加强统一战线工作的决定》。
② 《中共中央关于加强人民政协工作的意见（摘要）》，中国政协网：http://www.cppcc.gov.cn/2011/12/16/ARTI1513333596157370.shtml。
③ 《中国的政党制度》，中国政府网：http://www.gov.cn/zwgk/2007-11/15/content_806278.htm。

中央文件中第一次明确提出"协商民主"的概念。随后,学术界开始提出"中国特色协商民主""中国特色协商思想"等新概念。直到2012年党的十八大正式提出"社会主义协商民主"的新概括:"社会主义协商民主是我国人民民主的重要形式。要完善协商民主制度和工作机制,推进协商民主广泛、多层、制度化发展。"① 这标志着社会主义协商民主思想的正式形成。

2013年11月,《中共中央关于全面深化改革若干重大问题的决定》颁布,提出"协商民主是中国社会主义民主政治的特有形式和独特优势,是党的群众路线在政治领域的重要体现。"② 这一定位显示了中国共产党人对于建党以来长期的协商民主思想和实践探索充分的理论自觉、理论自信、道路自信和制度自信。2015年1月,中共中央第一个关于社会主义协商民主建设的专门文件——《中共中央关于加强社会主义协商民主建设的意见》颁布,在上述决定的基础上对社会主义协商民主进行了更完善的界定:"社会主义协商民主是中国社会主义民主政治的特有形式和独特优势,是党的群众路线在政治领域的重要体现,是深化政治体制改革的重要内容。"③ 这就表明,社会主义协商民主将是我们党接下来在新时代全面深化改革和全面建设社会主义现代化国家的历史进程中长期的指导性政治理念。党的十九大基本沿用了这一定位,同时用浅显易懂的语言揭示了人民民主的真谛:"有事好商量,众人的事情由众人商量,是人民民主的真谛。"④

二、社会协商对话制度逐步提升成为社会协商思想

根据黄国华团队的研究,中国共产党的社会协商思想与实践由来已

---

① 《十八大以来重要文献选编》(上),北京:中央文献出版社2014年版,第21页。
② 《十八大以来重要文献选编》(上),北京:中央文献出版社2014年版,第527页。
③ 《十八大以来重要文献选编》(中),北京:中央文献出版社2016年版,第291页。
④ 《十九大以来重要文献选编》(上),北京:中央文献出版社2019年版,第27页。

久，只是改革开放后才明确提出。早在国共第一次合作的过程中，部分中国共产党人就萌生了一些散碎的属于社会协商范畴的思想。① 1922 年 7 月中共"二大"通过的《关于"民主的联合战线"的决议案》进一步提出了构建民主联合战线、实现党派合作共事的三点具体建议。从思想溯源的角度来看，应该可以视为现今社会协商思想的萌芽。

延安时期，中国共产党人实行了"三三制"，就是实实在在的根据地治理机制，不仅是政权组织形式，还是政治、经济、文化、社会等方方面面的治理机制，既涵盖了政治协商，也涵盖了社会协商。在这一点意义上，"三三制"应该视为基本上接近了今天我们所说的社会协商治理的范畴。

新中国成立前后，中国共产党关于社会协商的思想与实践还一度有过一定程度的发展。1949 年 7 月 5 日，中共中央发布了《关于解决私营企业中劳资纠纷问题的指示》，明确要求工会"应当代表工人向资本家交涉和协商"②，显然属于社会协商的范畴。1950 年 4 月 9 日，中央政府颁布了《关于在私营企业中设立劳资协商会议的指示》。这是我党在执政后最初的较为清晰的关于社会协商对话思想与制度的思考与实践。此后，伴随着"一化三改"的完成及社会结构的重大变化，这种社会协商思想与实践赖以存在和发展的社会条件发生了重大变化。③ 1954 年，人民政治协商会议不再作为国家最高权力机关，转型为统一战线组织，政治协商功能淡出。在此背景下，社会协商自然更加消隐。况且，1957 年反右派运动后直到改革开放，政治协商制度名存实亡，社会协商更是完全中断。

改革开放后，人民政协及政治协商制度进入快速恢复和发展时期。"社会协商对话制度"虽然直到党的十三大才被正式提出来，但是社会协商对话的土壤已经逐渐形成，也有一些零星的实践。这里有必要专门阐述

---

① 黄国华等：《中国社会主义协商民主思想史稿》，成都：西南交通大学出版社 2013 年版，第 265—266 页。

② 中央档案馆：《中共中央文件选集》（第十八册），北京：中共中央党校出版社 1992 年版，第 361 页。

③ 黄国华等：《中国社会主义协商民主思想史稿》，成都：西南交通大学出版社 2013 年版，第 266 页。

一下社会协商的社会存在条件。按照历史唯物主义的逻辑,社会协商制度属于政治上层建筑,受制于经济基础,社会协商理念属于社会意识,受制于社会存在。社会协商思想与实践根本上依赖于经济社会结构,只要经济社会维持一个相对多样的结构和自由宽松的氛围,就一定会有社会协商的理念和实践。"从理论上讲,社会协商是客观存在的,因为协商是社会运行本身内生的机制,主要用于解决社会自身面临的各种问题。……社会只要有组织化的力量,就一定会存在社会协商。"① "一化三改"完成后,社会主义公有制占据了主体地位,人民公社化运动后,更是实行"一大二公",经济上完全公有制,社会上传统村镇的自主自治空间完全消失,以宗族为代表的各种传统社会组织被取缔,代之以人民公社,社会协商完全丧失了社会土壤。改革开放后,实行了家庭联产承包责任制,提升了农民的经济自主权,人民公社重新被乡镇取代。1982年12月,新宪法明确规定:"城市和农村按居民居住地区设立的居民委员会或者村民委员会是基层群众性自治组织。"② 市场经济为社会协商创造了根本的经济基础,基层群众自治组织成为社会协商最基本的组织载体。因此,我们可以说,党的十三大前社会协商是无名而有实,只不过实践层面上因为太零星、太低层而不为人知罢了。

正如前述,1987年党的十三大在我国社会主义协商民主发展历史进程中具有标志性意义,其中最为显著的一点就是首次明确提出了"社会协商"思想和构建"社会协商对话制度"。大会报告在第五大部分"关于政治体制改革"中,专门辟出第五点集中大量阐述了"建立社会协商对话制度"。为了凸显这一点,有必要在此详细引用大会报告论述:"正确处理和协调各种不同的社会利益和矛盾,是社会主义条件下的一个重大课题。各级领导机关的工作,只有建立在倾听群众意见的基础上,才能切合实际,避免失误。领导机关的活动和面临的困难,也只有为群众所了解,才能被

---

① 林尚立、赵宇峰:《中国协商民主的逻辑》(修订版),上海:上海人民出版社2016年版,第75页。

② 《中华人民共和国宪法》,中国人大网:http://www.npc.gov.cn/npc/c505/201803/e87e5cd7c1ce46ef866f4ec8e2d709ea.shtml。

第三章 马克思主义中国化理论与实践中的社会协商治理

群众所理解。群众的要求和呼声，必须有渠道经常地顺畅地反映上来，建议有地方提，委屈有地方说。这部分群众同那部分群众之间，具体利益和具体意见不尽相同，也需要有互相沟通的机会和渠道。因此，必须使社会协商对话形成制度，及时地、畅通地、准确地做到下情上达，上情下达，彼此沟通，互相理解。建立社会协商对话制度的基本原则，是发扬'从群众中来、到群众中去'的优良传统，提高领导机关活动的开放程度，重大情况让人民知道，重大问题经人民讨论。当前首先要制定关于社会协商对话制度的若干规定，明确哪些问题必须由哪些单位、哪些团体通过协商对话解决。对全国性的、地方性的、基层单位内部的重大问题的协商对话，应分别在国家、地方和基层三个不同的层次上展开。各级领导机关必须把它作为领导工作中的一件大事去做。要进一步发挥现有协商对话渠道的作用，注意开辟新的渠道。要通过各种现代化的新闻和宣传工具，增加对政务和党务活动的报道，发挥舆论监督的作用，支持群众批评工作中的缺点错误，反对官僚主义，同各种不正之风作斗争。"[①]

要准确理解党的十三大提出"社会协商对话"的重大意义，必须把它放在政治体制改革的大背景下进行全面而深入的解读。正如前述，党的十三大本身就定位于以加快和深化改革为中心任务，其中尤以首次将政治体制改革提到党的最高议事日程最为令人瞩目。关于政治体制改革，党的十三大提出了七个方面的构想：一是实行党政分开，二是进一步下放权力，三是反对官僚主义、精简和改革政府机构，四是改革干部人事制度，五是建立社会协商对话制度，六是完善社会主义民主政治的若干制度，七是加强社会主义法制建设。其中，除了第五个构想直接提出了建立社会协商对话制度的要求外，第二、六、七三个构想都直接与社会协商相关。第二个关于"进一步下放权力"构想中提出："在党和政府同群众组织的关系上，要充分发挥群众团体和基层群众性自治组织的作用，逐步做到群众的事情由群众自己依法去办。"[②]

[①]《十三大以来重要文献选编》（上），北京：中央文献出版社1991年版，第37页。

[②]《十三大以来重要文献选编》（上），北京：中央文献出版社1991年版，第33页。

这就为开展以人民群众为主体的社会协商铺就了理念的通途。第六个关于"完善社会主义民主政治的若干制度"构想中一开始就对社会主义民主政治的本质进行了界定:"社会主义民主政治的本质和核心,是人民当家作主,真正享有各项公民权利,享有管理国家和企事业的权力。现阶段社会主义民主政治的建设,必须着眼于实效,着眼于调动基层和群众的积极性,要从办得到的事情做起,致力于基本制度的完善。"①又将"基层民主生活的制度化"作为"完善社会主义民主政治的若干制度"的一项任务提出来:"基层民主生活的制度化,是保证工人阶级和广大群众当家作主,调动各方面积极性,维护全社会安定团结的基础。"② 社会协商对话显然是针对普通人民群众的协商民主制度,在此对社会主义民主政治的本质界定下,社会协商对话就自然而然地被认定为社会主义民主政治的固有范畴,获得了马克思主义政治哲学和社会主义制度最根本上的理念渊源和制度支撑。第七个关于"加强社会主义法制建设"构想中直接提出"基层民主生活制度化,社会协商对话制度化"的要求,则为社会协商提供了法制保障。因此,正是党的十三大采取了在"政治体制改革"的大框架下阐述"社会协商对话"的方式,显示了"社会协商对话"在社会主义协商民主发展史上的特殊意义,即我国的社会协商脱胎于政治协商,但又突破了政治协商,实现了协商民主更加广泛、多层、制度化的发展。也正如黄国华团队所指出的:"由于社会协商思想与制度建构的提出,使中国特色协商民主思想的理论内涵,由过去长期主要是政治协商思想的单一结构,演变为以政治协商思想与社会协商思想两大思想内涵为主体的理论架构。从协商民主的实践形式上看,开始了由单一的相对狭窄的精英协商形式向广泛的公民协商形式的发展。"③ "提出社会协商思想、倡导构建社会协商对话制度,是

---

① 《十三大以来重要文献选编》(上),北京:中央文献出版社1991年版,第37—38页。

② 《十三大以来重要文献选编》(上),北京:中央文献出版社1991年版,第39页。

③ 黄国华等:《中国社会主义协商民主思想史稿》,成都:西南交通大学出版社2013年版,第204页。

中共'十三大'关于完善中国社会主义民主诸多思考中一个最具创新性的民主举措。"①

对党的十三大关于"建立社会协商对话制度"的具体论述，可以分成以下几个层次进行解读：

一是突出社会协商对话的社会管理功能。"正确处理和协调各种不同的社会利益和矛盾，是社会主义条件下的一个重大课题。……因此，必须使社会协商对话形成制度，及时地、畅通地、准确地做到下情上达，上情下达，彼此沟通，互相理解。"② 虽然社会协商对话是在政治体制改革的大框架下提出来的，但是显然与政治协商主要定位于协商国家大政方针、彰显政治民主不同，社会协商主要定位于发扬基层民主和社会民主，正确处理和协调各种不同的社会利益和矛盾。党的十三大召开之时，已经改革开放将近十周年，经济社会的多元化发展趋势日益加快，党的十三大提出深化经济体制改革的主要任务是"围绕转变企业经营机制这个中心环节，分阶段地进行计划、投资、物资、财政、金融、外贸等方面体制的配套改革，逐步建立起有计划商品经济新体制的基本框架。"③ 正是着眼于进一步推进这一趋势，社会利益和矛盾冲突势必日益复杂多样，时代呼唤新的利益调节机制。社会协商对话正是在此大背景下提上议事日程的。

二是强调社会协商对话是党的群众路线的基本要求。"建立社会协商对话制度的基本原则，是发扬'从群众中来、到群众中去'的优良传统，提高领导机关活动的开放程度，重大情况让人民知道，重大问题经人民讨论。"④ 这是为社会协商对话找到了党的群众路线这一生命线和根本工作路

---

① 黄国华等：《中国社会主义协商民主思想史稿》，成都：西南交通大学出版社2013年版，第211页。
② 《十三大以来重要文献选编》（上），北京：中央文献出版社1991年版，第37页。
③ 《十三大以来重要文献选编》（上），北京：中央文献出版社1991年版，第24页。
④ 《十三大以来重要文献选编》（上），北京：中央文献出版社1991年版，第37页。

线的渊源,事实上,也就是说,党在历史上就一直有开展社会协商对话的传统和方法,只不过无名而有实。同时,值得注意的是,党的十三大是在实现决策科学化、民主化的背景下要求建立社会协商对话制度的。"各级领导机关的工作,只有建立在倾听群众意见的基础上,才能切合实际,避免失误。领导机关的活动和面临的困难,也只有为群众所了解,才能被群众所理解。"① 实行社会协商是走群众路线的基本要求,实行社会协商才能充分解民情、知民意、听民声,才能避免关门决策,提高决策质量。

三是事实上提出了社会协商对话应该广泛、多层、制度化发展的具体发展路径要求。党的十三大要求,应该使社会协商对话形成制度,起到充分沟通上情下情,沟通这部分群众和那部分群众,分别在国家、地方和基层三个不同的层次上展开协商对话,制定关于社会协商对话制度的若干规定,明确哪些问题必须由哪些单位、哪些团体通过协商对话解决,进一步发挥现有协商对话渠道的作用,注意开辟新的渠道。这些都恰好对应了党的十八大以来社会主义协商民主广泛、多层、制度化发展的改革趋势。

党的十三大之后两年不到,我们遭遇了政治风波,已经掀起的党的十三大关于社会协商的研究与实践探索随即遇冷。即使如此,邓小平在1989年5月31日仍然强调:"改革开放政策不变,几十年不变,一直要讲到底。国际国内都很关心这个问题。要继续贯彻执行十一届三中全会以来的路线、方针、政策,连语言都不变。十三大政治报告是经过党的代表大会通过的,一个字都不能动。"② 虽然此后推进改革的具体方式方法有所变化,但党中央推进改革的决心和大政方针坚定不移。因此,"中共中央基于中国社会转型需要而产生的社会协商思想并没有中断,而是在许多重要场合不断地以各种形式和词汇表达着、延续着。"③ 尤其是在党的十三大以后每

---

① 《十三大以来重要文献选编》(上),北京:中央文献出版社1991年版,第37页。

② 《邓小平文选》(第三卷),北京:人民出版社1993年版,第296页。

③ 黄国华等:《中国社会主义协商民主思想史稿》,成都:西南交通大学出版社2013年版,第234页。

第三章 马克思主义中国化理论与实践中的社会协商治理

次党的代表大会上都如约而至般体现在大会报告中。

我国的社会协商实践主要定位于基层民主领域，也就是城市社区和乡村，村民自治和居民自治是社会协商最关键、最基础的制度和组织平台。我国基层民主制度改革同经济体制改革一样，都发源于乡村，来自农民的朴素诉求与实践探索。事实上，早在小岗村18位农民按下血手印后1年多一点，1980年1月，广西宜山县三岔公社合寨大队果地村，就以海选的方式，自发建立了我国第一个村民直接选举产生的村委会，进行了最初的村民自治尝试。这种尝试经过不断的发酵与推广，同样得到了中央的高度关注与肯定。党的十三大召开后当年不久的11月，全国人大常委会审议通过了《中华人民共和国村民委员会组织法（试行）》，两年后虽然遭遇了政治风波，但仍然于1989年12月26日，由第七届全国人大常委会第十一次会议审议通过了《中华人民共和国城市居民委员会组织法》，充分验证了邓小平所说的党的十三大报告"一个字都不能动"的决心。

随后，1992年党的十四大报告指出："决策的科学化、民主化是实行民主集中制的重要环节，是社会主义民主政治建设的重要任务。领导机关和领导干部要认真听取群众意见，充分发挥各类专家和研究咨询机构的作用，加速建立一套民主的科学的决策制度。加强基层民主建设，切实发挥职工代表大会、居民委员会和村民委员会的作用。"[①] 党的十四大报告虽然不再直接提及社会协商，然而仍然在决策科学化、民主化的背景下充分强调了领导机关和干部认真听取群众和专家咨询意见的作用，这实际上也就是党的十三大关于社会协商核心思想的延续。

1997年，党的十五大报告除了延续在决策科学化、民主化背景下强调逐步形成深入了解民情、充分反映民意、广泛集中民智的决策机制外，还具体指出了属于社会协商范畴的一些政策："扩大基层民主，保证人民群众直接行使民主权利，依法管理自己的事情，创造自己的幸福生活，是社会主义民主最广泛的实践。城乡基层政权机关和基层群众性自治组织，都

---

① 《十四大以来重要文献选编》（上），北京：中央文献出版社2011年版，第25页。

要健全民主选举制度,实行政务和财务公开,让群众参与讨论和决定基层公共事务和公益事业,对干部实行民主监督。坚持和完善以职工代表大会为基本形式的企事业民主管理制度,组织职工参与改革和管理,维护职工合法权益。坚决纠正压制民主、强迫命令等错误行为。"① 这是中央第一次在党代会报告中将协商民主定位在基层民主的范畴。

2002年,党的十六大报告则在"政治建设和政治体制改革"论述中多处提到了协商民主和社会协商。首先是在"坚持和完善社会主义民主制度"中,要求:"健全民主制度,丰富民主形式,扩大公民有序的政治参与,保证人民依法实行民主选举、民主决策、民主管理和民主监督,享有广泛的权利和自由,尊重和保障人权。"② "至此,过去群众与民主的关联概念,延伸为'公民'与民主的关联概念。中共'十六大'这一概念的转换十分重要,使得以公民协商为主体的社会协商思想得到了实质性的揭示。扩大公民的政治参与,是协商民主的核心理念之一。"③ 将"公民"与民主直接关联,更加体现了中国共产党人拥抱现代政治文明、实现革命党到执政党转变的决心与信心。同时,强调扩大公民有序政治参与,也反映了改革开放25年后,我国社会已经发生了重大变化,经济社会多元化日益深入且趋势不可逆转,社会利益矛盾与冲突日益复杂,公民通过政治参与表达诉求和协调矛盾的要求日益增加,正是在此背景下,社会协商的社会治理功能日益被党中央重视。也是在此背景下,党的十六大报告集中论述了发挥基层民主协商的社会治理效能:"扩大基层民主,是发展社会主义民主的基础性工作。健全基层自治组织和民主管理制度,完善公开办事制度,保证人民群众依法直接行使民主权利,管理基层公共事务和公益事业,对干部实行民主监督。完善村民自治,健全村党组织领导的充满活力

---

① 《十五大以来重要文献选编》(上),北京:中央文献出版社2011年版,第28页。

② 《十六大以来重要文献选编》(上),北京:中央文献出版社2011年版,第25页。

③ 黄国华等:《中国社会主义协商民主思想史稿》,成都:西南交通大学出版社2013年版,第236页。

的村民自治机制。完善城市居民自治,建设管理有序、文明祥和的新型社区。坚持和完善职工代表大会和其他形式的企事业民主管理制度,保障职工的合法权益。"[1] 其次,党的十六大在"改革和完善决策机制"部分,一如既往地强调了:"正确决策是各项工作成功的重要前提。要完善深入了解民情、充分反映民意、广泛集中民智、切实珍惜民力的决策机制,推进决策科学化民主化。各级决策机关都要完善重大决策的规则和程序,建立社情民意反映制度,建立与群众利益密切相关的重大事项社会公示制度和听证制度,完善专家咨询制度,实行决策的论证制和责任制,防止决策的随意性。"[2] 这是首次在党代会报告上提出实行重大事项社会公示制度和听证制度,这也成为党的十六大后社会协商和社会治理改革创新的两项普遍性制度。再次,党的十六大报告"加强对权力的制约和监督"部分,提出:"建立结构合理、配置科学、程序严密、制约有效的权力运行机制,从决策和执行等环节加强对权力的监督,保证把人民赋予的权力真正用来为人民谋利益。……实行多种形式的领导干部述职述廉制度,健全重大事项报告制度、质询制度和民主评议制度。认真推行政务公开制度。加强组织监督和民主监督,发挥舆论监督的作用。"[3] 这是党代会报告中第一次将协商民主方面的政策(民主评议制度、政务公开制度、民主监督、舆论监督)用于加强权力监督的论述,既反映了中国共产党认真对待自身问题、反腐倡廉的决心,也客观反映了当时党员干部腐败、党群关系出现了一定程度的不和谐的社会事实。最后,党的十六大报告在"维护社会稳定"部分提出要"正确运用经济、行政和法律等手段,妥善处理人民内部矛盾特别是涉及群众切身利益的矛盾,保持安定团结的局面。……改

---

[1] 《十六大以来重要文献选编》(上),北京:中央文献出版社2011年版,第25页。

[2] 《十六大以来重要文献选编》(上),北京:中央文献出版社2011年版,第26—27页。

[3] 《十六大以来重要文献选编》(上),北京:中央文献出版社2011年版,第28页。

进社会管理，保持良好社会秩序。"① 这些再次突出了社会协商的社会治理功能。

2007年，党的十七大报告首先将扩大公民有序政治参与作为深化政治体制改革的原则提出来："深化政治体制改革，必须坚持正确政治方向，以保证人民当家作主为根本，以增强党和国家活力、调动人民积极性为目标，扩大社会主义民主，建设社会主义法治国家，发展社会主义政治文明。……坚持国家一切权力属于人民，从各个层次、各个领域扩大公民有序政治参与，最广泛地动员和组织人民依法管理国家事务和社会事务、管理经济和文化事业。"② 随后又用整整一个大段落详细论述了发扬基层民主、推进协商民主的具体措施："发展基层民主，保障人民享有更多更切实的民主权利。人民依法直接行使民主权利，管理基层公共事务和公益事业，实行自我管理、自我服务、自我教育、自我监督，对干部实行民主监督，是人民当家作主最有效、最广泛的途径，必须作为发展社会主义民主政治的基础性工程重点推进。要健全基层党组织领导的充满活力的基层群众自治机制，扩大基层群众自治范围，完善民主管理制度，把城乡社区建设成为管理有序、服务完善、文明祥和的社会生活共同体。全心全意依靠工人阶级，完善以职工代表大会为基本形式的企事业单位民主管理制度，推进厂务公开，支持职工参与管理，维护职工合法权益。深化乡镇机构改革，加强基层政权建设，完善政务公开、村务公开等制度，实现政府行政管理与基层群众自治有效衔接和良性互动。发挥社会组织在扩大群众参与、反映群众诉求方面的积极作用，增强社会自治功能。"③ 党的十七大报告的这种论述是自党的十三大提出社会协商对话以来最为详尽、最为操作性的，全面覆盖了社会协商中城乡社区自治、企事业单位民主管理、乡镇

---

① 《十六大以来重要文献选编》（上），北京：中央文献出版社2011年版，第28—29页。
② 《十七大以来重要文献选编》（上），北京：中央文献出版社2009年版，第22页。
③ 《十七大以来重要文献选编》（上），北京：中央文献出版社2009年版，第23—24页。

政务公开、社会组织参与等各个主要方面。更为重要的是，党的十七大报告第一次提出了社会建设的重大概念，从而构建起了经济建设、政治建设、文化建设、社会建设"四位一体"的建设格局。社会协商范畴内的具体思想与措施不再单单作为政治建设和政治体制改革的内容被提出来，而且第一次被放在"社会建设"中的第六点单独提出来："要健全党委领导、政府负责、社会协同、公众参与的社会管理格局，健全基层社会管理体制。最大限度激发社会创造活力，最大限度增加和谐因素，最大限度减少不和谐因素。"①"社会协同、公众参与"透露出了浓浓的社会协商意味，"最大限度激发社会创造活力，最大限度增加和谐因素，最大限度减少不和谐因素。"这不仅是社会管理创新的目标，也是社会协商治理的目标。

2012年，党的十八大报告中首次提出"社会主义协商民主"的重大概念，并相应提出了基层民主协商②的下位概念，为社会协商和社会协商治理奠定了根本性的政治基础。同时，继续在"完善基层民主制度"部分的论述中要求扩大有序参与、推进信息公开、加强议事协商。更为重要的是在"社会建设"部分中将"健全党委领导、政府负责、社会协同、公众参与的社会管理格局"升级为"加快形成党委领导、政府负责、社会协同、公众参与、法治保障的社会管理体制"，然后在"加强和创新社会管理"部分中强调充分发挥群众参与社会管理的基础作用，并具体列举了相关举措。至此，"社会协商"概念的正式提出已经呼之欲出。

三、社会协商正式提出并成为社会协商治理的具体指导思想

2013年11月，党的十八届三中全会通过了《中共中央关于全面深化改革若干重大问题的决定》，明确指出社会主义协商民主是"党的群众路

---

① 《十七大以来重要文献选编》（上），北京：中央文献出版社2009年版，第31页。
② 《十八大以来重要文献选编》（上），北京：中央文献出版社2014年版，第21页。

线在政治领域的重要体现。"① 众所周知，群众路线是新民主主义革命胜利的三大法宝之一，是毛泽东思想三个活的灵魂之一，一直以来都是我们党的根本工作路线。但"根本工作路线"的定位，事实上也将群众路线长期置于工作方式方法的地位，并未能上升到一种新型民主运作形态。"在政治实践中，由于缺乏制度化的载体，群众路线的贯彻落实主要取决于领导者的工作作风，或以非制度性的运动方式推行，群众路线的功能面临萎缩的危险。"② 党的十八届三中全会第一次提出社会主义协商民主，就对接到群众路线的源泉，既为社会主义协商民主找到了根源，也将群众路线上升到新型民主运作方式的高度，在理论上使得群众路线具有了新的理论高度和政治内涵，在制度上"激活了党的群众路线，使其有了有效抓手。"③ 同时，群众路线本质上是一条党和人民群众沟通联系的路线，是社会主义制度下人民群众参与国家治理的基础性路线，一句话，参与和治理是群众路线的本质属性。因此，党的十八届三中全会将群众路线与社会主义协商民主对接起来，社会主义协商民主就具有了浓厚的协商治理意蕴。

党的十八届三中全会第一次明确提出了"社会协商"④ 的概念，并在党的十八大关于"基层民主协商"的基础上展开了详细论述与要求："开展形式多样的基层民主协商，推进基层协商制度化，建立健全居民、村民监督机制，促进群众在城乡社区治理、基层公共事务和公益事业中依法自我管理、自我服务、自我教育、自我监督"⑤。党的十八届三中全会正式提

---

① 《十八大以来重要文献选编》（上），北京：中央文献出版社2014年版，第528页。

② 厉有国：《当代中国马克思主义民主理论的新发展——学习习近平关于社会主义协商民主的重要论述》，载《世界社会主义研究》2019年第6期，第11页。

③ 厉有国：《当代中国马克思主义民主理论的新发展——学习习近平关于社会主义协商民主的重要论述》，载《世界社会主义研究》2019年第6期，第11页。

④ 《十八大以来重要文献选编》（上），北京：中央文献出版社2014年版，第528页。

⑤ 《十八大以来重要文献选编》（上），北京：中央文献出版社2014年版，第528页。

第三章 马克思主义中国化理论与实践中的社会协商治理

出全面深化改革的总目标之一是推进国家治理体系和治理能力现代化，这是治理层面上的总目标。在此前提下，第一次正式改称"社会管理"为"社会治理"，一字之差，足以显示中央已经坚定了社会治理多元化和协作化的思路。很显然，党的十八届三中全会"社会协商"的概念继承了党的十三大关于构建"社会协商对话制度"的理念，二者的精神实质是内在一致的，都具有浓重的社会治理意味，但也有显著的不同。党的十三大报告将社会协商对话作为政治体制改革的重要内容，社会协商对话主要起到扩大群众参与、沟通民意、反对官僚主义的作用，本质上是党的群众路线在那个时期面对社会转型的一种扩展与创新，具有相当明显的危机应对属性。党的十八届三中全会则立足于党的十八大确定的发展社会主义协商民主和本届全会确定的新时代国家治理现代化的双重大背景，社会协商不仅延续了政治体制改革的重大内涵，又增添了国家治理现代化的新时代意蕴，"既有助于提升党的执政合法性与政治有效性，又能够全面推进社会治理现代化发展。"① 因此，新时代的社会协商内涵更加深刻，价值更加丰富，意义更为深远，肩负着开创中国特色社会主义协商民主新路与推进中国社会治理现代化进程的历史使命。

2017 年，党的十九大基本沿用了这一定位，同时用浅显易懂的语言揭示了人民民主的真谛："有事好商量，众人的事情由众人商量，是人民民主的真谛。……加强协商民主制度建设，形成完整的制度程序和参与实践，保证人民在日常政治生活中有广泛持续深入参与的权利。"② 这一阐述更加突出了社会主义协商民主在保障人民参与国家和社会治理方面的效能，尤其是只有社会协商才能确保人民民主的日常化、广泛化、持续化。党的十九大在论及"发展社会主义民主政治"时，一改党的十八大及之前只提"民主选举、民主决策、民主管理、民主监督"的做法，特别加入了

---

① 和思鹏：《概念谱系、制约因素与路径选择：中国特色社会协商治理探赜》，载《中共山西省委党校学报》2017 年第 4 期，第 62 页。
② 《十九大以来重要文献选编》（上），北京：中央文献出版社 2019 年版，第 27 页。

"民主协商",变成"民主选举、民主协商、民主决策、民主管理、民主监督",社会协商与社会协商治理因此被纳入社会主义民主政治的范畴。同时,党的十九大在总结过去五年社会治理创新的基础上,再次将"全民共建共享的社会治理格局"提升为"打造共建共治共享的社会治理格局","共建共治"的提法事实上就为社会协商治理开辟了充足的实践空间。

2019年,党的十九届四中全会着重研究了坚持和完善中国特色社会主义制度、推进国家治理体系和治理能力现代化的若干重大问题,在论及"健全充满活力的基层群众自治制度"时,强调"健全基层党组织领导的基层群众自治制度,在城乡社区治理、基层公共事务和公益事业中广泛实行群众自我管理、自我服务、自我教育、自我监督,拓宽人民群众反映意见和建议的渠道,着力推进基层直接民主制度化、规范化、程序化。"将"直接民主"写入党中央文件这是第一次。① 虽然这里并未提及"协商民主""社会协商"或"协商治理",但是,众所周知,协商民主相对于选举民主来说,就是一种典型的直接民主。这里的"直接民主"与前面的"民主协商"和之后的"坚持和完善共建共治共享的社会治理制度"是一脉相承的。党的十九届四中全会明确指出:"社会治理是国家治理的重要方面。必须加强和创新社会治理,完善党委领导、政府负责、民主协商、社会协同、公众参与、法治保障、科技支撑的社会治理体系,建设人人有责、人人尽责、人人享有的社会治理共同体,确保人民安居乐业、社会安定有序,建设更高水平的平安中国。"② 相比于党的十九大报告中"完善党委领导、政府负责、社会协同、公众参与、法治保障的社会治理体制"的提法,四中全会"民主协商"和"科技支撑"两个方面的重要表述,"民主协商"与"社会协同""公众参与"相互配套,架构起了一个三足鼎立的完整的社会协商治理框架。因此,我们可以认为,**党的十九届四中全会**

---

① 根据人民出版社"中国共产党思想理论资源数据库"(http://data.lilun.cn/index_custom.html)查询结果,2022年2月25日查询。

② 《中共中央关于坚持和完善中国特色社会主义制度 推进国家治理体系和治理能力现代化若干重大问题的决定》,人民网:http://cpc.people.com.cn/n1/2019/1106/c64094-31439558.html。

第三章 马克思主义中国化理论与实践中的社会协商治理

在国家治理现代化的理论框架中完整奠定了社会协商治理的理论基础。

2020年，党的十九届五中全会通过的《中共中央关于制定国民经济和社会发展第十四个五年规划和二〇三五年远景目标的建议》延续党的十九届四中全会关于国家治理现代化思想指导下的社会治理创新思路，提出加强和创新社会治理，应该："完善社会治理体系，健全党组织领导的自治、法治、德治相结合的城乡基层治理体系，完善基层民主协商制度，实现政府治理同社会调节、居民自治良性互动，建设人人有责、人人尽责、人人享有的社会治理共同体。发挥群团组织和社会组织在社会治理中的作用，畅通和规范市场主体、新社会阶层、社会工作者和志愿者等参与社会治理的途径。推动社会治理重心向基层下移，向基层放权赋能，加强城乡社区治理和服务体系建设，减轻基层特别是村级组织负担，加强基层社会治理队伍建设，构建网格化管理、精细化服务、信息化支撑、开放共享的基层管理服务平台。加强和创新市域社会治理，推进市域社会治理现代化。"[1] 虽然全文无一处直接提及"社会协商"，居民自治、基层民主协商、人人尽责、社会治理共同体、基层放权赋能、开放共享等各种提法却处处透露着深厚的社会协商意味。可以说，时至今日，社会协商与社会治理的有机融合已经成为党和政府以及公众的自然意识，无须特别指点，却处处生动体现。

2021年7月，习近平总书记在庆祝中国共产党成立100周年纪念大会上，站在总结党的百年奋斗重大成就和历史经验的视角，强调必须发展全过程人民民主。2021年11月，党的十九届六中全会通过了《中共中央关于党的百年奋斗重大成就和历史经验的决议》，把"发展全过程人民民主"作为党的十八大以来的重大成就和历史经验加以总结。全过程人民民主对社会主义民主政治进行了新的总结和阐释，更加深刻地体现协商民主在社会主义民主政治体系中的独特地位。全过程人民民主充分体现了中国特色社会主义民主是全链条、全方位、全覆盖的民主。作为社会主义协商民主重要组成部分的社会协商治理，是全过程人民民主在社会治理领域的具体体现，也

---

[1] 《中共中央关于制定国民经济和社会发展第十四个五年规划和二〇三五年远景目标的建议》，中国政府网：http://www.gov.cn/zhengce/2020-11/03/content_5556991.htm，2021年2月21日访问。

必然在全过程人民民主这一重大创新性理念指引下进一步拓展与深化。

党的十八大以来党和国家关于社会协商治理的重要政策

时间	会议	文件	政策要点	备注
2012 年	党的十八大	十八大报告	1. 健全社会主义协商民主制度。要完善协商民主制度和工作机制，推进协商民主广泛、多层、制度化发展。……积极开展基层民主协商。 2. 强化企事业单位、人民团体在社会管理和服务中的职责，引导社会组织健康有序发展，充分发挥群众参与社会管理的基础作用。 3. 要围绕构建中国特色社会主义社会管理体系，加快形成党委领导、政府负责、社会协同、公众参与、法治保障的社会管理体制，……加快形成政社分开、权责明确、依法自治的现代社会组织体制。	1. 首次提出社会主义协商民主的重大概念，并构建起基本制度框架。 2. 首次提出"五位一体"的社会管理体制和现代社会组织体制。
2013 年	全国人大十二届一次会议	国务院机构改革和职能转变方案	改革社会组织管理制度。……逐步推进行业协会商会与行政机关脱钩，强化行业自律，使其真正成为提供服务、反映诉求、规范行为的主体。……重点培育、优先发展行业协会商会类、科技类、公益慈善类、城乡社区服务类社会组织。成立这些社会组织，直接向民政部门依法申请登记，不再需要业务主管单位审查同意。……坚持积极引导发展、严格依法管理的原则，促进社会组织健康有序发展。	正式改革社会组织双重管理体制，加快培育社会组织作为社会协商治理的重要主体，引导社会组织有序参与社会治理。
	党的十八届三中全会	中共中央关于全面深化改革若干重大问题的决定	1. 发展基层民主。开展形式多样的基层民主协商，推进基层协商制度化，建立健全居民、村民监督机制，促进群众在城乡社区治理、基层公共事务和公益事业中依法自我管理、自我服务、自我教育、自我监督。 2. 改进社会治理方式。坚持系统治理，加强党委领导，发挥政府主导作用，鼓励和支持社会各方面参与，实现政府治理和社会自我调节、居民自治良性互动。 3. 激发社会组织活力。正确处理政府和社会关系，加快实施政社分开，推进社会组织明确权责、依法自治、发挥作用。适合由社会组织提供的公共服务和解决的事项，交由社会组织承担。	首次提出国家治理现代化的重大概念，并做出具体部署。在国家治理现代化的总体框架下，首次将"社会管理"更新提升为"社会治理"。

第三章　马克思主义中国化理论与实践中的社会协商治理

(续表)

时间	会议	文件	政策要点	备注
2014年	庆祝中国人民政治协商会议成立六十五周年大会	习近平总书记在庆祝中国人民政治协商会议成立六十五周年大会上的讲话	1. 社会主义协商民主是中国社会主义民主政治的特有形式和独特优势。 2. 在中国社会主义制度下，有事好商量，众人的事情由众人商量，找到全社会意愿和要求的最大公约数，是人民民主的真谛。……这样做起来，国家治理和社会治理才能具有深厚基础，也才能凝聚起强大力量。 3. 社会主义协商民主是中国共产党的群众路线在政治领域的重要体现。 4. 协商就要真协商，真协商就要协商于决策之前和决策之中。 5. 人民群众是社会主义协商民主的重点。涉及人民群众利益的大量决策和工作，主要发生在基层。要按照协商于民、协商为民的要求，大力发展基层协商民主，重点在基层群众中开展协商。	首次做出"社会主义协商民主是中国社会主义民主政治的特有形式和独特优势"的重大判断
	党的十八届四中全会	中共中央关于全面推进依法治国若干重大问题的决定	1. 制度化、规范化、程序化是社会主义民主政治的根本保障。……加强社会主义协商民主制度建设，推进协商民主广泛多层制度化发展，构建程序合理、环节完整的协商民主体系。 2. 把公众参与……确定为重大行政决策法定程序，确保决策制度科学、程序正当、过程公开、责任明确。 3. 坚持系统治理、依法治理、综合治理、源头治理，提高社会治理法治化水平。……支持各类社会主体自我约束、自我管理。发挥市民公约、乡规民约、行业规章、团体章程等社会规范在社会治理中的积极作用。发挥社会组织对其成员的行为导引、规则约束、权益维护作用。	首次对"党委领导、政府负责、社会协同、公众参与、法治保障的社会治理体制"中的"法治保障"做出具体部署。
2015年		中共中央关于加强社会主义协商民主建设的意见	1. 推进乡镇、街道的协商。围绕本地域乡规划、工程项目、征地拆迁以及群众反映强烈的民生问题等，组织有关方面开展协商。 2. 推行行政村、社区的协商。积极探索村（居）民议事会、村（居）民理事会、恳谈会等协商形式。重视吸纳利益相关方、社会组织、外来务工人员、驻村（社区）单位参加协商。 3. 推进企事业单位的协商。畅通职工表达合理诉求渠道，健全各层级职工沟通协商机制。 4. 探索开展社会组织协商。坚持党的领导和政府依法管理，健全与相关社会组织联系的工作机制和沟通渠道，引导社会组织有序开展协商，更好为社会服务。	中共中央首个专门部署社会主义协商民主建设的文件，具体部署了社会协商治理的四个主要领域：乡镇街道协商、行政村社区协商、企事业单位协商和社会组织协商。

(续表)

时间	会议	文件	政策要点	备注
2015年		关于加强城乡社区协商的意见	1. 明确协商内容 2. 确定协商主体 3. 拓展协商形式 4. 规范协商程序 5. 运用协商成果	中共中央、国务院首个专门性城乡社区协商的具体意见
2016年		关于改革社会组织管理制度促进社会组织健康有序发展的意见	1. 大力培育发展社区社会组织 2. 完善扶持社会组织发展政策措施 3. 依法做好社会组织登记审查 4. 严格管理和监督 5. 规范社会组织涉外活动 6. 加强社会组织自身建设 7. 加强党对社会组织工作的领导	在专门性社会组织法尚未出台之前，中共中央、国务院层面关于改革社会组织管理制度的"准法律"文件
2017年	党的十九大	十九大报告	1. 扩大人民有序政治参与，保证人民依法实行民主选举、民主协商、民主决策、民主管理、民主监督。 2. 打造共建共治共享的社会治理格局。加强社会治理制度建设，完善党委领导、政府负责、社会协同、公众参与、法治保障的社会治理体制，提高社会治理社会化、法治化、智能化、专业化水平。……加强社区治理体系建设推动社会治理重心向基层下移，发挥社会组织作用，实现政府治理和社会调节、居民自治良性互动。	首次提出打造共建共治共享的社会治理格局，提出社会治理社会化。
2019年		关于加强和改进乡村治理的指导意见	1. 丰富村民议事协商形式。健全村级议事协商制度，形成民事民议、民事民办、民事民管的多层次基层协商格局。创新协商议事形式和活动载体，依托村民会议、村民代表会议、村民议事会、村民理事会、村民监事会等，鼓励农村开展村民说事、民情恳谈、百姓议事、妇女议事等各类协商活动。 2. 支持多方主体参与乡村治理。……积极发挥服务性、公益性、互助性社区社会组织作用。……探索以政府购买服务等方式，支持农村社会工作和志愿服务发展。	

第三章 马克思主义中国化理论与实践中的社会协商治理

(续表)

时间	会议	文件	政策要点	备注
2019年	党的十九届四中全会	推进国家治理体系和治理能力现代化若干重大问题的决定	1. 健全充满活力的基层群众自治制度。健全基层党组织领导的基层群众自治机制，在城乡社区治理、基层公共事务和公益事业中广泛实行群众自我管理、自我服务、自我教育、自我监督，拓宽人民群众反映意见和建议的渠道，着力推进基层直接民主制度化、规范化、程序化。 2. 社会治理是国家治理的重要方面。必须加强和创新社会治理，完善党委领导、政府负责、民主协商、社会协同、公众参与、法治保障、科技支撑的社会治理体系，建设人人有责、人人尽责、人人享有的社会治理共同体，确保人民安居乐业、社会安定有序，建设更高水平的平安中国。 3. 构建基层社会治理新格局。完善群众参与基层社会治理的制度化渠道。健全党组织领导的自治、法治、德治相结合的城乡基层治理体系，……发挥群团组织、社会组织作用，发挥行业协会商会自律功能，实现政府治理和社会调节、居民自治良性互动，夯实基层社会治理基础。加快推进市域社会治理现代化。	中共中央层面首个关于国家治理现代化的最高级别文件，首次将"民主协商"作为社会治理体系的组成部分，首次提出建设社会治理共同体，首次提出自治、法治、德治相结合的城乡基层治理体系，首次提出市域社会治理现代化。
2020年	党的十九届五中全会	十四五规划纲要	完善基层民主协商制度。……发挥群团组织和社会组织在社会治理中的作用，畅通和规范市场主体、新社会阶层、社会工作者和志愿者等参与社会治理的途径。……向基层放权赋能，加强城乡社区治理和服务体系建设，减轻基层特别是村级组织负担，加强基层社会治理队伍建设。	
2021年	党的十九届六中全会	中共中央关于党的百年奋斗重大成就和历史经验的决议	必须坚持党的领导、人民当家作主、依法治国有机统一，积极发展全过程人民民主，健全全面、广泛、有机衔接的人民当家作主制度体系，构建多样、畅通、有序的民主渠道，丰富民主形式，从各层次各领域扩大人民有序政治参与，使各方面制度和国家治理更好体现人民意志、保障人民权益、激发人民创造。	提出"全过程人民民主"的新理念，引领社会协商治理的新发展。

注：以上文件内容主要来自中共中央党史和文献研究院汇编的《十八大以来重要文献选编》（上、中、下三册）和《十九大以来重要文献选编》（上册），其他来自中国政府网。

四、社会协商治理是社会协商和社会治理融合创新的必由之路

党的十八届三中全会以来,党中央在国家治理现代化的大框架下提出了社会协商与社会治理创新的思想和具体要求。众所周知,"四个现代化"即工业现代化、农业现代化、国防现代化、科学技术现代化,是1964年第三届全国人大会议一次会议上周恩来总理根据毛泽东主席的建议首次提出,是社会主义建设的战略目标。时隔59年,在党的十八届三中全会上,习近平总书记郑重提出了国家治理现代化,这是继"四个现代化"之后的第五个现代化,是新时代中国特色社会主义建设新的战略目标。与"四个现代化"聚焦于物质现代化和技术现代化不同,国家治理现代化聚焦制度现代化,既充分体现了经过半个多世纪之后社会主义建设面临的新情况和新要求,也充分体现了中国共产党人领导中国特色社会主义现代化建设取得历史性成就后,日益彰显的"制度自信"。不可否认,国家治理现代化具有明显的国际上流行的治理理论色彩,摒弃单一主体、单一手段、自上而下的强制管理,转而实现多样主体、多种手段、协调共治的协商治理。然而,正如习近平总书记所指出的:"中国国家治理体系需要改进和完善,但怎么改、怎么完善,我们要有主张、有定力。"[①] 国家治理现代化是中国共产党人坚持立足国情,坚守马克思主义指导地位,又充分吸收人类文明先进成果,而提出的中国特色大国治理理论和制度体系。

考察西方学术史,社会协商治理研究主要从政治学和公共管理学两个学科进入,在政治学上,社会协商治理从属于协商民主研究。1981年,美国学者毕塞特首先提出了"协商民主"一词,其后众多学者纷纷加入,特别是当代世界两大政治哲学家罗尔斯和哈贝马斯的加入,协商民主得以跻身当代学术研究的前沿论题。西方协商民主的理论与实践,其出发点集中于将协商民主视为弥补选举民主缺陷的一种有效形式,重点在于如何提高

---

① 习近平:《完善和发展中国特色社会主义制度 推进国家治理体系和治理能力现代化》,载《人民日报》2014年2月18日。

投票之前的公共对话与共识水平，借此提升投票选举的代表性和真实性。协商民主相对于选举民主的从属与辅助地位，决定了西方协商民主主要是追求一种选举之外的新"治理术"，而非探求一种不同于自由主义政治哲学的"治理之道"，其"公民陪审团""共识会议""民意测验日""协商日"等制度，充其量只是弥补性治理方式，并非根本性的制度设计。①

2001年，哈贝马斯访华开启了西方协商民主理论大规模进入我国学术界的潮流。赵汀阳指出："自古希腊以来，民主就由两个方面组成：选举和公议，或者说，投票和公开辩论。"② 协商民主试图复兴的正是公议基础上的民主模式，关注的焦点不是决策的形式与结果，而是决策过程的公共性与实质正义。在相当一段时间内，国内关于协商治理的研究主要是从公共行政学、管理学、社会学等学科进入，重"治理术"，轻"治理之道"，受到西方治理研究很大影响，协商治理研究领域一定程度上存在着马克思主义政治话语"失语"的现象。

党的十八大首次正式提出了"社会主义协商民主"的重大概念，其后的党的十八届三中全会又提出"国家治理现代化"的重大概念。这是因应了新时代我国社会发展的重大变化。当代中国协商民主发展的原因有四个方面：一是经济与社会发展的多元化，自然而然地要求协商民主，才能更好地实现有序的政治参与，缓解政治参与压力；二是伴随着加强和改进党的执政能力的要求，将协商更多地引入决策过程，成为提高党的执政能力和推进国家治理能力现代化的必然途径；三是地方政府在直接面对社会建设和社会治理压力时，开展了一系列治理创新，不约而同地指向了协商民主；四是西方协商民主理论逐步被引介进中国，一方面助推了中国协商民主发展，另一方面让中国协商民主建设有了世界意义。2016年，习近平总书记在全国哲学社会科学工作座谈会上特别重申了马克思主义对于哲学社

---

① 陈炳辉：《国家治理复杂性视野下的协商民主》，载《中国社会科学》2016年第5期。

② 赵汀阳：《坏世界研究：作为第一哲学的政治哲学》，北京：中国人民大学出版社2009年版，第286页。

会科学的指导性地位,并由此强调了哲学社会科学的中国特色、中国气派和中国风格。国内学界开始积极回应现实政治需求,将社会主义协商民主和国家治理现代化放置在中国特色社会主义道路自信、理论自信、制度自信和文化自信的框架下,深入挖掘社会主义协商民主与国家治理现代化的理论渊源,不约而同地追溯到马克思主义经典理论。张文喜认为,坚持中国特色社会主义道路的要义在于,将"特色"作为一种民族原则对于社会主义道路创新的形式来理解,探寻中国特色社会主义国家治理依据,将给我们带来不同于资本主义治理术的新开端。①

党的十八大要求"推进协商民主广泛、多层、制度化发展",在传统的政治协商之外,开拓了更多社会协商的领域。2013年,党的十八届三中全会明确提出"社会协商"的概念。党的十九大作出了社会主要矛盾变化的重大判断,经济落后与物质短缺不再是制约中国社会发展的主要因素,"人民美好生活需要日益广泛,不仅对物质文化生活提出了更高要求,而且在民主、法治、公平、正义、安全、环境等方面的要求日益增长。"② 所谓发展不平衡不充分,指向的问题实质是分配的不平衡不充分,经济问题的症结越来越具有政治和社会性质。在这个背景下,党的十九届四中全会专门、全面部署国家治理现代化改革,就是针对新时代新问题开的极为对症的药方,即加快制度层面的改革,打破利益固化的藩篱,调整利益分配格局,实现更高层面的社会公平与正义。在此意义上,社会协商治理面对的任务,就是扭转以往一段时间内出现过的社会群体过度的、无序的竞争甚至冲突态势,以社会协商对话寻求新的社会问题治理路径。

林尚立主张,社会主义协商民主可以分为政治协商、政府协商、社会

---

① 张文喜:《政治哲学视阈中的国家治理之"道"》,载《中国社会科学》2015年第7期。

② 习近平. 决胜全面建成小康社会 夺取新时代中国特色社会主义伟大胜利[R/OL]. 中国共产党新闻网:http://cpc.people.com.cn/n1/2017/1028/c64094-29613660.html。

第三章 马克思主义中国化理论与实践中的社会协商治理

协商、公民协商四种形态。① 政治协商和政府协商存在于广义政府（党和政府）内部的协商，可以称为广义的政治协商，主要关注的是国家治理；社会协商存在于广义政府与社会组织性力量之间的协商，主要关注的是社会治理，强调政府治理社会必须注重激发社会力量的参与并且通过与社会力量的合作进行多元治理，而不能是单打独斗的一元化治理；公民协商存在于公民内部基于公民权利和公共利益的个体性协商，是社会自我治理的必要方式。因此，在社会治理的意义上，上述的社会协商与公民协商两种形态可以进一步概括为广义的社会协商。由此，社会主义协商民主就可以高度概括为政治协商与社会协商两种形态，构成一体之两翼。"在十八大明确提出建设社会主义协商民主制度的今天，社会协商不仅是社会主义协商民主制度建设所不可缺少的组成部分，而且也是中国社会建设和社会管理的轴心机制。"②

显然，在推进国家治理现代化的大背景下，社会协商治理已经突破前期"治理术"的狭隘意味，转而成为国家治理现代化这一顶层设计下的"治理之道"。由"术"而"道"，实践上根源于新世纪以来我国经济社会的深刻变革。本世纪以来，我国社会治理的现实目标之一就是维护社会稳定。不同于以往的强力维稳，社会协商提供了一条新的柔性维稳的方式。按照亨廷顿的著名观点，政治参与的扩大必须伴随着更高的政治制度化水平，否则必然导致政治不稳定。社会协商体系通过经常化的对话与协商，寻求共识与合作，既相对于直接的、横暴的压制或者简单的"花钱买稳定"，具有更高的认同性和更好的可持续性，又相对于隔几年一次的选举民主是一种更好的日常化处理社会冲突的手段。社会协商治理所达到的稳定不是高压之下阻断参与的静态稳定，而是理性互动、共识合作的动态稳定，亦即中央一再强调的"有序参与"。

---

① 林尚立、赵宇峰：《中国协商民主的逻辑》，上海：上海人民出版社2015年版，第36—51页。

② 林尚立：《协商民主：中国的创造与实践》，重庆出版社2014年版，第99页。

第三节　群众路线为社会协商治理
提供了根本工作指南

众所周知，群众路线是党的生命线和根本工作路线。从根本上说，群众路线源自于马克思主义关于人民群众创造历史的观点，但是，中国共产党人在革命实践中，将理论原则生动地转化为工作方法，创造性地提出了群众路线，并作为党的三大优良作风之一。群众路线是党和人民保持血肉联系的工作机制。在革命和建设的年代，群众路线以广泛的群众动员为突出特征，群众参与主要是被动的参与。随着时代的发展，群众的民主意识和民主能力不断增强，群众路线也做出了相应的调整，日益转变为参与式和协商式群众路线，群众参与也不仅仅限于政策宣传和执行层面，逐渐提升到决策和监督的层面。

一、群众路线内生于中国共产党革命与建设的独特实践

在党的历史上，李立三是第一个提出"群众路线"概念的人。1928年11月，李立三在谈到江浙地区党的群众工作时指出："在总的争取群众路线之（下），需要竭最大的努力到下层群众中去。"[1] 很明显，此时的"群众路线"仅仅是一种说法，远未成为具有特定内涵的概念。1929年，周恩来在《中共中央给红军第四军前委的指示信》中也使用了"群众路线"的概念，他在谈到红军给养和经济问题时指示："对于需用品可渐次做到由群众路线去找出路，红军自己办固然好，但同时要能由群众供给与募集才

---

[1] 中央文献研究室：《关于建国以来党的若干历史问题的决议注释本（修订）》，北京：人民出版社1985年版，第565页。

能建立红军与群众的更密切关系。"① 可以看出，此时的"群众路线"初步具有了党密切联系群众的内涵。同年，毛泽东在《中国共产党红军第四军第九次代表大会决议案》中也提出："党对军事工作要有积极的注意和讨论，一切工作，在党的讨论和决议后，再经过群众去执行。"② 此后，毛泽东在一系列文章和讲话中，多次阐述了深入群众、尊重群众、依靠群众、动员群众的重要意义，群众路线的内涵慢慢丰富。1943年6月，在《关于领导方法的若干问题》中，毛泽东第一次站在马克思主义认识论和党的基本领导方法的高度，从两个结合的角度（一般与个别相结合、领导与群众相结合），比较系统地阐述了群众路线的思想："在我党的一切实际工作中，凡属正确的领导，必须是从群众中来，到群众中去。这就是说，将群众的意见（分散的无系统的意见）集中起来（经过研究，化为集中的系统的意见），又到群众中去作宣传解释，化为群众的意见，使群众坚持下去，见之于行动，并在群众行动中考验这些意见是否正确。然后再从群众中集中起来，再到群众中坚持下去。如此无限循环，一次比一次地更正确、更生动、更丰富。这就是马克思主义的认识论。"③

在这之后，群众路线按照这个方向继续发展。1945年，刘少奇在中共七大做修改党章的报告时，对群众路线进行了两个概括：一是群众观点，"一切为了人民群众的观点，一切向人民群众负责的观点，相信群众自己解放自己的观点，向人民群众学习的观点，这一切，就是我们的群众观点，就是人民群众先进部队对人民群众的观点。"二是群众路线的领导方法，即"从群众中来，到群众中去"，这既是我们党的政治路线，又是党的组织路线。④ 1956年，邓小平在中共八大做再次修改党章的报告时，还是强调了以上两个方面，明确指出："群众路线是我们党的组织工作中的

---

① 《周恩来选集》（上卷），北京：人民出版社1980年版，第37页。
② 《毛泽东文集》（第一卷），北京：人民出版社1993年版，第80页。
③ 《毛泽东选集》（第三卷），北京：人民出版社1991年版，第899页。
④ 《刘少奇选集》（上卷），北京：人民出版社1981年版，第354页。

根本问题,是党章中的根本问题。"①

1981年,在《中共中央关于建国以来党的若干历史问题的决议》这一历史性文献中,中国共产党人的群众路线观点表述定型下来:"群众路线,就是一切为了群众,一切依靠群众,从群众中来,到群众中去。"② 并且将群众路线确定为毛泽东思想活的灵魂的三个方面之一。

二、群众路线是践行人民民主与共和民主的生动实践

马克思说:"在民主制中,任何一个环节都不具有与它本身的意义不同的意义。每一个环节实际上都只是整体人民的环节。"③ 国家不过是"人民的自我规定和人民的特定内容"④。但是"人民"毕竟是一个政治性的抽象概念,必须通过政治实践,把人民的主体地位坐实落细。在巴黎公社的短暂而伟大的实践中,马克思热情讴歌了公社历史性的政治创新:公社实行高度自治,公共权力掌握在由普选产生的、总是在公众监督下的、随时可以撤换的、只领取普通工人工资的勤务员手中。当然,从现在的视角回看那段历史,除开其中闪烁的人民民主的历史性光辉,马克思的这一观点的确具有明显的历史局限性。在当前仍然有限的社会发展水平上,国家治理的公共权力还是需要治国精英的胸怀、眼光与专业,普通群众不可能也不应该直接全方位治国理政,但是可以广泛、充分、真实地参与国家治理,尤其是在基层社会治理中,人民群众作为治理的主体之一具有明显的政治合法性与现实合理性。

中国共产党开创了中国社会主义民主政治的历史,这与新民主主义革命时期传承下来的两大政治路线紧密相关:统一战线和群众路线。统一战

---

① 《邓小平文选》(第一卷),北京:人民出版社1994年版,第216页。
② 《三中全会以来重要文献选编》(下),北京:人民出版社1982年版,第162页。
③ 《马克思恩格斯全集》(第3卷),北京:人民出版社2002年版,第39页。
④ 《马克思恩格斯全集》(第3卷),北京:人民出版社2002年版,第41页。

第三章 马克思主义中国化理论与实践中的社会协商治理

线针对党外的团结与合作,群众路线针对党与人民的血肉联系,虽然实践领域不同,但二者背后的政治价值取向是一致的,即追求人民民主和共和民主,而非西方式的自由民主。"相比统一战线的方略来说,群众路线更为根本,因为群众路线是中国共产党的世界观和方法论,统一战线的方略是这种世界观和方法论的具体体现。"① 中国共产党将群众路线确定为自己的生命线和根本工作路线,根本上源于马克思主义的人民立场,也与"人民共和"的民主建国方略一致。毛泽东在《论联合政府》中明确提出:"我们共产党人区别于其他任何政党的又一个显著的标志,就是和最广大的人民群众取得最密切的联系。全心全意地为人民服务,一刻也不脱离群众;一切从人民的利益出发,而不是从个人或小集团的利益出发;向人民负责和向党的领导机关负责的一致性;这些就是我们的出发点。"② 人民立场是中国共产党与其他一切政党的本质区别,人民民主也是中国共产党领导的新型民主政治形态与其他民主政治形态的本质区别。正是在此意义上,群众路线被中国共产党奉为生命线。

中国共产党是古今中外兼具群众性与先锋性最为杰出的政党。作为中国工人阶级与中国人民的先锋队,它有效吸纳了社会各界精英分子,承担起领导核心的重任;作为最广大人民根本利益的代表,它深入基层群众,保持党和群众的血肉联系,回应社会需求,赢得人民支持。相比于巴黎公社的稚嫩试验,中国共产党经过百年革命与建设的考验,找到了群众路线这样一条既能保证党从道义上和政治上获得社会最大支持,又能促使党不断优化自身领导体系的独特的战略路径。群众路线充分尊重、肯定和支持人民的主体地位,相信人民的智慧和力量,密切党和人民的联系,据此强化党领导与执政的合法性与绩效性。

合法性就在于群众路线扎根马克思主义人民民主的政治思想根基,与追求最大公共性和包容性的共和民主具有内在的、本质的契合。"七一讲

---

① 林尚立,赵宇峰:《中国协商民主的逻辑》(修订版),上海:上海人民出版社2016年版,第48页。

② 《毛泽东选集》第3卷,人民出版社1991年版,第1094—1095页。

话"中,习近平总书记郑重宣示:"江山就是人民、人民就是江山,打江山,守江山,守的是人民的心。中国共产党根基在人民、血脉在人民、力量在人民。"① 就是把人民群众郑重地放在了执政根基的根本地位上,要求全党必须始终代表最广大人民根本利益,不能代表任何利益集团、任何权势团体、任何特权阶层的利益。

绩效性就在于中国共产党的实事求是的思想路线。一切从实际出发,理论联系实际,这是中国共产党奉行的马克思主义认识论和方法论。实践是检验真理的唯一标准,而在社会历史领域中,人民群众才是实践的根本主体。因此,群众路线是实事求是的根本工作路线,不走群众路线的"实事求是",就是最不"实事求是"的工作路线。邓小平说:"党的正确的路线、政策是从群众中来的,是反映群众的要求的,是合乎群众的实际的,是实事求是的,是能够为群众所接受、能够动员起群众的,同时又是反过来领导群众的,这就叫群众路线。"② 改革开放的伟大实践,正是内在地回应了广大人民追求民富国强的心声、充分尊重群众积极性和创造性的伟大历程。

三、社会协商治理是新时代群众路线的有效实现机制

习近平总书记一再告诫全党,我们党来源于人民,扎根于人民,服务于人民,党执政后最大的危险就是脱离群众。然而,随着党的长期执政和国家长期的和平发展,党和政府的科层制结构不可避免地日益庞大甚至出现不同程度的闭塞,不少党政干部日益疏离群众,客观上引发了"大国疏离症"的症候。"'大国疏离症'的本质就在于特定的群体,尤其是底层社会群体感觉不到国家、政府、强势社会阶层的关爱,产生了情感方面的疏离、不认可。"③

---

① 习近平:《在庆祝中国共产党成立 100 周年大会上的讲话》,新华网:http://www.xinhuanet.com/2021-07/15/c_1127658385.htm。
② 《邓小平文选》(第一卷),北京:人民出版社 1994 年版,第 288 页。
③ 尚虎平:《"治理"的中国诉求及当前国内治理研究的困境》,载《学术月刊》2019 年第 5 期,第 72—87 页。

第三章 马克思主义中国化理论与实践中的社会协商治理

党和人民的鱼水情变得淡漠,影响党的执政根基能否长期稳定。不仅是情感方面,党和政府有效治理国家的信息基础也受到了侵蚀,从而会进一步引发"大国自闭症"症候。"在这种多层级管理过程中,虽然中央、上级政府有着权力优势,但基层、下级政府却有着信息优势,它们掌握着中国基层社会、底层社会运动的真实情况,而且可以利用这种信息优势反向控制上级政府,地方政府利用信息优势控制中央政府。……自社会主义制度在中国确立,人民群众就成了国家主人,在这种前提下,我们就可以充分利用治理理念,推动人民群众积极参与各类公共事务,将各种真实信息通过政府科层、大数据网络、新媒体、特定的信息渠道等传递到各级政府,使它们能够破解信息黑洞难题,避免'大国自闭症'的产生。"①

中国共产党以人民民主为立国之基,不断扩大群众的有序参与面,广泛吸纳群众意见,并将之充分吸收到公共决策中来,转化为实实在在的公共政策,这是党的领导能力和执政能力的生动体现。在此过程中,群众路线扮演着党和人民联系的桥梁和纽带作用。公众参与是现代政治的普遍要求,一般是指公众自下而上参与到政府决策之中。但中国共产党在此基础上,通过群众路线做出了一个独特创造,群众路线所形成的公众参与,主要是指党和政府的领导和工作人员主动地自上而下走进群众,深入群众。当代著名政治学者王绍光从公共政策学的角度提出:"与目前流行的各种公共参与模式相比,群众路线可以说是一种逆向参与模式,它所强调的是,决策者必须主动深入到人民大众中去,而不是坐等群众前来参与。"这个模式有四个支撑点:一是所谓"从群众中来"就是要求领导干部一刻也不脱离群众;二是深入群众是为了培植群众;三是深入群众要倾听群众的呼声,了解民间;四是调查研究也是向人民群众吸取民智的过程。②

党的群众路线指出,一切为了群众,一切依靠群众,从群众中来,到

---

① 尚虎平:《"治理"的中国诉求及当前国内治理研究的困境》,载《学术月刊》2019年第5期,第72—87页。

② 王绍光:《国家治理》,北京:中国人民大学出版社2014年版,第256—258页。

群众中去。党的任何决策，只有奠定在坚实的群众基础之上，才是民主的、科学的、有效的决策，才能真正维护好、实现好群众利益。这与协商民主的内在要求高度一致，也是党高度重视和积极推进协商民主建设的根本原因。不断推进和改进社会主义协商民主建设，可以有效地听取民意，汇聚民智，凝聚民心，促进民利，从而最终实现人民当家作主。同时，相比于政治协商，社会协商聚焦于基层，这正是党群关系最为密切和重要的领域。客观地讲，党的十八大之前的一个时期内，党群关系也正是在基层出现了最大问题，甚至影响了特定区域内党的执政基础。因此，党的十八大以后，党中央着力推动社会协商建设，社会协商高度符合群众路线的内在要求，又是新时代走好群众路线的有效途径。习近平总书记在庆祝中国人民政治协商会议成立65周年大会上的讲话强调："涉及一个地方人民群众利益的事情，要在这个地方的人民群众中广泛商量；涉及一部分群众利益、特定群众利益的事情，要在这部分群众中广泛商量；涉及基层群众利益的事情，要在基层群众中广泛商量。"[①] 这段讲话把群众路线与民主协商的内在关联讲得很透：走群众路线就是要与群众广泛协商，与群众广泛协商就是走群众路线。

在"党委领导、政府负责、民主协商、社会协同、公众参与、法治保障、科技支撑"的社会治理体系中，"民主协商"被安排在"党委领导""政府负责"与"社会协同""公众参与"之间，具有深刻的社会主义协商民主意味，这是从民主政治的角度来说的。换一个角度来看，中国共产党作为执政党，承担着国家的领导重任，必须善于把自己的主张和工作思路通过国家法定程序转化和上升为国家政策。"民主协商"就是这样一个既体现社会主义国家的民主政治价值，又体现党的群众工作路线的制度设计。从党建的角度来看，"民主协商"是新时代走好党的群众路线的应有之义和创新理念，是当前面临中华民族伟大复兴战略全局和世界百年未有之大变局的背景下，有效巩固和增强党的执政基础的重要举措。

---

① 《十八大以来重要文献选编》（中），北京：中央文献出版社2016年版，第73页。

第三章　马克思主义中国化理论与实践中的社会协商治理

在社会主义协商民主的总体框架下，群众路线与社会协商治理相互成就，同向同行。一方面，群众路线为党和政府推进社会协商治理创造了政治前提，提供了政治源动力。群众路线要求党和政府要密切联系群众，开门决策，在决策之前充分调研，听取群众意见，在决策之中，积极接受相关群众和专家学者的参与，在决策之后，广泛收集群众的意见建议，及时做出政策上的修正与补充。另一方面，社会协商治理的广泛推行，也为新时代党和政府的群众路线工作创设了良好的制度平台。中国共产党作为唯一的执政党，必须始终代表最广大人民的根本利益，因此必须能够及时有效地进行社会的利益表达和利益整合。社会协商治理主要定位于基层社会治理，分布于基层社会各个领域，深入基层社会各个群体，能够有效地缩短群众利益表达与利益整合的时空距离。社会协商治理在接近了党和群众关系的同时，也接近了不同社会群体之间的关系，便于在群众内部先行整合诉求与利益，再与党和政府进行沟通，这是社会主义协商民主孕育与壮大的优质社会治理土壤。

第四章　嵌入式治理：
社会协商治理的实践路径

党的十八届三中全会首次提出推进国家治理现代化的总目标，并在国家治理现代化的总体框架下，将"社会管理"更新提升为"社会治理"，这是社会治理的里程碑。在此之前，国家对社会的管理模式可以概括为"权威式管理"，国家总体上控制着社会管理的主要权力，承担着社会管理的主要责任。在此之后，"嵌入式治理"作为新的社会治理模式，响应了国家治理现代化的要求，是社会协商治理的实践路径。国家一方面加快对社会的放权，培育社会自治性，扩展和提升社会协同治理的水平，另一方面通过党建和政府购买等方式坚持和改善党和政府对社会治理的引领水平，确保社会治理的正确方向。

第一节　嵌入式治理：国家有机嵌入社会

国家自主性和社会自治性是现代国家治理的两个基本要求，缺一不可。二者之间并非此消彼长的零和关系，而是可以互助互长的正和关系。嵌入式治理正是这样一种实现国家与社会合作共治的有效机制。

一、嵌入式自主：国家自主性与社会自治性的平衡

现代国家脱胎于封建社会，它以民族为基本单位，构建起"民族—国家"的整体结构。在前现代国家，国民的基本认同往往是家族、部落、地域、宗教等共同体，现代国家则以民族国家为最高认同，国家赋予国民以公民身份，公民通过服役、税收、文化认同等方式支持国家。所谓的国家自主性（state autonomy），指的是国家摆脱国内外一切次国家力量（家族、部落、地域、宗教、资本、社会组织等）和超国家力量（他国、国际组织、国际资本等）的控制，有效维护全社会公共利益的特性与能力。一个国家拥有自主性，意味着国家具有自己的偏好并且拥有实现偏好的国家能力，能够提供全社会需要的公共产品，协调和解决社会自身无法调和的矛盾和冲突。

黑格尔是最早研究国家自主性的现代思想家。他从绝对精神出发，认为市民社会代表了个人和小团体利益，是绝对精神演化的过渡阶段，国家才是绝对精神演化的最高阶段，只有国家才能超越市民社会的狭隘性和自私性，实现普遍利益。马克思和恩格斯采用辩证唯物主义和历史唯物主义的方法，对国家自主性进行了本质性和科学性的探讨。基于个人利益和公共利益的冲突，他们看到公共利益以国家的姿态采取了一种与实际利益（无论是个人的还是团体的利益）相脱离的独立形式，从而凌驾于社会之上，调和社会的冲突。资产阶级国家拉开了现代国家的帷幕，然而，资产阶级国家在以自由、平等、博爱为口号骗取了人民的支持，获得政权以后，很快暴露了本质，资产阶级国家"不过是管理整个资产阶级的共同事务的委员会罢了"[①]，马克思斥其为"虚幻的共同体"。在《共产党宣言》中，马克思恩格斯通过理论推理，得出了共产主义应该是"自由人的联合体"，"每个人的自由发展是一切人的自由发展的条件"[②]。在巴黎公社短

[①] 《马克思恩格斯文集》（第2卷），北京：人民出版社2009年版，第33页。
[②] 《马克思恩格斯文集》（第2卷），北京：人民出版社2009年版，第52页。

短71天的伟大实践中,马克思从实践角度洞悉了"真正的共同体","国家的职能将只限于几项符合于普遍性、全国性目的的职能。"① 一言以蔽之,按照马克思主义的逻辑,真正的国家自主性是国家基于全体人民的立场,坚定维护和实现公共利益的特性与能力。

当今时代,市场经济早已成为世界的绝对主流,在市场化、全球化、工业化、城市化、网络化、信息化等各种力量的综合影响下,社会日益走向分化甚至碎片化,能否实现有效的社会整合与社会团结成为考验各个国家治理能力的最重要标准。西方国家虽然号称奉行自由民主,然而在2008年国际金融危机后西方整体衰落的大背景下,西方各国国内社会矛盾一再激化,国家成为各大利益集团竞先"绑架"的对象,国家自主性名存实亡,没有一个西方国家展示出坚定维护公共利益、坚决推动改革的决心和能力。在这场全球性新冠肺炎疫情之下,它们甚至丧失了维护基本社会秩序、提供基本公共卫生服务的能力。与之相比,我们国家不仅率先走出金融危机,实现经济快速发展和社会长期稳定的奇迹,而且始终坚决贯彻人民至上、生命至上的最高原则,再次实现了疫情常态化防控、经济社会稳定发展和全面深化改革的奇迹。我们国家这一系列强大的国家自主性展示为国家治理奠定了坚实的基础。

同时,社会自治性也是现代国家治理的基本要求。国家消亡和社会自治是马克思主义基于历史唯物主义揭示的人类社会发展规律,民主是现代国家的本质要求,推动社会自我组织、自我管理、自我教育、自我服务、自我监督也是中国特色社会主义民主政治的内在追求和实践指向。国家自主性和社会自治性并非此消彼长的零和关系,而是可以相互协调、相互促进的正和关系。"嵌入式治理"正是这样一种实现正和关系的有效路径。

"嵌入"(embeddedness)作为一个特定学术概念最早由经济史学家卡尔·波兰尼提出,他在研究市场与社会的关系时发现:"在互惠原则占主导地位的场合,情况也是如此:在这里,交易行为通常是嵌入在包含着信

---

① 《马克思恩格斯文集》(第3卷),北京:人民出版社2009年版,第197页。

第四章 嵌入式治理：社会协商治理的实践路径

任和依赖的长期关系之中的，这种关系往往能消除交易的对立性。"① 也就是说，经济是社会的有机组成部分，不能脱离特定社会关系。市场交易行为嵌入在社会关系之中，被社会关系所淹没，居于从属地位。自由主义市场的形成过程，就是市场交易行为从社会关系中"脱嵌"的过程。之后，经济社会学家格兰诺维特进一步扩展了波兰尼的思想，认为一切经济行为乃至所有的行为都嵌入社会关系网络中。后来，政治经济学家彼得·埃文斯再将"嵌入"概念引入政治经济学，提出"嵌入性自主"作为分析国家与社会、市场互动关系的一个新概念。埃文斯认为，发展中国家在实现工业化的过程中，国家扮演着至关重要的角色，国家必须具备充足的国家能力和国家自主性。但是，这并不意味着国家干预越多，就越强、越自主，国家必须嵌入社会之中，利用社会力量进行广泛的社会动员和资源整合，才能获得真正的国家能力和国家自主性，"国家在社会中"即国家的"嵌入式自主"，国家通过政府为社会提供良好的公共服务，塑造自己的社会身份，从而获得公众的认可与支持。②

"嵌入式自主"强调国家与社会的合作，国家虽然是合法的暴力垄断者，凌驾于社会之上，但不能脱离社会。国家必须有效渗透到基层社会之中，可这也不说国家要对社会进行全方位的控制，成为极权国家或者全能国家。高高在上的国家和全能主义的国家都已经被历史证明是失败的。**现代化国家治理应该是"嵌入式治理"，就是国家通过社会中介组织，建构国家与社会之间的制度化联系，实现国家对社会的间接治理与合作共治，提升国家治理的有效性。**嵌入式治理意味着国家权力与社会结构连接方式的转变，即从国家权力对社会的单向覆盖（国家权力悬浮于社会之上），转向国家权力与社会结构的相互交织（国家权力内化于社会结构之中）。单向覆盖的连接方式表现为国家通过权力对社会的直接控制，看似强大，

---

① 卡尔·波兰尼：《大转型：我们时代的政治与经济起源》，杭州：浙江人民出版社2007年版，第53页。

② 彼得·埃文斯：《嵌入性自主：国家与工业转型》，杭州：浙江人民出版社2007年版，第53页。

实则国家无法深入社会内部，洞察社会运行结构与特征，不能敏锐地感应社会的变化和需求，管治成本巨大，而且难以获得社会真正的信任与广泛的支持。国家权力与社会结构的相互交织式连接，则体现为国家权力通过制度化方式扶持社会力量成长，并为其承担公共职能提供支持，国家与社会基于共同的价值判断和目标共识，共同增进社会公共利益。① 国家权力与社会结构的这两种连接方式相应地形成权威式管理和嵌入式治理两种治理模式，具体区别如下表。

权威式管理与嵌入式治理的模式比较②

	权威式管理	嵌入式治理
阶段主题	公共服务、社会建设	社会治理与服务创新
组织基础	科层体系、行政化的基层自治组织（村委会和居委会）和基层政府设立的行政化机构（比如社区工作站）	城乡居民和各种社会组织，以及回归自治性的基层自治组织
运作机制	行政命令和支配	参与式、民主协商
秩序属性	权威控制	自治合作
政府	主导者和控制者	引导者和支持者
居民、社会组织	公共服务的消费者	公共服务的决策者、提供者和消费者
基层自治组织	行政任务的执行主体	居民参与和基层自治的引导者
国家与社会的联结形态	刚性固化、单维单向、间接连接	弹性灵活、多维多向、间接或直接连接与互动

国家对社会的"嵌入式治理"实际上是强调国家必须充分重视社会中介组织的作用，将其作为撬动社会资源的主要支点，发挥"少花钱多办事""少出力办好事"的杠杆效应。国家完全悬浮于社会之上，那是孤立，不是自主；国家完全卷入并控制社会，自己成为社会冲突的一方，当然也会丧失自主性。国家嵌入社会中介组织之中，支持和引导社会中介组织与

---

① 请参见袁方成：《国家治理与社会成长：中国城市社区治理40年》，上海：上海交通大学出版社2018年版，第277—278页，引用时有修改。

② 请参见袁方成：《国家治理与社会成长：中国城市社区治理40年》，上海：上海交通大学出版社2018年版，第279—280页，引用时有修改。

国家同向同行，既能保持国家在治理中的原动力和主导者地位，又能尊重社会中介组织的自治性。在"嵌入式治理"下，不仅国家自主性增强，社会自治性也可能增强。

当前我国正在加快构建"党委领导、政府负责、民主协商、社会协同、公众参与、法治保障、科技支撑的社会治理体系"，这是一个具有明确"嵌入式治理"指向的制度体制。国家一方面通过党委领导、政府负责的方式，以制度化方式嵌入社会结构，另一方面社会也反过来充分利用国家提供的制度化渠道，参与国家治理，嵌入国家体系。国家与社会通过共建共治共享的良性互动，最终建立起社会治理共同体，实现社会善治。

二、党建引领与行政淡出：党和政府有机嵌入社会治理的路径

社会协商治理从属于社会主义协商民主，是社会主义协商民主在社会治理领域的实现机制。新时代要求不断推进社会主义协商民主广泛、多层、制度化发展，核心就是制度化。所谓的"制度化"，就是特定群体和组织的行为从流变的、不均衡的状态转变为相对固定的、均衡的状态的过程，制度化的结果和外在表现就是一系列制度的建立与有效运行，制度化的内核就是人们对于新的组织模式形成了价值认同和行为习惯。"制度化"与"制度"紧密联系，又相互区别。一般而言，"制度"是"制度化"的必然结果，但是，在全面深化改革的当今中国，我们强调改革的顶层设计，任何改革都不能脱离制度、于法无据，因而，基础性的制度又是"制度化改革"的前提。简而言之，在全面深化改革过程中，"制度化"的过程是一个在总体性改革设计下，不断修正完善既有制度，最终形成新的稳定制度的过程。在此意义上，社会主义协商民主"广泛"与"多层"的发展，最终都指向社会主义协商民主的"制度化"。推进社会协商治理制度化的动态过程，就是社会多元治理主体在党的领导下，构建系统完备、科学规范、运行有效的社会协商治理制度体系，塑造成熟理性、协商合作的

新型价值观,进行广泛、多样、有效的协商治理实践。其中,构建社会协商治理制度体系居于核心地位,协商治理价值观和协商治理实践都要围绕协商治理制度体系展开。

嵌入式社会治理并不拒绝国家介入,而是强调国家治理权力从专断、强制转向引导、协调,国家综合运用各种能力,激发和增强社会自治能力。嵌入式治理注重广泛鼓励和动员社会力量参与治理,通过民主协商的方式管理社会公共事务,供给社会公共产品和服务,协调社会矛盾和冲突。**在我国,国家通过两种制度化方式有机嵌入基层协商治理,一是党建引领,即基层党组织通过完善组织体系、提升政治和思想引领力承担起多元社会治理体系的"元治理"角色,二是行政淡出,即收缩行政权力对基层协商治理的直接干预,强化基层政府的政社协商和公共服务能力,寓管理于服务之中。**

中国共产党以人民立场为根本立场,以群众路线为生命线和根本工作路线。中国共产党区别于其他政党的关键之一,就是其整个领导体系不是自上而下延伸的,而是自下而上生长的。它虽然是工人阶级和中国人民的先锋队,聚焦精英力量固然重要,但最为关键和最为根本的是凝聚最广大人民群众的力量。[①] 三湾改编开创了"支部建在连上"的政治传统,也开创了党通过基层组织嵌入基层社会,进行政治引领和组织领导的党建传统。基层党建把党组织全方位嵌入社会各个领域,实际上是以基层党组织为支点,撬动了整个社会,对社会力量进行全面整合。中国共产党始终把组织作为自己力量的根源所在,"基础不牢,地动山摇"。然而,面临新世纪以来经济高速发展与社会持续分化的社会状况,基层党建工作出现了很多盲点与空白点,党组织的嵌入性遭到削弱,不少基层党组织软弱涣散,组织力和影响力十分孱弱,脱嵌于所处的社会领域。

党的十八大以来,中国共产党执政的一大制度创新就是日益强调党建引领,这既是坚持和加强党的全面领导的根本要求,也是新时代提升党的

---

① 林尚立:《当代中国政治:基础与发展》,北京:中国大百科全书出版社2016年版,第242页。

组织力的迫切需要，党建引领是这两大战略任务的交集和必然产物。当今的中国共产党拥有9514.8万名党员，党建网络遍布社会各个领域，基本覆盖了各个阶层、群体和职业。因此，从组织规模的角度来看，只有中国共产党才能够实现全社会治理网络的全覆盖，纵向到底，横向到边。这一点无论是政府的行政机关网络，还是城乡的居民自治组织网络，都无法比拟。另一方面，更为重要的是，有效推动基层民主改革与激发社会活力，是社会主义民主政治发展与社会治理创新的共同要求。这个目标的顺利达成，需要两个基础性条件：一是政府向社会有序赋权，还权于民；二是社会能够有序地自我组织，自主自治。但基于我们国家的渐进式改革战略，政府赋权社会必须充分考虑公众参与的有序性问题，不可能一下子完全放开，社会自主自治也需要比较长期的时间来培育与引导自我治理能力。此时，中国共产党作为代表全体人民利益的唯一执政党，拥有着超脱其他一切社会力量（包括行政力量）的自主性，通过党建引领，可以有效扮演社会秩序的"把关人"角色，在推动循序渐进地进行社会赋权的前提下为社会自我协调能力的有序发展提供支持[1]，确保社会协商治理创新沿着中国特色社会主义的正确道路前进。

"党建引领的核心是要塑造一种建立在多方认同基础上的治理向心力以实现党的领导。"[2] 这是我们党从革命时期的统一战线工作中就获得的制胜法宝，面对新时代中国社会的多元化发展趋势和世界百年未有之大变局，事实证明，党建引领也能够在开放、多元和流动的社会情境下不断提升党的组织力和引领力。新时代党建引领下的社会治理改革创新，并非简单地按照传统机关党建的思路，将体制内权威延伸到体制外，用政治强制的方式整合各方力量，而是"建立在尊重多方治理主体的自主性、鼓励其有序表达诉求和理性沟通基础上，以民主集中、民主协商等工作方法来促

---

[1] 黄晓春：《党建引领下的当代中国社会治理创新》，载《中国社会科学》2021年第6期，第134页。

[2] 黄晓春：《党建引领下的当代中国社会治理创新》，载《中国社会科学》2021年第6期，第132页。

成共识、指引各方行动"①，即构建党建引领下的社会协商治理体系。一方面，强调国家对于社会的简政放权，培育社会自治能力；另一方面，也强调增强党建的引领力，基层政府可以适当退出，但基层党建必须毫不动摇地加强。基层党委通过区域化党建等方式，逐步地再次对社会各个领域实现全覆盖，重建党与各个领域群众的紧密联系，巩固党的执政基础。新时代基层党建的嵌入式引领，除了仍然在政治上和思想上引领社会力量参与治理，同时也要求改变传统强制性的领导方式，注重增强基层党组织的服务功能，"寓领导于服务"，基层党组织不仅承担组织和管理党员的基本职责，更重要的在于协调和整合基层社会治理的各方力量，满足人民群众的美好生活需要，凝聚人民的认同与支持。

基层政府通过制度化平台的建设，激发以社会组织和公众为主体的多元治理力量，参与社会公共事务的讨论和协商，培育社会自治与合作的内生秩序。在此过程中，基层政府实现角色的转换，从行政权力的直接实施者和社会事务的大包大揽者，转变为社会自治的引导者、支持者和监督者。从社会协商治理改革与创新的既有实践来看，简政放权是各地普通采取的主流思路，其实质是突出社会的主体性地位，政府把社会公共事务的决定权和主导权还给社会，而社会对于自治权利的主动运用，是公民个体成长、社会力量发展与政府职能转变三者之间的共融共促的契合点。社会自我治理权利的落实，首先就是体现在政府在制度层面上对于政府与社会的权责界限进行明确的规范，把凡属于社会自治范围内的事务都纳入协商治理的范畴，政府不能随意干预。同时，政府不仅在宏观政策上为社会力量发展创造良好的外部环境，也通过资源下沉的方式支持社会力量成长壮大，这既要把上级政府社会治理资源的控制权和使用权下放给下级政府，尤其是基层政府，也要更加注重以政府购买社会服务的方式，把社会治理资源外放给社会力量。

---

① 黄晓春：《党建引领下的当代中国社会治理创新》，载《中国社会科学》2021年第6期，第132页。

三、激活与吸纳：嵌入式治理的两种制度化方式

观察我国社会管理到社会治理的变革，以及社会治理的一系列创新过程，我们可以发现，绝大部分成功的社会治理创新或者是通过"激活"既有的制度资源，充分调动新兴社会治理力量的积极性和创造性，或者是通过创新的制度形式"吸纳"新兴社会治理力量进入既有体制，塑造一个更为开放高效的社会治理体系。同样，"激活"与"吸纳"构成了我国社会协商治理实践的两种成功的制度化方式。

我国学术界和实务界长期存在一种不恰当的改革思维，总以为要完全构建一个新体制才算是真正的改革，而忽视对既有制度存量中合理但又处于"休眠"状态的成分进行挖掘。把改革简单地理解为建设新制度，就很可能犯急躁冒进的错误，许多新制度出台了，却没法落实，旧制度不少的合理之处被忽视乃至被抛弃，最终造成了大大小小的"制度真空"，成为各种社会问题的渊薮。嵌入式治理把社会协商治理作为一种新兴的社会治理理念和实践形式。社会协商治理如果要想较为顺利地融入我国主流社会生活，就必须在现有的社会治理思想传统和治理权力结构中找到容易对接的嵌入点。当嵌入过程完成后，社会协商治理就有可能激活既有体制的某些潜在的、仍处于沉睡状态的功能，从而推动社会协商治理乃至协商民主的核心理念在我国的政治社会实践中找到适当的实现形式，进而提高整体治理绩效。

一方面，嵌入式治理着眼于"激活存量"。嵌入式治理无意于在政府与社会之间另起炉灶建立一套新的完整的社会协商治理机制，而是意图"改良"现有的社会协商治理机制，或是增加具体的实施机制，使之从纸面文件落实为现实治理，或是理顺具体的实施机制，使之更具有可行性和操作性。显而易见，我们早就建立起了一系列诸如政务公开制度、调研制度、听证制度、发言人制度、居民恳谈制度、领导接待日制度等等社会协商治理制度，但毋庸讳言仍然存在着种种问题，使得这些制度无法完全落实到位：有些过于笼统，规定过于宽泛，没有针对性，缺乏操作性；有些

没有配套相应的人财物，缺乏场地，奖惩不清晰，约束不明确，缺乏可持续性；有些跟不上社会发展形势，政策落伍，机制陈旧，修订不到位，缺乏时效性。不可否认，这些政策机制在设计之初大多具有很好的初衷，但在落地实施的"最后一公里"遭遇障碍，需要通过有效的激活手段加以释放其内在的活力。

相应地，在具体激活机制的设计上，一是应该在社会协商治理的框架下全面而系统地实施各项社会协商制度。以领导接待日为例，领导接待日制度的设计初衷是作为走好党的群众路线的一项重要举措，广泛听取人民群众的意见建议。而在现实中，领导接待日经常异化为群众上访日，虽然接受上访也是领导接待的一项内容，但是只接受上访也大大限制了领导接待日沟通官民的本义，不利于领导接待日作为社会协商对话渠道的功能发挥。因此，做好领导接待日制度的"改良"工作，不仅要规定好领导接待的时间、地点、对象、内容等具体内容，而且要建立接待事项的筛选机制，分门别类地开展特定事项的官民协商对话，将纯粹的上访事项移交到信访部门专责处理。二是应该通过现有制度的细化和操作化来激活存量制度，促进其良性运作。以北京市朝阳区麦子店街道为例，它通过"四问"机制（问需、问计、问效、问责）有效激活了社区居民与街道的协商共治制度，形成了"党政群共商共治"的社区治理格局。所谓的"问需"，就是社区通过线上线下混合的多种方式，广泛征求社区居民、驻区单位对于社区和街道公共事务的意见建议，然后加以分门别类，有计划有步骤地推出社区和街道的办事意向，再次通过公开的方式反馈给居民，确保社区治理政策输入端的民主与公开；所谓的"问计"，就是形成办事意向后，社区和街道召集区内"两代表一委员"（党代表、人大代表、政协委员）、居民代表、驻区单位代表以及特邀代表，组成议事协商会议，专门就特定事项展开协商，听取解决对策，并就具体对策进行表决，形成解决方案；所谓"问效"，就是在具体的方案实施过程中，通过线上线下混合的多种方式，全程公开实施过程，接受社区居民的监督，实施效果最后由居民进行测评；所谓"问责"，就是对于方案实施过程中出现的问题，不仅要及时加以纠正和反馈，而且对责任单位和个人进行及时问责，确保项目责任可追溯和协商制度不断完善。

另一方面,嵌入式治理也致力于"吸纳增量"。社会协商治理在我国的兴起,根本上源于改革开放四十多年以来,经济社会不断发展,带来了社会力量的成长壮大,以及国家与社会关系的持续变革。政治体制改革的不断深化,政府不断向社会放权,日益变成服务型政府。服务型政府是有限政府,面对社会力量的兴起,政府不再大包大揽,而且通过制度化的方式将社会力量吸纳进既有体制,从而也带来体制的更新。客观上讲,我国的社会协商乃至协商民主建设目前还处于起步阶段,既有的社会协商治理制度存量难以全面覆盖各个社会群体的利益诉求,需要我们在具体制度上做出大量的创新,才能持续保持对新兴社会力量的吸纳能力。

具体而言,笔者认为,应该着力打造社会组织协商的创新场域。现代政治学认为,社会组织和政府、市场共同构成了现代国家稳定和有效治理的三个支柱,而且社会组织充当着沟通政府与公民的桥梁和纽带,是国家治理现代化不可或缺的治理主体。虽然伴随着改革开放与政治体制改革,社会组织在我国社会治理中起到了越来越大的作用,然而,不可否认的是,无论从政策文本还是现实治理来看,社会组织依然处于社会治理的辅助地位。2017 年,党的十九大报告提及"社会组织协商"时,表述为"统筹推进政党协商、人大协商、政府协商、政协协商、人民团体协商、基层协商以及社会组织协商。"[①]"社会组织协商"位列最后。国家层面目前只是鼓励积极探索社会组织协商的具体方式,尚未出台整体性的政策。因此,社会组织协商可以也应该成为社会协商治理创新的一个主攻方向。可以采取的具体措施包括但不限于以下几项:尽快出台《社会组织法》,并在国家基本法律层面规定社会组织参与协商治理的基本原则与方式;在政协中推广设立社会组织界别,提升社会组织的政治话语权,畅通社会组织与政府协商的渠道;本着促进社会组织协商的目的,分类发展社会组织,大力发展枢纽型社会组织作为社会组织协商的主要载体。

[①]《十九大以来重要文献选编》(上),北京:中央文献出版社 2019 年版,第 27 页。

第二节　坚持和改善党对
社会协商治理的领导

马克思主义国家理论认为，国家是阶级斗争的产物，是阶级统治的工具。资本主义国家正是资产阶级统治的工具，它以实现个体的政治解放为口号。但因为资产阶级占据国家的政治、经济、文化、社会等各个方面的优势，在资本主义民主政治之下，可以享受自由与解放①，至于其他人群的解放不是他们关心的问题。马克思主义政党的最高使命则是在个体解放的基础之上，进而实现全人类的解放。在社会主义阶段，国家仍然是无产阶级统治的工具，但是中国共产党除了人民利益，没有任何自己的特殊利益，也不代表任何特殊利益，中国共产党掌握国家工具进行统治，针对的是社会主义的反对者和破坏者。一旦实现共产主义，国家消亡，共产党自身也完成了历史使命。但在此之前，共产党必须始终坚强而有力地扮演着领导广大人民同敌对势力作斗争，建设社会主义现代化强国的重任。正因为社会主义国家与资本主义国家、马克思主义政党与资本主义政党在性质与使命上存在着如此的本质区别，"这些差异决定了社会主义政治体系与资本主义国家政治体系是两种完全不同的政治体系，其中最典型的表现就是社会主义不仅存在着依宪法形成的国家制度体系，而且存在着依社会主义使命而形成的共产党领导的制度体系。"② 也就是通常所说的"党政关系"。在此意义上，中国共产党领导是中国特色社会主义的最本质特征和最大优势。

---

① 当然，马克思也一针见血地指出，资本家同工人一样，都是资本的奴隶，其被奴役程度甚至超过了工人。

② 林尚立：《当代中国政治：基础与发展》，北京：中国大百科全书出版社2016年版，第362页。

一、党在社会协商治理中扮演"元治理"角色

从理论角度来说,根据马克思主义的逻辑,在国家消亡之前,国家都在国家治理中扮演着至高无上的权威角色,是国家治理的主导者和社会冲突的仲裁者,即使是西方治理理论也早在20世纪90年代的理论兴起之时,就发现了"治理失灵"的风险,被迫把国家请回"元治理"的角色。从实践角度来看,中国共产党的领导核心地位是中国历史与人民的选择,没有共产党就没有新中国,就没有中国特色社会主义,就没有社会主义现代化,"党政军民学,东南西北中,党是领导一切的"。在社会协商治理中,党是"元治理"者。2015年,中共中央办公厅、国务院办公厅颁布的《关于加强城乡社区协商治理的意见》明确指出,"坚持党的领导,充分发挥村(社区)基层协商中的领导核心作用"是城乡社区协商的首要基本原则。①

西方现代政治的底色就是自由主义,自由主义政治的经济基础就是资本主义生产方式,决定了西方国家治理的主导逻辑是资本逻辑,国家只是资本实现利益的工具,国家能力的强弱或者国家的出场与否,完全取决于资本的需要,国家本身缺乏治理的自主性,充其量只是代表部分公共利益。从历史上看,在资本主义诞生之初,新兴资产阶级需要利用国家驱逐封建势力,建立统一的市场,国家一度成为绝对主义国家;资本主义进入自由竞争的野蛮生长时期,绝对主义国家与资本的矛盾日益激化,"管得最少的政府就是最好的政府"又成为西方国家的圭臬;当资本主义跨入垄断阶段,资本完全控制国家,为了逐鹿全球,资本主义国家再度强化为帝国主义国家;而20世纪70年代后的"福利国家危机",引发了"大政府"内在的各种矛盾,新自由主义再次甚嚣尘上,国家又一次被削弱。以多元治理为核心的治理理论正是西方最新这一轮资本与国家博弈的理论表现。

---

① 《关于加强城乡社区协商的意见》,中国政府网:http://www.gov.cn/gongbao/content/2015/content_2909255.htm。

"作为旨在拯救政府失灵和市场失灵的新模式,西方治理理论在其论证和实施过程中是以消解国家权威逻辑,促进治理多元化、去中心化为旨趣的。"① 然而,时至今日,资本主导的西方国家治理面临着种种无法克服的痼疾,包括但不限于:垄断资本尾大不掉、贫富差距悬殊、社会分化走向极端、民主政治民粹化、逆全球化和反全球化。即使一度欢呼"历史终结"的弗朗西斯·福山也不得不承认:"软弱无能国家或失败国家已成为当今世界许多严重问题(从贫困、艾滋病、毒品到恐怖主义)的根源。"②

马克思主义从历史唯物主义的逻辑推导出国家作为阶级统治的工具必然走向消亡,但是从来没有认为国家治理应该否定权威。恩格斯指出:"把权威原则说成是绝对坏的东西,而把自治原则说成是绝对好的东西,这是荒谬的。""一方面是一定的权威,不管它是怎样形成的,另一方面是一定的服从,这两者都是我们不得不接受的,而不管社会组织以及生产和产品流通赖以进行的物质条件是怎样的。"③ 只要有人类,就必然需要治理;只要有治理,就必然需要权威。现代协商民主强调平等,但并不意味着协商一定要完全放任自由,顺其自然。中国历史与现实中的协商实践都证明,当协商面临意见分歧和议而不决的难题时,果断强硬的决策是必不可少的。澳大利亚的"公民议会"试验也表明,当公民获得控制议程的权力时,协商会议往往出现议程涣散、讨论没有焦点、无法做出有效决策等问题,协商会议变成"发牢骚会议"。作为一种公共治理模式,协商治理当然应该追求民主与效率的平衡,绝不能为了民主牺牲效率,政府主导的权威性强制是对公共协商效率的有效回应。

多中心治理体系并非万能,它也会失灵,集中表现在多中心治理体系的平等与效率的悖论:既然是多元,必定强调各治理主体的平等;既然是

---

① 陈进华:《治理体系现代化的国家逻辑》,载《中国社会科学》2019年第5期,第24页。

② 弗朗西斯·福山:《国家构建——21世纪的国家治理与世界秩序》,北京:中国社会科学出版社2007,"序言"第1页。

③ 《马克思恩格斯文集》(第3卷),北京:人民出版社2009年版,第337页。

第四章 嵌入式治理：社会协商治理的实践路径

治理，必定要求各治理主体的有效协作；但是，平等并不总是意味着协作与效率，也很可能带来冲突与低效。一旦出现协作困难与效率低下，必然需要"元治理"。多元治理体系本质上是一个平等主体之间的自组织体系，所谓"元治理"就是"治理的治理""自组织的组织"①，通俗地说，就是协调自组织网络的有效运转，治理自组织网络的冲突。事实上，治理理论一开始在西方兴起之时，作为创始人之一的鲍勃·杰索普就敏感地意识到了这个问题，他指出只有国家才能充当"元治理"的角色，"大体来说，这个元治理角色应当由国家承担。……建立指导单个行动的共同世界观并确立有利于稳定主要行为主体的大方向、期望和行为准则。"② 这样，他就打破了早期治理理论学者对于治理的理想化想象，把其他人从"治理"的前门驱逐的国家，又出后门请了回来。只不过，杰索普请回来国家后，同时也强调国家将变成"最好也不过是同辈中的长者"，"国家自上而下的发号施令以及集权的程度，都可以因此而减少或弱化，并冲淡统制经济的味道，信息交流和道德劝说成为合法性的主要源泉。"③

国家作为人类迄今为止最高的共同体，之所以具有最高的权威，从价值的角度来说，因为国家代表着最高的公共利益，正如恩格斯所说，国家凌驾于社会之上，使"这些经济利益互相冲突的阶级，不致在无谓的斗争中把自己和社会消灭"④；从现实的角度来说，国家垄断了暴力，具有压服其他一切社会力量的暴力工具。西方国家治理在资本主导的逻辑之下，很

---

① 鲍勃·杰索普著，漆芜编译：《治理的兴起及其失败的风险：以经济发展为例的论述》，载俞可平主编：《治理与善治》，北京：社会科学文献出版社2000年版，第79页。

② 鲍勃·杰索普著，漆芜编译：《治理的兴起及其失败的风险：以经济发展为例的论述》，载俞可平主编：《治理与善治》，北京：社会科学文献出版社2000年版，第79页。

③ 鲍勃·杰索普著，漆芜编译：《治理的兴起及其失败的风险：以经济发展为例的论述》，载俞可平主编：《治理与善治》，北京：社会科学文献出版社2000年版，第80页。

④ 《马克思恩格斯文集》（第4卷），北京：人民出版社2009年版，第189页。

少讨论国家治理的价值基础，究其根本就在于西方国家建立在私有制的基础之上，代表的是少数资本的利益，而非大多数人民的利益。只有建立在公有制基础之上的社会主义国家，才能在价值和现实两个方面同时具备国家的最高权威。"西方的治理困境及中国的治理实践表明，国家主导是治理体系现代化的内在逻辑。"① 我们在新时代推进国家治理体系和治理能力现代化，并非简单地指"国家的治理体系和治理能力"，还是"国家主导的治理体系和治理能力"。在中国特色社会主义框架下，国家主导推进治理现代化的逻辑，针对的就是西方的资本主导逻辑。客观上讲，资本是推动人类现代化进程的重要力量，也正因如此，资本往往把自己附魅在现代化之上，以现代化建设为掩护，对国家主导逻辑进行消解，千方百计歪曲、误导、盗用国家权力，用以满足一己私利，实现资本权力化和权力资本化。中国特色社会主义国家治理现代化当然应该积极利用资本主义创造的有利成果，但必须始终确保通过强大的国家能力来节制和驾驭资本，绝不容许资本力量干扰和破坏国家自主性，进而侵犯国家公共利益。当前，我国公共政策正在经历着从"效率优先、兼顾公平"到"公平优先、兼顾效率"的历史性转变，以互联网资本、房地产资本、国际资本为代表的资本力量过去几年一直企图干扰和扭曲国家公共政策，引发了房价高涨、"996""躺平"等一系列社会问题，但正在遭到国家力量的强力矫正。在此背景下，强调国家主导的治理逻辑具有强烈的现实意义。

习近平强调："一个国家选择什么样的治理体系，是由这个国家的历史传承、文化传统、经济社会发展水平决定的，是由这个国家的人民决定的。"② 与自由民主不同，协商民主的适用性和弹性要大得多。协商民主既可以适用于自由平等的环境，也可以适用于等级社会。当代著名协商民主学者何包钢认为，中国历史上存在着儒家王道政治理想下的儒式协商传

---

① 陈进华：《治理体系现代化的国家逻辑》，载《中国社会科学》2019 年第 5 期，第 24 页。

② 《习近平谈治国理政》（第一卷），北京：外文出版社 2018 年版，第 105 页。

统:"在权威体制下的协商机制和方法"①。规范性排序(道德为上、说理为次、强力为下)、公共性原则(公事不私议)和崇公抑私是儒式协商的三大原则。② 即使是两千多年的专制社会中,统治者或主动或被动地将儒学奉为圭臬,儒式协商一直或隐或显地贯穿于专制社会始终。儒式协商致力于改进治理,维护权威,虽然达不到民主协商的自由平等标准,但儒式协商同样对权力产出了一种程度的约束,制衡了专制权力,避免了决策失误,促成了有利于人民的政策,提升了治理水平。在当代社会主义民主政治背景下,儒式协商给社会协商治理留下的宝贵精神财富之一就是官民合作性治理,而非西方式自由民主的官民对抗性治理。

新中国的建立之路迥异于西方,我们是先建党再建国,先进的中国共产党是团结凝聚人民力量,从而建立新中国的领导核心。没有共产党就没有新中国。因为党代表最广大人民的根本利益,所以中国的党和国家具有高度的内在联结和一致性,并不像西方政党只是代表部分人利益,争夺选民票数。我们说历史和人民选择了中国共产党,也就是说,中国共产党诞生成长于国家和人民的内在需求。"只有那种内生于社会需求并造福于人类的国家能力才具有可持续性。相反那种外在于社会需求的横暴国家能力无论多么强大都是难以持续的。"③ 从历史上看,农业社会对于内生的公共建设需求(以水利最为重要)、武装防卫需求(抵抗北方游牧民族)、社会管理需求(国家内部争夺农业资源而产生的地方冲突),必定要求一个具有强大能力的强国家(强政府)。改革开放后,国家不断的放权让利给市场和社会,但是强政府的传统延续了下来。根本原因就在于,公共建设需求、武装防卫需求、社会管理需求的具体内容有所改变,但是其内生性并没有改变。改革开放进展到今天,我们已经到了节制资本无序扩张,实现

---

① 何包钢:《通往国家治理现代化:协商民主的新路径》,北京:中国社会科学出版社2020年12月,第79页。

② 何包钢:《通往国家治理现代化:协商民主的新路径》,北京:中国社会科学出版社2020年12月,第83—84页。

③ 徐勇:《历史延续性视角下的中国道路》,载《中国社会科学》2016年第7期,第24页。

更可持续、更协调、更充分的发展，更加注重社会公平正义的阶段，更何况我们现在面临着世界百年未有之变局，国际环境日益复杂严峻，这些都导致强国家和强政府的内生需求不减反增。中国共产党是中国特色社会主义最本质的特征和最大优势，"东南西北中，党政军民学，党是领导一切的"，正是这种内生需求的集中体现。因此，我们一方面强调社会治理的共建共治共享，同时也强调党和政府在社会治理中的领导作用。

办好中国的事情，关键在党。正因为多元化、分散化、零碎化甚至是区隔化是各个社会治理主体之间的常态，如果没有有效的"元治理"，"治理失灵"是注定的。在我国，"元治理"的扮演者只能是各级党委，党委的政治引领事实上就是把握国家和社会发展的大方向，凝聚人心，汇聚共识。社会协商治理突破了原先党和政府单一治理社会的框架，引入多样化力量，构建多元化体系。在社会协商治理中，各个治理主体的意见汇总充其量只是卢梭所谓的"众意"，"众意"经常是多元化、分散化、零碎化，是"众口难调"的，一味顺从"众意"，本质上是民粹主义行为，放弃了对民众的引领，是对国家与社会的不负责任行为。卢梭进一步区别了"公意"与"众意"："公意只考虑共同的利益，而众意考虑的则是个人的利益；它是个别意志的总和。但是，从众意中除去互相抵消的最多数和最少数以后，则剩下的差数仍然是公意。"[①] 中国共产党作为中国人民的先锋队，除了人民的利益，没有自己的特殊利益，这一阶级定位决定了只有它能够扮演好"元治理"角色，通过民主政治的方式，有效汇集民意，并从中寻求最大公约数，即"公意"。

在中国倡导社会治理创新，绝不是也绝不能实行西方国家的那套"国家—社会"二元分化、二元对抗模式。中华文明史上的大一统文化和近代中国的屈辱史，从正反两面充分警示了我们必须坚持统一的领导核心和完整有序的公共权力体系。在当代中国国家治理体系现代化中，"国家在社会中"十分必要。一旦国家的公共权力无法有为、有效地介入社会治理，社会就无法自动实现规范性整合，反而会出现潜规则盛行、显规则不彰的

---

① 卢梭：《社会契约论》，北京：商务印书馆2011年版，第33页。

局面，甚至一些地方会导致黑恶势力做大、国家权力式微。国家权力一方面要负责为社会兜底，维护社会的基本秩序，另一方面要正面引领社会成长，倡导个人美德和社会伦理，赋予社会主体以权力和资源。在国家治理现代化的体系中，应该塑造一个国家与社会共治的结构，为确保国家的有限参与和社会的自治优位，公权力应当处于备位的地位。"站在社会立场，公权力的备位性表现为两个方面：其一，法治国家向法治社会提供基本的法治公共产品：一套正式制度体系，一套立法、执法、司法的公权力机构以及运作机制，乃至有关法治的知识或一般认知（法治精神、法治理念、法治文化等）；其二，正式规则和公权力透过对社会关系的直接调整和方向引领获得社会成员的认同和信任，自觉运用并据此积极建构自治规则和处理自治事务。"①

二、坚持党对社会协商治理的领导：不断强化党的政治引领地位

众所周知，我国的党和政府代表着国家权力，它们虽然属于通常意义上的广义政府，但党主要起到领导核心作用，即政治领导、思想领导、组织领导，政府指行政机关，主要是执行具体的政策，所谓的**党建引领机制，就是"各级党组织运用党的思想资源和意识形态资源，开展党内教育并促成多方治理主体达成共识从而实现合作的过程。"**② 中国共产党作为唯一的执政党，虽然不必面临多党竞争、轮流执政的压力，但是担负着凝聚共识、协调各方的重任。它以人民为中心的根本立场、中国人民和中华民族先锋队的引领角色以及全心全意为人民服务的宗旨，决定了只有它才能成为引领社会协商治理的领导地位。

---

① 江必新、王红霞：《法治社会建设论纲》，载《中国社会科学》2014 年第 1 期，第 151 页。

② 黄晓春：《党建引领下的当代中国社会治理创新》，载《中国社会科学》2021 年第 6 期，第 126 页。

当前我们已经全面建成小康社会，迈入了全面建设社会主义现代化国家的新征程，但也正面临着世界百年未有之大变局，国际形势日益严峻，西方国家借着自由民主的幌子，无所不用其极地加紧渗透我国社会领域，社会治理多元化正是西方一直想要突破也一直在试图突破的口子。我们当然要顺应社会治理多元化、协商化的大趋势，但也应该十分警惕过度的多元化，以至于冲击党的领导地位，引发社会动荡。在基层社会治理领域，多元化、分散化、零碎化甚至是区隔化是各个社会治理主体之间的常态，党在领导基层社会治理的新型治理空间中，如何充分发挥党密切联系群众的传统优势、如何将自身政治优势有效转化为治理优势成为关键议题，"而在行政分割、区域分割、行业分割的基层社会领域，只有党是唯一能够穿透各种壁垒的合法化力量和正当性力量。"[①] 在社会协商治理中，坚持和改善党的领导，主要体现在党组织的政治引领和服务群众两个方面。

党的领导是社会主义协商民主有效性的根基，党承担着将协商民主转化为治理实践的核心角色。具体到社会协商治理过程中，党的"元治理"角色具体化为协商共识的优化者和执行者角色。一方面，有序协商是形成协调共识的前提，在中国只有党才能广泛动员、协调一切社会力量组织大规模的规范协商，相比于简单统计数量的选举民主，寻求一致共识的协商民主更为复杂，协商过程中的利益诉求更加多元化，过渡、整合并优化协商结果的核心角色非党莫属。另一方面，社会协商治理的落脚点不是共识，而是治理，个体通过集体达成的协商共识必须通过公共政策才能转化为治理实践，党的执政地位及其广泛而强大的组织体系是唯一能够促成这种转化的依靠。正是因此，"社会主义协商民主的首要优势就是执政党与协商民主实现了完美融合，从而建立了规范共识与有效协商复合实践的社会主义协商民主运作逻辑。"[②]

---

① 刘建军：《上海市社会治理创新的十个维度》，载《社会治理》2020年第3期，第78页。

② 李传兵：《社会主义协商民主的制度逻辑与路径选择——兼析中西方协商民主的制度差异》，载《马克思主义研究》2019年第6期，第126页。

第四章 嵌入式治理：社会协商治理的实践路径

新时代中国特色社会主义走到今天，我们已经迈入全面建设社会主义现代化国家的新征程，不断推进党的建设的伟大工程起着决定性作用。坚持和改善党的领导是中国特色社会主义协商民主区别于西方协商民主最本质的特征。社会协商治理的过程中，我们任何时候都不能忽视甚至弱化党的领导。习近平总书记一再强调，党的根基在基层，"基础不牢，地动山摇"，紧紧抓好基层党建，是伟大工程的基础性工作，不断改善基层党建，是提高党统领各方的执政能力的必然要求。社会协商治理的重心和主要场域都在基层。众所周知，我国城市规划的基本居住形态就是小区制，"在这种城市物理空间的背景下，中国治理的重要经验，就是通过党建引领的方式，将各方行动者进行整合，超越行政分割、单位分割、区域分割的基础社会治理格局。"① 社会协商治理要真正撬动中国社会治理创新和推动社会建设走上全新发展台阶，需要一个强有力的支点，就是加强和改善党对基层社会协商治理的领导。

当代政治学进一步区分出了"高级政治"（high politics）和"低级政治"（low politics），这里所谓的高低当然不意味着价值高低，而只是层次的高低。"高级政治"关注国家和社会的整体发展，"低级政治"关注的就是"生活在社区中居民的幸福感、满意度以及社区公共产品如何得到供给和维护、社区公共议题如何提出和协商等问题。"② 在党的十八大之后的记者见面会上，习近平总书记代表党中央宣示："人民对美好生活的向往，就是我们的奋斗目标。"在很大程度上就意味着新时代中国共产党的执政理念更加关注普通群众以及他们的日常生活。社会协商治理属于"低级政治"领域，它立足于老百姓的日常生活，致力于社会治理的合理性与有效性。

中国共产党作为执政党，是全体中国人民的最高政治领导者。在"高

---

① 刘建军：《上海市社会治理创新的十个维度》，载《社会治理》2020年第3期，第78页。
② 刘建军：《上海市社会治理创新的十个维度》，载《社会治理》2020年第3期，第78页。

级政治"中,党的政治领导作用主要体现政治领导体制的上下级关系中,当前必须树立"四个意识",做到"两个维护",具有相当的政治强制性。就社会协商治理过程而言,党对社会协商治理的领导主要体现在政治方向的引领上,其他社会组织必须在政治上与党中央保持一致,把稳方向,思想上坚持马克思主义引领,形成共识,凝聚合力。"低级政治"的政治方向引领显得更加柔性,更富于协商性。如果混淆"高级政治"和"低级政治"的这种区别,就会导致一些基层党员领导干部官僚主义和家长制作风,非常不利于党密切联系和服务群众。

首先,着力夯实基层党建的组织基础。客观上说,党的十八大前相当长一段时间,基层党建面临着党组织涣散、领导力下降、村(居)两委矛盾、党员素质普遍不高等种种组织问题,党的领导核心作用发挥不出来,甚至在有些地方造成了权力真空,黑恶势力一时侵袭。党的十八大以来,习近平总书记高度重视基层党建工作,更加有效地发挥基层党组织在社会治理中的统领作用。在接下来深入推进社会协商治理的进程中,应该在既有基础上,扩大党组织覆盖范围,有党员的地方就要有党组织,有党组织的地方就要成为坚强的战斗堡垒。纵向到底,横向到边。普遍将党组织建立起来并有机嵌入在社区网格、社区社会组织、楼栋庭院、商务楼宇、非公企业、产业园区等各个组织平台中,在基层党委的统一领导下,全面构建起"条块结合"的区域化、网络化党建格局。同时,以行业性党组织、功能性党组织、联建式党组织为主要形式,不断探索党有效领导社会协商治理的新形式和新方法。

其次,切实强化基层党组织的协商民主作风建设。民主集中制是我们党的根本组织原则,群众路线是我们党的根本工作路线。社会协商治理既是党的群众路线在社会治理领域的生动和具体体现,也是民主集中制的根本要求。大家的事大家办,大家的事商量着办。党作为领导者,每个党员都应该自觉培养和树立"与民协商、为民协商"的社会主义协商民主精神。身处引领群众、服务群众的第一线,基层党员的一言一行都代表着党的形象,应该真正做到以人民为中心,尊重人民的主体地位,凸显人民至上的价值取向,坚定走群众路线的工作路径,凡事同群众多多商量、好好商量，充分保障人民群众的参与权、知情权、决策权和监督权。

再次，依法依规全面加强基层党组织的制度建设。党组织的战斗力源于组织力，组织力又来源于党章党规。一方面，要切实加强基层党组织的基本制度建设，包括"三会一课"制度、组织生活制度、党员民主评议制度，注意将党的制度建设与基层治理的各项事务有机结合起来，坚决避免党建业务"两张皮"的现象，既不能增加基层党组织不必要的工作量，也不能给群众造成党组织"为了政治而政治"的刻板印象，提升党组织的亲和力。另一方面，不断探索和创新基层党组织领导社会协商治理的制度建设，比如党组织联系其他社会组织制度、党员联系走访群众制度、社会协商治理联席会议制度等等。

以上海社区党建为例，上海社区治理在不断的创新过程中，探索出了一个"一建三公"的模式，即街道只承担党建、公共管理、公共服务、公共安全的职责，其中党建又居于核心引领地位。在此模式下，街道将原本插足社区的各种行政"腿脚"回收，而将党建向下延伸到社区，形成了独特的社区治理基本架构，此架构具备两个核心特质：一是党建引领"三驾马车"，即党建引领居委会、业委会和物业公司；二是党建引领群众团队，即党建引领社区内各种正式和非正式的社会组织。一方面，党建确保了社区治理能有效避免因为缺乏必要的引领者而陷入"治理失灵"，保障了社区治理始终处于有序运作的状态；另一方面，党建引领各种社区社会组织参与治理，则体现了我党建党以来一贯的高度组织力。从我党历史来看，诞生之初就具备了严密的组织体系和高度的组织整合力、动员力，不仅自身具有高度组织力，还能有效通过各种外围组织，诸如工会、农会、妇女协会、青年团、纠察队、夜校，后来进一步发展到将各民主党派和中间力量牢牢吸引到身边，党则化身为坚强的领导核心，建立起广泛而团结的统一战线，从而经过28年奋斗就建立起了新中国。从政党理论来说，政党做大做强，都离不开政党培育的外围组织，任何政党的核心都是少数积极而坚定的分子，只有广泛的追随者及其组织，才能让政党能够最大深度地扎根社会基层，最大限度地动员人、财、物等社会资源，更好地提供社会服务。我党历史上通过党的建设和统一战线两大法宝，成功地团结和引领最广大的人民群众,实现了革命和建设的伟大变革。当今面临着我国经济社会深刻的发展变化,党的组织力和引领力一度弱化,党的十八大以后,随着全面从严治党的推进,党组织既要重新具有培养外围组织的能力,也要具有引领群众团队的能力。其中的关键就在于,基层党组织要将"活动型组织"转化为"功能型组织",切实转变职能、改进作风,承担起引领治理、服务民生的责任,以治理获取信任,以服务赢得民心。

三、改善党对社会协商治理的领导:不断提升党服务群众的水平

中国共产党作为执政党,统领全国上下。但是,在国家的中上层政治领域,党的政治领导功能居于主要地位,国家的基层政治领域,党的服务功能居于主要地位。党的力量来自组织,党的生命力来自组织力,组织力来自党的基层组织深深扎根群众、服务群众的感召力。

党的十八大以后,为了落实十八大"创新基层党建工作"的新任务新要求,上海开辟的区域化党建新模式受到众多追捧与模仿。区域化党建指的是在基层社会治理中,贯彻区域统筹和多元共治理念,充分运用新兴网络技术手段,以城市街道党工委和乡镇党委为核心、以社区党组织和农村党组织为基础、区域内其他党组织为节点的党建网络体系。区域化党建旨在通过统筹设置基层党组织,统一管理党员队伍,通盘使用党建阵地,全面覆盖区域内党员群体,充分发挥每个党员作用,实现区域内党建的一体化和联动化。当今社会日益多元化、分散化,即使是作为先进分子的党员,面对多样化自由化的就业状态和高速流动的社会生活状态,也经常"找不到"组织,个体党员零散化,基层党组织功能弱化,这给党的组织体系带来重大挑战。与传统的单位党建相比,区域化党建具有组织网络化、资源一体化、行动协商化的特点,是重新汇聚个体党员、建设基层党建共同体的有效机制,通过党建共同体的建构,区域化党建的根本目的就是改造和提升党的基层组织体系,密切联系群众和服务群众,夯实党的群

众基础和执政基础。从这个意义上说,区域化党建与"三湾改编"具有异曲同工之妙。"三湾改编"将"支部建在连队上",第一次将党的组织扎根到军队最基层,区域化党建则将"支部建在每个角落",有党员的地方就有党的组织,有党的组织就要发挥全心全意为人民服务的作用。

首先,共建动态化、全覆盖的基层党建组织体系。按照马克思主义的基本原理,基层党建组织体系属于政治上层建筑,必须适应基层经济社会发展的变化与需要。基层社会总是最富于变动和灵活的领域,从生产方式的角度观察,基层社会时刻都在经历新旧生产业态的更替、新旧居住人群的流动、新旧生活组织的变迁,基层党组织作为党的坚强战斗堡垒,必须改变以往僵化的单位党建模式,以"区域不变"应对"单位万变",通过区域内的党建统筹,构建起动态的、开放的党建网络体系,通过街区统筹、片区统筹、楼宇统筹、园区统筹、行业统筹等方式,共建基层党委和流动党支部,随时接纳新流入的党员、随时转出流出的党员、规范管理流动的党员,让每个党员都能在区域内找到组织,接受管理,发挥作用,随时随地都能担负起宣传党的政策、引领政治方向、服务人民群众的带头人。

其次,共推集约化、高效化的基层社会治理体系。在公共服务上,区域化党建旨在充分延伸党的基层组织触角,纵向到底,横向到边,集约利用每个党员所在单位的政治、经济、文化和社会资源,转化为党服务群众的常态化、长效化资源。在区域党建的共同平台上,又可以细分不同街区、片区、楼宇、园区、行业,建设二级平台,提供多样化的组团服务,满足不同群体的需求。在社会矛盾调解上,通过广泛渗透、有效反馈的党组织触角,建立健全民情民意收集机制、社会矛盾隐患摸排机制、社会冲突快速反应机制、社会调节有效行动机制,通过党群连心卡、信访说理室、党代表工作室、党员领导干部接访制等各种制度安排,大事化小,小事化了,真正实现小事不出村(区),大事不出镇(街),矛盾不上交。

再次,共商民主化、协商化的基层党建运行体系。党内民主是社会民主的示范和引领,民主集中制是党的根本组织制度。区域化党建是一个网络化的党建共同体,不具备单位党建内部的强制力,更需要通过党内民主的方式充分调动区域内不同身份、不同职业、流动的党员个体力量,民主化、协商化是区域化党建良性运行的关键。党员作为一个群体,是中国人民的先锋队,党员群体内部,优秀党员又是群体的模范榜样。区域化党建的生命力不在于党的政治强制力,而在于作为一个具有共同理想信念的先锋队组织,优秀党员和党员领导干部的示范引领作用。区域内,街道党工委和乡镇党委是"铁打的营盘",流入流出的党员、流动的党支部和区域内各行各业的党组织是"流水的兵",面对他们,街道党工委和乡镇党委必须学会民主的协商方法、柔性的引领办法,建立健全区域党建协商机制,比如区域党建联席会、区域党建共建理事会、区域党群恳谈会、区域党群评议会等等。区域化党建本质上是一种区域内的"契约化"党建制度,各种党组织和党员在全心全意为人民服务的根本政治要求下,确定正式或非正式的合作协议,共同为区域内群众提供公共服务,化解社会矛盾。作为"领头羊",街道党工委和乡镇党委必须首先主动联系和服务区域内其他党组织,其他党组织也应该自觉接受街道党工委和乡镇党委的指导和协调,互通信息,共用资源,共办活动,共同服务。区域内其他私人企业和社会组织,具备条件都应该建立单独的党组织或者共建党组织,自觉团结到街道党工委和乡镇党委周围,响应号召,贡献资源,协调行动。

第三节 在公共服务中提升政府的社会治理能力

在我国,国务院和地方各级行政机关是党治国理政的具体执行者,具体到社会治理领域,党领导人民制定的各项社会治理的路线方针,都要通过政府的政策举措落地。社会协商治理体系中,"政府负责"就是要求政府牵头各治理主体,构建起高效协调的治理网络,但又不能退回到以前大包大揽的管制形态。"基层社会治理更要让市场和社会力量发挥主体作用,政府发挥'助长'(facilitating)和'能促'(enabling)作用。基层社会治理有效的关键在于'社会增进型政府'(society-enhancing government)和'能促型政府'(the enabling state)的形成。"① 行政机关应该秉持"功成不必在我,功成一定有我"的治理理念,对多元治理主体充分放权赋能,调动各方积极性和自主性。

一、建设人民满意的服务型政府

改革开放以来,我国行政体制改革一直都是为了适应与推动市场经济改革,也基本上吻合了市场经济的进程,在不同阶段先后呈现出了"适应市场(高效政府)、稳定社会(服务型政府)与人民满意(人民满意的服务型政府)的基本逻辑和价值取向,而其共同之处则在于回应主要由市场化所塑造的社会差异性"②。总体上看,随着市场经济改革的深入,改革前的均质社会日益转变为差异性社会,社会力量不断成长,行政体制改革过程中,政府职能转变日益让渡出了更多的空间,留给社会力量参与社会治理。改革开放四十几年来,行政体制改革大致可以分为两个阶段,"一是从满足政治层面需要的改革转向满足经济层面需要的改革,二是从满足经济层面需要的改革转向满足社会层面需要的改革。在不同阶段,改革逻辑从'政治导向型'到'经济导向型'再到'治理导向型'"③。党的十八届三中全会将全面深化改革的总目标之一定位于推进国家治理体系和治理能力现代化,标志着"治理导向型"改革的正式启动,而党的十九届四中全会《关于坚持和完善中国特色社会主义制度 推进国家治理体系和治理能力现代化若干重大问题的决定》则意示着"治理导向型"改革的高歌猛进。

---

① 郁建兴、任杰:《中国基层社会治理中的自治、法治与德治》,载《学术月刊》2018年第12期,第72页。

② 何艳玲:《中国行政体制改革的价值显现》,载《中国社会科学》2020年第2期,第25页。

③ 何艳玲:《中国行政体制改革的价值显现》,载《中国社会科学》2020年第2期,第27页。

社会协商治理的兴起与深化恰恰对应了这两个时间节点，它是从属于国家治理现代化的一个有机组成部分，也是行政体制改革不可分割的一个部分，受益于行政体制改革与政府职能转变，又反过来促进行政体制改革与政府职能转变。

我国社会协商治理的空间根本上来源于政府治理的放权让位，事实上，政府往往是社会协商治理的主要幕后推手，社会协商治理如果得不到政府的支持，必定无法可持续发展。众所周知，改革开放之前，我国政府是一个大包大揽的全能型政府，在农村通过人民公社完全消除了我国传统社会中一直延续的村民自治的空间，在城市则通过单位和街居制对城市社会进行了普遍而深入的行政控制。随着村民自治、居民自治以及企事业单位的改革，基层自治的空间范围不断扩大，但由于历史的惯性和制度的路径依赖性，基层自治空间扩展的范围还有待进一步扩大，基层自治的质量还有待进一步提升。因此，政府职能转变就成为基层自治进一步实现量变与质变的关键。

建设人民满意的服务型政府是政府职能转变的目标。服务型政府是与管制型政府相对应的。与管制型政府相配套的是政府单向度管理社会，命令与服从是政府管理社会的基本逻辑。服务型政府必然要求政府管理向政府治理转变，政府必须主动退出单一管理者地位，成为多元治理主体中的一元，当然是起领导作用的主要一元。协调与合作是服务型政府治理社会的基本逻辑，因此，社会协商治理是服务型政府建设的本质要求。2006年，党的十六届六中全会通过了《关于构建社会主义和谐社会若干重大问题的决定》，明确要求"建设服务型政府，强化公共服务和社会管理职能"，这是首次在党中央的最高文件中提出"服务型政府"的概念。我们可以清楚地看出，服务型政府从一开始就与社会治理现代化紧密关联，两者相生相成。服务型政府建设15年以来，不断推进深化，取得一系列重大成就，但也仍然任重道远。党的十九届五中全会颁布的"'十四五'规划和2035年远景目标建议"中明确指出，"加快转变政府职能。建设职责明确、依法行政的政府治理体系。深化简政放权、放管结合、优化服务改革，全面实行政府权责清单制度。……畅通参与政策制定的渠道，提高决策科学化、民主化、法治化水平。推进政务服务标准化、规范化、便利化，深化政务公开。深化行业协会、商会和中介机构改革。"① 这些都与社会协商治理密切相关。

第一，"深化简政放权、放管结合、优化服务改革，全面实行政府权责清单制度。"就为其他治理主体留出了充足的治理空间，为社会协商治理开放了更大的空间。从原来单纯强调简政放权、政府退出，到日益强调简政放权与放管结合、优化服务的相互协调，体现的是政府治理更加成熟、政府职责更加到位的治理现代化水平。只有政府退出没有政府调控，社会治理必然会出现"治理失灵"。正如经济体制改革中，我们提出"使市场在资源配置中起决定性作用和更好发挥政府作用"一样，在社会治理体制改革中，"政府负责"是更好发挥政府作用的必然要求。我国政府作为党治国理政的具体政策执行者，必须坚决贯彻党中央的决策部署，切实起到宏观协调、配置各方资源的作用。"法无授权，政府不可为；法无禁止，公民即可为。"这是现代法治也是现代政府治理的共同逻辑。全面实行政府权责清单制度，清单之外的领域原则上就是社会力量可以进入的领域。这就确保了社会协商治理有了稳定的治理空间，也就在制度上限制了政府不当干预社会的冲动。

第二，"畅通参与政策制定的渠道，提高决策科学化、民主化、法治化水平。"这就为其他治理主体与政府的良性互动、沟通协商、合作治理开辟了制度化途径，有效吸纳日益增长的社会参与能量，避免因为大规模的体制外参与引发社会动荡。社会协商治理以凝聚共识为主要目标，当然，能够在此基础上形成各方都能接受的决策更好。政府治理现代化要求政府开门决策，通过政务公开，在决策前、决策中、决策后广泛听取各方意见建议，尤其要注重听取和吸收政府决策利益相关者和专家学者的意见建议，充分利用以大数据为代表新兴高科技手段辅助决策。社会协商决策

---

① 《中共中央关于制定国民经济和社会发展第十四个五年规划和二〇三五年远景目标的建议》，中国政府网：http://www.gov.cn/zhengce/2020-11/03/content_5556991.htm。

具有开放性、多元性、协商性等多种优势,显然能够明显提高政府决策的科学化、民主化、法治化水平。

第三,"深化行业协会、商会和中介机构改革。"行业协会、商会和中介机构都属于社会组织的范畴,社会组织是社会协商治理的主要治理主体之一,社会组织协商也是社会协商治理的主要领域之一。由于历史的原因,行业协会、商会和中介机构很多都是由政府举办,受到政府诸多正式或者非正式干预,缺乏必要的自治性,也就无法充分发挥出其行业自主治理、协调政府与行业关系的治理效能。全面实行政府与行业协会、商会和中介机构脱钩,就创造了一大批具有自主性的行业治理主体。获得自主地位的行业治理主体,其与政府的关系必然不再是简单的领导与被领导关系,而是不断走向平等的合作伙伴关系。

二、巩固政府的基础性社会管理职能

必须特别强调的是,党的十八届三中全会将"社会管理"提升为"社会治理",并不意味着抛弃"社会管理",而是要求在"社会管理"基础上向"社会治理"扩展和提升。国家消亡之前,政府作为国家的代表者和国家治理的实际执行者,始终承担着社会管理的基础性职责,包括维护社会秩序、提供公共服务、吸纳社会参与,即使是在寻求多元治理的时代,这些基础性职责都是政府不可推卸也无法推卸的职责。

(一)维护社会秩序

维护社会秩序是政府最基础的功能,是政府其他一切功能的前提。"二战"以后,市场经济和全球化相互推波助澜,把几乎所有国家都卷入了经济市场化和社会多元化的大潮中,社会矛盾和冲突与日俱增,贫富分化、犯罪、罢工等传统社会矛盾出现激化,生态矛盾、身份认同矛盾、性别冲突、人权冲突等新型社会矛盾层出不穷。这些社会矛盾不仅掣肘着发展中国家的发展,也让发达国家麻烦不断。而这次全球大流行至今的新冠病毒,更是充分考验了世界各国政府维护社会秩序的基本职能。

第四章 嵌入式治理：社会协商治理的实践路径

我国是一个后发赶超型国家，工业化、城市化、信息化既造就了改革开放四十多年来经济快速发展的奇迹，也带来了种种前所未有的问题。其中，城市化最显而易见。第七次全国人口普查数据显示，2020年年末，我国常住人口城镇化率超过60%，达63.89%。十年间城镇常住人口增加了2.36亿人，常住人口城镇化率提高了14.21个百分点。同时，流动人口爆发式增长。人户分离人口为49276万人，其中，市辖区内人户分离人口为11694万人，流动人口为37582万人，其中，跨省流动人口为12484万人。与2010年相比，人户分离人口增长88.52%，市辖区内人户分离人口增长192.66%，流动人口增长69.73%。截至2020年年底，已经顺利实现了1亿非户籍人口（俗称"农民工"）在城镇落户的目标。[①] 城市大规模扩张、农村人口城市化、城市间人口流动，都给城市社会治理带来了巨大的挑战。尤其是农村人口城市化问题带来的问题非常尖锐。长期的城乡二元分割，使得农民与村民的价值观念、地域意识、文化观念、生活习惯、交往方式等各方面都面临着巨大差异，城市居民的异质性大幅度提高。农民不适应城市管理方式，城市管理者不习惯与农民打交道。客观上讲，市民群体往往排斥甚至歧视农村人口，以农民工为主体的城市新市民难以享受市民待遇，加剧了社会矛盾和冲突。流动人口的住房、医疗、教育等基础性民生保障缺失较大，助长了城市管理的不稳定性。同时，城市化伴随产生了城市对农村的"虹吸效应"，农村人口和资源出现"空心化"，引发了农村社会的失序，偷盗、诈骗、道德滑坡乃至黑恶势力横行等现象堪忧，城市近郊的征地拆迁导致的群体性事件一度凸显。拆迁后大量新建的商住社区改变了原有的城市社区空间格局，城市原住民的社会关系网络快速消解，社会秩序的稳定性基础降低。农村社会因为快速的大规模的"空心化"，社会治理所需的人、财、物捉襟见肘，留守的老弱病残幼很难成长为社会治理的主体力量，农村社会治理同样面临着相当的不稳定性。

当代著名政治学家亨廷顿研究"二战"后各国的现代化历程发现：

---

① 《国务院新闻办就第七次全国人口普查主要数据结果举行发布会》，中国政府网：http://www.gov.cn/xinwen/2021-05/11/content_5605842.htm。

"现代性孕育着稳定,而现代化过程却滋生着动乱。"① 面对快速现代化过程中剧烈的社会变迁与转型,我们国家一开始也跟其他国家一样,政府直接介入进行刚性管制,虽然一时能够起到控制冲突的效果,但总是不可持续,还往往会"引火烧身",将原本与己无关的冲突焦点转向自身,民间冲突的"一阶冲突"升级而成官民之间的"二阶冲突",社会冲突的复杂性加剧,政府最终"按下葫芦起了瓢"不说,还失去了超脱冲突各方的公正形象,大大损害了自身公信力。这种着眼于管制冲突的社会管理方式,治标不治本,只是为了恢复社会秩序,而非根本上化解冲突。此外,快速城镇化过程中,大多数社会冲突都是发生在城乡基层,政府作为宏观的治理主体,单靠自身的力量根本上是无法深入基层,更何谈彻底化解冲突。

国内外经验证明,管制型政府的社会管理模式不能很好地维护现代社会秩序,实现社会整合。党的十八届三中全会以后,我国大力推进国家治理现代化,就是要深入调整国家与社会互动模式,变自上而下的单向度管制为上下互动的双向合作治理,着力培养和提升社会力量的自我管理、自我服务能力,短期内释放社会压力,依靠社会自治把社会矛盾控制、化解在社会内部,尤其是基层社会,长期内构建起政府治理与社会自治相协调、社会关系和谐、社会活力竞相迸发的和谐社会。这种新的社会治理思路就是社会协商治理。

(二) 提供公共服务

提供公共服务是现代政府的另一个基础功能,更准确地说,是一个相对于前现代政府的特殊功能。前现代政府可以依靠强力维护统治,但现代政府必须公开地承担起公共服务的责任。现代化的过程,也是社会公共服务需求与日俱增的过程,住房、教育、就业、医疗、养老等基本公共服务是城镇化生活不可或缺的条件。现代社会里民主观念日益深入人心,这些基本公共服务往往表现得非常刚性,只能增加,不能减少,否则极易引发

---

① 塞缪尔·P. 亨廷顿:《变化社会中的政治秩序》,北京:生活·读书·新知三联书店 1989 年版,第 38 页。

公众的不满，进而导致社会动荡和政治不稳定。面对如此广泛而庞大的公共服务需求，无论是西方发达国家，还是发展中国家，都遭遇了供给不足和服务乏力的困境。西方发达国家在选举民主的政治框架下，各个政党为了赢得选举，竞先提出各种不合时宜、不顾后果的福利许诺，每一次的竞选都一次次抬高福利标准，造就了一个个福利国家。这些福利国家一旦经济增长乏力，财政吃紧，高筑的债台就纷纷崩塌。因此，英美等国先后开启新公共管理运动，将无力承担的公共服务转移给市场力量或者社会力量，一定程度上缓解了公共服务危机和福利国家危机。

我国在改革开放前，全能型的国家几乎包揽了绝大多数的公共服务，虽然这种公共服务的水平很低，但客观上造成了大多数人对于国家的依赖，以至于国家面临着另类的"福利国家危机"。改革开放后，鉴于僵化的计划经济体制和极其薄弱的国家财力，市场经济改革、单位制改革和国有企业改革助推了经济飞跃的同时，客观上讲，也留下了社会建设的巨大短板，住房、教育、就业、医疗、养老等基本公共服务欠账很多。不断增长的社会公共需求与有限的政府公共服务供给能力之间的矛盾日益加剧。①单靠政府提供这些公共服务，经常出现以下问题：服务总量上供不应求，服务结构上供非所求，服务供给成本过高，服务效率上过低。我国经济的长期、快速和稳定增长，壮大了政府财力，服务总量总体跟了上来。党的十八大以来，严格的政治监督和政府问责，服务成本下降较大，服务效率上也进步明显，但是服务结构并非这两者可以解决。公共服务结构的改善有赖于广泛、大量的深入调查和针对性、灵活性的服务方式，政府人力有限、体制响应慢、行政方式整齐划一，无法有效解决这个问题，必须引入市场机制和社会力量。公共服务应该以公益性为根本原则，市场机制只能是补充力量，不能成为主导力量，以公益性社会组织为代表的社会力量因此成为政府很好的助手。它们数量众多，类型多样，运作灵活，扎根社会，它们可以快速响应公众需求，鉴别差异化需求，提供针对性服务，大

---

① 郑言、李猛：《推进国家治理体系与国家治理能力现代化》，载《吉林大学社会科学学报》2014年第2期，第8页。

大缓解了公共服务领域的供需错配和效率低下的困境。

(三) 制度化吸纳社会参与

按照亨廷顿的逻辑,现代化过程之所以会滋生动乱,主要原因之一就是现代化过程必然伴随着大规模的社会动员及其内生的公众参与,公众的政治参与热情和诉求如果不能得到制度化的疏导,必然像洪水一样冲决河堤,泛滥成灾。"社会变迁本身并不会导致大规模社会运动和革命产生,只有当一个社会的变化不能被及时制度化时,社会变迁才会成为大规模社会运动和革命的温床。"[①] 以法律为代表的正式制度是现代国家治理的基本工具,是确保治理过程规范化、有序化、连续化和一贯化的载体。在社会治理领域,公众参与的扩大指政府应越来越开放其治理边界,吸收更多的公众介入社会治理中,公众参与的制度化强调参与社会治理的公民必须组织起来,通过制度化渠道来影响公共政策,应排除各种非制度化参与所可能引起的动荡因素。社会协商治理正是能够兼顾公众参与扩大化与制度化的主要制度架构。

能否及时回应公众的诉求,是衡量国家治理能力的一个重要指标。回应公众诉求的前提,是公众必须能够有通畅的渠道表达诉求。然而,在自上而下的社会管制模式下,公众的利益表达渠道狭窄、方式单一、表达成本过高,很大程度上阻碍了正常的诉求表达,以至于一度出现"信访不信法""越级上访""进京上访""北京上访村"等现象。一旦公众诉求长期被拥堵,尤其是弱势群体诉求被抑制,他们很容易将社会不满指向党和政府,郁积爆发而成群体性事件。社会协商治理的宗旨主要不在于事后协商解决问题,而是在事前就将协商引入公共决策,让公众在公共政策出台之前能够充分有效地表达诉求,以制度化的方式吸纳和维护公众诉求。如此方能根本上提高公众对制度的认同感,将制度和政策内化于心,外化于行。

---

① 塞缪尔·P. 亨廷顿:《变化社会中的政治秩序》,北京:生活·读书·新知三联书店1989年版,第8页。

第四章　嵌入式治理：社会协商治理的实践路径

制度的生命在于执行，制度的执行不仅取决于行政官员的落实，还在于制度对象（公众）的理解、支持与配合，这有赖于将公众参与进一步引入制度的执行过程。以往单靠政府内部的行政执行机制，经常会出现不执行和假执行（"上有政策、下有对策"），缺乏外部力量的参与和监督，行政官员既是执行者，又是裁判员，公共政策执行走样的风险很高。公众通过协商治理机制，参与到执行过程中，不仅可以监督行政官员，也可以更多地了解政策执行的难点与痛点，提高政策执行的配合度。

全面深化改革的方向是不断转变政府职能，建设人民满意的服务型政府，激发多元社会力量的活力。相比于以前政府"包打天下"的时代，现今政府的行政控制能力逐渐弱化，各种社会治理职能又日益增多，面对兴起的社会力量，遵循"嵌入式治理"的理念，政府应该采取调适性社会动员的方式，作为基层政策执行的手段。"调适性社会动员指的是，当一项自上而下的政策目标设定后，基层政策执行者与作为政策客体的普通民众、自治组织和市场力量进行充分互动，并根据绩效压力和自下而上的效果反馈，不断评估动员能力（行政控制力和社会动员力），最终塑造了稳定的社会动员方案作为执行政策的方式。"[①] 在调适性社会动员中，走到主导作用的依然是政府，受限于基层政府人力不足、资源有限，本土社会力量（诸如乡贤能人、乡村和社区自治组织、其他社会组织、企事业单位等）经常成为基层政府的动员对象，通过物质或精神的激励方式介入基层社会治理，配合基层政府完成上级政策，表现出基层社会治理"人人参与"的政策景观。调适性社会动员的前提是基层政府具有比较充分的执行上级政策的自主权，允许他们在调适性社会动员的过程根据实际情况适当解读和修正政策目标，结果往往不是百分之百完成上级政策目标，而是追求基层各方满意的目标，从而最终收获上级和基层社会的"双赢"局面，大幅度降低基层政府与基层社会"硬碰硬"的可能。社会力量是调适性社会动员最为关键的治理合作者，但是社会力量的参与并不

[①] 王诗宗、杨帆：《基层政策执行中的调适性社会动员：行政控制与多元参与》，载《中国社会科学》2018年第11期，第151页。

需要获得西方治理理论所鼓吹的独立性前提,调适性社会动员的成功也不意味着社会力量更加独立自主,它更多的是增强了基层政府与社会的互相信任。因此,调适性社会动员现实而广泛的存在,改变或者加深了我们对中国社会治理本质的理解:"民众之间的强连带关系,社会自治传统与组织化的自治网络的首要意义不在于所谓'多主体平等协作共治',而在于能为基层政府及政策执行者创新(调整)政策执行的方式提供某种基础。更直接地说,与新公共治理理论所宣称的改善服务供给及提高决策质量等核心功能不同,中国社会治理的核心功能在于增强'制度执行力'。"[①]

三、厘清基层政府与城乡自治组织边界

基层治理领域是社会协商治理的最主要、最基础、最重要的治理领域,基层自治组织及其衍生和挂钩的各种经济社会组织(如经济合作社、村民理事会、老人协会等)是基层社会协商治理最主要的治理主体。然而,由于历史的原因和现实的考量,基层自治组织与基层政府之间仍然存在着各种或明或暗的关联,以至于基层自治组织的自治性不足,经常成为基层政府的"腿脚"。因此,深入推进基层社会协商治理改革,进一步理顺乡镇(街道)与村(居)委会的体制关系、厘清基层政府与基层自治组织权责边界就是前提和基础。按照党的十九届五中全会的要求,应该以县域为基础,由县区级党委和政府统筹,对村居基本工作任务和年度工作任务进行比较全面的梳理分类。依法研究制定村居基本工作任务清单和年度工作任务清单,原则上政府不得额外安排清单外的任务,但是村居自主决策的清单外任务不受此限。精简基层政府对于村居的各种考核评比,同样列出清单,清单外的项目原则上不再考核。切实推进村居减负,凡属基层政府职责范围内的事务一律不得以各种形式转嫁给村居。

---

① 王诗宗、杨帆:《基层政策执行中的调适性社会动员:行政控制与多元参与》,载《中国社会科学》2018年第11期,第151页。

党的十九届五中全会通过的"十四五"规划建议中,特别强调"推动社会治理重心向基层下移,向基层放权赋能,加强城乡社区治理和服务体系建设……加强和创新市域社会治理,推进市域社会治理现代化。"[1] 在城市社会治理中,街道是最基层的政府组织,其职能转变的重心就是从经济发展转向社会治理和公共服务,所谓的"放权赋能","放"的是社会治理和公共服务的"权",经济管理的"权"则要回收到区政府和市政府;同样,"赋"的也是社会治理和公共服务的"能"。"放权"是"赋能"的前提和基础,只有划清了市区与街道的权责界限,街道才能集中精力做好社会治理和公共服务;"赋能"是"放权"的目的和意义,"放权"既不是"乱作为",也不是"不作为",而是为了真正承担起社会治理和公共服务的职责。以上海为例,在政府职能转变的过程中,上海率先走出了一条独特的"一建三公"街道发展道路,街道只承担党建、公共管理、公共服务和公共安全职能,完全剥离原先的招商引资功能。放下了发展经济这个不能承受之"重",挑起了公共服务这个必要承受之"重",上海街道成为全国社会治理创新的先行者和模范点。

明确基层政府与基层自治组织权责范围后,应该着重加强基层自治组织社会协商治理的体制机制建设。必须指出的是,基于村居的自治属性,村居的社会协商治理体制机制建设应该是在政府的指导下进行,而不能是在政府的强制下进行。基层社会协商治理改革应该遵循"强化政治,弱化行政"的基本思路。党和政府对于基层社会协商治理的领导主要体现在党组织的政治领导,乡镇党委和街道党工委通过对村居党支部的思想领导、政治领导和组织领导,来贯彻党的领导意图。行政力量则应加快减少对于村居的干预,转而着力做好服务保障工作。比如,组织轮训村居主要干部,培养和提升他们的社会协商治理能力;提供必要的经费支持,充分落实村财乡管的要求,加强对于村居经费的监管力度;

---

[1] 《中共中央关于制定国民经济和社会发展第十四个五年规划和二〇三五年远景目标的建议》,中国政府网:http://www.gov.cn/zhengce/2020-11/03/content_5556991.htm。

指导村居根据各自实际情况，建立形式多样的社区性社会组织，等等。最终建成基层党委和村居党组织领导，村（居）委会主导，村（居）理事会、村（居）民协商议事会、村（居）代表大会等为载体，村（居）民为主体，村（居）社会组织和驻村（区）单位共同参与的社会协商治理格局。①

第四节　民主协商是国家有机嵌入社会治理的主导机制

在"党委领导、政府负责、民主协商、社会协同、公众参与、法治保障、科技支撑"的社会治理体系中，很明显可以区分出两大类：一是根据党委、政府、社会和公众四个主体在社会治理体系中的不同定位，赋予了领导、负责、协同和参与的不同角色；二是在社会治理过程中，必须运用的三大主要治理机制和手段，即用民主的方式协商，用法治的方式保障，用科技的方式支撑，相对立的治理机制是传统的行政命令、人治和经验治理。但仔细考究，同样是治理机制，"民主协商"与"法治保障"和"科技支撑"分隔开来，且被置于党委政府与社会公众之间，显然有深意。在笔者看来，这正是社会主义协商民主的特色和发力点，即在社会治理创新过程中，"民主协商"要在党委政府与社会公众之间发挥主渠道作用，这也是社会主义协商民主在社会治理领域的具体实现：在民主的站位上落实协商，用协商的方式做实民主。从而在社会日常运行中，生动而丰富地体现社会主义协商民主，并与国家高层政治层面的政治协商一起，共同诠释社会主义协商民主的生命力与优势性，打破西方民主不可超越的神话，夯实中国特色社会主义的道路自信、理论自信、制度自信与文化自信。从这

---

① 和思鹏：《中国特色社会协商研究》，北京：中国社会科学出版社2019年版，第237页。

个意义上看,"民主协商"对于中国特色社会主义民主政治的意义显然要高于"法治保障",协商治理是社会治理民主化的主导机制和特色机制,而"法治保障"是制度化的保障,"科技支撑"则是通用的治理技术(具体请见下图"社会治理体系嵌入式结构图")。在这个社会治理体系中,使用的是"民主协商"的表述,而非"社会协商"的表述,显然是要避免与"社会协同"重复,也避免"社会协商""社会协同"被误解为社会力量的两种不同角色。但是,在这个体系中,"民主协商"显然与"社会协商"的意义是高度重合甚至是一致的,因为,在社会治理领域中,"民主协商"必然表现为"社会协商",主要指的就是党委政府与社会公众之间的"官民协商"。因此,接下来本小节所使用的"民主协商"与"社会协商"是通用的。

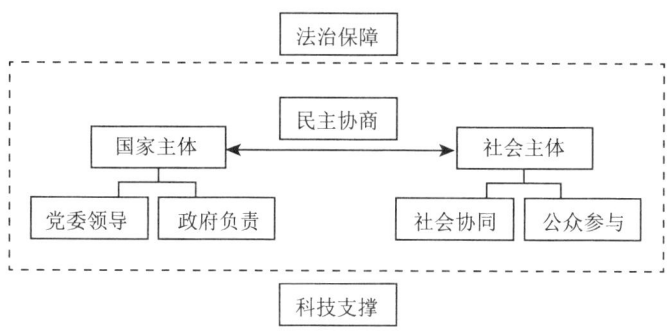

社会治理体系嵌入式结构图

一、民主协商根源于中国特色社会主义民主政治实践

首先,民主协商深层次源于我国实行了社会主义的根本制度和人民代表大会的政权组织形式。正如第二章所述,作为社会主义的指导思想,马克思主义在理论层面上就已经揭示了资本主义自由民主的虚伪,虽然马克思主义经典作家并没有具体描绘社会主义协商民主的蓝图,但他们关于人民中心的价值立场、国家公共性的政治立场、社会自治的社会本位主张,都为社会主义民主政治植入了丰富的协商民主基因。新中国成立后,生产

资料公有制的基本经济制度、社会主义的根本政治制度以及人民代表大会的政权组织形式,就已经在基础制度层面有机嵌入了协商民主。正因为如此,改革开放前以政治协商为代表的社会主义协商民主形式才能在经历了"文革"后,还能顽强而快速地恢复并发展起来。20世纪60年代初,还诞生了"枫桥经验"。虽然这一经验初衷用于阶级斗争,却富含党的群众工作经验,"小事不出村,大事不出镇,矛盾不上交,就地化解"的经验内含了很多民主协商的因子,在当前新时代的背景下,得到了习近平总书记的高度重视,成为全国各地创新社会治理的学习范本。改革开放后,随着国家体制更加开放灵活,社会力量快速成长,改革开放不到十年(1987年),社会协商就能够体现在党的十三大报告中。

其次,民主协商源自于社会发展的现实需求。考察社会协商在我国的实践历程,可以明显地发现社会协商从一开始就是与社会治理创新紧密联系在一起的。本世纪初,伴随着经济的高速发展,以劳资矛盾为代表的社会矛盾一度积聚并发作,当时地方政府多是"经济挂帅",一旦出现矛盾,往往偏袒资方,缺乏与民众进行有效沟通的意愿和能力,管理思维乃至管制思维有余,协商思维和协商意愿缺乏,政府与民众之间的信息存在严重不对称,互不沟通,互不信任。一系列误解误判导致了群体性事件一度高发的态势,一些地方政府由此积极寻求更加有效的社会治理方式方法。社会协商正是在此背景下自发地出现在越来越多的地方政府治理实践中。事实证明,相比于强制性的社会管制方式,社会协商的柔性方式能使不同利益群体更加充分地向公共权力机构表达自己的诉求和利益关切,是有效缓解乃至根治群体性冲突的必要的、基础性治理方式。

再次,社会协商源自于党和政府的积极推动。改革开放前,我国的社会管理理念是强制与命令,主要制度设计是单位制和街居制,主要方式是各种政治运动和社会运动。客观地说,改革开放后相当长一段时间内,出于思维和制度的惯性,这种社会管理路径也延续下来。虽然1987年,党的十三大就提出了"社会协商对话"的制度,但很快因为国内外局势的变化而偃旗息鼓。再后来,面对经济高速发展引发的一些集中爆发的群体性事件,社会管制仍然是很多地方政府的固有理念。在这种背景下,

第四章　嵌入式治理：社会协商治理的实践路径

一些地方政府不断探索完善了不少行之有效的社会协商治理方式，比如上海市五里桥街道的"三会"制度和温岭的民主恳谈会制度。这些社会协商治理创新，共同的特点就是不再仅仅使用刚性手段维稳，而是综合使用刚柔并济、更加突出柔性手段的治理思路，从根本上适用了改革开放以来社会多元化发展的主流。也正因此，党和国家也很快关注到各地社会协商治理的创新，陆续在国家层面以各种文件和制度形式进行肯定和提升，最终推动了"社会协商"在党的十八届三中全会正式走上政治前台。

最后，社会协商源自于社会力量的发展壮大。考察我国历朝历代，很容易发现，凡是官民力量对比悬殊、社会面临崩溃的时候，总是官逼民反。一般来说，在一个缺乏社会权利保障而又力量悬殊的社会背景下，政府习惯于强力维稳，社会也习惯于暴力反抗。一个健全的社会，必须是一个社会力量成长、官民力量对比均衡的社会，一个健全社会的治理，也相应地应该是官民理性沟通、协商治理的社会。改革开放后，一方面随着经济的多元化，社会力量快速成长，另一方面国家层面对于社会权利保障日益重视，法治化进程稳步推进。另外，我国自古以来就有"以和为贵""民不与官斗"的传统。这三方面共同造就了社会协商治理的快速成长。通过不断推进社会治理改革与创新，政府不再一味严格管制社会微观治理领域，下放更多的权力给予基层自治组织和社会组织，民事民议，民事民决，民事民行，政府与社会开展沟通对话，协商治理，大大提高了公共决策和公共事务的参与性与透明度。

我们可以在五里桥街道首创的"三会"制度中观察到民主协商的具体生长过程。早在1999年，上海市五里桥街道就诞生了如今耳熟能详、遍地开花的"三会"制度，即听证会、协调会和评议会，在当时全国其他地方还普遍实行传统单位制、街居制的大背景下，第一次让居民的事情由居民说了算。实践证明，"三会"制度正是实现社区自治共治的基础性制度。习近平总书记十分关注上海社区治理的改革创新，2018年和2019年，两年间就先后考察了虹口区市民驿站嘉兴路街道第一分站和长宁区虹桥街道古北社区，要求上海深化社会治理创新，提高社会治理社会化水平，坚持以人民为中心的发展思想,坚持共建共治共享,坚持重心下移、力量下沉。① 事实上,这么一个创举一开始也是源于五里桥街道公共管理的困境,当时为了治理脏、乱、差的社区道路,居民百般无赖后,选择了听证会的形式,最终顺利完成修路,从而延续下来,并不断改进。五里桥街道在"三会"制度实践中,后来又给听证会、协调会、评议会分别配套公示制、责任制、承诺制,再后来又在"三会"前增设"议题征询会、民主恳谈会和监督合议会"等环节,给早在1989年就通过《中华人民共和国城市居民委员会组织法》确立的居民自治制度,开发了有效的组织平台,探索了有效的制度途径,促进了基层自治水平质的飞跃,在上海全市乃至全国范围内得到广泛认可和复制推广。

从社会主义协商民主的角度来看,上海的"三会"制度具有了深远的协商民主意义,超过了一般性社会治理创新的短期效应,是社会协商治理的典范。原因就在于"三会"制度切实解决了谁来协商、协商什么、如何协商和提升成效的问题。"三会"制度传承20年至今,经过了不断地深化改进与发展,具有三个特性:一个是适用范围广,"三会"制度几乎可以涵盖基层社区治理,尤其是社区治理的方方面面,无论是公共设施建设、社区文化发展,还是邻里纠纷调解,抑或是垃圾分类,议题的广泛性和居民参与的可达性,都确保了会议的召开频率和居民的参与频率,使得"三会"成为社区居民日常公共生活不可或缺的一部分,也持续训练着居民社会协商的精神和能力。二是操作流程规范简易。五里桥街道注重总结"三会"制度的有效做法,用制度的形式固化下来、传承开去,制定了详尽的"三会"制度操作手册,对听证会、协调会、评议会各自的适用事项、参会人员范围,以及会前、会中、会后等各环节的关键要素都做了详细论述,一般居民都可以按图索骥,可推广性极强。三是社区参与度高,"三会"制度作为社区居民的基础性社会协商平台,正如前述,具有议题广泛、效力突出、门槛很低等特点,很好地激发了社区居民的参与效能感,

---

① 《习近平上海考察的这些细节,温暖、感人》,人民网:http://politics.people.com.cn/n1/2018/1108/c1001-30390091.html。

调动了各社区治理主体参与治理的积极性，真正赋予了社区居民参与治理的获得感和幸福感。

二、充分发挥民主协商的治理优势

第一，柔性治理优势。按照马克思主义的经典论断，国家是一种暴力工具，只要阶级社会不消亡，国家的暴力特性就一定会存在。当然，在社会主义国家中，国家的主要职能是社会公共职能，暴力职能只是针对人民的敌人，已经退居次要地位，但仍然是国家的基础性职能。毛泽东早在20世纪50年代就作出了关于人民内部矛盾和敌我矛盾的著名区分。现阶段，人民内部矛盾早已超越敌我矛盾成为主要矛盾，而处理人民内部矛盾的方式也早已不是暴力性、强制性手段，而是柔性手段。所有的公共决策都无法保证所有人满意，但是政府作为公共决策者，必然是不满意民众的抱怨对象，万一决策失误，政府必须承担责任。正是因此，在当前日益严肃的问责环境之下，基层政府的"不作为"现象引发新的不满。如何应对这个困境呢？传统的做法是强制性的行政命令，事情做是做得下来，但代价太多，一旦没有强大持续的压力，下级政府和民众就会"上有政策、下有对策"，压力过大过久，则可能引发群体性事件。第二种做法就是"花钱买平安"，用经济手段补偿和安抚民众，这样一来，暂时可以减少社会治理的障碍，但助长了民众"讨价还价"的胃口，也给政府带来了财政负担，当前的财政纪律也不允许这样做。第三种做法就是协商治理的办法。在社会治理创新过程中，治理者与被治理者不再是上下级的"命令—服从"关系，民主协商意味着双方之间"讨价还价"的空间与互动，主要互动方式就是商议与谈判。通过广泛的协商，争取大多数的理解和支持，造成一种集体的压力，引导反对者改变原先的立场。政府不再强力主导协商过程，而是搭建一个相关利益方协商沟通的平台，扮演协调者和裁判者的角色。让民众充分参与讨论，自行协商，拿出各种方案，再由民众与政府共同确定方案。如果决策失误，政府就不再是民众抱怨的焦点，而是政府与民众共同负责。因此，社会协商治理可以帮助政府摆脱"无限责任"的困境。

协商治理的方式明显可以引导民众站在政府的立场上换位思考，进一步提升民众的整体支持率。

第二，平等治理的优势。为什么要强调柔性治理，就是因为随着我国经济社会发展的多元化，各社会主体日益相互独立、平等协作。在法治的框架内，无论是党委政府，还是私人企业和社会组织，抑或是普通公众，都是平等的。在一般治理状态下，党和政府并不直接强制命令。地位的平等决定了民主协商必然成为主要手段。在协商过程中，协商各方要充分尊重其他方的主体人格和意见，不能随意进行人身攻击和忽视他方诉求，除非对方主动让步，否则不能强加意见。虽然法律上的平等并不足以确保事实上的平等，但作为主导协商治理的党和政府，有义务主动消除或减少权力、地位、资源等各种因素带来的不平等影响。

第三，共识治理的优势。达成共识是实施治理的前提。在信息分布状态上，治理与统治不同，统治以统治者与被统治者的信息显著不对称为前提和基础，对于统治者来说，维护信息不对称就是维护统治地位，对于被统治者来说，正是因为信息不对称，才必须接受统治。治理则不然，在日益平等的社会主体之间，信息的流动要快速、自由、平等得多，治理者再也无法有效地、长久地维持信息输出者和占有者的优势地位，被治理者也可以通过多种途径、低成本地获取信息，不再仅仅是被动的信息输入者，也是信息的输出者。社会治理对于共识的强调，实际上就是对于信息对称的追求。因此，信息的公开，尤其是作为公共信息主要源头的政府信息公开，是社会治理的基础性工作，也是社会协商治理的最基本方式和低级状态。卢梭相信："当人民在充分了解情况的前提下进行讨论时，公民之间就不会互相勾结，即使有许许多多小分歧，那也会产生公意的，而且讨论的结果也总是好的。"[①] 民主协商则是在信息公开的基础上，对于信息的公开利用和公共讨论，民主协商是充分发挥信息功能的有效手段。经过信息公开与民主协商的过程，各治理主体之间才有可能找到"最大公约数"，即共识。在社会治理领域，共识不简单只是对于公共信息的确认，更重要

---

① 卢梭：《社会契约论》，北京：商务印书馆2011年版，第33页。

的是对于治理目标、治理方式、治理过程的价值认同。一旦达成共识，各方在法治约束、舆论约束、道德约束等诸方面因素的影响下，就更有可能相互协作，共同治理。

第四，理性治理的优势。事实上，在英文中对应"协商"的 deliberate、negotiate、consult 等词都包括着相互之间理性商讨与沟通的本义。协商民主的英译 deliberative democracy，更包含了审慎、审议的深意。理性沟通根本上涉及的是各方思维方式的改变。协商思维与政治思维、经济思维、道德思维和法律思维这几种现代社会的主要思维方式都不同，政治思维讲究政治上的利益平衡，经济思维讲究经济上的成本收益，道德思维讲究道德上的善恶评判，法律思维讲究法律上的是非黑白，细究起来，它们都有"非此即彼"的属性。协商思维则讲究"亦此亦彼"。协商之前，正是各方执着于"非此即彼"，才导致社会问题乃至社会冲突。民主协商就是要通过各方充分的表达、相互的谅解、必要的妥协，达到各方思想与利益的融合，即"亦此亦彼"。在成功的社会协商中，"模糊"与"妥协"是两个关键词。需要进入协商程序的议题往往都已经是纠结不清、利益交错的，在不涉及根本性利益冲突的问题上进行必要的"模糊处理"往往是必要策略，如果一定要去追求真相，彻底实现每一方利益，追究责任，不仅协商不成，还伤感情。"模糊"是为了"妥协"，求同存异应该是社会协商的基本策略，特别富有中华优秀传统"和合文化"智慧。让步当然会带来损失，但不让步则久拖不决，小事拖大，大事拖炸，损失更大。"妥协"看似带来了眼前的损失，却更可能造就长远的收益，又保住了各方脸面，维护了感情。自然而然地，民主协商成为中华文化土壤中生长出来的一朵特色而鲜艳的花朵。

"'治理'倒过来看就是'理治'，即以理服人的治理之道，政府的统治必须以公共理性为基础、以民心和民意为准绳。"[①] 社会协商治理的根本方法不是依靠传统的行政命令，也不是依靠法律手段，而是依靠政府与民

---

① 何包钢：《通往国家治理现代化：协商民主的新路径》，北京：中国社会科学出版社 2020 年 12 月，第 17 页。

众的理性协商沟通。第一，社会协商治理把社会矛盾各方引导到理性沟通的平台，让他们远离"街头闹事"的场合，把"闹事"的冲动转变为合理表达诉求的理性。第二，通过理性沟通，社会协商治理把紧张的官民关系转换为民众之间的利益协调关系。比如，征地拆迁是一个特别尖锐的问题，往往民众习惯性地认为是官商勾结、侵害百姓，事实上，在"土地财政"的背景下，征地拆迁还涉及公共服务、社区治理、民生项目等问题，拆迁矛盾也不仅是官民矛盾，还有部分民众之间利益分配不满意的矛盾。第三，在公共利益问题上，社会协商治理用一种量化的、弹性的、讨价还价式的方法来协调解决。参与各方都可以争取自身的利益，前提是公开理性地表达诉求，同时不能损害其他相关方的合理利益。

社会治理中的重大决策都涉及两个基本方面：一是技术性因素，即决策涉及的专业知识和技术问题，需要技术专家提供智力支持；二是民生利益因素，重大决策必然影响特定民众的公共利益，就需要充分考虑民意的倾向，有些决策即使技术和经济利益上可行，但民意和社会利益上不一定可行，一味听取专家意见，很可能导致"决而不行"的困境。这两个因素中，社会协商治理主要解决的就是民生利益因素。我国日益走进信息时代，社会的动态性、复杂性、多样性日益深化，民众的民主意识、利益诉求、个性需求日益凸显，如何找到社会治理的科学性与民主性的平衡点是社会治理的重点难点。社会协商治理是破解社会治理复杂性困境的必经路径。社会协商治理通过公开理性的协商，充分收集和听取民意，劝导和说服民众，根据民意调整决策，寻求专家意见与民众意愿之间的平衡。民主化时代的社会治理，政府与民众沟通的过程本身就是一个释放和疏解民众压力的过程。在全面建成小康社会和疫情防控背景下，我国政府享有举世无双的政府公信力，只要公开理性坦诚地沟通，绝大多数的民众都愿意理解和支持政府，信息不公开、沟通不坦诚、决策不民主反而是制造了"谣言的温床"，伤害政府的公信力。

虽然，在新时代的社会治理创新中，民主协商治理应该成为一条主要的创新思路，但我们也必须清醒地认识到民主协商和社会协商的局限。"社会协商基本按照'公共协商—理性沟通—偏好转换'三个步骤进行。

社会协商具有一定的限度,也存在着潜在困境,不能过分依赖社会协商。'协商到什么程度',只能结合权力主体与社会主体的协商情况来具体考量。"① 事实上,公共协商、理性沟通、偏好转换三个步骤就设定了社会协商的三大局限:社会协商不适用于非公共领域事务,非理性沟通无法协商成功,协商后各方偏好不转换则协商无法落实。

首先,社会协商针对的是社会性公共事务。私人事务属于私人权利范围,除非得到本人允许,他人、社会乃至国家无权随意干涉,这是现代社会的基本规则。同时,社会协商只是针对社会性公共事务,政治性公共事务和经济性公共事务分别适用政治逻辑和经济逻辑,这也是现代社会的共识。文化性公共事务则有必要具体分析。笔者认为,公共文化产品的供给和公共文化问题的治理,可以通过社会协商的方式来有效应对,甚至宽泛地说,这两者都可以视为社会性公共事务。但是,公共文化意识领域的思想争议则不适用社会协商,它主要依靠思想教育、公共讨论、伦理与道德舆论等方式应对。

其次,沟通也可能是非理性的、情绪化的,但那必定是难以充分表达各方诉求,无法相互妥协,达成共识,促成集体行动。因此,为了保障协商过程的理性,要求协商之前必须有充分的信息公开、协商各方必须具备必要的知识素养和能力素质、协商过程必须有规范的机制约束(比如西方著名的罗伯特议事规则和五里桥街道的"三会"制度)、协商结果必须得到各方基本的尊重。如果不具备这些基本条件,社会协商就不能成为首选或者优选的手段。

再次,偏好转换是协商应该追求的合理目标。在理想状态下,社会协商应该都要达成最终的、一致的集体行动,增进集体利益。但现实社会总是复杂多变的,协商各方完全有可能因为外在条件或者主观想法的变化而反悔或者变相执行协商决议。基于现实的考虑,社会协商首要的功能是通过协商,沟通各方,促进原本极端的、对立的偏好缓和并转换成中性的、

---

① 周友苏等:《社会协商论》,北京:人民出版社2017年版,第29页。

共识的偏好，改变公共事务"不可治理状态"，进入可以规范化、机制化治理的轨道。社会协商并不一定导向集体行动，如果刻意追求集体行动，就超出了社会协商的限度。

第五章 社会协商治理的基础场域：社区协商治理

2017年8月,《中共中央关于加强和完善城乡社区治理的意见》再次强调,城乡社区是社会治理基本单元。城市社区治理事关党和国家大政方针贯彻落实,事关居民群众切身利益,事关城乡基层和谐稳定,必须全面促进社区治理体系和治理能力的现代化。① 党的十九届五中全会做出的《关于坚持和完善中国特色社会主义制度 推进国家治理体系和治理能力现代化若干重大问题的决定》中,特别指出要"加快推进市域社会治理现代化"。虽然我国正在大力推进乡村振兴,但不可否认的是,城市化进程是不可逆转的,只会更加积极稳妥地推进。随着我国城市化进程的稳步推进,城市治理日益成为国家治理的主要场景,社区作为城市治理的基层,也日益成为社会协商治理的基础场域。相比于乡村,城市社区治理更加迫切,也更具有良好的实施基础。城市社区的社会协商治理水平,是全国社会协商治理的"样板",既关系到城市整体治理水平的提升,也关系到社会主义协商民主和国家治理现代化的战略实施。

---

① 《中共中央关于加强和完善城乡社区治理的意见》,中国政府网：http://www.gov.cn/zhengce/2017-06/12/content_5201910.htm。

第一节 社区协商治理：
体系现代化与行动协商化

20世纪90年代开始，我国城市基层社会治理格局逐渐从单位制转型为社区制。单位制就是计划经济体制下的社会管控体制，街道和居委会作为单位制的补充，只是国家自上而下进行纵向社会管控的"腿脚"；社区制是伴随着市场经济而来的社会分化的必然要求，是国家顺应民众自下而上的自治需求，偏重社会横向整合的新型基层自治体制。**社区协商治理就是指城市基层党组织、街道政府和社区自治组织在社区场域内**[①]，**通过一系列协商平台，引导居民就社区公共事务进行广泛而理性的讨论协商，从而对社区公共事务进行有效治理的方式**。社区协商治理的主体包括街道党工委、街道办事处、社区党组织、居委会、社区服务站、社区社会组织、物业公司、业主委员会、居民以及驻区企事业单位等。社区协商治理的对象是社区公共事务。社区协商治理的主导机制是民主协商，既包括社区各治理主体之间的协商，也包括它们与城市基层政府之间的协商。

一、提升社区协商治理体系现代化水平

国家治理现代化包含国家治理体系现代化和国家治理能力现代化两个维度。国家治理体系是指由治理主体、治理方式和治理机制等构成的治理系统，国家治理体系现代化则指治理主体的多元化、治理方式的民主化与

---

① 鉴于我国目前市域范围内同时存在着街道办事处和镇政府，它们分别下辖居民委员会或村委会，从改革趋势来看，全国各地都在逐步推进"村改居"工作。因此，本章所涉有关论述，不区分街道办事处和镇政府、居民委员会和村委会，一般情况下统称为街道办和居委会。

法治化、治理机制的协同化。国家治理能力现代化是指国家治理体系的高效和良性运作，既能有效维护社会秩序，又能有效激发社会活力。体制吸纳力、制度整合力、政策执行力是国家治理能力的三个重要方面。具体到社会治理领域，治理能力现代化是国家与社会共建共治共享的能力。[①] 2020年，我国城镇化率已经超过60%，城市社区是当代社会治理中，国家与社会最主要的交界面。社区虽小，"五脏俱全"，街道（镇）、居委会、社区社会组织、企事业单位、居民等多元主体全面涵盖了政府、市场、社会三大领域，社区处于国家正式权力的末梢，社区自治是国家的基本定位，社区协商治理是主导逻辑。社区协商治理坚持了党的领导核心地位，又撬动了社会各主体治理力量，能够实现对体制外力量的吸纳与整合。因此，在社区治理层面，社区协商治理内在地契合了国家治理体系和治理能力现代化的本质要求。

第一，在治理主体方面，社区协商治理就是要培育和吸纳社区多元治理主体。现代社区治理以民主、参与、自治为核心原则，内在要求培育更多的社区社会组织，引导和激活居民、社区社会组织、驻社区单位等各种主体参与社区公共事务的能力。按照社区协商治理的理念，居民不仅是社区治理的对象，更是社区治理的主体，是实现社区自治这一社区治理根本目标的主要力量。居民的主体性不是天生的，是需要通过广泛的参与治理的实践锻炼出来的，社区事务天然与居民的生活息息相关，利益的紧密关联使得居民有足够的动力参与社区治理的决策与执行。现代社会是一个组织化社会，社区居民参与治理不能是一个个孤立的个人化参与，那必将是低效率，甚至是混乱的，不符合国家引导公众有序参与的治理宗旨。社区居民的参与需要以社区社会组织为主要载体。社区社会组织是居民自发性的自治组织，它既可以筛选、凝聚、整合居民的诉求，又连接着基层政府，在反映诉求、传达政策、缓和矛盾、调解冲突、提供服务、培养自治等各个方面，扮演着不可或缺的角色。改革开放前，街道和居委会只是单

---

① 袁方成：《国家治理与社会成长：中国城市社区治理40年》，上海：上海交通大学出版社2018年版，第47—50页。

位制的拾遗补阙角色，单位兼具生产、管理、服务等各个功能，形成一个个封闭的小系统，与社区相互隔阂。随着改革开放的逐渐深化，单位制慢慢解体，原先单位提供的各项服务社会化，转移到了社区，社区与各驻社区单位相互开放边界，互通有无，互相协助。驻社区单位演变成社区治理中必须重视的多元主体之一，它们与社区通过区域化党建、社区共建等方式，广泛贡献单位的人、财、物等资源，协助社区提供服务，协调矛盾，有效增进了社区治理效能。

第二，在治理方式方面，社区协商治理就是要将命令式治理转变为民主化治理，把社区人治转变为社区法治。随着社会流动的加快，社区居民成分越来越多样化，社区直接面向居民，居民多样化、差异化的需求与诉求，都不是原先命令式、科层化的自上而下管理体制可以有效应对的，社区治理只能采取民主化的需求反馈、问题处理与利益诉求方式。社区协商治理以民主参与为核心手段，居民事务居民讨论、居民事务居民决策、居民事务居民执行是其具体表现。社区法治当然要遵照国家法治框架，但并不意味着凡事都要在具体法条上寻求依据，社区规章制度、社区社会组织章程、村规民约等等，都是社区治理可以遵循的规范。

第三，在治理机制方面，社区协商治理就是要塑造基层政府、社会力量、市场力量三者协同治理的有效机制。社区协商治理当然要告别政府单打独斗的老习惯，但不是要拒绝政府的介入，反而必须始终坚持党的统一领导和政府的主要责任地位。社区协商治理要培育社会组织、借力市场力量，打造一个政府、社会与市场三足鼎立、协同共治的"善治"局面，政府起到核心作用，但不大包大揽，市场积极承接政府服务，但不唯利是图，社会积极协同和监督政府，但不与政府对立对抗。在社区协商治理中，不仅是官民协同，政府部门之间、社会力量之间、社会力量与市场力量之间也都要协同合作。2021年颁布的《中共中央、国务院关于加强基层治理体系和治理能力现代化建设的意见》明确指出："除党中央明确要求实行派驻体制的机构外，县直部门设在乡镇（街道）的机构原则上实行属地管理。继续实行派驻体制的，要纳入乡镇（街道）统一指挥协调。"① 就政府部门而言，赋予街道办事处整合与统筹社会治理职能的权力，经济管理职能可以回收到区政府或者市政府，但社会治理和公共服务职能应该直接下放到街道办事处，减少"条条"的干预，增加"块块"的权限。就社会力量而言，社会力量当然可以有竞争，但社会力量的根本性质都应该是社会利益至上，社会服务是非营利行为，社会力量的竞争只能是促进公共利益的良性竞争，而不是你赢我输的恶性竞争。就市场力量而言，追求利润无可厚非，但社会服务并非利润至上的纯经济领域，而是社会利益主导的半经济领域。政府应该对市场提供的社会服务进行价格管制、服务过程监督、服务效果评估，监管相关市场主体的恶性竞争行为。

二、推进社区治理行动协商化进程

从我国社区治理的功能定位出发，也能得出社会协商治理的必然性结论。从国家的角度看，国家把社区定位为行政区划的最小单元；从社会的角度看，社会把社区定位为居民生活共同体。二者在组织体系、运行机制、主体功能等方面都有显著的差异。"前者服从于巩固国家基层政权、实现国家对社会基层的有效管理的目标，由国家权力推动自上而下地建构起来，具有较为清晰的管理层级、严格的管理规则和明确的管理职能，体现并实施国家意志；后者是服务于特定地域上的城市社会个体和群体的生活需要，以其对社区的认同和归属感为基础，组织架构是自下而上自主发展的结果，组织间并没有严格的功能边界和隶属关系，更侧重于组织和群体内部相互之间的自助和互助服务，自治色彩较为浓厚。"② 国家自上而下

---

① 《中共中央、国务院关于加强基层治理体系和治理能力现代化建设的意见》，中国政府网：http://www.gov.cn/zhengce/2021-07/11/content_5624201.htm。

② 袁方成：《国家治理与社会成长：中国城市社区治理 40 年》，上海：上海交通大学出版社 2018 年版，第 31 页。

的管理要求和社会自下而上的自治要求，只有政社合作的社会协商治理方式才能实现有机整合。

与西方国家不同，我国的城市社区不是国家与社会二元划分的边界，而是"具有相互摩擦力的接触面"①，国家借助社区将一系列社会政策贯彻落实到底，社会也通过社区将居民的诉求反馈给国家。与党的十八大前国家对社区"坚硬"的管制也不同，"社区协商民主为解决好城市社区的治理问题，将国家与社会的关系由'履带式'的硬碰硬转变为'轮胎式'的柔软接触，为将政府治理落实到'最后一公里'提供了典范效应。"② 相比于高层级协商民主，社区层面的协商民主最主要的功能就是治理功能，或者说社区协商治理就是社区协商民主最主要的表现形式。我国的人民代表大会制度实行的是逐级间接选举，社区居民只选举区人民代表，社区协商治理也就成为居民实践社会主义民主最主要的领域，集中体现了社区居民当家作主的主人翁地位，是训练和提升社区居民民主素养最好的机会。从具体的治理功能来看，社区协商治理是解决当前我国城市基层管理制度从街居制转型为社区制后一系列治理难题的必由之路。

首先，通过社区协商治理理顺社区多元治理主体的关系。在传统街居制下，城市基层治理奉行的是社会管理模式，政府是单一的管理主体，居委会和社区都是政府的"腿脚"，具有明显的行政化色彩。在现代社区制下，社会管理转型为社会治理，街道办的管理职能淡出，服务职能凸显，居委会和社区日益获得自主性，真正成为居民自我管理、自我教育、自我服务的组织平台。除了政府，社区社会组织、居民、驻区企事业单位，都成为治理的主体，并日益获得与政府平等协商合作的地位。在此背景下，只有社区协商治理能够理顺社区多元治理主体的关系，发挥出各治理主体的合力，社区协商治理必然是新时代社区治理的主导逻辑和运行机制。

---

① 呼连焦、刘彤：《社区协商民主：新时代社会治理的发展路径》，载《哈尔滨工业大学学报（社会科学版）》2018年第4期，第2页。

② 呼连焦、刘彤：《社区协商民主：新时代社会治理的发展路径》，载《哈尔滨工业大学学报（社会科学版）》2018年第4期，第2页。

其次，通过社区协商治理有效治理社区公共事务。在传统街居制下，街道办、居委会、社区充当着城市基层治理上传下达的通道，行政力量是社会管理的主要力量，行政手段是主要方式。随着社区制的改革完善，居民自治成为社区公共事务治理的基本原则，行政力量淡出，行政手段退居为"最后一着"，社区各治理主体的协商自治跃居一线地位。社区协商治理包括决策型治理、议事型治理、调解型治理、监督型治理，涵盖了社区公共事务治理的各个环节。

最后，通过社区协商治理实现居民自治、德治、法治的"三治融合"。正如前述，社区协商治理是国家治理现代化的基础场域。党的十九届五中全会要求，健全党组织领导的自治、法治、德治相结合的城乡基层治理体系。"三治融合"需要一个基础性制度平台，就是社区协商治理。城市居民具有较高的参与治理诉求和能力，可以通过协商治理机制充分发挥自治积极性和创造性。德治本质上是自律为主、他律为辅的治理机制，自上而下的行政命令很难达到德治，只有居民间平等的、紧密的、良性的互动，才能发挥道德模范的作用，激励先进，鼓励后进，协商治理是德治的本质要求。理性化、制度化协商是协商治理成功的关键，法治是协商治理成功的制度保障。因此，做好城市社区协商治理实践，才能给农村协商治理、企事业单位协商治理、社会组织协商治理提供范本。

我们可以以上海为例。上海市作为超大型城市，在20世纪90年代率先开始了社会治理创新的探索，罗山市民会馆是其中的典型，其"政府支持、社团管理、市民参与"的新型管理机制，在浦东、上海乃至全国是第一家。罗山市民会馆的正式名称是"浦东新区金杨新村街道社区服务中心"，1996年2月正式开放，占地面积达五千余平方米，以敬老院、市民休闲中心和"999"市民求助热线为三大主要服务类型，主要面向新村街道提供社区服务，随着会馆的发展，日益扩展到其他社区，并辐射到浦西。

罗山市民会馆最典型的特色就是多元化的协商治理机制，采取了公办民营的运作模式，政府主导、街道协作、各方参与、社会组织管理。浦东新区社会发展局、浦东新区社会发展基金会、上海基督教青年会和原罗山新村街道（后改为金杨街道）共同创办。浦东新区政府定位于投资、监督和服务，罗山市民会馆投资总额达450万元，浦东新区社会发展局提供了260万元，超过50%，并提供了一个闲置的幼儿园作为会馆的馆址。原罗山新村街道处于协作地位协助青年会管理运营会馆，共同为市民提供社区服务，也提供了一个闲置的托儿所供会馆使用。在社会组织中，浦东新区社会发展基金会提供了90万元，青年会不仅提供了100万元，也负责会馆的日常运营、项目设置与调整、人员安排等。

罗山市民会馆的最高决策机构是市民管理委员会，由市民代表、居委会代表、街道、劳保局代表、浦东新区社会发展基金会代表、青年会代表共同组成。社会发展局作为政府公办的代表，与民营代表青年会签订会馆托管合同，授权青年会独立经营会馆。街道办事处作为政府与社区的中介，贯彻浦东新区政策并协助青年会和社区开展会馆服务。青年会主要承担馆运营责任，依托会馆提供敬老、市民休闲、托儿服务、市民生活学习用品调剂以及其他临时性的市民服务，并且寓治理于服务之中，引导和锻炼市民的自我管理、参与治理能力。会馆通过"999"市民求助热线，组建了一支100多人的志愿者队伍，面向全浦东提供服务，有效培养了市民的公共意识和社会责任。

第二节　有效激发社区协商治理潜能

改革开放40多年以来，我国城市社区治理经历了转型、建设和治理三个阶段，相应地社区治理重心也从硬件建设、体制改革发展到社区行动，目前方兴未艾、如火如荼的社区治理现代化进程正是处于"以居民为中心"的社区行动阶段，该阶段的重点和难点就在于充分发挥和激活社区各治理主体的内生动力，让社区协商治理真正运转起来。

一、提升社区组织化水平

马克思主义主张"社会有机体理论",社会是一个在一定自然环境中通过人类实践活动生长壮大的居民共同体。这应该是我们进行社区建设的指导思想。从"社会有机体理论"出发,我们可以得到两个推论:一个是社区是可以建构的,因为人类实践是能动性的而非被动性的,另一个是社区内生力量必须是社区建构的主体,只有内生于社区有机体的力量最了解社区的真实状态和需求,外部力量只能指导、启发社区内生力量,而不能取而代之,否则都是不可持续的。当前加强基层社会治理,不少地方政府于是按照传统思维,以"社会"太弱为理由,政府建设"社会",这样最好的结果充其量就是建设了一个"行政化社会","社会"自身的自我组织、自我治理的能力并没有得到开发。在社区协商治理框架下,政府应该尊重、开发、引导社会的自治力量。

其一,政府只要给社区居民和社区社会组织必要的自主空间,就能激活社区居民的主体性和能动性。反之,社区居民长期依赖政府,终将导致政府不堪重负,进而将社区冲突的焦点引向自身,有损政府的公信力和权威。

其二,社区协商治理的理想状态就是"强政府强社会",党和政府牢牢把方向,稳大局,社区自治力量在此前提下,放开手脚自主治理。摒弃二元对立思维,政府充分购买社会组织服务,社区充分理解和支持政府工作,政府与社会完全可以创造"双赢"局面。

其三,我们已经到了不断激发社会自我治理潜力的阶段,具备一定的经济实力之后,社区居民不再只是满足于城市里的立锥之地,日益追求社区的美好生活,居民的社会性逐渐超越经济性,成为推动社区自治的主要动力,社区社会组织也广泛发展起来,成为社区自治的主力军。

其四,我们同时到了迫切需要社区建设的阶段,全面深化改革过程中,经济、政治、社会正在经历深度转型的关键时刻,单靠政府的力量无法应对,依靠市场的力量又容易损害社区治理的公共性和公益性,作为社区治理的"三驾马车",社区自治力量这一环亟待弥补。

改革开放四十多年来,经济领域的深刻变化推动了社会领域的结构性变革,社区的居民构成、人口流动、居民需求、居民组织等方方面面都出现了日新月异的变化,不仅原先的单位制,还是后来的街居制,这些治理架构都已经跟不上社区和居民的美好生活需求,核心问题就是社区组织结构与社会变迁的严重脱节。社区居民关系冷漠、一盘散沙的无组织状态,正是社区陷入"不可治理状态"的症结所在。现实的社区生活往往出现两个鲜明对比,一个是居民仍然习惯于传统思维,认为社区的事就是政府(居委会)的事,凡事等、靠、要,等不来、靠不了、要不到,就都归咎于政府,这部分社区居民参与性很弱,依赖性很强。另一个是社区中又确实有一部分积极主动的参与力量,但缺乏合法的组织平台,不能凝聚人心和力量,潜在的动能发挥不出来。城市社区中,还有一种特殊的社区,就是城市郊区中快速拆迁合并的新社区。原先的城市郊区多为城乡结合部,居民流动性比较弱,保留了较多熟人社区的色彩。但由于快速的城市化进程,拆迁合并、异地安置、货币安置等使得原有的社会联系被切断了,熟人社区快速陌生化,货币化、商品化,社区主导逻辑——情感逻辑被市场逻辑的取代。新型合作组织建立不起来,居民合作变得日益困难。同时,商品化住宅小区不再提供种菜、饲养的条件,居民生活再也不能自给自足,又无法迅速找到新的稳定经济来源,生活成本越推越高,部分居民出于生计或者私心,占用公共资源为己所用(比如占用绿地种菜),不承担应有的物业义务,把责任一味推给他人、社区或者政府。以上这些,都导致社区共同体的弱化甚至瓦解。

因此,从组织社会学的角度来看,当前社区建设的重点就是社区再组织以及在此基础上实施社区提升,使社区从"被动社会"转变成"能动社会"。社区再组织就是"改革原有的缺少社会活力的组织结构,寻找新的社会力量,提高组织的代表性和自治能力"[1],关键是在社区居委会之外,

---

[1] 李强等:《协商自治·社区治理——学者参与社区实验的案例》,北京:社会科学文献出版社2017年版,第16页。

充分挖掘和动员社区居民自治力量，通过社区社会组织的方式，织密社区组织网络，赋予居民以组织归属感和效能感，一定程度上将社区的"陌生人社会"改造为"熟人社会"，告别"不可治理状态"，增强社区凝聚力和治理力。

社区社会组织属于社会自组织。从组织社会学的角度看，社会自组织的形成过程包括了以下五个关键环节：一是在特定事件、情感或者人物的影响下，人们逐渐聚集，社会网络的连接点日益增多，人际关系日益密切；二是人群聚焦产生小团体，团体内部连接点快速增加，团体成员相应地疏远了外部人群；三是团体内部认同感逐渐形成，成员的团体意识增强；四是团体目标日益显现并明确，成员围绕着团体目标开展集体行动；五是团体规范逐渐演化出来，团体进入规范化、可持续发展阶段。自组织能否进化成功，关键是能否形成团体内部的信任、声誉和互惠机制，也就是说，自组织就是一个培育和开发社区社会资本的过程。社区社会资本包括社区信任、规范与关系网络，是社区建设的本质性要素，其存量高低是影响居民参与效能的关键因素。高含量的社区社会资本造就真正的社区共同体，人们相互信任，相互支持，基于共同的意愿，共同关心社区公共事务，通过社区集体行动把居民凝聚与团结起来。

社区社会组织主要提供社区公共服务，也是社区协商治理的重要主体，属于国家大力鼓励优先发展的社会组织类型，社区社会组织只要挂靠社区，直接登记即可，不必进行双重管理。社区社会组织的发展不仅需要居民的广泛参与，当前起步阶段，特别需要政府引入具体孵化功能的专业社会组织，建立社区社会组织孵化平台，激励和引导社区社会组织向规模化和专业化发展。社区社会组织孵化器一般由基层官员、居委会代表、专业社会组织、居民代表等构成，由政府提供孵化基金，整合各方资源，由专业社会组织进行社区社会组织能力建设，重点培训社区社会组织参与社区协商治理、承接政府公共服务、提升社区建设水平的能力。

社区社会组织孵化平台的主要功能包括：第一，挖掘社区治理能人。所谓的治理能人，指的是那些具有某方面特长，能够团结带领一个团队，并积极参与社区治理的能人。社区治理能人是社区社会组织的发起人、领导核心和组织灵魂,培育社区社会组织就是要关注社区治理能人动员、形成核心团队的过程,由"大能人"带动和集结多个"小能人",逐步扩大社区社会组织规模。第二,激发社区社会组织自治活力。一般来说,每个社区总会自发形成若干社会组织,但绝大多数属于互益型(自娱自乐)文化娱乐组织,参与社区治理的能量处于休眠或者压抑状态。通过孵化器提供的协商治理培训和陪伴式辅导,逐步转变它们的组织理念,从互益性向公益性社会组织蜕变。第三,实现社区协商治理。引导社区社会组织积极参与基层政府的协商治理工作,承接政府公共服务购买项目,提升社区协商治理水平。

社区社会组织孵化平台成功的四个关键点包括:第一,本土性。孵化出的社区社会组织必须立足于满足本社区居民的生活需要,解决本社区问题,发展壮大以后,可以向其他社区拓展,但不能一开始就好高骛远。第二,扎根性。社区社会组织的领导人与核心成员必须以本社区能人为主,与社区居民保持比较长久的、良好的互动关系,为社区居民提供可持续的服务。第三,规范性。在专业社会组织的指导下,根据国家相关规定,进行规范化的社会组织建设,开展规范化的活动,社区社会组织一般以项目化管理的方式运营组织。第四,功能性。社区社会组织不仅为居民提供社区服务,而且注重激发社区居民参与社区建设的积极性和创造性,以社会组织为主要载体,弥补社区治理中社会力量缺位的不足。

在社区协商治理过程中,街道和居委会承担着对社区社会组织进行支持、服务和引导的功能,公益微创投是一种非常有效的方法。所谓的公益微创投,就是微小资金量的公益创投(几千到上万不等),由区政府或者街道拨出专款设立创投基金,社区社会组织利用自身所长,以项目的方式申请基金,完成相应任务。公益微创投引入了市场的风险投资理念,但摒弃了营利性,强调公益性,不仅提供资金支持,还强调由政府引入专业社会工作者为资助对象提供能力建设和技术支持。鉴于绝大多数社区社会组织都缺乏启动资金,公益微创投是孵化社区社会组织非常重要的一环,政府在提供资助的同时,也能够有效引导社区社会组织在一开始就朝着政府希望的方向发展。社区社会组织申请创投基金的过程中，由政府、专家、居民代表等组织评委会进行评选；项目申请成功后，政府组织专业性社会工作人员指导项目实施，引导项目发展；结项时，再次由政府组织验收，验收结果作为下一轮公益微创投和社区社会组织承接政府购买服务的关键评选指标。

二、培育和扩展社区与居民的治理主体性

在计划经济时期的单位制下，社区只是单位制的补充；在改革开放前期的街居制下，社区经常充当街道"腿脚"。这两个时期，社区的政治性彰显，自治性和主体性薄弱。改革开放进入新时代，社区日益回归生活共同体的本质属性，政治色彩相应地逐步消退。社区治理的资源不再单纯依靠政府自上而下的输入，社区治理的内生主体性日益生成。这种主体性首先体现为社区作为基层自治组织的自主性与自治性，同时社区的主体性一定又要下沉和落实到社区居民的主体性。在社会协商治理体系中，社区主体性与居民主体性正是社区协商治理成功的关键。

居民生活共同体是社区的本质属性，也是社区与政府机构和市场组织本质的区别。社区既没有国家权力高强度的干预，也不流行市场主体的经济利益至上观念，它是以居民之间相互依赖关系和情感认同为基础的社会关系实体。这一本质属性决定了社区治理必须以社区为本位，而不能以外在的政府需求或者市场定位为本位。然而，我国当代的城市社区早已不再是单位制下同行同业、朝夕相处的"熟人社区"，而是快速城市化和高速流动化背景下的"半熟人社区"乃至"陌生人社区"，近年来，中央力推的户籍制度改革更是加快了社区多元化与异质化的进程。单是社区的类型，我们就可以判别出如下多种：老城区内传统社区，单位制遗留下来的福利房社区，新开发的商品房社区，安置房社区，商品房—回迁房混合社区，城市快速扩张过程中产生的"农转居社区"，城市化不均衡导致的"城中村"社区，等等，不一而足。因此，我们强调社区协商治理必须坚持以社区为本位，就必须强调社区治理应该十分注重区别各种类型社区的

具体情况,切忌"一刀切"。只要根据社区的客观实际,探索适应各自社区内在需求的治理模式,才能真正实现居民的美好生活。

根据《中华人民共和国城市居民委员会组织法》,居委会是社区自治的法定组织,是国家与社会、政府与居民之间的中介组织。以社区为本位的社区协商治理,一方面,必须强调让居委会摆脱不该有的行政职能,回归自治组织的本位;另一方面,必须加强居委会对于社区各治理主体的协调能力,促进社区治理资源的生产与调配。其中,政府应该促进资源下沉,赋予居委会足够的资源,培育和引导社区社会组织,为其提供资金、人力和场地支持,通过这些社区社会组织分担社区治理任务,更好地回应居民需求。

社区本位的治理,必然要落实到居民。广大居民参与社区协商治理的积极主动实践是社区协商治理的内生动力。鉴于我国长期缺乏城市社区自治的传统,社区居民相当薄弱的自治意识和相当欠缺的自治能力,社区协商治理必须通过社区居民领袖和社区社会组织的带动才能有效开展。在这两者的带动下,社区居民个体或者集体可以通过辩论、协商、合作等多种方式,不断提高参与治理的频度和广度,更重要的是,持续的参与以及日积月累的治理成效,能够显著提升居民参与协商治理的效能感,在增进社区归属感和认同感的同时,增强居民的治理主体性。居民主体性的增强,集中体现在居民高效能的参与行动和高品质的居民自治,而居民能否高效参与,取决于居民所参与事务与自身利益的关联程度。具体来说,可以通过以下措施增强社区居民的治理主体性。

第一,营造社区协商治理的氛围。一方面,广泛宣传社区自治与社区协商治理相关的法规政策,加快推进社区事务公开,让居民随时随地可以很方便地掌握社区动态,将自己有效"带入"社区治理的氛围之中。另一方面,善于挖掘和培养社区协商治理骨干,充分发挥其治理带头作用和社区与居民之间的桥梁作用,引导居民理性参与、正向参与社区治理。

第二,拓展居民参与渠道和方式。一方面,广泛搭建各种居民参与的平台,普遍建立社区各个群体的微信群、QQ群、公众号,及时收集民意民情,开展定期驻点、周末宣传、便民服务日、业委会接待日等多样活动,实现线上线下双向互动。另一方面,按照社区治理的相关法律法规、规章制度,制订社区协商治理的具体细则,定期开展居民议事会议、居民恳谈日、居民民主会议等,培养居民参与协商治理的习惯。

第三,持续强化居民参与动力。社区党组织、居委会等社区协商治理的引领者在一开始就选择与居民具有高密度利益关联的社区公共事务,才能够由外而内推动居民参与治理,在充分保证协商治理成效的前提下,居民的参与潜能被有效激活,由外而内的推动力就能逐步转化为由内而外的主动力,从而建构起居民参与社区协商治理的主体性。可以采用社区居民积分制度,将居民参与社区治理的行动量化,形成积分,居民可以按照积分兑换社区公共服务或者生活物资,评选社区先进典型。

三、营造社区协商治理的良好环境

社区协商治理需要良好的社区政治生态。社区协商治理是一个广泛、开放、理性、务实的治理过程,其目的是形成共识,促成集体行动,达成社区公共利益的最大化。从这个意义上,社区协商治理相比于社区选举,更需要一个风清气正、开诚布公的社区政治生态。社区政治生态是社区各治理主体在长期互动过程中形成的一种整体的政治发展状态和政治文化。社区是我国基层群众自治的主要场域,社区虽小,但与每个人都息息相关,社区政治生态浓缩着党风和政风,直接影响着广大群众对党和政府形象的直观体验。然而,党和政府的治理力度在经过层层传导后,到达社区层面时难免被削弱。笔者调研发现,目前社区政治生态存在的问题集中反映在两点:一是"懒政",二是"微腐败"。因此,塑造良好的社区政治生态,应该注意以下几点:

首先,要旗帜鲜明、持之以恒地反对社区"微腐败"。习近平总书记在十八届中纪委第六次全体大会上特别强调:"相对于'远在天边'的'老虎',群众对'近在眼前'嗡嗡乱飞的'蝇贪'感受更为真切。'微腐败'也可能成为'大祸害',它损害的是老百姓切身利益,啃食的是群众获得感，挥霍的是基层群众对党的信任。"① 一个有效的措施就是利用互联网平台，将社区权力关进"笼子"里，通过社区公众号、微信群、QQ 群等，将社区财务收支、低保评议、社区维修、社区公共场所租赁等敏感事务广而告之，打造"阳光社区"。

其次，全面从严治理社区党组织。社区党组织是党在最基层的代表和战斗堡垒，是社区协商治理的领导者，扮演着社区"元治理"角色。一方面，要加强社区党组织的党风建设，坚持民主集中制和党务公开制度，另一方面，要注重以党内协商民主带动社区协商民主，基层党员干部带头树立协商治理意识，增强协商治理能力。

再次，全面落实社区权责清单。清晰界定街道办事处和社区的权责范围，明确街道办事处主要承担服务功能，充分保障社区自治，划定社区权责清单，杜绝社区继续充当街道办的"腿脚"。社区权责清单应该针对每一项权责都明确执行程序和责任人员，成为社区考评小组，定期和不定期对社区权力运行进行全过程监督，建立健全社区权责问责机制。

社区协商治理需要良好的社区公约保障。《城市居委会组织法》是我国社区自治的基本法，但是这个国家"硬法"（国家正式制度）只能在宏观层面提供社区自治的制度保障，具体的自治落实需要民间"软法"（民间非正式制度）的支持。社区公约就是典型的民间"软法"，是社区协商治理不可或缺的基础性制度保障。社区公约建立在居民意愿与社区情况之上，相较于正式法律制度更具灵活性和适应性，也更容易获得社区居民的认可与配合。事实上，社区公约立约与履约的过程，就是居民协商治理的过程。

其一，要夯实民意根基，做好立约工作。社区公约一定要"接地气"，可以有原则性的、政治性的、宏观性的表述，但公约主体内容必须坚持问题导向，将社区"老大难"问题（楼道安全、车辆停放、乱堆乱放、宠物规范、敬老养老、儿童教育、居民纠纷等）纳入其中，经过普遍协商后，

---

① 习近平：《习近平谈治国理政》（第 2 卷），北京：外文出版社 2017 年版，第 167 页。

形成公约条文。

其二，宣传社区公约，贯彻公约条文。社区公约必须经过居民代表大会审议通过，并以多种方式确保宣传到户到人。社区公约就是社区协商治理的"母法"，本社区其他一切社区组织的所有治理规范都不能与社区公约相冲突。

其三，探索治理创新，扩大社区民主。在社区公约的基础之上，进一步探索院落、楼宇、单元、社团自治等新型治理形式，积极引导居民广泛参与到社区的常态化治理与志愿服务之中，对社区协商治理的先进分子进行表彰，对落后分子进行灵活性的教育，逐步树立社区公约的权威地位。

社区协商治理需要配备必要的社区公共空间。协商比选举更加要求足够的公共空间，既可以是实体公共空间，也可以是虚拟的互联网公共空间。但相对而言，面对面的讨论协商具有更加关键的地位，因此，社区协商治理一定要在实体公共场所进行，切忌以"互联网+"的名义，盲目将社区协商全部虚拟化。目前，我国新建小区均要求设计和预留充足的社区公共场所，老旧小区也大都腾出了必要的空间。正如前述，社区协商治理是社区治理的主导逻辑和运作机制，社区公共事务基本上都要按照协商治理的方式进行治理。因此，在社区公共空间的设计上，应该把社区协商作为一项日常工作加以设计，而不是偶尔开一次协商会议，临时摆几个展板，挂几个标语。社区协商场所应该体现必要的仪式感，张贴社区协商规则，营造协商文化，增强协商氛围。

第三节 完善"党领共治"的嵌入式社区协商治理机制

2021年，《中共中央、国务院关于加强基层治理体系和治理能力现代化建设的意见》强调："坚持党对基层治理的全面领导，把党的领导贯穿基层治理全过程、各方面。"① 社区协商治理不是一个纯粹的社区自治领域，而是政府治理同社会调节、居民自治良性互动的领域，基层党组织领导下的多元共治（"党领共治"）是其根本要求和基本特征。

一、突出社区党组织的结构整合和协调运作功能

在社区治理格局中，居民委员会（居委会）、业主委员会（业委会）和物业公司成为社区治理的"三驾马车"，分别对应着政府、社会与市场三大治理主体。2013 年，党的十八届三中全会以后，社会治理领域全面深化改革的方向就是将社会治理重心不断向城乡基层下移。其中，市域基层社会治理日益受到重视，社会治理重心下移的最终承接着就是社区，社区治理改革与创新的聚焦点就是党建引领下的多元共治，简称"党领共治"。多元共治是治理理论的核心议题，正如前述几章所言，在 20 世纪 90 年代末，治理理论传入我国后，社会治理领域的多元共治创新就不断涌现，成为社会治理创新的主流方向之一。然而，基层社会治理创新并非简单增加几个主体，关键在于多元主体的结构整合和协调运作。因此，党的十六届四中全会在关注到多元共治潮流的同时，进行了社会管理格局的顶层设计，强调的就是"党委领导、政府负责、社会协同、公众参与"，党委的领导地位和社会的协同地位正是中国特色社会治理创新的特征和要求。党的十八届三中全会将"社会管理"革新为"社会治理"，遵循的仍然是这一总体思路。

突出党委的领导地位，根本在于这是中国特色社会主义的本质特征和独特优势，具体到基层社会治理领域，则是整合碎片化的治理结构与利益关系的必然要求。在现代社会治理中，城市社区是国家与社会最主要的交界面，社区治理中，应该十分警惕治理理论背后预设的关于国家与社会分立的价值立场，绝不能"将党的组织体系只是看作一种平行于行政和社会

---

① 《中共中央、国务院关于加强基层治理体系和治理能力现代化建设的意见》，中国政府网：http://www.gov.cn/zhengce/2021－07/11/content_5624201.htm。

的网络,忽视了其超越于社区管理的政治领导的功能"①。中国特色社会主义进入新时代,党的领导核心地位日益彰显,党在推进国家治理体系和治理能力现代化的过程中,从"后台"走到"前台",扮演着总指挥的角色。"政党在场"是我们在考察新时代"国家—社会"关系时,必须重点关注的特点。"在党领共治下,社区治理原有的三种治理机制——明确目标责任的科层代理机制、有限度的群众动员机制以及针对横向组织和团体的核心领导机制——被'党领共治'的协调性模式整合起来。"② "党领共治"中,党的领导是政治红线,党对社区治理的领导核心地位是绝对不容挑战的,只能改善和增强,不能变通和削弱;社区自治和多元共治是界限,党的领导绝不意味着党包揽一切,只要确保党的领导,多元化的治理主体就可以充分参与到社区治理中,合理合法地追求和实现自身利益,共同促进社区利益。

加强社区党组织对社区协商治理的领导核心作用。社区党组织应该在讲政治的高度充分认识社区协商在社会主义协商民主中的基础性地位,自觉担当引领和推进社区协商治理的使命,制定和落实社区协商具体制度,统筹协商社区多元治理主体间的关系,引导和把控社区协商程序,确保和监督社区协商决议的实施。社区党组织主要负责社区党建工作,并非要以强制性的权力手段来干预社会各治理主体的自治工作,而是通过党建的纽带,加强政治意识,凝聚合作共识,统筹和组织各类治理主体,共同参与社区协商治理。社区党组织要将新时代社区党建与社区协商紧密结合起来,以党建引领协商,以协商促进党建,把社区协商作为新时代走好群众路线的基础性工作方法。社区党组织要注重整合社区内各种人、财、物资源,充分发挥在社区中的桥梁和纽带作用,充分调动各治理主体参与协商的积极性,通过社区协商制度化建设,稳步推进社区协商的常态化,不断提升社区协商实效。

----

① 朱健刚、王瀚:《党领共治:社区实验视域下基层社会治理格局的再生产》,载《中国行政管理》2021年第5期,第7页。

② 朱健刚、王瀚:《党领共治:社区实验视域下基层社会治理格局的再生产》,载《中国行政管理》2021年第5期,第9页。

新时代党建引领社区治理，要实现党建与社区治理的有机统一，要注重将党组织以人民为中心的核心价值观与社区以居民为本位的治理价值观相融合，用党组织的先进价值观引领社区文化建设。这里的文化建设不是狭义的文化形象和文化产品，而是广义的社区价值观念。客观来说，当前的社区虽然具有生活共同体的外观，但不是真正的生活共同体，要害就在于社区居民的价值理念高度分化，各自相互隔阂，很难形成正面的集体行动。党的十八大以来，党的建设力度持续加强，党风为之一振，党的先进性日益彰显，党的价值感召力与日俱增，将先进的党建方针政策融入社区文化建设，可以有效引导居民增强公共意识和道德水准。以社区党组织的党内民主带动社区民主，可以逐步锻炼居民民主协商能力，参与社区协商治理，实现党内民主与社区自治的有机结合。具体而言，可以采取以下党建思路：

第一，不断拓展党组织网络，实现党建全覆盖。一方面，社区党组织应该将下属党支部或者党小组向下延伸到社区楼院，建立起一个"街道党工委—社区党组织—居民党支部—楼院党小组"的党组织体系；另一方面，创新基层党建形式，以"支部+"的新兴方式，将党支部与行业企业、服务项目、楼栋庭院、互联网络有效联结，以党建撬动社会资源，以党建引领协同共治。

第二，扩大党内民主，带动社区民主。一方面，全面推行社区党员代表议事和评议制度，推进党内民主决策、民主管理、民主监督，把党内民主打造成为民主典范，引领社区民主；另一方面，以区域化党建的理念，建立健全社区党建工作联席会议制度，把驻在社区的各个企事业单位、社会组织通过党建网络联通起来，沟通信息，交流经验，互通有无，把分散的资源进行有效整合，实现资源共享与协商合作。

第三，配齐建强社区党员工作队伍，充分发挥党员先锋模范作用。一方面，大胆任用年轻党员干部承担起社区党建的领导重任，发现和培育一批模范党员和先进基层党组织，大量引进社区社会工作的专业人才，开展形式多样、生动活泼的社区党员志愿活动，刷新社区居民对于党员队伍的认知，增强党员队伍的责任感与归属感；另一方面，搭建社区党组织引领居民自治和社区协商治理的制度平台,把党员个体或者党小组充分嵌入社区治理的各种机制中,时时见党员,处处有党员,个个当先锋,实现基层党建与社区协商治理的有机统一。

二、健全党组织引领的社区协商治理制度

2015年7月,中共中央、国务院印发了《关于加强城乡社区协商的意见》,首次在国家层面上明确:"城乡社区协商是基层群众自治的生动实践,是社会主义协商民主建设的重要组成部分和有效实现形式。"[①] 随后,各省都已出台相应的实施意见,相当多的地级市也已出台相关实施细则,目前仍然比较缺乏的是县级以下的实施细则。笔者调研发现,各地的社区协商治理实践大多存在着协商与否随意化,协商内容和程序形式化、不透明,协商过程被主导,协商结果与最后决策不一致等问题。改进的重点是:要根据各地方的具体情况,建立健全社区协商治理的制度设计。第一,构建一个全覆盖无死角的社区协商治理制度体系,要求每一个社区都要结合自身特点,制定社区协商治理细则;第二,加强现有的社区协商治理制度中的程序性环节和监督性环节,贯彻社区协商治理"全过程民主"的要求;第三,普遍建立社区协商治理主体间的相互约束机制,重点是针对社区精英群体,制定相关的鼓励和约束机制,既充分激发他们的积极性和创造性,又防止他们单方面主导协商过程;第四,目前社区协商治理实施办法都是党委的红头文件,还缺乏足够的法律权威,各地方应该在普及推广实施的前提和基础上,充分运用地方性法规的权限,制定相应的成文法规。

社区协商治理平台主要表现为两种形式:一是政府主持的多方协商治理会议,二是民间自发的政社协商治理机制。政府主持的多方协商治理会议,参与主体包括社区党组织、居委会、社区工作站、派出所(片区民

[①]《关于加强城乡社区协商的意见》,中国政府网:http://www.gov.cn/gongbao/content/2015/content_2909255.htm。

警)、物业公司、居民代表、城管等。多方协商会议制度化和规范化程度比较高,定期举办,会议记录完整,并且可以列入基层政府和社区的工作考核指标。民间自发的政社协商治理机制,大多是由社区内部的热心而有威望的社区能人发起成立,退休老党员、老干部往往是社区能人的代表。比如杭州市嘉定区菊园新区嘉富社区的老年人自发形成了一个"阿奶聊天室",一开始只是老人们闲聊聚会的地方,但很多话题都涉及社区公共事务,一些社区能人们自然而然地崭露头角,获得了话语权和引导力,"阿奶聊天室"逐渐发展成为社区的民间调解室。居委会和街道也相继发现了他们的社会治理能量,主动将他们引导进入社区协商治理机制,成为社区调解的关键角色。社区专门为他们设立了规范化的调解场所,每周一到周五由他们自行安排值班。居委会和街道也多方宣传他们的调解事迹,大大增强了老人们的荣誉感和成就感,老人们一开始还积极准备向社区申请专项经费,但随着精神荣誉的提升,他们内部协商后一致同意放弃社区提供经济补贴的提议。

在社会协商治理框架下,社区议事委员会应该实行"议行合一"制,同时承担讨论、决策与执行的功能。民主协商的过程,具体划分为议题征集、协商讨论、决策、执行四个主要环节。议题征集阶段,面向全体居民征集共同关心的议题,一般通过"问卷星"之类的线上调查工具进行,但考虑到部分不熟悉手机电脑使用的老人、文盲等群体,也应该辅之以针对性的入户调查。在协商讨论阶段,应广泛使用"开放空间技术"、焦点小组等作为协商讨论技术,民主协商提出社区成员最为关心最为紧迫的若干事务。讨论结束后,可以立即或者随后做出决策。决策后,由全体议事委员会成员共同监督执行过程。社区居民议事委员会是真正的社区居民自组织,与"半行政化"的社区居委会不同,议事委员会落实了"居民事居民议,居民事居民做"的自治原则,居民的需求很直观地反映给各治理主体,更容易得到居民的理解与支持,社区问题基本上能得到有效解决。

推动社区协商治理规范化程序化运作,是确保社区协商治理成效的关键。具体应要注意以下几个方面:

第一,确定协商议题时应该注重科学性与民主性。议题选择合适与否,是社区协商治理能否成功的首要因素。社区协商治理的议题选择应该同时具备以下三个条件:首先是公共性,社区协商治理的对象是社区公共事务,而非私人事务。议题涉及的人数越多,公共性越高,反之,公共性越低。其次是利益相关性,社区协商治理的事务应该是涉及大多数人公共利益的事务,在当前社区协商治理刚刚起步、资源和经验都有限的情况下,那些利益关联性不高的事务,即使具备公共性,也不应该成为优先选择。议题关联的居民利益越多,利益相关性越大,反之,利益相关性越小。再次是可行性,协商议题应该是社区治理权限范围内的事项,社区也具备相应的资源去落实。在这三个因素中,议题的公共性与利益相关性是影响协商策略与协商效果的两个最为关键的因素。在具体的协商治理过程中,可以采取行政化、市场化、情感化、道德化四种协商策略,具体请见下表。按照议题公共性与利益相关性的不同组合情况,建议综合采取不同协商策略组合:高公共性、高利益性议题,以市场化策略和道德化策略为主,行政化策略和情感化策略为辅;高公共性、低利益性议题,以道德化和情感化策略为主,行政化策略为辅;低公共性、高利益性议题,以市场化策略为主,行政化、道德化及情感化策略为辅;低公共性、低利益性议题,则不属于协商治理的议题,属于私人事务。[①]

协商治理的四种策略

协商策略	具体做法	实施主体	社会基础	合法性来源	逻辑
行政化策略	照章办事	基层政府居(村)委会	正式权威	国家授权	法
市场化策略	额外利益补偿	基层政府	压力体制属地责任	考核倒逼	利
情感化策略	拉关系讲感情	亲戚、朋友	血缘与地缘人情与面子	社会约束	情
道德化策略	讲道理道德压力	民间权威	生活共同体	道义观念	德

---

① 郑永君:《农村基层协商治理何以可能——一个多案例的比较研究》,载《西南民族大学学报》(人文社会科学版)2020 年第 5 期,第 209 页。表格也来源于此,但引用时做了适当修改。

第二，筛选协商参与者时应该注重合理性与公正性。社区协商治理是一个开放的治理空间，与协商议题相关的居民、利益相关者、社会组织、市场主体、专业人士、政府官员等等，都是参与的对象。社区协商治理的参与者一般可以采取以下三种方式：一是自愿报名，在社区协商议题公开的阶段，上述诸多主体都可以自主报名参与，既可以是利益相关者，也可以是一般公众，如果人数过多，则利益相关者优先。二是特邀参与，主要是协商议题涉及的专业人士，以及相关的政府官员、人大代表、政协委员等。三是随机抽选，在那些涉及社区大多数公共利益的协调议题中，为了保证协商的公正性与代表性，可以按一定规则随机抽选参与者。

关于随机抽选，一般认为这是最为公正平等的选取方式，但事实上更多是一种程序上的公平，并无法充分保证实质上的公平。改革开放以来，我国社会日益走向多元化，相比于改革开放前高度同质的社会群体状况，当前社会各个群体之间的异质性与日俱增，表现在社区协商治理中，各个治理主体的参与积极性、知识和能力储备、时间和精力闲暇都有很大不同，比如，退休老人和家庭主妇最有时间，也往往最为积极，却不一定具备相应的知识和能力。因此，韩福国基于浙江和上海基层协商治理的实践，推荐了一个复式协商民主随机抽样结构（具体如下图），可以相当好地适用于我国当前异质性的社会群体状况。复式协商民主随机抽样结构主要区分了四大群体：全体利益相关者、积极参与者、专家与社会组织参与者和党政干部，在具体的协商议题中，可以根据议题的需要灵活调整四大群体的人数比例，进行复式分层抽样。① 自愿报名、特邀参与、随机抽选三种方式各有优缺点，在实际使用过程中，要根据社区协商治理的具体情况，综合采用三种方式，既能保证参与的有效性，又能体现参与的广泛性与平等性。

------

① 韩福国：《超越"指定代表"和"随机抽样"：中国社会主义复式协商民主的程序设计》，载《探索》2018年第5期，第78页。

第五章 社会协商治理的基础场域：社区协商治理

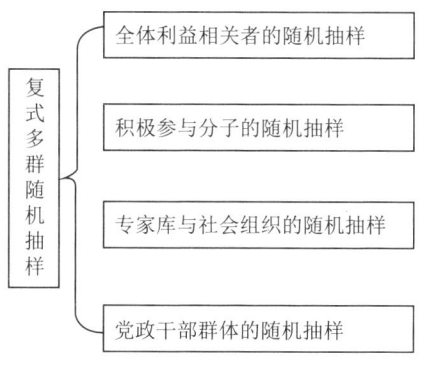

复式协商民主随机抽样结构图

第三，实施协商过程中应该注重有序性和有效性。社区协商治理过程是多元治理主体之间的沟通互动过程，参与者发言讨论，提出看法，表达诉求，进而影响公共决策。基层党组织和政府在社区协商治理中扮演着引领角色，但不应居高临下，应该尊重每一个参与者，做一个既善于倾听和总结，又能协调各方的"长者"。一般来说，基层党组织和政府作为协商会议的主持者，不仅要做好主持工作，还要务实回应、诚恳答复参与者的问题，消除他们的疑虑，同时鼓励不同观点的相互激发。

第四，决策阶段应该注重共识性与渐进性。社区协商治理的理想目标是在共识的基础上达成决策，但现实往往是协商多于决策。社区协商的首要目标应该是寻求共识，把协商看作各方相互沟通意见、倾听诉求、凝聚共识的过程，而非一味追求达成决议。如果意见分歧过大，无法达成共识，一种情况是协商过程暴露出很多预料之外的新问题，则搁置争议，重新论证，重新提出方案，重启新一轮协商，另一种情况是问题已经充分暴露，但在预料之中，决策可选方案也很明确，只是各方争执不下，那么则可以提交社区居民代表大会审议表决，做出权威性决策，避免议而不决，提高协商效率。

三、福州市党建引领社区协商治理的典范实践

笔者所在的福州市地处东南沿海发达地区，是我国最早开放的一批省

会城市之一。福州市的城市化进程及相伴而来的住房商品化进程都较早,基层社会分化重组较快,社区治理也更早更多地遭遇一系列难点痛点。其中,社区党组织政治功能弱化,党在社区治理中的领导核心、引领带动作用不足,居民自治程度不高,社会协同和公众参与不够,这些一度成为困扰全市社区治理的普遍性问题。党的十八大以来,福州市以军门社区为引领的社区协商治理新模式有效应对这些多样化挑战,走出了一条党建引领、多方参与、共治共享的"党领共治"社区治理新道路,显著提升了社区治理成效,社区居民的获得感和幸福感双双倍增。

军门社区是位于福州市最核心商圈——东街口商圈的老社区,总面积约0.18平方公里,现有楼院68座,驻区单位16家,常住居民约3500户,共1.3万人,社区党委下辖15个党支部(其中非公企业党组织8个)、党员274名。军门社区党委书记林丹扎根本社区40余年,是全国社区工作者的杰出代表,被誉为"小巷总理",2021年荣获"七一勋章"。她带领军门社区在2011年,首创了"135"社区党建工作模式,即强化社区党建一个核心,建好社区工作者、社区党员、社区志愿者三支队伍,打造美在、爱在、乐在、安在、和在社区等"五在社区",该模式被推广到全国,成为社区党建的一面旗帜。军门社区以党建为引领,进一步创新社区协商治理模式,推出一系列社区协商治理新举措,广泛发动了社区各种社会力量。在推进社区协商治理的过程中,军门社区党委既充分发挥了政治核心作用,又有效发挥了杠杆作用,将社区协商治理作为新时代走好党的群众路线的一条新路,把党的群众工作做到了居民心坎里。

经过多年探索与提升,福州市深入调研,总结提炼了军门社区工作法,并将其推广到全市,开展了以"学军门、争优秀"为主要内容的"达标创星"活动,党建引领、政府主导、居民自治、社会协同的社区治理体系已然形成。

1. 健全党建组织体系

针对城市基层党组织弱化的问题,福州市牢固树立城市基层大党建理念,以军门社区的区域化党建经验为基础,以提升基层党组织的组织力为

第五章 社会协商治理的基础场域：社区协商治理

重点，全面提升基层党建水平。一方面，通过五级党组织网络建设，实现了基层党组织"纵向到底"全贯通。在城市街道政府以下，普遍建立了"街镇党工委—社区党委—网格党总支—小区党支部—楼栋党小组"的五级基层党组织网络。全市已经建立起318个社区"大党委"，7396个基层党组织。另一方面，通过区域化党建，实现了基层党组织"横向到边"全覆盖。普及推广域化党建工作机制，创造性设立街道层面的"党建促进会"和社区层面的"党建联盟"，有效吸纳社区各种基层党组织，促进驻区单位之间、社区与驻区单位之间的党建共建，有效形成合力。基层党组织专注于思想引领、组织引领和宣传引领，调动各类社区治理主体积极参与协商治理。

2. 完善政社互动体制

2018年，市委、市政府出台《福州市城乡社区治理三年行动方案》，全面推行权责清单制度，既明确了街道进行社区治理的清单，又划清了街道办和居委会的权责边界，社区工作准入目录以外的事项由街道通过购买服务方式提供，社区得以真正减负增效。同时，创造性建立了街道、社区和区政府直属部门工作的双向评价机制，真正改变了以往街道，尤其是社区被考核、被评价的被动地位，在很大程度上提升了社区地位，有力促进社区与街道及区政府的协同共治。经过这一系列改革举措，市域社会治理重心真正下移，街道与社区在社区协商治理中的主体地位和主体责任真正落实，可以有效整合辖区内各种治理资源和力量，充分挖掘了发挥社会力量的治理潜能。

3. 健全居民自治制度

福州市通过社区协商治理，充分调动居民积极性和参与性，广泛成立居民协商组织，定期举办居民恳谈会、居民议事会、一事一议协调会等，不断创新协商内容与协商形式，引导居民多层次、多维度参与社区民主恳谈、议事、政府听证、政策咨询、政策评议等协商活动，彰显了居民在社区协商治理中的主体地位，坐实落细居民自治。比如，福州市近年来大力推进老旧小区加装电梯工作，但同一楼栋居民之间的利益协调问题一直阻碍着工作的顺利推进,甚至经常成为"拦路虎"。鼓楼区老干部宿舍区就在社区党组织的领导和引领下①,居民之间有序协调、自行协商,探索出了一条行之有效的加装电梯协商方法,35部电梯得以顺利安装。这套办法已经推广至全市,成为社区协商治理的一个典型。

4. 创新社区共治机制

军门社区探索形成了一条社区党委领导,社区居委会主导,社区工作服务站、社区内外社会组织、业主委员会、驻区单位、居民群众共同参与的社区协商治理体系,整合了社区内部各种资源和力量,合力共治。同时,全面普及社区、社会组织、社会工作"三社联动"机制,以社会组织为承接载体,以社会工作为工作方式,重点面向社区弱势群体,通过政府购买社会服务的途径,提升社区服务水平。福州市借此引进了金太阳老年服务、鲲鹏青少年事务服务等310家社会组织,为社区居民提供居家养老、老幼托管、文化建设、社区矫正等专业服务。另外打通驻区各单位之间的隔阂,引导驻区单位充分参与社区建设,共享停车场、健身场所、应急抢险、人才队伍等各种资源,既盘活了资源,又融洽了关系。

5. 搭建诉求疏导平台

社区是居民利益交织的场域,事情虽小,如果处理不当,往往容易引发居民持久的抱怨,严重影响居民的幸福感、获得感与安全感。福州市创造性地将"枫桥经验"引入社区协商治理,立足于预防和化解社会矛盾,将社会矛盾发现在社区,消除在萌芽状态。为此,福州市在全市范围内建立了多样化居民诉求平台,比如居民恳谈日、居民论坛、民情日记、"两代表一委员工作室"(党代表、人大代表、政协委员)、社区调解委员会。鼓楼区"1234"矛盾纠纷多元调处机制得到了国家信访局、省委省政府主要领导的高度肯定。2018年以来,省信访局又全力推动建立了各级信访评

---

① 鼓楼区老干部宿舍区多为学区房,经过多年交易,老干部宿舍区大部分住宅已经转手两到三次,居民不再是最初享受政策性分房的干部群体,而是各行各业的普通群众。

理室，实现全省覆盖，省、市、县、乡、村五级"信访评理室"共18190个。搭建平台，引入各方力量，社区调解成效显著增强，有效降低了涉法涉诉信访案件。

第六章　社会协商治理的传统场域：乡村协商治理[*]

党的十九届六中全会决议指出，我们不仅要坚持把马克思主义基本原理同中国具体实际相结合，而且要坚持把马克思主义基本原理与中华优秀传统文化相结合。习近平总书记在党的十九届六中全会第二次全体会议讲话时，在"四个自信"的基础上，进一步要求全党必须坚定历史自信。协商治理绝非完全源于西方的政治理念与实践，它同样深深根植于我国悠久的乡村自治历史与自治文化。

当代协商民主的兴起是与西方选举民主面临的重重困难紧密相关的，协商民主被视为弥补选举民主弊端的一个良方。我国对于协商民主的理论研究一开始深受西方的影响，将协商与民主紧紧挂钩起来。这就出现了两个问题，一是错位，我国并不存在西方式的多党竞争性选举，也就不存在西方选举民主出现的很多问题。二是遮蔽，美国学者伊桑·莱布指出："如果没有竞争性选举，一个国家根本无法称自己为民主国家。……没有选举层面的政治平等，就没有被视为协商民主核心的公民审议和社会平等。"① 莱

---

[*] 2019 年，中共中央办公厅、国务院办公厅颁布了《关于加强和改革乡村治理的指导意见》，统一使用"乡村治理"的提法，本文因此也基本采用这一提法，但与普遍使用的"农村治理"同等意义，没有内涵和外延差异。

① Ethan J. Leib, "Pragmatism in Designing Popular Deliberative Institutions in the United States and China", In Ethan J. Leib, Baogang He, *The Search for Deliberative Democracy in China*, New York: Palgrave Macmil-lan US, 2006, p.115.

布的这种观点具有非常的典型性和错误性,是西方学者以西方选举民主为标准,用来否定我国存在协商民主历史与现实的代表性观点。如若真像他们所言,我国社会主义协商民主建设就丧失了根基,充其量只能跟在西方后面亦步亦趋,中国特色社会主义政治学的话语权就会沦落,显然与我们当前强调的理论自信、制度自信相悖而行。

实际上,"基于现代民主视角的协商理念遮蔽了长期历史实践中丰富的协商事实"①,协商不是与民主简单地一一挂钩,协商更与日常的政治和社会治理实践紧密相连。正如马克思所言,社会性是人的本质属性,人类的群居生活必然进化出人与人之间相互沟通、协调的本能,否则就会出现马克思所说的社会因为相互斗争而解体的悲惨局面。也就是说,相对于国家出现以后(特别是国家采取民主的组织形式之后)协商与民主的关联,国家出现以前,协商就与治理相互关联,这一点更为根本。相对于西方选举民主的话语霸权和协商民主的话语强权,我们应该更加突出协商治理的话语优势和社会功能。在治理的视角下,"传统中国的社会治理实行双轨制,体现国家与农民关系的纵向治理依靠强制,联结民众社会的横向治理依靠协商。"② 长期以来乡土中国朴素而有效的乡村协商自治正是我国当前建设社会主义协商民主一个丰富的传统资源,但因为一方面中国现代化过程中,传统乡村自治的宗族与文化土壤消失殆尽,另一方面,持续的快速城镇化进程,乡村人口与资源流失严重,乡村协商治理也是当前推进社会协商治理的一个薄弱的领域。

第一节 协商治理是我国乡村自治的悠久传统

正如德国著名社会学家马克斯·韦伯所指出的:中国历史上"'城市'

---

① 陈军亚:《公理共议:传统中国乡村社会的协商治理及价值——以"深度中国调查"的川西"断道理"为据》,载《山东社会科学》2019 年第 1 期,第 70 页。
② 陈军亚:《公理共议:传统中国乡村社会的协商治理及价值——以"深度中国调查"的川西"断道理"为据》,载《山东社会科学》2019 年第 1 期,第 69 页。

是没有自治的品官所在地,'乡村'则是没有品官的自治区。"① 与当代中国相反,历史上中国的城市比农村更缺乏自治传统。乡村因为国家权力局限而保留了自治空间,城市则是国家权力控制的重点,由皇权直接委派的各级官吏进行统治。现代城市自治是以商品经济和市场经济的发展为前提的,然而,中国历史上向来重农不重商,"士农工商"的阶层序列中商人地位最低,即使是作为商业发展高涨的明朝中晚期,资本主义工商业也只是处于萌芽状态,而且随着清军入关而中断。城市市民社会发育迟缓,一直压抑着城市自治的进程。随着社会主义制度的建立及社会主义民主政治的不断推进,城乡基层自治已经成为社会主义民主政治的基本制度。中国特色社会主义进入新时代,社会协商治理涵盖城乡社区、企事业单位、社会组织等多个领域,城乡社区是社会协商治理的重中之重,也是当前推进社会协商治理发展与创新的最佳突破口。我们正在大力推进乡村振兴战略和城乡融合发展,但是,历史上长期的城乡二元分化治理不可能一时得以弥合,城乡社区治理仍然存在着诸多根本性区别,从而带来社会协商治理在体制机制上的不同进路。**乡村协商治理指的就是乡村基层党组织、乡镇政府和农村自治组织在乡村场域内,广泛发动村民、乡村社会组织、驻村企事业单位等主体,就乡村公共事务开展的一系列讨论、决策、审议等治理活动。**

一、乡土中国的"差序格局"孕育了礼治秩序

李君如认为,在中国原始社会后期,处理政事包括在权力授受时,实行的就是与古希腊民主不一样的民主制度。据《尚书·尧典》记载,凡是举国大事都由尧、舜这样的部落领袖与酋长们协商决定,实行的是协商民主而非选举民主。在中国人的观念中,"禅让"式的"选贤与能"的"选"并非票决式选举,而是协商式推选,票决式选举和协商式推选相对应于英文中的 election 和 selection。"由于中国有过后人津津乐道的'禅让'

---

① 马克斯·韦伯:《儒教与道教》,北京:商务印书馆 1999 年版,第 145 页。

式的协商民主传统,再加上中国几千年来追求的'和而不同'的哲学理念,相对于竞争性的民主形式,中国人更习惯于比较和谐的协商民主形式。所以,协商民主在中国不仅与现实社会的实际相适应,还有着深厚的文化根源。"① 这一优秀政治文化传统流传到了今天。虽然我国现在实行人民代表大会制度,以票决选举为主要方式,但在各种正式选举之前,特别党内选举之前,仍然十分强调协商酝酿的过程,这显然是汲取了协商与票决各自的优势并且相互融合而成的制度创新。当然,按照今天的政治话语来说,这一古老的"选贤与能"传统,更接近于政治协商,而非社会协商。如果说孔子终生向往的尧舜禹是上古时期悠远的原始民主风尚,孔子所处的春秋乃至以后的战国时代,这一风尚因为"分封建制"(封建制)的政治格局仍然遗风犹存,那么秦始皇一统天下、推行皇权专制之后,作为政治制度的"选贤与能"就丧失了根基,协商的种子只能从政治高层遗落到民间社会。秦始皇虽然建立了史无前例的最强大的中央集权制,但限于时代的发展条件,皇权终究只能到达县一级,费孝通所谓的"皇权不下县"也就成为始于秦朝终于清朝的中国专制时代的一个通例,这也就为县以下的乡村自治开辟了必要空间。

费孝通认为,乡土中国的社会格局是一种"差序格局","好像把一块石头丢在水面上所发生的一圈圈推出去的波纹。每个人都是他社会影响所推出去的圈子的中心。被圈子的波纹所推及的就发生联系。"② 维系差序格局的就是人伦关系,人伦就是"从自己推出去的和自己发生社会关系的那一群人里所发生的一轮轮波纹的差序"③,人伦本质上是根据血缘来确定的人与人之间关系,必然有远近亲疏厚薄之别,差序格局表现在社会纵向结构上就是等级关系,表现在社会横向结构上就是差等关系,总之不是西方式的人人平等关系。

乡土中国这样一种差序格局导致了传统乡村治理必须更加倚重血缘亲

---

① 李君如:《协商民主在中国》,北京:人民出版社2014年版,第139页。
② 费孝通:《乡土中国 生育制度》,北京大学出版社1998年版,第26页。
③ 费孝通:《乡土中国 生育制度》,北京大学出版社1998年版,第27页。

情演化而来的礼法治理（礼治），而非放之四海而皆准的律法治理（法治）。费孝通认为，礼是社会公认的行为规范，礼和法不相同的地方是维持规范的力量，法律是靠国家的权力来推行的，维持礼这种规范的是传统和习惯。国家权力对于法律的保障是一种外在的强力保障，与道德依靠内心的自律不同，礼也是依靠外在的权力来推行，但不同正式的国家权力，礼的约束依靠社会的传统力量和现实的舆论，"是从教化中养成了个人的敬畏之感，使人服膺；人服礼是主动的"①。因此，礼治不单纯是一种外在约束，它通过礼治文化对人们长期的浸润与渗透，潜移默化为人们内在的规矩。

现代的法律随着社会急剧变迁和社会分工细化，变得日益繁复细碎，成为一种专门知识体系，非得有人穷其一生专门研究才能精通，于是律师成为一个专门的而且享有高级待遇的职业，成为现代都市生活人群的必需。乡土中国的礼法则不同，高度稳定的社会结构、缓慢而不为人觉察的社会变迁、局促有限的生活空间都导致了以传统习俗为内核的礼法简单易知，知礼守礼是每个人天生的责任，父母、宗族、师长、乡党都有义务通过教化的方式将礼法灌输到每个人的内心，如果在这种社会氛围下，你还不知礼守礼行礼，那就是耻辱，甚至无颜苟活于世。鲁迅痛斥的"吃人的礼教"虽然是礼治的极端，在今人看来是严重侵犯了人权，在古人看来则某种程序上是理（礼）所应当。

崇尚礼治是儒家的一贯信念。孔子就说："道之以政，齐之以刑，民免而无耻；道之以德，齐之以礼，有耻且格。"②"德""礼"皆重视内心的自觉，由内而外引导个体行为的自我规范。如果按照阳明心学的逻辑，羞耻心即是个体良知的自然发用结果，是良知为纠正个体行为偏离社会规范而引发的心理反应。"德""礼"均能从内在激发人们在良知上"知耻"，才能触动内在人格的自我树立。"政"借重于权力、权术，"刑"更是来自外在的、他人的惩戒，"政""刑"触动的不是个体的羞耻心，

---

① 费孝通：《乡土中国 生育制度》，北京大学出版社1998年版，第51页。
② 《论语·为政》。

第六章 社会协商治理的传统场域：乡村协商治理

而是畏惧心，并不直接触动良知。羞耻心唤醒的是人格的自我匡正，畏惧心激起的则是钻营法条漏洞的机心与巧诈。王阳明就说："凡文过掩匿，此是恶人常态，若要指摘他是非，反去激他恶性。"① "政""刑"直接强硬地制裁恶人，如若不能辅之以必要的道德劝诫，反而有可能适得其反。

礼治社会依"礼"治国，不同于现代法治社会。法是明文的、契约化的，可以辩护的，每个人都有权利给出自己的解释；礼则是传统的积淀，是不可辩护的，人们只能服从，知礼守礼是每个人的责任。"讼师"在礼治社会中并不吃香，甚至饱受非议，被贬为"讼棍"。因此，才有孔子所谓的："听讼，吾犹人也，必也使无讼乎。"② 双方因为不遵守众所周知的礼法，闹到衙门上，无论孰是孰非，首先就得先各打几个大板，因为知礼守礼的人首先应该反躬自省，依照礼法协商解决，加强自身修养，不应该闹得尽人皆知，伤了和气。也相应地可以理解为何乡土中国大大小小、形形色色的官员们均可充任"法官"。因为礼是深入每个人心的，父母官更应该谙熟于胸。事实上，他们充任的不是"法官"，而是"礼官"，是审判"违礼"事件的官。所谓的"无讼"，并非没有社会矛盾和冲突，而是崇尚依照礼法、通过协商调解的方式来解决矛盾和冲突。协商调解的过程自然不能依靠"讼师"，而是乡土社会中谙熟礼法的长老绅士。"无讼"要以乡村礼法自治为基础，也折射出了乡土农民以自治回避专制、寻求小农朴实理想的期许。

礼法治理讲究情感沟通与共情，讲究因人而异，讲究情高于法，法要容情，因此，礼法治理本质上亲近协商治理，礼法治理在组织上依靠宗法组织，在制度（非正式制度）上依靠家（家族或宗族）法家规和村规民约，以族长或德高望重之人为权威，进行治理。礼治和法治是适应于不同的社会情态的。礼治的实现必须以传统能有效地发生效力为前提，也就是

---

① 王守仁：《传习录》，载王守仁撰，吴光等编校：《王阳明全集》（上），上海古籍出版社2012年版，第99页。
② 《论语·颜渊》。

要求一个有如乡土中国般高度稳定而很少变迁的社会结构。面对当今信息时代瞬息万变、社会流变的情态，礼当然难以再度稳定维系。

今天我们所处这样一个变动不居的时代，所应付的问题必须要由团体合作而非差序格局来应对，"就得大家接受个同意的办法，要保证大家在规定的办法下合作就会共同问题，就得有个力量来控制各个人了。这其实就是法律。也就是所谓'法治'。"[①] 显然，传统乡村协商自治的这种礼法治理在今天显得有违法治，也不现实，毕竟经过四十多年的改革开放，我们再也回归不了传统的宗法社会状态。但是，注重依靠乡村本土社会权威和情理感化的协商治理依然能够在相当程度上适用于今天的乡村社会治理需要。毕竟，今天的中国乡村仍然留存着诸多乡土中国的社会传统，比如重家族、重情感、半熟人社会状态，同时，法律治理并不能包打天下，政府权力也无法处理所有冲突，"徒法不足以自行"是一条人类共有的治理经验，越是高度精密完善的制度体系，越是需要高度品质的人。法治最理想的状态就是法治精神深入人心，再由专业的律师点拨引导人们遵从各种法律条文，而现代法律繁复细碎的状态决定了法律条文无法深入人心。但是人心的教化向善显然更为根本，这是人类面临的终极问题，法治无法根本解决这个问题，德治和礼治则是必不可少，它们可以从内心触动人们的羞耻心、上进心。因此，在我国大力推行依法治国的今天，仍然十分注重挖掘传统资源，发挥民间社会力量协商调解社会矛盾的作用，通过说情评理的方式，劝导冲突各方协商一致，息讼息访。

用现代社会学的眼光来看，传统中国乡土社会是一个"有机团结"的社会，即没有具体目的，只是因为生长在一起而形成的社会[②]，人们生于斯、长于斯、老于斯、死于斯，绝大多数人终老于方圆几里之地。在这样的熟人社会里，人人相互守望，必然人人互商互助，才能实现乡土社会的有效治理。虽然人们一直期望着"老吾老以及人之老，幼吾幼以及人之幼"，但乡土社会的土地范围有限，农业生产的资源也极其有限，实际上

---

① 费孝通：《乡土中国 生育制度》，北京：北京大学出版社1998年版，第52页。
② 费孝通：《乡土中国 生育制度》，北京：北京大学出版社1998年版，第9页。

第六章 社会协商治理的传统场域：乡村协商治理

经常面临着激烈的利益与情感冲突。因为小农经济的生产方式所限，乡土社会中冲突的人们并无法像今天的市场经济一样，自由地"以脚投票"，以自由迁徙的方式回避冲突，寻求新的生存资源。皇权代表的正式权力又能力有限，无法深入基层，那么，解决冲突只能依靠乡民们的协商自治，这是乡土社会的自然而本能的选择。同时，因为我国小农生产方式及其之上的专制政权存续时间长达 2100 多年，尽管两三百年就要改朝换代，然而，顽固而顽强的乡土社会终究把乡村协商自治的传统遗传至今，只要我们进行用新时代的眼光和思维进行必要的淘洗，用新时代的制度进行充分的规范，乡土中国的协商自治传统显然可以进行创造性转化和创新性发展，成为新时代社会协商治理的宝贵资源。

如果进一步深层剖析，我们会发现，乡土中国在"差序格局"和礼治秩序共同组成的社会结构下面，其实还有农民理性这样一个更深层次的文化和精神土壤。改革开放以来，中国创造了人类历史上罕见的经济快速发展和社会长期稳定两大奇迹，为了解释这一奇迹，徐勇打破了长久以来主导学术界的"传统—现代"二元思维惯性，提出了"农民理性"的重要概念，即"指农民在长期农业生产活动中形成的意识、态度和看法，它们不仅来自本人感性经验，还是长期传统的积淀。"[1] 改革开放以后，当农民理性融入市场经济的大潮，出现了理性扩张，即"在特定场域内形成的理性扩张到其他场域，从而使自己的功效得以扩展。"[2] 正是"农民理性的优质因素与现代工商业社会的优质因素的有机结合，会释放出传统农业社会和现代工商业社会都未有的巨大能量，产生'叠加优势'。"[3] 从而创造了"中国奇迹"。中国几千年农业文明形成了世界上独一无二的中国农民理性，包括勤劳、勤俭、算计（精打细算）、互惠、人情、好学（经验式学

---

[1] 徐勇：《农民理性的扩张："中国奇迹"的创造主体分析》，载《中国社会科学》2010 年第 1 期，第 106 页。

[2] 徐勇：《农民理性的扩张："中国奇迹"的创造主体分析》，载《中国社会科学》2010 年第 1 期，第 106 页。

[3] 徐勇：《农民理性的扩张："中国奇迹"的创造主体分析》，载《中国社会科学》2010 年第 1 期，第 106—107 页。

习)、求稳、忍耐共八大要素①。如果做一个大概的划分，勤劳、勤俭、算计、好学四大要素主要促成了经济快速发展，互惠、人情、求稳、忍耐四大要素主要促成了社会长期稳定。市民理性则与农民理性相互对应，表现为享受、消费、竞争、契约、创新、求变、张扬。改革开放之初，我国80%以上都是农民，市场化、城市化、工业化的快速进展把他们中的大部分都从农村卷进了城市，农民工成为经济发展的主力军。时至今日，具备纯正农民理性的第一代农民工基本上都落叶归根，返回农村定居，成为村民的主体，也是当前乡村社会治理的主体和对象。即使他们的城市的生活工作使他们多少增长了市民理性，但长期的农业生产已经烙印了他们农民理性的底色。他们的子女辈虽然很多仍然是农民工，然而既缺乏父辈长期从事农业生产的经验，也缺乏农民的身份认同和回乡的人生定位，已经只有遗传自父辈的残余的农民理性，市民理性超越了农民理性主导着他们的言行举止。第二代农民工很多已经落户县城或者更大的城市，成为城市社区治理的一个主体和对象。因此，我国当前的乡村社会治理和城市社区治理还存在着相当大的差异，在社会治理的过程中，应该注意区分和引导农民理性与市民理性。

我国乡村社会本质上还是一个血缘共同体，遵循着血缘理性的一系列法则。血缘理性的第一法则是生命、财产、规则的同等性，第二法则是年龄、性别、身份的差等性，第三法则是位置、权力、责任的对等性。② 费孝通用"差序格局"解释乡土中国的社会关系网络，一般观点就此认为我国农村传统以来就是不平等的，与现代文明的平等观念格格不入。实际上，"差序格局"强调的是"内外有别"，按照血缘关系的远近区分出不同的圈层，家族是最基本的圈层。圈层之间是不平等的，但每一个圈层内部其实是相当平等。血缘理性的三大法则中，第二法则是明显不平等的，但

---

① 徐勇：《农民理性的扩张："中国奇迹"的创造主体分析》，载《中国社会科学》2010年第1期，第107—115页。

② 徐勇：《祖赋人权：源于血缘理性的本体建构原则》，载《中国社会科学》2018年第1期，第122—131页。

第六章 社会协商治理的传统场域：乡村协商治理

第一法则奠定了血缘共同体基本的平等法则。更重要的是，第三法则的对等原则弥补和对冲了第二法则的不平等。第三法则强调居上位者（长者、男性、正室等）的位置和权力不仅来源于先在的血缘（长者和男性）和次序（正室），而且受制于生活中的实际表现，只有生活中履行了居上位者应承担的责任，才会受到居下位者真正的尊重与服从，正所谓"父慈"才能"子孝"。基于血缘理性，"中国人以直观性视角，认定人的生命及其生命活动来源于与自己具有血缘关系的祖先，是祖先赋予了自己生命及其存在的正当性。"① 这就是"祖赋人权"。"祖赋人权"遵循血缘理性的三大法则，是一个融合了同等、差等、对等三个相互衔接的原则于一体的整体。"如果说'天赋人权'侧重于个人权利，那么，'祖赋人权'强调权责一体。"② 赵汀阳认为："义务为本条件下的'义务—权利'关系比较容易保持平衡。原因是，没有人能够承担也没有人愿意承担太多的义务，一旦义务大于权利的制度安排过分挑战人们的承受力，人们就会有很大的积极性去反抗这种失衡。……权利为本条件下的'权利—义务'关系比较容易失衡，这是因为，当权利高于义务，就没有什么东西能够锁定权利了。……权利太多会造成各种权利之间的矛盾，而且社会资源和自然资源也不足以支付和承担太多的权利，那些无法兑现的权利反而积累起社会怨恨和愤怒。"③ 据此思路分析，我们可以发现，乡村血缘共同体其实相当奉行平等原则，第二法则中的"对等原则"是最值得现代开发利用的，是当前我们推行以平等协商为核心的乡村协商治理可以有效利用的传统资源。其中，相比于西方选举民主的"权利本位"倾向，"权责一体"是社会主义协商民主的特点和优势。

---

① 徐勇：《祖赋人权：源于血缘理性的本体建构原则》，载《中国社会科学》2018年第1期，第120页。

② 徐勇：《祖赋人权：源于血缘理性的本体建构原则》，载《中国社会科学》2018年第1期，第132页。

③ 赵汀阳：《坏世界研究：作为第一哲学的政治哲学》，北京：中国人民大学出版社2009年版，第237页。

二、皇权专制下的"双轨政治"包容了乡村自治①

如果说正是马克思主义传入中国,并且激活了古老的中华文明,开启了马克思主义中国化的伟大历程,才正式拉开了中华文明现代化的大幕,实现了第一个一百年伟大目标,前所未有地接近中华民族伟大复兴的目标;那么反过来说,也正是古老而伟大的中华文明,不断启迪并滋养着马克思主义,促使其在中国化的过程中不断地自我更新、自我革命,创造了当今世界最为辉煌的中国特色社会主义事业。正如习近平总书记视察朱熹园时所说:"如果没有中华五千年文明,哪里有什么中国特色?如果不是中国特色,哪有我们今天这么成功的中国特色社会主义道路?"②儒家学说给我们留下的文化传统和政治传统,在新时代仍然能够在相当大程度上启发社会治理改革与创新。

通过经济利益分析的视角,费孝通指出"权力的工具性"本质——"人们喜欢的是从权力得到的利益"③,这完全符合马克思主义历史唯物主义的逻辑。费孝通区分了两种权力:横暴权力和同意权力。从社会冲突着眼,横暴权力"表现在社会不同团体或阶层间主从的形态里。在上的是握有权力的,他们利用权力去支配在下的,发号施令,以他们的意志去驱使被支配者的行动。权力,依这种观点说,是冲突过程的持续,是一种休战状态中的临时平衡。"④ 从社会合作着眼,同意权力是"共同授予的权力。

---

① 本部分内容请参见笔者论文《重建"双轨政治"与社区社会组织参与社会治理》,载于《甘肃理论学刊》2014 年第 6 期,第 58—59 页。
② 《习近平考察朱熹园谈文化自信:没有中华五千年文明,哪有我们今天的成功道路?》新华网:http://www.xinhuanet.com/politics/2021-03/23/c_1127243217.htm。
③ 费孝通:《乡土中国 生育制度》,北京:北京大学出版社 1998 年版,第 61 页。
④ 费孝通:《乡土中国 生育制度》,北京:北京大学出版社 1998 年版,第 59 页。

第六章 社会协商治理的传统场域：乡村协商治理

这种权力的基础是社会契约，是同意。"① 同意权力基于社会分工而产生，目的是合理协调分工过程中的权利与义务关系。皇权专制下的乡土中国，经济基础是小农生产，这样的农业帝国长期上是虚弱的。因为小农社会注定无法大规模扩大再生产，农业剩余有限，即使在盛世也无法大规模解决温饱问题，皇权因此不能滋养壮健，强大的横暴权力因为经济基础不足而无法长期保持，也就是说皇权所掌握的经济资源不足以操控如此强大的横暴权力。于是，我国历史就呈现一幅"有为政治"和"无为政治"循环往复的画卷：凡是皇权意欲有为时，民力不足以支持庞大的建设工程和征伐战争，苛捐杂税，官逼民反，朝代更迭；新的皇权不得不与民休息，奉行黄老之学，无为而治，待资源力量累积了，又刺激了皇权的雄图大略，新一轮循环再次开启。在这里，我们可以看到，横暴权力并非无拘无束，而是受到了经济的有力约束。横暴权力从来都以汲取最大利益为目的，一旦成本收益核算不利于己时，自然而然要自我约束。我们同样可以在乡村治理中找到证据。乡土中国的皇权从来不会大规模渗透乡村，并非不愿意，而是渗透的成本太高，以至于收益微薄甚至入不敷出。横暴权力因此退缩，让位于乡村内部的同意权力。故而，乡土中国总是呈现"皇权不下县"的乡村自治景象。

在小农经济的基础之上，费孝通认为，中国存在"双轨政治"的传统，即不仅有皇权所代表的自上而下的官僚统治体系，还有一个自下而上的由绅权代表的乡土自治与民意上达的体系，正是这一"双轨政治"体系造就了中国皇权专制社会的绵延不绝。费孝通所谓的"双轨政治"包括以下几层含义，"一、中国传统政治结构是有着中央集权和地方自治的两层。二、中央所做的事是极有限的，地方上的公益不受中央的干涉，由自治团体管理。三、表面上，我们只看见自上而下的政治轨道执行政府命令，但是事实上，一到下令和人民接触时，在差人和乡约的特殊机构中。转入了自下而上的政治轨道，这轨道并不在政府之内，但是其效力却很大的，就

---

① 费孝通：《乡土中国 生育制度》，北京：北京大学出版社1998年版，第60页。

是中国政治中极重要的人物，绅士。绅士可以从一切社会关系，亲戚、同乡、同年等等，把压力透到上层，一直可以到皇帝本人。四、自治团体是由当地人民具体需要中发生的，而且享受着地方人民所授予的权力，不受中央干涉。于是人民对于'天高皇帝远'的中央权力极少接触，履行了有限的义务后，可以鼓腹而歌，帝力于我何有哉！"①

所谓皇权专制其实并不意味着皇权可以为所欲为，皇权不仅受到官僚系统正式权力的制约，而且受到自下而上的民间绅权的制约。西方学者出于自由主义的主流意识形态，片面地将中国传统诠释为"东方专制主义"②，其中重要的原因就在于他们只是看到了中国上层政府皇权专制的一面，没能看到下层乡村自治的一面。传统中国以家户制的小农生产为经济基础，事实上孕育出了以家户为单位的"农民自由主义"或者"东方自由主义"，"所谓东方自由主义，是在东方自由小农经济社会基础上产生的农民自由状态和追求。其核心要素是自主性和积极性。"③

传统中国的专制政府理论上全能，事实上有限，一方面客观条件限制它不可能无所不能，另一方面它也在长期历史实践中学会自我约束。政府权限总归不能突破社会承受底线。"皇权不下县"既满足了皇权专制的基本要求，也尊重了基层社会的现实。皇权一般奉行"无为而治"的统治策略，对基层几乎不加以干预，只要老百姓"给钱给粮给人（承担徭役和兵役）"，不造反，官府就不干预，官府的其他公共事务只是限于偶尔的赈灾与大型水利工程；老百姓一生难得见到官员，连最底层的县官都难得一见，最有可能打交道的就是差吏，但也多仅限于"交钱交粮交人"之时，百姓"纳完粮"，就是"自在王"。因此，官府与百姓在乡土中国是相当疏远的。所谓"无为政治"，事实上是有所为，有所不为。政府应根据具体

---

① 费孝通：《乡土重建》，长沙：岳麓书社2011年版，第40—41页。
② 魏特夫：《东方专制主义——对于极权力量的比较研究》，北京：中国社会科学出版社1989年版。
③ 徐勇：《东方自由主义传统的发掘——兼评西方话语体系中的"东方专制主义"》，载《学术月刊》2012年第4期，第11页。

情况在其理论上的全能范围内选择性作为。一个想榨尽社会资源的政府必然倒台,同样,一个想负起全社会之责、大包大揽的政府,也必然因社会资源局限而失败。

这样一个由基层自治组织承担老百姓公共事务的制度安排在乡土中国是相当有效的。这些自治组织是"一地方社区人民因为公共的需要而自动组织成的团体。公共的需要是指水利、自卫、调节、互助、娱乐、宗教等。这些地方的公务,在中国的传统(依旧活着的传统)里是并非政府的事务,而是人民自理的。"① 因为农业社会生产力非常有限,无法支持一个庞大的、全能主义的政府,加上农业社会公共事务的有限性,且多集中于基层,无须时时动用政府力量,基层自治足以应对绝大多数公共事务。乡土社会的公共福利并非国家事务和官员责任,而是留待乡土社会成员自我供给。这些公共福利的供给就依赖于乡民们基于同意权力的协商。供给的组织平台就是各种各样的自治组织,比如宗族、庙会、社等。没有学校,就由宗族设立一个私塾,教育本族子弟;宗族成员有难,则由"族田"(宗族共有的土地)供养;没有娱乐,就由乡村庙会提供一年一度的娱乐,等等。公共福利之外,乡土社会稳定运转还有一个很重要的任务就是处理矛盾冲突,这就不仅依赖于同意权力,更主要依赖于费孝通所说的第三种权力:教化权力,"它是发生于社会继替的过程,是教化性的权力,或是说爸爸式的,英文里是 Paternalism。"② 教化权力的执掌者是谙熟礼法的乡村长老,在传统的权威之下,长老以教化者的姿态劝导或迫使冲突各方接受调解,弥合冲突。

在乡土中国的乡村自治中,儒家士人是一支关键性的支柱力量,是构成乡绅的主体力量。他们身负儒家治国平天下的政治理想,以教化统治者为己任,充当了制衡统治者横暴权力的主要力量。"汉代以下,就集体而言,士大夫代表了社会力量,与君权之间有既合作又相互制衡的

---

① 费孝通:《乡土重建》,长沙:岳麓书社 2011 年版,第 43 页。
② 费孝通:《乡土中国 生育制度》,北京:北京大学出版社 1998 年版,第 64 页。

辩证关系。"① 在中央,他们劝谏君主,弹劾百官,引领舆论;在基层,他们教化百姓,淳化民风,倡导自治。"读书人中,包括尚未入仕及已经致仕的,有不少人士成为小区的领袖,即地方的缙绅他们代表了社会力量,对国家既支持也制衡。在近代民主政治出现之前,许多欧洲国家并没有类似的社会力量以制约国家的权力。"② 正因为儒家士人的顽强抗争,传统乡村自治在明朝中后期逐渐发展出其典型形态,即乡约自治。为此,可以儒家圣人王阳明的乡约自治思想及实践为代表。

王阳明被誉为中国历史上罕见的实现立德、立功、立言"三不朽"的伟大人物之一,他不仅是伟大的思想家、哲学家和文学家,而且是伟大的军事家和政治家。作为宋明新儒学的代表人物,王阳明以其卓越的事功,生动而鲜明地践行了自己关于"心即理""知行合一""致良知"的三大学说,真正是一位"知行合一"的伟人。习近平总书记在国内外一而再、再而三谈及或引用王阳明及其核心思想。最值得注意的是,2015 年全国"两会"期间,他精准而高度地评价了阳明心学的历史地位与意义:"王阳明的心学正是中国传统文化中的精华,也是增强中国人文化自信的切入点之一。"③

正德五年(1510 年)三月,龙场大悟后的王阳明,到任江西庐陵县令。至此,王阳明生平第一次有机会直接治理地方。他在庐陵的施政纲领就是德行之治,不是用威刑来压制百姓,而是用德行来教化人心。即使是发布政令,也不是直接由县衙强制推行,而是通过县内父老来告谕县民,以温情辅之以威刑。王阳明特别重视发挥地方民间社会的自治力量。针对庐陵县好讼、恶讼之习,他慎重选择"里正三老",让他们在"申明亭"④

----

① 许倬云:《历史大脉络》,南宁:广西师范大学出版社 2009 年版,第 93 页。
② 许倬云:《历史大脉络》,南宁:广西师范大学出版社 2009 年版,第 33 页。
③ 转引自全国人大常委会原副委员长、中国阳明心学高峰论坛组委会主席许嘉璐先生采访实录《阳明心学是治疗今天社会癌症的一剂良药》,具体请参见央视网:http://ent.cctv.com/2016/10/13/ARTIbWz5dMt6frMi7KDQAV0v161013.shtml。
④ "申明亭"和"旌善亭"都是明初民间设立的机构,由各地德高望重者来裁决和调解本地争端。

劝说前来诉讼的人,以达到息讼化俗的效果。

王阳明的乡约自治思想集中体现在著名的南赣乡约上。乡约并非王阳明首创,却由王阳明发扬光大。宋代关中吕氏乡约是乡约兴盛的起点,其一开始就具有明显的乡村自治格调。经过朱熹的修订之后,吕氏乡约在明代得到了进一步发展。朱元璋十分重视利用乡约的治理功能,但要求乡约以宣讲其"圣谕六言"作为主要功能,官方色彩浓烈,自治成色不足。政治力量的介入使得明朝乡约具有了半正式制度的色彩,也因此更为普及。王阳明在此基础上变通改进而成南赣乡约,回复了乡约本来的自治格调。萧公权称之为:"明代乡约之肇始,内容详密,为后人所称道。"乃至"近于近世地方自治制度"。① 南赣乡约的主要内容包括五个方面:一是约中职员出于约众推选,二是乡约经费由约众分摊,三是约众赴会为不可规避的义务,四是约长会同约众调解民事争讼,五是约长开会时征询约众之公意以彰善纠过。② 乡约自吕氏起,虽多由地方官员介入提倡,但以儒家"移风易俗"为终极理想。王阳明基于赣南剿匪的实际,更重视发扬乡约自治以相互警戒、化民成俗的功能,乡约成为王阳明德行之治、礼法之治和乡约之治三种治理实践共同的、最重要的组织载体。到了阳明后学,江右王门秉承师训,乡约蔚然成风,"以讲会乡约为治","都不得以官办性质视之"③。

秦始皇以后,皇权专制、官僚制管理、编户齐民的统治方式三者经过长期的调适,结合成一个高效而稳定的统治模式,致使中国社会自秦朝直到清末,一直处于高度的纵向统治之中,横向的社会力量始终屡弱,不仅无法与国家力量抗衡,甚至无法有效自治。虽然因为生产力和官僚机器本身的局限,有着"皇权不下县"和基层乡绅自治的传统,但也只是局限于

---

① 萧公权:《中国政治思想史(二)》,沈阳:辽宁教育出版社1998年版,第521页。
② 王守仁:《南赣乡约》,载王守仁撰,吴光等编校:《王阳明全集》(中),上海:上海古籍出版社2012年版,第507—511页。
③ 余英时:《现代儒学的回顾与展望》,北京:生活·读书·新知三联书店2004年版,第147页。

一时一地，广泛的、横向勾连的地方自治并未曾有过。必须强调的是，乡绅自治依靠族权和绅权，虽然并非皇权及其派生的官僚权力，但其依然是专断性和单向性的，所以乡绅自治只是蕴含了协商自治的因子，并非现代社会主义民主政治中的协商自治。广泛的、基于理性商谈的乡村协商自治只能出现在现代社会主义民主政治体系之下。

三、家户制保障了农民自主的经济基础

从现实的经济社会条件来看，虽然时过境迁，费孝通所指的皇权与绅权都不复存在，它们生存的社会土壤也发生了根本性转变，乡土中国已然转型而成工业化中国乃至走向信息化中国，"双轨政治"理念却依然有着鲜活的意义。放在今天的时代背景下，自下而上的政治轨道实际上符合了民主政治的本义。社会主义民主政治意味着政府充分倾听民意，回应民众的诉求，接受民众的制约。

西方选举民主的经济基础是资本主义私有制，政治基础是自由主义，文化基础是个人主义。实际上，中国历史上也有自由主义的传统，只不过不是西方式的自由主义，而是东方式的自由主义，东方自由主义不以个人为单位，而是以家户为单位，是家户式的自由主义。正是家户制的小农经济基础奠定了中国历史上乡村自治的治理模式，同时，根植于小农经济的皇权专制体制并不具备全面渗透乡村的经济能力和行政能力，这样才造就了中国两千多年专制时代中"皇权不下县""县下归自治"的双重景观。家户制的价值在于寻找到农业生产的最佳组织单位，同时使人得以超越狭隘的地域共同体及其由此产生的人对人的依附关系。① 每个个体都是家庭的一分子，只有当履行了对家庭的责任之后才能获得相应的回报。……家户制实际上是一种责任制。这种责任不同于奴隶是基于外在压力，而是基

---

① 徐勇：《历史延续性视角下的中国道路》，载《中国社会科学》，2016年第7期，第9页。

第六章 社会协商治理的传统场域：乡村协商治理

于生命传递形成的内心认同。① 在马克思所说的"个人自主活动"层面上，中国家户制相对于西欧农奴制而言，"个人自主活动"程度更高，迸发出的生产力也就越高。在生产力水平不高的情况下，家户制成为最适应的生产关系模式，农民生产的自主性和积极性得到了激发，从而带来了两千多年中国农业文明缓慢但长久的积累、进步与辉煌，站到了世界农业文明的巅峰。

改革开放后，家庭联产承包责任制很快成为我国农村基本的经济制度，沿用至今，并在此基础上形成了村民自治的乡村治理体制。应该说，二者共同适应了我国农业生产总体水平仍然不够高的生产力状况。"中国的改革开放起源于对中国数千年以自主性和积极性为核心的农民自由主义传统的尊重，它是中国文明发展内在规律的逻辑延伸和提升，而不是源于西方自由思想的影响。中国农村改革的许多做法与历史上的农民自由主义传统是相衔接的，如家庭自主经营、劳动力流动、土地流转、农产品自由流通、村民自治、乡村工业、民间文化的活跃等都可以从农民自由主义传统中找到历史依据。特别是农民自由主义传统蕴涵的勤劳、勤俭、互助等农民理性的扩张对于中国的崛起发挥了重要作用。"② 中国特色社会主义进入新时代，随着农业生产机械化水平的提升，农业生产力快速提高，家庭联产承包责任制的一些不足也表现出来，最核心的就是以家户为单位的土地承包经营权导致土地得不到集约化开发，进而限制了农业生产机械化的全面普及，以规模化为标志的大农业生产无法全面展开，农业生产力提升面临制度瓶颈。为此，党的十八大以来，我国大力推动农地经营权流转和农村专业合作社建设，农民既保留了土地，又不至于荒废土地，既可以土地入股分红，又可以外出务工或者进入合作社务工，农民生产积极性进一步增强。这些新举措正是在保持农业用地集体所有和农民家庭承包权的前

---

① 徐勇：《历史延续性视角下的中国道路》，载《中国社会科学》，2016年第7期，第9页。
② 徐勇：《东方自由主义传统的发掘——兼评西方话语体系中的"东方专制主义"》，载《学术月刊》2012年第4期，第17页。

提下，逐步实现了农地的集约化开发和农业的规模化经营，有效地突破了瓶颈。

因为家户制提供了传统中国农民最大的后盾，乃至最高的希望（男耕女织），面对皇权专制国家种种集权甚至专横的要求，他们在长期小农生产中养成了坚忍的习性，也使他们能够忍受政治的高压与无理。小农社会缺乏大规模、跨地域团结性和组织力的本质缺陷，使得他们无力反抗，只有在长期累积的压力导致绝大多数人不满，民不聊生，以至于发生暴动和起义时，社会才发生变动，但一俟秩序重新稳定，又复归往常。土地所有制是关系到农耕帝国稳定的最根本制度，家户制下的小农大多数是自由民，拥有小块土地所有权，保证了小农拥有谋生的土地和人生的希望，抑制了他们发动大规模暴力行动改变现状的想法。事实上，历史上每次农民暴动基本上都离不开大规模土地兼并，剥夺了小农的土地所有权，就把他们逼上了梁山。家庭联产承包经营分开了土地所有权和经营权，一方面激发了家户农民生产的积极性，另一方面土地所有权仍属于国家，保持了国家最后的控制力，防止土地兼并。

经过改革开放快速的工业化过程，农业已经从主要依靠人力和畜力生产，转化为依靠机器生产，家户不再是最合适的生产单位，当前的土地流转正是着眼于激发工业化、规模化的农业生产潜力。但是，流转仍然不改变土地的国家所有权，也没有改变农民的承包权，只是经营权流转。农民仍然可以将回归土地视为最后的依靠，国家仍然可以通过控制土地、抑制兼并，保留可伸可缩的巨大弹性。毕竟，中国即使现在是世界第二的经济体量，但本质上还是没有完全脱开农耕国家的底色，农业、农村、农民的稳定对于国家的稳定至关重要，以此为基础的社会稳定，是全面深化改革的最基本保障。改革、发展与稳定，稳定是保障，改革是手段，发展才是目的。农业中国的生产力来自家户制激发出来的相对于农奴制的自主性，其中的个人自主性是建立在家庭自主性的基础之上的，本质上还是一种群体自主性；工业中国的生产力离不开国家自主性，以及改革带来的个人自主性，但个人自主性还不够，通过生产关系变革进一步释放个人自主性是下一步生产力发展的关键，这也才能适应信息社会对个人自主性的进一步要求。

第二节 打造服务乡村振兴的乡村协商治理机制

改革开放初,与家庭联产承包经营责任制相适应,我国推行了以选举为核心的村民自治;全面深化改革进展到今天,与农地流转和农业适度规模经营相适应,党和国家正在大力推行以协商为核心的乡村社会治理创新。在既有的话语体系中,协商往往与民主相关联,但鉴于我国农村相对于城市比较落后的经济社会发展状况,农民的民主权利诉求相对不足,农村社会的有效治理需求却日益突出。我国乡村发展的不平衡、不充分,具体体现在乡村治理领域,就是乡村治理体系和治理能力的传统性成分过多,现代化程度不高,事实上成为制约乡村振兴的突出短板。乡村振兴标定了"产业兴旺、生态宜居、乡风文明、治理有效、生活富裕"五大目标,其中协商与治理高度衔接。乡村协商治理是新时代乡村治理的主导逻辑,是进一步激发农民生产积极性和参与治理积极性的主要机制,也为乡村振兴提供了重要的组织基础与治理保障。

一、夯实新时代乡村协商治理的实践基础

乡土中国的乡村自治建立在小农生产的自然经济基础之上,正是这样的经济基础决定了它必然具有很大的局限性,只能成为皇权专制体系下底层的治理事实,而不能获得国家正式的价值认可与制度建构,更不能真正保障农民的权利与利益,以及基层社会的自治与稳定。家庭联产承包责任制重新恢复了被人民公社一度取消的农民生产生活自主权,相应地,村民自治制度在政治上根本保障了农民的民主权利与乡村社会的自治权利。但家庭联产承包经营导致了细碎化的土地经营格局,也就进而造成了碎片化

的乡村治理格局，一家一户的分散经营客观上助长了村民个人主义、功利主义、短期冲动的态势，无法确保农业生产的长期增长、农村社会的长期稳定和乡村的整体振兴。新时代以来，广大农村正在经历一场以土地流转为核心、以农业适度规模经营为形式、以乡村振兴为目标的新一轮深层次变革，由此而衍生出了乡村社会结构、人际交往规则、文化价值观念等方面的重要变化，综观这些变化，它们都共同指向了乡村协商治理的治理变革。我们可以从经济、政治、社会、文化四个方面进行考察。

第一，以土地的适度规模经营为协商治理奠定坚实的经济基础。土地流转、农业合作社、农产品深加工等新兴农业生产方式，不仅优化了农村资源配置，进一步激活了农村劳动力生产积极性，而且塑造了更多更大的农村共同利益，促使农民以更大的热情和更多的资源投入公共事务的协商治理之中。协商治理作为一种多元化治理机制，必须具备一个多元化的经济基础。土地流转在确保农户仍然掌握土地承包权的前提下，既可以通过流转获得一笔收入，又可以解放出多余的劳动力从事非农生产，农村就业结构就从单一的农业生产转变为多元化的就业结构，农村第二产业和第三产业快速兴起。产业结构和就业结构的升级必然带来农民思想观念和行为模式的改变与升级，市场理性、谈判协商、适当妥协等现代理念日久入人心，这些都是协商治理重要的文化土壤。

第二，以农民的政治主体性扩张为协商治理提供可靠的政治基础。在快速城镇化的过程中，农村遭遇了一波快速而深刻的"空心化"挑战，严重削弱了协商治理的基础。一方面，协商治理主体离散。农村青壮年人口的生产生活重心已经转入城市，留守农村的都是老弱病残，导致了农村协商治理的主体数量不足、质量不高，流动人口多，常住人口少，村民协商会议经常达不到制度规定的参与人数，即使开会也是很勉强，或者只停留于形式上的协商，或者干脆是村干部自行决定。另一方面，农民普遍政治冷漠。流动的青壮年人口已经与村庄公共利益渐行渐远，与村民的情感纽带也日渐淡薄，留守的村民因为协商能力不足，几次的挫折就容易导致参与治理的效能感越来越低，"反正自己也影响不了大局，还不如不去关心，那都是村干部决定的事"。与选举本质上是间歇性民主不同，协商治理属

第六章　社会协商治理的传统场域：乡村协商治理

于全过程民主，协商治理强调全民参与、全程参与。土地适度规模经营以后，土地经营收益大幅增加，外出的从事非农生产的村民不一定都会回归农村，但从事农业经营的村民必然会增加，而且他们一定是常住农村，他们与土地和农村的利益关联日渐加深，自然而然更加关心村庄公共事务，成为协商治理的中坚力量。这些新的土地精英，不仅年龄结构更加年轻，而且知识结构更加科学，思维结构更加现代，交往网络更加多元和开放，政治民主意识和权利意识更高，这些都必然造就一批具有更高协商治理意识和能力的治理主体。

乡村协商治理成功的关键要素之一，就是通过协商实践不断增强农民参与的主体性，也就是政治参与效能感。正如笔者在调研泉州市德化县村民议事会时，一位乡镇领导所说："实话说，我们以前也开过类似的协商会，但往往开成了政府自说自话的传达会、灌输会、说教会，不注意及时回应村民诉求，村民的很多困难都得不到实际解决，开了两次以后，村民就不买账了，议事会也就名存实亡，反倒影响了政府的公信力。"这两年，按照中央和省市的相关要求，德化县认真落实社会协商要求，在基层工作中激活了很多原有制度中的协商因子，变单向传达为双向互动，村民议事会的协商民主分量越来越多，村民有了更多的发言权，诉求回应率达到90%以上，解决率达到78%，群众满意率也达到71%，村民参与主体性大大提升。有村民就指出："起初的时候，我们都觉得政府是在搞形式，应付上级，都不想参加。这两年慢慢地发现，议事会上讲的都是我们关心的事，比如修建产业路、农村水利工程、农村小学合并、农村治安防控，等等，我们参加议事会，了解的情况多了，见识也广了，即使发表不了好意见，也觉得自己做了主。"县政府很多机构负责人也表示，农村议事会仅仅通过激活既有制度协商民主因子的方式，就开创了基层群众工作的新路径，制度成本很低，"性价比"很高。

第三，以农村社会结构的再造为协商治理建立了稳定的社会基础。2005年，中央全面取消了农业税，这改变了自新中国成立以来农村长期所处的资源输出地位。随后，中央一再加大资源输入力度，反哺"三农"发展，农村的社会结构也因此发生深刻变革。贺雪峰对此有过细致的研究，他把废除农业税后的农村社会阶层划分为五个：脱离土地的农民阶层、半工半农阶层、在乡兼业阶层、普通农业经营者阶层、农村贫弱阶层，其中，普通农业经营者阶层尤其是上层，构成了农村社会最稳定和最保守的力量。[①] 新时代以来，这五个阶层仍然能够基本涵盖农村的社会阶层，普通农业经营者阶层仍然扮演着农村稳定器和治理主力的重要作用。土地适度规模经营不仅促进了农村人口与人才的回流，而且也再造了农村社会阶层结构，加深了乡村协商治理的社会基础。土地收益的提升，壮大了普通农业经营者阶层的规模与实力，这个阶层最为关心农业发展与乡村振兴，充当了联结其他阶层的纽带，努力调适与其他阶层的关系，促进农村社会的整合，以他们为中心进行协商治理可以避免农村社会的离散。传统乡土社会按照血缘和亲缘形成了差序格局和礼治秩序，这种社会关系网络虽然高度同质，容易达成治理共识，但是在现代化、市场化、城镇化的冲击之下，已经七零八落，不可逆转。土地适度规模经营，在顺应历史大潮的前提下，再度吸引人口回流与人口扎根，相当程度上稳定了农村社会，造就了稳定的村民与流动的村民两大群体。这批稳定的村民能够建构起类似传统熟人社会的环境，维持村民之间较高的信任与合作，从而为协商治理提供必要的社会资本。

第四，以农村社会文化的革新为协商治理营造民主的文化氛围。在现代化、市场化、城镇化的冲击之下，传统农民建立在血缘与亲缘基础之上坚定的村庄共同体观念丧失了主导地位，村民的生产生活从宗族、家族退缩到核心家庭，家庭利益、个体利益、功利主义超越了共同体利益，村庄公共事务遭到冷落，村庄公益事业衰败。协商治理过程一般分为以下几个环节：确定议题、讨论议题、转换偏好、达成共识、决策执行，其中，转换偏好和达成共识是协商治理成功的关键。然而，村庄共同体的衰败与村庄公共精神的零落从根本上威胁着协商治理。小农生产的自然经济造就了安土重迁的乡土中国，造就了乡村的差序格局与礼治秩序。新中国成立

---

① 贺雪峰：《组织起来——取消农业税后农村基层组织建设研究》，济南：山东人民出版社2012年版，第63—73页。

第六章　社会协商治理的传统场域：乡村协商治理

后，土地改造、人民公社、家庭联产承包一次次解构了乡土中国的经济社会基础，但农村保守、封闭的文化状况并没有得到根本改变。土地适度规模经营以来，农村加速从封闭走向开放、从保守走向变革。那些从事土地适度规模经营的新型职业农民，相比于外出务工农民，他们对土地的感情更深，对乡村振兴的需求更迫切；相比于传统的小农，他们的思维更加开拓，更为接纳现代文明。我们可以将这些新型职业农民的精神称为新乡土精神。新乡土精神的核心就是理性精神。他们为了适应规模经营，除了精打细算，对于农业生产必须进行更广泛更长远的考虑，而后他们往往不能只从事生产，还必须具有农业科技、市场营销、现代网络技术、政策法规等多方面的知识储备，与各行各业的人进行交往。这些都决定了他们必然是一个更具理性与协商精神的群体，他们已经逐渐成长为农村发展的主力军，也是协商治理的主力军。

二、挖掘乡村协商治理的乡土资源

2018 年，最新修订的《中华人民共和国村民委员会组织法》规定："村民委员会是村民自我管理、自我教育、自我服务的基层群众性自治组织，实行民主选举、民主决策、民主管理、民主监督。"[①] 2019 年，中共中央办公厅、国务院办公厅颁布了《关于加强和改革乡村治理的指导意见》要求："健全党组织领导的村民自治机制，完善村民（代表）会议制度，推进民主选举、民主协商、民主决策、民主管理、民主监督实践。"[②] 仅隔一年，就将"四个民主"扩展为"五个民主"，增加了"民主协商"，充分说明了党和国家对于乡村民主协商的重视。协商治理不仅仅是一种理论，根本上更是一种实践，成功的治理实践必须深深扎根于具体环境之

[①] 《中华人民共和国村民委员会组织法》，中国政府网：http：//www.gov.cn/jrzg/2010 - 10/28/content_1732872.htm。

[②] 《关于加强和改进乡村治理的指导意见》，中国政府网：http：//www.gov.cn/zhengce/2019 - 06/23/content_5402625.htm。

中,才能真正结出有效治理的硕果。

(一) 开发村规民约的治理资源

党的十九大报告指出:"加强农村基层基础工作,健全自治、法治、德治相结合的乡村治理体系。"2019 年,中共中央办公厅、国务院办公厅颁布了《关于加强和改革乡村治理的指导意见》,进一步明确:"以自治增活力、以法治强保障、以德治扬正气,健全党组织领导的自治、法治、德治相结合的乡村治理体系。"① 新时代乡村治理以自治为核心和目标,以法治和德治为保障。其中,法治应以广义来理解,而非简单地依照法律治理。"基层社会治理现代化的重要推动方式是建立并完善'契约化治理'理念。'契约化治理'指以一定区域(基层村、居)为单元,以平等、意志自由为条件,通过社区居民广泛参与,民主协商,充分沟通,建立以村规民约(社区公约)为主体的社会规范,并遵循法治原则,依循公开程序,贯穿直接民主形式,自治、法治和德治结合,由此形成的治理方式。"② 党的十八大将"社会管理"革新为"社会治理","社会管理"强调的是法律法规和正式规范的作用,"社会治理"则不然,更加重视发挥非正式规范和习惯法的作用。历史上,"皇权不下县",相应地国家正式法律也很少进入乡村日常生活,所谓的"无讼"状态就是这种情况的表达。乡村自治中须臾不可离的是乡村社会规范即村规民约。乡村治理语境下,法治是指"契约化治理"。契约化治理的核心不在于契约一定必须具有法律的正式规范形式,而在于尊重契约、尊重规则的精神和行为准则。

在乡村社会治理中,法的精神比法律条文更为关键。事实上,我国乡村社会依然具有浓重的情理色彩,乡村治理中,非正式的村规民约往往能够起到正式法律不可比拟的现实效果。法律法规作为国家层面的正式制

---

① 《关于加强和改进乡村治理的指导意见》,中国政府网:http://www.gov.cn/zhengce/2019-06/23/content_5402625.htm。
② 汪世荣:《"枫桥经验"视野下的基层社会治理制度供给研究》,载《中国法学》2018 年第 6 期,第 6 页。

度，必须经过严格的技术程序方能制定。在我国现行体制下，最接近基层的具有立法权的政府是省会城市和少数副省级城市，它们制定的法规与最基层的乡村百姓客观上存在着较大距离，不一定能够直接对接乡村治理的实际。黑格尔说："法律对于主体来说，不是陌生的东西。相反，主体的精神证明法律是主体特有的本质。主体在这种本质中感受到自己的价值，并且像在自己的，同自己没有区别的要素中一样地生活着。"① 法律必须切近人们的现实生活，法的精神才能茁壮成长。村规民约作为非正式的社会规范，经过了村民民主协商，结合了村庄具体情况，涵盖了乡村自治的各个重要方面，是乡村社会治理的基础和主要依据，更能发挥其本土化的优势。以习近平总书记高度肯定并在全国推广的"枫桥经验"为例，"通过村规民约规范村内事务，既是中国传统文化、中国共产党红色优秀文化的传承，更是'枫桥经验'基层社会治理实践的突出特色。"②

（二）引导乡村人情面子的正面治理功能

在我国乡村文化传统中，"面子既体现着个体之间的互惠关系，具有'人情'的意味；又具有社会评价、声望与地位的意涵，是社会性价值实现后所产生的个体效能感和社会评价。……其实质是一种在固定社区内得到公共认可、能够流通、具有公共性价值的'通货'，是一种'社区性货币'。"③ 宽泛地说，应该是人都要面子，这是人类作为精神性动物的本能，面子是个体社会价值的体现。但是，只有在中国乡土社会这样一个高度稳定的村庄共同体中，面子才具有了"社区性货币"的功能，"好面子"才成为中国人的一大行为表征。伴随着高速的城市化进程，大部分城市近郊农村已经城市化，其他农村或者走上小城镇之路，或者人口与资源被城市

---

① 黑格尔：《法哲学原理》，北京：商务印书馆1961年版，第166页。
② 汪世荣：《"枫桥经验"视野下的基层社会治理制度供给研究》，载《中国法学》2018年第6期，第11页。
③ 董磊明、郭俊霞：《乡土社会中的面子观与乡村治理》，载《中国社会科学》2017年第8期，第152页。

"虹吸"而陷入"空心化",这些现象表现不一,都导致当前农村不再是纯正的乡土农村,不再是"熟人社会",而是"陌生人社会"或者"半陌生人社会",面子依然是中国人行为的表征,但其功能日益退化成"象征性资本",不再是稳定的"社区性货币"。

作为"社区性货币"的面子,在传统中国具有极其强大的社会治理功能。在小农经济之下,绝大多数农民都不可能脱离乡村共同体,面子以其无所不在的影响力控制着村民的日常行为,既有正向的褒誉机制,也有负向的排斥机制。"千百年来,以血缘和地缘为社会结构主导的中国农村,正是得益于面子的社会控制功能,使村庄社区性规范和价值得以维持和再生产,在弱国家控制的情形下实现了村庄自我控制和自主治理。"[1] 经过长年累月的沉淀,面子成为乡村治理的"隐性权力",即使在乡村"空心化"的今天,也是我们必须重视并挖掘的社会治理资源。

"今天的中国农民,正在逐步挣脱土地的束缚和社区的管约,直接面对现代国家的普遍性规则。……尽管现代国家机器日益强化,但是仅凭它却很难真正达至对个人精神、价值的儒化,无法做到对人心的规约。"[2] 习近平一再强调:"人心就是最大的政治"。面子在相当程度上即是中国农民的人心,面子事关中国农民的政治。社会协商治理区别于选举政治,其中一点就是它不仅仅是程序上的计算选票,而且是人们思想与心灵的沟通与共识。这个特点更加适合当前的乡村,毕竟那里还保留了很多情理型社会的色彩,还没有完全转变为法理型社会。社会协商治理的成功,宏观上的制度设计和法制的保障只是必要条件之一,充分开发社区性的治理资源也是必要条件。面对正在朝着现代社会快速变迁的乡村,"面子需要重新定义,人心需要重新安顿。在此过程中,摒弃面子的负功能,使其与现代社

---

[1] 董磊明、郭俊霞:《乡土社会中的面子观与乡村治理》,载《中国社会科学》2017年第8期,第160页。
[2] 董磊明、郭俊霞:《乡土社会中的面子观与乡村治理》,载《中国社会科学》2017年第8期,第160页。

会结构匹配、与现代文化接轨自是题中应有之义。"①

正式的乡村自治组织（村委会）及非正式的乡村协商治理组织，是国家对基层社会进行动员与调控的主体力量，但他们与村民的互动，主要依靠的并非正式的国家制度，而是以人情和面子为基础的面对面沟通。在乡村治理场域，非正式的情理发挥着超越正式制度的治理功能。在乡村协商治理中，各种正式的或非正式的治理主体，通过农民听得懂、听得顺的生活化语言，劝说村民参与，听取他们的诉求，调解他们的矛盾。而村民们也经常都是看在他们的情面上，才积极参与到协商治理中，接受村庄公共事务的各种治理安排。在这个协商治理过程中，动之以情、晓之以理、激之以义，相比于示之以法，要重要得多，也有用得多。"这是一种非正式的本土化的权力操作策略，通过私人化的人情交往来达到协商治理的意志和目标，基层组织的柔性运作方式更利于协商活动的开展和协商治理的实现。"②

（三）正向激发宗族代表的传统组织资源

中国历史上"皇权不下县"、乡绅自治的治理模式，乡村治理实际上不是以村落为单位的自治，而是以家户及其延展的宗族为单位的自治。家户制是中国历史上的最小经济单位和治理单位，"家户作为融社会、经济和政治于一体的单位，具有强大的自组织和自治功能。"③ 家户制自治表现出来的就是宗族自治和宗法权威。历史上的乡村自治充其量是同姓氏、同宗族聚居而成的村落（自然村）自治，而非现代意义上的行政村自治（行政村是国家权力进行整合的结果，不是自然形成的结果）。

改革开放后，学习苏联而成的人民公社制最终被家庭联产承包制取

---

① 董磊明、郭俊霞：《乡土社会中的面子观与乡村治理》，载《中国社会科学》2017年第8期，第160页。
② 吴晓霞、关海庭：《中国基层协商治理的内生性演化逻辑：基于观念、动力和系统的分析》，载《天津行政学院学报》2019年第3期，第16页。
③ 徐勇：《中国家户制传统与农村发展道路——以俄国、印度的村社传统为参照》，载《中国社会科学》2013年第8期，第121页。

代，实际上是尊重和恢复了家户制的传统，重建了以家户为基础的经济单位。"与家庭承包一样，村民自治是向家户自治传统的复归，实际上是以家户为基础的自治。"① 现代村民自治以行政村为单位，行政村整合了若干自然村，从直接民主的角度来说，范围仍然太大。"仅仅依靠村民委员会进行农村治理缺乏稳固的基础，国家治理难以'落地'和入户。"② 村民委员会选举的时候，往往还是以宗族为基础，从行政村的主要宗族中选举出各自代表组成村委会，村支书和村主任则由最大的宗族代表担任。从这个意义上看，现代村民自治还必须尊重家户制传统，注重利用家户制的治理优势。孙中山虽然激烈批判中国传统的家族主义和宗族主义，称："一般人民只有家族主义和宗族主义，没有国族主义。……所以中国人的团结力，只能及于宗族而止，还没有扩张到国族。"③ 他却也认为应该尊重并利用历史传统："中国国民和国家结构的关系，先有家族，再推到宗族，再然后才是国族，这种组织一级一级的放大，有条不紊，大小结构的关系当中是很实在的；如果有宗族为单位，改良当中的组织，再联合成国族，比较外国用个人为单位当然容易联络得多。"④ 因此，当前在乡村推进社会协商治理，也要充分发掘家户制及其相应的宗族制的正能量，将宗族理事会、宗亲联谊会等乡村社会组织纳为治理主体，发挥它们参与协商治理的积极性。

按照它们涉及的乡村公共事务类型，乡村社会组织可以区分为传统型社会组织和现代型社会组织。传统型社会组织指那些主要依靠传统伦理关系作为纽带，从事传统乡村公共事务治理的社会组织，比如敬老协会、慈孝基金、红白理事会等，传统型社会组织一般是乡村自发组建，属于内生型社会组织；现代型社会组织则指那些主要依靠业缘、地缘或者公益作为

---

① 徐勇：《中国家户制传统与农村发展道路——以俄国、印度的村社传统为参照》，载《中国社会科学》2013 年第 8 期，第 122 页。
② 徐勇：《中国家户制传统与农村发展道路——以俄国、印度的村社传统为参照》，载《中国社会科学》2013 年第 8 期，第 123 页。
③ 《孙中山选集》，北京：人民出版社 1981 年版，第 617 页。
④ 《孙中山选集》，北京：人民出版社 1981 年版，第 675 页。

第六章 社会协商治理的传统场域：乡村协商治理

纽带，从事现代乡村公共事务治理的社会组织，比如环保组织、留守儿童关爱组织、专业合作社等。

观察我国现代化进程，乡村总体上都属于人才和资源"净流出"。本世纪以来，随着城市化进程的快速推进，乡村"净流出"局面加速，以至于大部分的乡村都出现了"空心化"，"老弱病残幼"成为乡村人口的主体和社会治理的对象与主体。乡村农民与城市市民相比，长期得不到现代组织和契约理性的训练，"事实上中国农民更习惯于家户合作或基于地缘理性的邻里互助，以契约理性为原则的现代合作组织很难适应沉淀数千年的宗法社会结构，更无法建立符合现代民主要求的社团组织。"① 这就使得乡村社会治理不仅要建立一系列现代社会组织，更要注重发掘传统宗法社会组织的功能，逐步消解其不合时宜的宗法色彩，促使其实现创造性转化和创新性发展，突出其参与社会治理、促进社会和谐的作用。

笔者在福建省晋江市乡村调研时发现，当地一些"单姓村"（只有一个姓氏的村庄）和"少姓村"（一般是两三个姓氏或者外加几个人口稀少的姓氏），根据宗族力量影响力大的实际情况，把宗族理事会与村民议事会创新性地结合起来，建立起村民理事会，同时讨论和协商宗族与村庄事务，用村民议事会的正式权威（法律权威）保障宗族理事会，用宗族理事会的非正式权威（族权）助力村民议事会，实现了宗族事务与村庄事务的内容融合，大大提高了协商效率和执行效力。

笔者调研发现，对于乡村传统型社会组织而言，其运作能否成功与两个因素紧密相关：

一是村庄的内部团结。这很大程度上与村庄的宗族结构有关，单姓村或者单一姓氏独大的村庄，传统伦理纽带的凝聚力较强，往往有利于传统型社会组织良性运转。当然，并不排除有些村庄宗族结构简单，存在主导宗族，但宗族内部划分派系，并不团结；也不排除有些村庄虽然宗族结构复杂，却保有良好的内部团结能力。当村庄内部团结时，一般依靠乡村内

---

① 马华：《村治实验：中国农村基层民主的发展样态及逻辑》，载《中国社会科学》2018 年第 5 期，第 143 页。

部精英即可实现良好的协商治理；反之，外部精英的介入则可发挥一定程度的代替作用，外部精英可以借助外来资源，比较有效地整合乡村内部各方力量。

二是村庄整体的经济实力，经济实力是乡村自组织成立和运作的基础，但还要进一步区分经济类型，在传统经济（农业和传统手工业）占据主导的村庄内，传统型社会组织才有机会发挥其积极作用，并起到提升村庄凝聚力的作用。如果是现代经济类型（工业和服务业）主导村庄，传统伦理关系会受到现代契约关系的大规模分化和瓦解，不利于传统型社会组织。同时，还有一个现象必须引起注意，在那些经济实力强的村庄，传统公共事务逐渐被经济逻辑侵蚀，即使是游神、祭祖、兴修祠堂等传统仪式，也慢慢变得"有名无实"，事实上成为乡村精英们经济交往的另一个工具和网络，经济利益取代传统伦理成为主要驱动力。

（四）培育乡村本土社会组织

在乡村协商治理中，当然不可能继续实行忽视社会力量的"强政府"模式，多元化治理是必然趋势，包括传统社会力量在内的一切乡村社会力量都是可资开发利用的治理资源；但也不可能简单地复制社会力量，不考虑不同乡村的具体情况，而整齐划一地将社会力量按照同等模式引进乡村协商治理体系，一切社会力量尤其是传统社会力量都必须依托于乡村本土传统，进行必要的本土化设计，才能融入乡村协商治理体系。

笔者调研发现，乡村社会组织协商成功的关键同样要注意两个要素：

第一，乡村内外精英网络的基本构成和互动模式。作为乡村新兴协商治理主体，基于我国乡村（特别是偏远乡村）仍然保留了相当深厚的"熟人社会"模式，乡村社会组织往往必然要由乡村本土人士主持或者扮演关键角色，才能有机嵌入乡村社会网络。同时，这些本土人士必须具备相当的政治地位（退休干部、军人）、经济地位（企业家或者经济实力比较雄厚的其他个人）、文化地位（在职或退休教师），最好是相对超脱于乡村（不常住乡村，主要政治和经济关系网络也不在乡村）。乡村新兴协商治理主体必须获得本土治理主体的大力支持和配合，主要就是村两委的支持。

同样是基于乡村的"熟人社会"模式,这种支持与配合主要取决于内外精英的私人关系网络。除了乡村内外精英良性互动以外,他们开展的一系列乡村建设项目也必须具备若干有热情、有能力、有实力的项目运营人员。

第二,乡村精英与基层政府的良性互动。在当前乡村自治力量日益发展的情况下,基层政府单方面进行制度设计,推动乡村协商治理并不能总是如愿。即使部分村庄受制于基层政府压力,往往也会"名实不符",流于形式。只有基层政府积极寻求乡村力量的响应和支持,乡村力量积极回应基层政府的政策,特别是以村两委为代表的乡村内部精英主动承接基层政府政策,充当代理人。这样就形成了乡村精英与基层政府的良性互动,乡村协商治理成功的把握才比较大。

三、重建村民小组作为乡村协商治理的基本单元

按照《中华人民共和国村民委员会组织法》(以下简称《村组法》)二十五条和第二十八的相关规定,村民小组是比村委会更低一级的自治单位,是整个社会主义民主政治体系中最基层的单元。1982—1986年、2004—2021年,共计28年的中央一号文件都是关于"三农"问题,其中2014—2018年,五年的中央一号文件都在强调开展以村民小组或自然村为基本单元的村民自治试点工作,2016年,中共中央办公厅和国务院办公厅专门印发了《关于以村民小组或自然村为基本单元的村民自治试点方案》。因此,村民小组或自然村应该成为乡村协商治理的基本单元和主要载体。

在人民公社时期,村民小组的前身生产队是具有独立核算资格的生产单元,在土地调整、人口变动、集体收益分配、劳动组织等方面都能够独立核算与运作。改革开放以后,随着家庭联产承包责任制的推行,村民小组失去了很多这些方面的权力,但村民小组的血缘和亲缘纽带仍然是乡村最基本的认同来源,仍然要大大强于行政村,现在很多自发的乡村自治组织,比如宗族、祠堂、乡贤理事会、村民议事小组等,还是以村民小组为基本单元。然而,农村税费改革以后,在减少基层财政支出的动力之下,很多地方都合并了村民小组、减少村两委干部、取消村民小组长,在制度

上大大削弱了村民小组的组织力，村民小组作为乡村治理的基本单元地位不再，而又无法确保行政村充分自治，乡村自治的根基受到很大的挑战。因此，"当前在乡村振兴的背景下，建构'自治、法治、德治'相结合的乡村治理体系，村民小组自治的价值与功能应得以显现。"①

综观各地开展的村民小组自治工作，虽然取得不小的成就，但问题也还不少。总的来说，各地都纷纷以村民小组为基础，搭建起了村民议事会、村民理事会、党群议事会等自治组织，有名而无实的现象却不少见，究其根本，就是有了组织的"身"，缺了协商的"魂"，村民治理的主体性还是没能真正树立起来。因此，笔者主张，在社会主义协商民主的框架下，把协商治理的理念与机制充分融入村民小组的组织血液，可以有效挖掘和发挥村民小组的协商治理潜能，成为提升乡村自治与协商治理水平的有力杠杆。

（一）村民小组的熟人社会网络为协商治理奠定了良好的社会基础

党的十八大之前相当长一段时间里，村民自治面临着诸如村两委行政化、两委矛盾、村民自治意识低下、自治能力不高等困境。这些问题集中在行政村层面上，事实上，深入分析发现，行政村自治乏力的更深层次，还存在着村民小组自治缺位的问题。西方马克思主义的代表人物哈贝马斯从其著名的交往行动理论出发认为，普通公民与政治的关系既不是自由主义视野下的原子化的消极存在，也不是共和主义视野下的整体性存在，而是一种沟通性/交往性存在。②哈贝马斯正是在交往行动理论的基础上，提出了协商民主的进一步主张，也就是说，他认为，协商民主高度依赖人们密切、有效、理性的交往。村民小组建立在自然村的基础之上，自然村是以一个或者多个家族、户族、氏族为单位，经过长期自然的演化形成而

---

① 李晓广：《论协商治理视域下村民小组自治的有效实现》，载《学术界》2019年第4期，第39页。

② 转引自史春玉：《协商民主的边界》，载《国外理论动态》2016年第4期，第54页。

第六章 社会协商治理的传统场域：乡村协商治理

来,具有天然的、深厚的血缘和亲缘纽带。行政村则是国家法律和行政管理制度规定的最基层社会管理单位,是行政力量整合的结果,不是自然形成的。相对而言,村民在情感上更加认同于自然村而非行政村。选举民主注重选票与数量,更适合于行政性单位;协商民主注重协商与共识,更需要情感性、伦理性资源。因此,乡村协商治理应该更加注重挖掘村民小组的自治与协商资源。

回到历史的视野,马克思在其晚年人类学笔记和恩格斯《家庭、私有制和国家的起源》中,都高度肯定一个事实,即人类的民主起源于原始社会的部落民主,公共事务集体讨论,集体决定,共同行动。这种民主形式在今天看来就是一种原始的协商民主,而非选举民主,它是内生于血缘共同体的自然民主形式。选举民主是现代政治的一个重要发明,也是人们面对异质性的陌生人社会不得已采取的一种扩大民主的形式,一人一票的选举主要是统计学上的意义,不再承载温情脉脉的血缘与亲缘。而民主作为人类政治交往的一种理想模式,如果能够兼具规模与情感,当然更符合历史的进程。恩格斯在《家庭、私有制和国家的起源》的最后,就引用了摩尔根对文明时代的评断,充分表达了自己对于理想民主的期许:"管理上的民主,社会中的博爱,权利的平等,教育的普及,将揭开社会的下一个更高的阶段,经验、理智和科学正在不断向这个阶段努力。这将是古代氏族的自由、平等和博爱的复活,但却是在更高级形式上的复活。"① 正如第一章第二节所述,协商民主被视作是对选举民主的一种矫正与提升,在笔者看来,协商民主对于人类情感与共识的重新重视,是当代人们期望在一个异质的陌生人社会重建同质性人类共同体的努力,正是这种矫正与提升的重要方面,代表人类民主进步的方向。

选举民主可以应对异质社会,协商民主则需要塑造同质性文化。传统中国的乡土自治,原本就是以自然村落为基础。人口少,同根同族,邻里相望,利益紧密联结,自然村落具有最为典型的熟人社会网络和高度同质化的文化认同,乡土自治也具有典型的协商性而非选举性。"文化相连的

---

① 《马克思恩格斯文集》(第4卷),北京:人民出版社2009年版,第198页。

程度决定村民自治的程度。"① 自然村的这些特性使得其成为乡村协商治理最好的温床。当然，传统的乡土自治也具有明显的精英（乡绅）垄断性，家长制作风，"吃人"的礼教，这些都与现代民主格格不入。在社会主义民主政治多年的洗礼之下，这些弊病都已经得到极大的克制，而自然村落的同质性文化和情感认同则仍然可以作为社会主义协商民主发展的深厚资源。村民小组建立在自然村落之上，作为村民日常生产生活最直接的空间，即使在当今城镇化不断进展、农村社会空心化与原子化的现实背景下，仍然保留了更多熟人社会网络的特征，蕴含了更多情感性和伦理性社会资源，具有开展协商治理最便利的条件。村民平时频繁交往，相互熟识，随时随地能够聚焦起来议事交流，很好地体现了协商治理的群众性特点，群众参与的成本也很低。村民小组范围内的公共事务与村民关系最为切身，村民参与的意愿也很高，表达诉求更为直接、真实，参与效果要高于行政村。

（二）进一步突出村民党小组的协商引领地位

何包钢的研究发现："从古到今，中国所有的协商都需要一个权威性权力去处理协商中出现的分歧。"② 党的领导是社会主义协商民主的本质特征和必然要求，中国特色乡村协商治理体系中，把党的领导用制度化、规范化的方式有机嵌入其中，既能够保障协商治理的政治方向，也能够引领村民有序、理性、高效参与协商治理，最终维护村民的根本利益。笔者调研发现，虽然村民小组具有天然的协商治理土壤，各地也开展了丰富的实践与创新，但是，村民的政治参与意识和协商能力普遍都比较低下，客观上要求党组织更多地进行培育与引领。农村党支部建立在行政村上，党小组则应牢牢扎根于自然村。在村民小组范围内，可以建立一个党小组引

---

① 邓大才：《村民自治有效实现的条件研究——从村民自治的社会基础视角来考察》，载《政治学研究》2014年第6期，第23页。

② 何包钢：《通往国家治理现代化：协商民主的新路径》，北京：中国社会科学出版社2020年版，第95页。

领、户主会议决策、村民理事会执行的三位一体架构。党小组征集、酝酿并提出议题，户主会议组织全体户主或者户主代表决策，村民理事会执行户主会议决策。当然，党小组的领导主要是政治领导和思想引领，而非政治强制，更非大包大揽。党小组的领导与村民小组自治是一种权威与自治的平衡，党领导下的村民才是协商治理的主体。

（三）加强村民小组协商治理的法治保障

行政村自治遭遇自治权被架空的现实困境，一方面来自外部原因，即乡镇行政权过度挤压乡村自治权，把行政事务转嫁下压给村两委，把他们当作乡镇事实上的"手脚"。另一方面来自内部原因，即村两委架空村民自治，把村民自治转换成村委会自治或者村干部自治。鉴于合村并组、裁减村干部导致的村干部短缺，两个方面的原因都可能导致行政村进一步将压力下移，把村民小组当作"手脚"使用，挤压村民小组的自治权。为此，必须把协商治理理念与机制以法律法规的方式充分嵌入乡村自治体系中，赋予村民通过村民小组充分行使自治权。当前实施的《村组法》于1998年通过，2010年进行修订，其中二十五条规定了村民小组的产生方式，二十八条规定了村民小组的运作方式和权责，"属于村民小组的集体所有的土地、企业和其他财产的经营管理以及公益事项的办理，由村民小组会议依照有关法律的规定讨论决定。"[①] 这个规定过于简单，要害还在于没有划定行政村与村民小组的权责界限。2016年，中共中央办公厅和国务院办公厅专门印发了《关于以村民小组或自然村为基本单元的村民自治试点方案》做了一定程度上的弥补。在接下来《村组法》的进一步修订或者重新立法的过程中，应该充分考虑村民小组与行政村的权限划分问题，把村民小组自治直接规定为村民自治的基本单元，开列行政村的权责清单，避免行政村过度干预村民小组自治。同时，在法律上明确将村民理事会、村民议事会等自主社会组织界定为村民的代理人，其自主治理权利不受基

---

① 《中华人民共和国村民委员会组织法》，中国政府网：http://www.gov.cn/flfg/2010-10/28/content_1732986.htm。

层政权和行政村的干预，村民可以就与自身利益有关的事务与行政村和基层政权进行协商和交涉，对它们进行必要的制衡，从而保障村民在乡村民主治理中的主体地位。

（四）塑造理性协商的乡村政治文化

正如前述，自然村和村民小组是乡土中国最后也是最坚固的"文化堡垒"，传统的村规民俗积淀很深，文化同质性很高，村民基于情感和利益的纽带，参与的积极性也高。但积极性不等于民主性，学者的研究和笔者的调研都明显发现，当前乡村协商治理中，村民的主体意识和协商观念仍然相当欠缺。总体上看，理性不足，情感有余，参与协商治理中，碍于情面，不敢直面问题，针对利益进行协商，话语表达上，也多是情感的表达甚至宣泄，协商结果往往是"随大溜""搭便车"。自然村与宗族高度同构，宗族长老经常就是自然村的民间权威，他们参与治理时，掌握着相当大的宗族权威，权威有余，民主不足，无法确保协商的平等性。因此，乡村协商治理的推广，应该对乡村传统文化进行必要的扬弃，摒弃其不平等的威权式治理理念，注入现代协商治理的平等、理性、包容、法治的理念，并将现代自治与法治与传统的德治进行有机糅合，塑造新的"道义"观，即一种符合社会主义核心价值观的新集体主义精神和互助合作精神，既重建村庄共同体，又尊重和保护个人权利与利益；既树立乡村协商治理中的必要权威，又引导村民在相互信任与妥协中达成共识，形成行动。

四、发挥乡村协商治理对于农村选举的纠偏矫正作用

从大历史的视角回顾我国乡村治理的历程，总体上呈现出了"'村落自治—乡村建设—人民公社—村民自治—协商民主'的进路及其样态，这是农村基层民主从无到有、从国家建构到社会自主，又从社会自主到国家建构，再到国家建构与社会自主双向互动的曲折往复的过程。"[①]

---

① 马华：《村治实验：中国农村基层民主的发展样态及逻辑》，载《中国社会科学》2018年第5期，第155页。

第六章 社会协商治理的传统场域：乡村协商治理

皇权专制时代，"皇权不下县"，乡村是乡绅自治的"保留地"，虽然后来出现保甲制，也只是作为国家权力伸向基层的一只"触手"，不能真正充当国家权力控制基层的"抓手"。现代西方民主的引入及其从城市向乡村渗入，激励民国士绅发起了以乡村自治为目标的乡村建设运动。有必要指出的是，"传统乡村社会的村落自治与民主自治同为'自治'，但两者的内涵与目的有着本质的不同，一个基于消灭个性的强制型共同体自治，一个是基于个体自由的契约共同体自治。因此，传统的村落'自治'并不能自然而然转变为现代意义上的民主自治。"① 当然，民国时期的乡村根本上还是小农经济基础，乡村建设运动也注定只是士绅们的一厢情愿。

社会主义改造后，很快在全国普遍性建立了人民公社。小农经济转变为集体经济，但生产力水平并没有本质上的提高，反而是国家权力强制性瓦解了传统的乡村自治组织，农民的个体自由被压缩到极端逼仄的状态。只有到了改革开放后，"家庭联产承包责任制释放了农村的经济活力，肯定了农民的利益需求，农民的个体意识和民主能力才真正成长起来，成为村民自治的基础。"② 与农村家庭联产承包责任制相配套，农村村民自治制度在全国得以普遍推行。中国特色社会主义制度下的乡村自治，既区别于传统的乡村自治，又区别于现代西方社会自治。传统的乡绅自治与现代的乡村自治字面上看非常类似，核心都是自治，但本质有很大不同，传统的乡绅自治是因为国家权力控制不足以渗透到乡村而自然形成的，我国现代的乡村自治则是在社会主义民主政治的价值引导和制度框架下，由国家以正式制度的方式嵌入乡村社会的。"作为外部力量嵌入的自治制度多少带有些刚性，其落地生根需要乡村社会道德伦理营造良好的软环境。"③ 村民

---

① 马华：《村治实验：中国农村基层民主的发展样态及逻辑》，载《中国社会科学》2018年第5期，第155页。

② 马华：《村治实验：中国农村基层民主的发展样态及逻辑》，载《中国社会科学》2018年第5期，第155页。

③ 转引自郁建兴、任杰：《中国基层社会治理中的自治、法治与德治》，载《学术月刊》2018年第12期，第69页。

自治以直接选举的选举民主为主要形式，但并没有走出一条类似西方的民主政治之路，反而在不少地方异化为"村干部自治"，一旦选举出村干部，村民们就失去了对村庄事务的影响力，何况还存在着不少贿选情况。"村干部自治"往好的方面，村干部成为基层政府实际上的"腿脚"和下属，虽然也履行着村庄治理和发展的职责，但不能说真正代表了村民心声和利益；往坏的方面，村干部成为既不对村民负责，也不对政府负责的"自在王"，甚至恶化为黑恶势力。鉴于此，党的十七大报告提出构建"党委领导、政府负责、社会协同、公众参与的社会管理体制"，强调社会协同和公众参与，国家权力再次从农村适当后退。社会协同和公众参与是政府对乡村社会和村民的让权，也包含了显著的社会协商治理的意蕴，这也是新时代乡村民主政治和社会治理发展的主导逻辑和实践进路。

我国社会主义民主政治走的是一条不同于西方的道路。西式自由民主道路总体上是一条"市场经济—市民社会—自由民主"之路，因为其个人私有制的经济基础，最后形成的是资本主义自由民主政治，以选举民主为主要形式，根本上维护的是资产阶级的统治权。众所周知，中国式现代化并非早发内生型现代化，而是后发外生型现代化，民主政治也是后发外生型，社会主义民主政治虽然也以选举民主为外在形式，但因为公有制的经济基础，内在本质上决定了社会主义民主政治维护的是广大人民的根本利益。相较城市而言，我国农村的民主政治更是外生型的，是"农村社会的民主需求与国家的民主建构之间双向互动的过程。"[1] 国家尊重人民的首创性，激励农民的积极性，但也始终掌控着乡村民主政治的发展节奏。因此，在乡村民主政治的发展过程中，应该十分警惕西方式民主过度强调社会自主性的危险。实践证明，乡村的民主需求和国家的民主建构对接顺利，就能够创造出乡村治理的巨大红利，激发农民积极性，改善乡村生产关系，发展乡村生产力，维护乡村社会稳定。一旦像西方一样过于强调社

---

[1] 马华：《村治实验：中国农村基层民主的发展样态及逻辑》，载《中国社会科学》2018年第5期，第137页。

第六章 社会协商治理的传统场域：乡村协商治理

会自主性，则极易造成乡村社会失控，轻则出现贿选成风，重则权力真空，黑恶势力以选举之名横行乡里。

改革开放以来，我国乡村社会治理面临着两个重大的变化：一是随着家庭联系承包责任制的推行，从经济生活开始，整个乡村社会生活出现了快速的分化乃至碎片化，此可谓"碎片化的社会生活"；二是随着村民自治的推行，乡村政治生活出现了多样化和民主化，此可谓"民主化的政治生活"①。一方面，"碎片化的社会生活"和"民主化的政治生活"相互适应，前者导致了后者，后者顺应了前者；另一方面，两者又出现了此消彼长的不平衡，各地区具体不平衡的情况表现不一，但总体上看是社会生活的碎片化快于政治生活的民主化。更为麻烦的是，两者不总是呈现相互促进的"正循环"，也会呈现出相掣肘的"负循环"。碎片化的社会生活大幅度增加了通过民主化进行社会重新整合的难度，一些地方未能制度化、规范化地推进民主化，反过来加重了社会生活的碎片化。同时，因为过去相当长时期内城乡分割的发展态势，原本相对和谐自主的乡村社会遭到了城市工业化的"虹吸效应"，人口和资源出现严重的"空心化"，城市的"资本下乡"，又使乡村治理增加了一个强大的外部经济势力，资本出于最大化利润的目标，开始积极介入和影响乡村治理，使得乡村治理一定程度上偏离村民公共利益，而有利于资本集团，民主参与作为村民自治的核心也被形式化甚至架空。

"由于国家建构力量与农村社会力量之间的不对等，虽然农民的民主诉求正在扩大，但农村社会仍缺乏议事、规则、协商等民主制度的基础要素。农村基层民主根植于中国历史基因，构成基层民主丰富实践场域的是广袤的农村，乡土生活共同体是其显著特性，与实现民主的价值相比较，农民更注重生活共同体、文化共同体或共同经济利益的实现。"② 选举民主

---

① 张师伟：《中国乡村社会多元治理的民主协调逻辑及其法律建构》，载《法学杂志》2018 年第 6 期，第 46 页。

② 马华：《村治实验：中国农村基层民主的发展样态及逻辑》，载《中国社会科学》2018 年第 5 期，第 137 页。

的主导逻辑是竞争，协商民主的主导逻辑则是协作。在我国乡村社会治理场域中，民主的意义首要的并不在于实现民主的价值，而在于实现有效的社会治理。这一民主功能目标的转换，也决定了中国特色社会主义民主政治的首要形式不应是民主选举，尤其是一人一票的普遍选举，而在于以解决社会问题为指向的民主协商。否则，中国的小农经济本来就倾向"重分不重合"，竞争性的民主选举和对抗性的民主监督往往会加大村庄分化，而非促进合作，进而导致民主与治理的"双输"局面。因此，我国乡村民主政治的发展，应该以推进协商民主为主要方向，这样才能有机调和民主与治理的矛盾，牢牢抓住有效治理这个主要目标，为乡村振兴奠定稳固的社会秩序基础。

第三节 完善党组织领导的嵌入式乡村协商治理机制

2019年1月修订的《中国共产党农村基层组织工作条例》明确规定了农村党组织的地位与功能："党的农村基层组织是党在农村全部工作和战斗力的基础，全面领导村的各种组织和各项工作。"① 当年6月，国务院办公厅印发了《关于加强和改进乡村治理的指导意见》强调："村党组织全面领导村民委员会及村务监督委员会、村集体经济组织、农民合作组织和其他经济社会组织。"② 二者都十分突出了农村党组织对农村公共事务的全面领导职能，这是与党的十九大以来全面加强党的领导相适应的。虽然上述条例和意见并没有明确点明农村党组织是否要领导乡村协商治理组织，

---

① 《中共中央印发〈中国共产党农村基层组织工作条例〉》，中国政府网：http://www.gov.cn/zhengce/2019-01/10/content_5356764.htm。

② 《中共中央办公厅、国务院办公厅印发〈关于加强和改进乡村治理的指导意见〉》，中国政府网：http://www.gov.cn/zhengce/2019-06/23/content_5402625.htm。

但事实上,早在 2015 年中共中央办公厅和国务院办公厅印发的《关于加强城乡社区协商的意见》中就已经明确:"坚持党的领导,充分发挥村(社区)基层协商中的领导核心作用"是城乡社区协商的首要基本原则。①在党的十九大以后全面加强党的领导的背景之下,显然乡村党组织更应该承担起全面领导乡村协商治理的职责。

一、强化乡村协商治理的党建引领机制

众所周知,乡村不仅凭借着家庭联产承包责任制成为我国经济改革的先行者,也凭借着村民自治成为我国政治体制改革的先行者。事实上,早在 1978 年小岗村 18 位农民按下血手印后 1 年多一点,1980 年 1 月,广西宜山县三岔公社合寨大队果地村,就以海选的方式,自发建立了我国第一个村民直接选举产生的村委会,进行了最初的村民自治尝试。村民自治发展到今天,在选举民主方面,已经从当时的村委会选举扩展深化到村党支部的选举,党内的公推直选和村民直选越来越普及。然而,这根本上来说仍然是原有村民自治框架内的存量民主形式,受到各方面法律、制度和政策的约束较多,尤其是村民自治受到乡镇党委政府的干预较多,村民的民主参与水平仍然不是十分理想,村民连续性的参与治理不够。根据党的十九届六中全会以来的最新要求,乡村的全过程民主体现得还不充分,效果仍不彰显。协商民主是村民自治发展的另一个突出亮点,它是一种增量民主形式,内生于农村党组织领导下的村民自治体系。相比于村民选举,乡村协商民主具有连续性和治理性的特点,是新时代农民直接参与乡村治理的关键一招。

在乡村治理的具体情境中,选举往往并不意味着村民自治的全部内涵,相反,笔者经过多年观察与调研发现,选举经常会扩大乡村内部分歧而非促进乡村团结。一人一票的选举内在地极易造成派系分立,这与乡村

---

① 《关于加强城乡社区协商的意见》,中国政府网:http://www.gov.cn/gongbao/content/2015/content_2909255.htm。

有效治理所必要的妥协精神是相互矛盾的。选举的这个弊端在乡村城镇化过程的集体利益争夺中表现得尤为明显，造成的后果也相当严重。我们可以说，虽然经过改革开放四十多年来的实践，乡村民主选举仅仅是村民自治的开端，远非全部。乡村协商治理不简单是民主选举的补充，更是村民自治的深化。然而，我们也必须清醒地认识到，乡村协商治理也并非天然地就能弥合冲突，促进团结。面对今天很多乡村出现的"原子化"状况，乡村协商治理过程中，坚持和改善党组织对乡村协商治理的领导，构建和完善党组织领导的嵌入式乡村协商治理机制，是乡村协商治理成功的前提。

（一）坚持党建引领，以党内协商引领乡村协商治理的大方向

在我国农村党组织领导下的村民自治体制中，乡村协商治理可以划分为党内协商、村民自治协商和乡村社会组织协商等三个方面。以党内民主引领社会民主，是我国社会主义民主政治发展的基本路径。同样，在乡村协商治理中，以党内协商引领乡村协商治理也是乡村协商治理的基本路径。客观上讲，在过去快速的城镇化过程及其相伴随的农村"空心化"过程中，农村党组织建设存在着明显的薄弱环节和一系列短板困境，民主选举、民主决策、民主管理、民主协商、民主监督相当不规范。在当前全面加强党的建设的背景下，应该坚持民主集中制，充分进行党内协商，重要事项必须坚持先协商后决策的原则，绝不允许个人独断。农村党组织要广泛吸收乡村精英加入党组织，实现农村党组织的人员更新、理念更新、素质更新、结构更新，充分尊重党员权利，全面发扬党内民主，坚持"三重一大"项目的集体协商、集体决策制度，把党组织打造成为乡村民主的样板。

乡村党组织应该着力推进乡村协商治理活动与乡村党建活动的有机融合。党建拥有一系列完整的活动载体，这些载体同时可以成为乡村协商治理活动的有效载体。一是基础性党建活动载体，即"三会一课"和"主题党日活动"，可以把协商活动有机纳入党建活动中。比如吸收相关村民召开扩大的党小组会、支委会和党员大会，添加议事协商的内容，使协商与

党建同步进行。再比如把主题党日活动确定为听取村民意见建议、协商解决村民切身问题的协商活动,提升党建服务群众的水平。二是党员发展与协商活动的结合,将村民评议纳入发展党员的民主评议之中,开展村民对党员干部的协商评议,就他们参加组织生活、日常表现、服务群众、协商治理等各方面开展定级评议。三是党员联系群众活动。正如第三章第三节所述,从党群角度来看,协商治理是党的群众路线的创新性体现,是群众路线的有效路径。根据党员的地缘、业缘、兴趣、特长、工作目标等条件,组织党员与群众的结对协商,既培养锻炼了党员群众的协商意识和能力,又密切了党群关系。

在全面加强和改善党内民主的前提下,农村党组织应该积极引导党员参与各种乡村协商议事机构的选举,必要时可以制度化的形式确保主要协商议事机构有党员代表,农村党组织主要负责人或者成员可以兼任协商议事机构的负责人或者主要成员,即使不方便直接参与协商议事机构,农村党组织也应以合情合理合法的方法,或者提前与协商议事机构的主要负责人进行沟通,或者旁听协商过程,确保乡村协商治理的政治方向。

(二) 坚持过程引领,充分发挥农村党组织在乡村协商治理过程中的引领力

在协商之前,农村党组织要充分吸收各治理主体的意见建议,引导协商议题有序形成。原则上涉及村庄整体公共利益的协商事项,都要经过农村党组织的必要程序,才能正式成为乡村协商事项,其他涉及面较小、比较次要或者党组织不便出面无须出面的事项,党组织也要积极关注,一旦出现重大变动或者事项升级,就应积极介入。

在协商之中,党组织应该确保协商主体、内容、程序、形式等各个方面的规范。主持人是协商会议必须设置的角色,也是党组织必须注重抓好的角色。原则上重在事务的协商都应由党组织主持,其他事务的协商,党组织也应该积极参与主持人的遴选与把关。主持人应该具备以下要求:

第一,主持人应该公正中立,这是最基本的要求。协商会议主持人不仅是议程的把控者,更是平等协商的象征者。主持人本身不能与协商各方

有利益或者情感上的牵扯。协商过程中,主持人必须时刻注意既不能把个人观点带入其中,也不能将所谓的权威观点带入其中,"我认为""领导认为""上级要求""专家认为"这些都是表达的避讳。

第二,主持人应该有较强的责任心。协商过程就是公共讨论和公共决策的过程,主持人要有对公共利益、对当事人利益负责任的心态。主持人同时还要充当记录人,记录过程要尽量详尽客观,不能偷工减料,蜻蜓点水。

第三,主持人应该有较强的表达能力和概括能力。主持人不仅要能清晰表达协商会议的目的和议程,还要善于对个人发言进行概括,对比不同发言人观点的差异,引导发言的进程,适时提出一些启发性问题。同时,主持人最好能够通晓本土方言。

第四,协商讨论时,主持人应该确保每个参与者都有平等发言的机会。参与者发言按照轮次设置,每个人发言严格控制时间,有人发言时,其他人禁止随意插话。如果有些人不善于表达,主持人应该积极鼓励和引导他发言,必要时帮他厘清思路,归纳观点;对于那些善于表达的人,则要防止他垄断话语权,偏离主题。协商讨论应该设置回应的环节,重要的问题可以由主持人当即给予回应的机会,一般的问题安排在第二轮发言时由相关人员回应。

在协商之后,党组织要及时公布协商结果,对于协商中的重要争议点进行必要的说明与解释。同时,应该把协商结果通过规范化的程序纳入党组织的议事与决策程序中,把乡村协商程序与党组织决策程序有机结合起来。我们必须清醒地认识到,虽然当前乡村协商治理正在快速兴起,但法律法规并没有赋予协商组织正式的制度性权威,它们的角色只是村民自我成立的社会组织,只能协助村两委做好农村公共事务,而没有类似村两委的正式地位。然而,事实上,它们又往往能够起到村两委起不到的治理功能。因此,农村党组织应该善于在既有制度框架下赋权赋能给协商组织,通过充分听取协商组织的意见建议,提高党组织决策的科学化与民主化水平;通过党组织的决策程序,赋予协商结果充分的政治权威与制度合法性。在协商结果的执行落实过程中,党组织要直接进行必要的反馈,或者监督相关责任主体认真执行，积极反馈，组织村民定期或不定期评估执行过程。

（三）坚持人才引领，积极抓住乡村协商治理中的关键能人

善于发现、吸收、引领各方面人才，是我党组织和统战工作的传统优势。当前在乡村人口外流、人才密度降低的条件下，乡村能人往往是乡村社会关系网络中的核心人物，他们不仅能够出任村两委等正式组织的领导，而且是各种乡村社会组织的发起者、组织者和领导者。他们正是农村党组织引领乡村协商治理过程中，必须抓住的少数关键人物。

从历史文化的角度观察，在我国传统"家天下"的专制社会下，并没有真正的公共社会，人们被迫通过私人社会来建构公共社会。私人社会依靠私人关系进行维持和扩展，它以义务为取向，私人关系网络中的双方对彼此有各自的社会期待，构成了双方的义务。这种义务有赖于各自的道德自觉，也有赖于乡土社会的外在约束，以互惠为本质的人情法则是乡土社会的主导规则。乡村能人们正是通过自己广泛的私人关系，网罗起社会组织的核心成员，形成乡村社会组织，提供团体内部成员的互益性公共产品，或者进一步拓展到为乡村提供全体性公共产品。在乡村协商治理中，能人们不仅能够动员本团体成员，还能在乡村不同社会圈子中进行协商。他们利用自身的情感网络、人脉关系奠定的信任基础，制定和调整乡村社会关系规则，扩大乡村社会信任边界。乡村社会组织数量达到一定程度后，形成社会组织网络，在乡村能人的带领下，当人们共同经历特定事件与情境，人们可以发展出对外部陌生人的信任。也就是说，乡村能人们充当着乡村内外互动的桥梁。

面对当前遭到市场逻辑和利益逻辑冲击而日益原子化、空心化的乡村社会，乡村协商治理的当务之急是重建和巩固乡村社会人与人之间的横向情感纽带。在此过程中，农村党组织应该充分挖掘当地的乡村能人的治理潜能，这是乡村协商治理成功的关键。这些乡村治理能人应该具备以下条件：

一是能够在经济上带动治理资源，乡村治理能人自身一般都需要比较

良好的经济基础，能够在治理之初主动作出经济贡献，但不能一直如此，否则就不可持续，而是能够以自身经济贡献为杠杆，撬动其他主体积极投入经济资源，并且还能够带领村民发展壮大集体经济。

二是能够在道德上起到先进模范作用，乡村治理本质上不是经济行为，无法保证持续的盈利，"义利并重，以义为先"是乡村治理能人们获得村民认同、凝聚人心最根本的途径，乡村相比于城市保留了更多传统的德治色彩，这一点尤为重要。这里的"义"，指的是以下四种富有中华优秀传统文化底蕴的道德品质：仁爱、担当、奉献、牺牲，它们之间层层递进，仁爱重在自身修养，担当重在勇当职责，奉献重在额外付出，牺牲倡导奉献所有。这四者都是儒家式君子伦理，而非西方式公共规则（主要是正义、公平、民主等）。公共规则只能规范行为，君子伦理才能唤起情感，改善人心，修复社会。当然，这四种品质是针对乡村治理能人个人而言的，当他们承担起乡村治理的责任时，必须在人情法则与契约法则应该寻找到一个平衡点。不可否认，私人关系和情谊是乡村自我治理生成的最重要因素，人情法则在其早期运作中也起到了至关重要的作用，具有很强的适用性，也能够有效地约束组织领导人。然而，随着组织规模不断扩大，组织涉足的公共事务日益增多，必须引入契约精神，建立起现代社会组织内部治理机制。

三是能够在组织上起到带头与协调作用。一方面，乡村治理能人必须能够通过自身的组织力和感召力，开展乡村社会的自我组织和自我治理，改变一盘散沙的局面。另一方面，乡村治理能人必须能够积极协调引进外部资源。这其中既有外部企业资源和社会资源，也包括政府资源。在我国当前的行政体制下，基层政府的领导包括工作人员，一般都不是本地人，很难对本地乡村社会关系网络有全面的了解与把握，更难直接抵达乡村底层，必须借助于乡村能人的中介，才能充分调动村民的治理积极性。

另外，在党建引领过程中，农村党组织还应注意处理好与自治组织的关系。这里的自治组织不仅包括村委会，也包括其他村民自发的自治组织（比如村民理事会、乡贤理事会等）。首先要厘清二者的关系，它们之间是指导与被指导的关系，而非领导与被领导的关系。其次，应该对农村自治组织各项工作进行清单管理,通过权责清单的方式明确农村自治组织事项清单及其需要协助基层政府完成的工作任务清单,厘清镇、村之间的权责界限,明确协商治理的事项、内容与程序。

二、规范党组织引领下的乡村协商治理程序

在社会主义民主政治框架下,党的领导、人民当家作主和依法治国是相互统一的有机体,党组织要起到全面领导的作用,但并非一切都要由党组织直接决策和执行,党组织要善于通过合理合法的方式把党的意志经由民主与法治的程序充分表达出来。在乡村协商治理过程中,党组织的引领作用就体现在一系列的协商程序设计中。接下来,结合笔者对安徽省天长市[①]和成都彭州市的协商治理实践调研,勾勒一下党组织嵌入式的乡村协商治理程序。

(一) 协商主体:以开放式的组织结构打造一个包容性的协商平台

虽然农村基层民主是最有可能实行直接民主的场域,但是鉴于时间、场地、人员素质以及程序可操作性的诸多考虑,除非涉及特别重大事项,乡村协商治理一般不采用全民参与的直接民主,而是代表参与的间接民主。参与协商的代表一般经由家(户)、村民小组(自然村)、农村社会组织、驻村单位、行政村等各个层级各类组织推选出来。

天长市采用的协商平台名为协商委员会,委员会成员实行"7+X"制,即7类固定成员(包括村两委成员、村监委会成员、专业社工和社会组织成员、村民代表、"两代表一委员"、驻村单位代表、第三方专业人员),"X"为利益相关方代表,不同协商事项涉及的利益相关方不同,人数也不同。7类固定成员由村两委推荐,并由协商代表会议选举产生,是协商委员会的常任成员,利益相关方代表通过自荐或者推荐产生,是协商

---

① 2017年,天长市被民政部确定为全国农村社区治理实验区,实验主题就是协商共治。

委员会的临时成员，协商结束后即退出委员会。协商委员会的主任由村党组织书记或者村委会主任担任，主任召集和主持协商会议。天长市协商委员会的设计既保证了村党组织的领导力，又开放了组织结构，吸收了多元化主体。

彭州市的协商平台名为社会协商对话会。5—15户村民推选出1名代表，村民代表组成村民小组议事会，村民小组议事会再按比例选举产生村民议事会，议事会成员20—50人不等。如果涉及到驻村单位，则每个单位选派1名代表参与村民议事会。社会协商对话会的召集人和秘书长主要由镇党委推荐，负责协商对话会的召集与主持。

天长市和彭州市都搭建一个"固定成员+临时成员"的协商平台，以开放性的组织结构确保了多元化主体参与协商治理。村党组织都在协商平台中扮演了主导性角色，但又充分注意平台的包容性，天长市规定协商委员会中基层干部比例不能超过30%，彭州市规定社会协商对话中群众推荐的代表应占90%，组织推荐和个人自荐不超过10%，另外，村干部同样不能超过30%。

（二）协商内容：在党组织的把关中上下合议确定协商议题

议题质量是影响协商效果的关键变量。农村事务本就具有琐碎但又复杂的特点，协商议题一般都要经由农民以某种方式提出，又具有分散性特点，再受限于村民整体素质不高，协商议题更有可能显得细碎。因此，乡村协商治理议题必须通过必要的方式予以整合与提纯。村党组织就扮演了这样的角色。

在市党委的领导下，天长市出台了《农村社区协商事项参考目录》，目录结合乡村振兴的六大任务要求，细分了6大类33项协商事项，全面涵盖了乡村产业、生态环境、乡风文明、社区治理、生活服务等6大方面。同时，市政府还专门规定了"五重五大"的十个项目，要求这些项目都必须经过协商后，方能提交政府决策。在参考目录的基础上，以"群众点单"的方式征集议题。原则上，各主体应该在目录中提出议题，提出方式包括村民代表自主联合提议、村委会发放填写意见建议卡、新媒体面向全体村民征集、村委会向驻村单位发函征集等等。如果村民是在目录外提出议题，则应由村民小组收集议题后，提交村两委审定议题。

彭州市的做法则相对简单。村民代表和村民议事会成员首先深入村民征求意见建议，形成书面议案后，汇总到镇社会协商对话会进行归纳分类；镇社会协商对话会及其议题审查小组审查后，确定2—3个本次协商对话的议题，并报镇党委备案；议题确定后，一般提前两三天进行公示。

无论采取何种议题征集方式，都应该赋予村民广泛的议题发起权利，同时确保征集过程的公开性，村党组织可以也应该把关，但始终要面向村民公开，即使不采纳某些议题，也应该做出相应的说明。

（三）协商程序：党组织领导与村民协商自治程序的相互嵌套

乡村协商会议一般可以定期与不定期召开相结合，行政村级的协商会议每半年至少固定召开一次，其间遇到重大事项，可经由一定数量的村民提议或者村两委提议，临时召开。协商会议的流程主要包括：协商前准备（议题征集与公示），协商议事（主持人开场、议题发起人陈述、分组讨论、大会表决），协商后运用（村社会组织直接执行，或者提交村两委决策参考并由村两委实施，不予采纳的应充分说明理由），执行后评议（充分听取村民和利益相关人对于协商事项执行效果的意见建议）。

天长市设计了一个"五步五单"的议题办理流程，即"议题采集—分类交办—全程办理—结果公示—成果评议"，五个步骤形成五个清单。议题的办理既可以由村两委直接组织实施，也可以通过向市场经营主体或者社会组织购买服务实施，也可以组织村民以公益性方式实施。议题的办理过程全程公开，通过线上线下的平台，接受村民的评议。天长市要求涉及村庄重大事项的协商活动，必须经过"五议两公开"的程序，即村党组织提议（或村民联名提议）—村两委商议—协商委员会共议—党员大会审议—村民（代表）大会决议以及决策过程公开和实施结果公开。"五议两公开"的程序实现了村庄重大事务决策中村党组织民主集中制决策与乡村协商议事程序的相互嵌套，把党的领导与村民当家作主有机结合起来。

三、云浮市乡贤理事会协商治理的典范实践

中山大学蔡禾团队对广东省云浮市乡贤理事会参与村庄协商治理进行了长期跟踪观察,发现乡贤理事会是一个落后地区传统农村提升社会治理水平和乡村振兴的良好途径。① 基于蔡禾团队的研究,笔者于 2019 年 8 月对云浮市乡贤理事全进行了进一步调研。

云浮市位于粤西地区,长期以来经济发展水平都在广东省倒数第一,人口少耕地少,农村地区主要经济支柱就是外出经商和打工,"空心村"现象相当普遍,乡村治理水平低下,村庄公共事业发展长期衰败。云浮市相当多的农村是客家村,村民往往是单姓聚居,宗族文化浓烈,内聚力强。2011 年,云浮市开始试点镇、行政村、村民小组(自然村)三级乡贤理事会制度,但是很快发现三级试点太过理想化,三级试点中,乡贤理事会只能在自然村发育良好。2012 年,出台了《关于培育和发展自然村乡贤理事会的指导意见》(以下简称《意见》),明确了主要在自然村建立乡贤理事会,并将其列为村庄社会治理结构中的正式权力主体。D 村就是一个典型的客家村,2011 年第一批成立了乡贤理事会,短短三年时间,乡贤理事会就取得了卓越的治理效能,成为全市的样板农村。

云浮市将乡贤界定为那些"具有独立民事责任能力、能遵纪守法的经济文化管理能人、老党员、老干部等有威望、有能力的乡贤和热心为本村经济社会建设服务的人士","村中族老和外出乡贤"构成乡贤理事会的主要成员。② 根据《意见》要求,乡贤理事会成员需经村民选举或者推荐,报行政党支部审核,经自然村公布后确认;理事会成员会议选举产生理事长、副理事长、秘书长各一人,任期三年,原则上理事长由自然村村民

---

① 李强等:《协商自治・社区治理——学者参与社区实验的案例》,北京:社会科学文献出版社 2017 年,具体案例请参见第 39—57 页。

② 李强等:《协商自治・社区治理——学者参与社区实验的案例》,北京:社会科学文献出版社 2017 年,具体案例请参见第 43 页。

小组长兼任，但实际运行中，相当多的情况并不兼任，政府也充分尊重村民选择，没有强行要求。

《意见》要求，乡贤理事会必须坚持党的领导和村民自治原则，"村民的事情村民定、村民的事情村民管、村民的事情村民监督"，政府基本上较少干预乡贤理事会的具体运作，乡贤理事会的自治水平明显高于村委会和村民小组。乡贤理事会的主要职责是协助调解邻里纠纷、协助举办公益事业、协助村民自治，用现在的话说就是乡村协商治理。乡贤理事会与村民小组的分工相当明确，村民小组主要承担上级交办的工作，乡贤理事会主要负责乡村社会建设和公益事业发展，形成了一个类似政社分开的村庄社会治理结构。鉴于自然村的村民小组往往只有小组长、会计、出纳等极少数管理者，治理能力非常有限，乡贤理事会事实上就成为自然村治理的支柱，调动了大量乡村建设资源和治理资源。

在具体运作上，乡贤理事会成员一般10—20人不等，2014年，D村选了24个成员。他们绝大多数在城里谋生，但都会有两三个人常住村里。D村理事会的理事长和秘书长定居村里，维持理事会的日常工作。成员们常年在外，日常协商主要通过微信、QQ或者电话。重要的会议或者重要工作都选择在乡村重大节日期间，D村就在大年初三固定举行村民大会和理事会全体大会。理事会开展重大项目时，成员们轮流回村主事，直到项目完成。募集资金是乡贤理事会最重要的一项基础性工作，主要采取以下四种方式：一是全村动员，大年初三村民大会后，进行认捐，金额不限；二是借助传统的节日，D村有个传统节日是"安农节"，把一些安农物品供奉在神台上，然后拿到祠堂义卖，以拍卖方式进行，所得钱财归理事会所有；三是劝资，又叫"任务性捐款"，实施重大建设项目的时候，理事会进行全村动员，捐多少不限，但因为大家都是村里的一分子，都享受村庄公益事业，都要认捐；四是市场化融资，比如D村准备盖一个文化大楼，资金缺口巨大，就动员有实力的人认捐，记录为股份，等将来可以盈利的时候，再行分红。这套集资方式概括起来就是：一个以乡贤带头、所有村民家庭根据自身能力参与捐资为主、市场化集资为辅的多元募资机制。①

这里要重点介绍一下乡贤理事会开展协商治理的情理法则。乡土社会是一个仍然注重传统乡情乡理的社会，尤其是对于以农业为主、人口净流出、宗族色彩浓厚的客家村而言。现代少数服从多数的民主原则和法律至上的法治原则往往水土不服，农村上访问题层出不穷，原因之一就是经常会出现"信访不信法""息讼不息访"的情形。乡贤理事会进行乡村调解和治理，主要依赖的就是情理原则。大家都是同宗同族，打断骨头连着筋，人情关系和族群压力往往比行政强力和村民决议有效果。情感沟通和话语说服是主要手段，一旦要运用强制力量，就意味着村庄进入了"不可治理状态"，什么手段都无能为力了。

乡贤理事会参与乡村协商治理后，取得了极其显著的成效。2014年，D村环境首先出现重大改善，建成了3000多平方米的亲水公园，还有水泥环村道路、文化广场、篮球场、文化大楼，特别是盖了6栋农民公寓，实现了人畜分离。其次，村民福利明显提高，原有的老年基金会进一步充实，60岁以上老年按年龄领取养老补贴，并每年给贫困家庭发放不低于1000元慰问金，还成立了教育基金和创业基金，为上大学考生发放一次奖学金3800元，以有偿低息贷款形式给32位村民发放了66万创业资金，另外成立了联防队，维护了村庄治安，让外出村民有了安定的大后方。再次，村庄的社会整合度显著加强。生活环境改善了，村民福利提高了，关键是村民的参与感和主人翁意识大大强化，常住村民的自豪感与日俱增，外出村民的回乡意愿极大加强。乡贤理事会创设了一个村民自主协商治理的平台，成为理事会成员既是对自己经济实力和社会地位的展示，又是爱乡建乡情感的涌现，乡贤理事会事实上是自然村治理的核心。

经过随后多年的进一步拓展深化，云浮市乡贤理事会的治理成效日益彰显，受到了越来越多的关注。2019年，《人民日报》大幅刊登了报道文章，介绍新兴县乡贤理事会成功经验。在乡贤理事会的治理下，乡村公

---

① 李强等：《协商自治·社区治理——学者参与社区实验的案例》，北京：社会科学文献出版社2017年，具体案例请参见第47页。

园、篮球场、文化广场等公共设施已经成为各村的"标配硬件",艺术墙绘、垃圾分类、和睦家庭等乡村文化建设也普遍展开。近年来,中央指明了乡村德治和文化振兴的大方向,乡贤理事会也以此为重点工作。在乡贤理事会的推动和村两委的支持下,泽罗坊建立了长效机制,进行星级文明户评比、学雷锋和五好家庭评选等。每季度,由乡贤理事会牵头,和村民代表一起来打分。"爱党爱国""院有净香""家有书香""创业有成""家庭和睦",5项标准一列,依次打分,然后评定总体星级。得分高的家庭,会收到生活用品作为奖品。云敏村则最看重孝老爱亲,乡贤们每年都组织2—3次敬老活动,给村里70岁以上的老人送米面油、发慰问金,组织老人聚餐。此外,乡贤还搞起了"金花回娘家"活动,大规模组织外嫁女回村探亲。[①] 年轻人们也被说服放弃了好吃懒做、酗酒、赌博等恶习,找了工作,娶了媳妇,中年妇女们则下了麻将桌,跳起了广场舞。乡贤理事会成为村民与村干部之间有效沟通的桥梁,成为乡村文明新风尚的标杆。

笔者认为,云浮市乡贤理事会的成功为我们提供了以下经验:

1. 乡村协商治理要从行政村进一步下沉到自然村

在我国,行政村是最低一级的行政单位(政治学意义上的"政区"),是行政力量整合的结果,不是自然生成的结果。乡村协商治理需要最大限度地动员乡村内生力量,村民首先认同的是自然村。自然村既有世代为邻的地缘纽带,也有同宗同族的血缘纽带,是真正的社会学意义上的"社区"。社会学意义上,"政区"属于社会联合体,具有机械团结的特征,内在的纽带不够稳定和强大;"社区"属于社会共同体,具有有机团结的特征,血缘和亲缘提供了最为稳定和强大的内在纽带。社区建设就是要把"政区"建设成为"社区",在相当程度上重塑村庄的熟人社会特质。村民对于自然村的认同,除了情感上的因素外,还有一个重要的因素,就是我国农村现今的土地承包是以自然村为单位进行核算的,不仅是耕地,宅基地、林地、水域等村庄自然资源都固定地属于自然村,由自然村再承包给

[①] 周珊珊、姜晓丹:《这里的新乡贤有一套》,载《人民日报》2019年4月10日第11版。

村民家庭，这是自然村认同的经济基础。在自然村里，村民之间的互惠、信任和网络关系更容易形成，自然村也是乡村情理原则最能主导的领域，而乡村社会矛盾往往发生在不同自然村之间。因此，以提供乡村公益事业为目标的乡村协商治理必须以自然村为基本单位。自然村中只有村民小组，行政力量非常弱小，反而给村民的自愿动员留下了充足的空间。

2. 乡村协商治理中政府必须以制度化的方式让渡权力给村庄，确立合作治理的制度框架

云浮市乡贤理事会成功的制度基础就是2012年出台的专门意见。这个意见明确了乡贤理事会的公益性、服务性、互助性和自治性，界定了理事会协助调解邻里纠纷、协助举办公益事业、协助村民自治的三大功能，划定了村民小组与理事会的功能界限，架构起了一个类似于政社分开的自然村治理结构。乡贤理事会定位在自然村这一级，因为村民小组的权力弱小，它们之间不会形成明显的权力竞争关系，又因为政府资源主要投向行政村，自然村主要依靠自筹资源，理事会与村民小组也不会存在资源竞争关系。所以自然村一级的政社分开和协商治理相比于行政村要彻底顺畅得多。

3. 乡村协商治理要充分注重村庄内外乡贤的良性合作

云浮市认定的乡贤，既包括出外事业有成的能人，也包括在家有实力有威望的贤达，乡贤理事会成员虽然绝大多数成员都出门在外，但总有几个常住村庄，负责处理日常事务和联络工作。乡贤理事会的筹资和项目实施方式也并非单纯依靠外出乡贤，外出乡贤偶尔回乡捐资助力村庄公益事业，虽然能够一时获得喝彩，但一阵风过后都难以为继，在村民眼中，他们或是做做样子，或是施舍，或是显摆，难以形成真正的认同。外来力量可以扶助乡村振兴，但万万不可破坏乡村的基本功能，而应有"功成身退"的格局，致力于培养村民参与公共事务的意识、热情和能力，引导村民关心家园，经营家园。乡贤理事会注重村民的全体认捐和全体参与项目实施，这种动员方式事实上锻炼了村民的公共意识，大大增强了村民的公共参与感、责任感和认同感，不仅创建了一系列村庄公共设施，而且是真正意义上的乡村精神共同体建设。

第七章 社会协商治理的创新场域：社会组织协商治理

在推进国家治理现代化的进程中，前所未有地创设了一个多元治理的新型社会治理格局，社会组织作为政府与市场之外的第三个主要治理主体，具有显著的比较优势。建设一个人民满意的服务型政府是我国政府改革的既定目标，服务型政府必然是一个政社分开的有限政府。政府必须从某些社会治理领域中适当退出，而市场主体又以追逐利润为其本质，社会治理领域因而难免出现政府失灵与市场失灵和双重困境。此时，社会力量的自我组织、自我治理成为弥补双重失灵的必然选择。社会组织一方面可以以组织化的形式从内部整合社会碎片化力量，避免社会的无序，另一方面可以发挥专业、规范、自治的优势，促进社会与政府的外部整合，增强国家的凝聚力。党的十八届三中全会首次将社会组织作为协商主体提出来，从此以后，社会组织协商就被纳入我国推进政府与社会合作共治的基本框架。社会组织协商作为最新的社会协商类型，既有效回应了国家治理多元化与社会组织兴起的新时代潮流，又有效规避了西方公民社会理论鼓吹的"公民社会对抗国家"的陷阱，是新时代推进社会协商治理的创新场域。

第一节 我国社会组织协商治理发展的历史与逻辑

在社会协商治理的三大场域中，相比社区协商治理和乡村协商治理，社会组织协商治理从时间上看,是最新兴的场域。**所谓的社会组织协商治理,指的是由社会组织发起或者参与,针对社会组织内部事务、社会组织之间公共事务或者社会性公共事务,通过平等、民主、理性和包容的方式,进行讨论和协商的治理活动,当前社会组织协商的重点是政府与社会组织就社会性公共事务的合作共治。**"社会组织协商""社会组织协商治理"作为一个新兴概念,出现于党的十八届三中全会以后。笔者借助于中国知网(CNKI),搜索这两个概念的相关论文,截至2022年1月25日,总共搜索到106篇,均发表于2014年(2篇)以后,最高峰出现在2016年,发表了20篇,其余年度中,2015年为10篇,2017年、2018年、2020年均为12篇,2019年为15篇,2021年为11篇,2022年为1篇,具体请看下图。但这两个概念所涵盖的治理实践早在这之前就已经存在并不断发展,以至于到了党的十八届三中全会以后,得到了理论界的提炼,"社会组织协商"的概念正式出现。

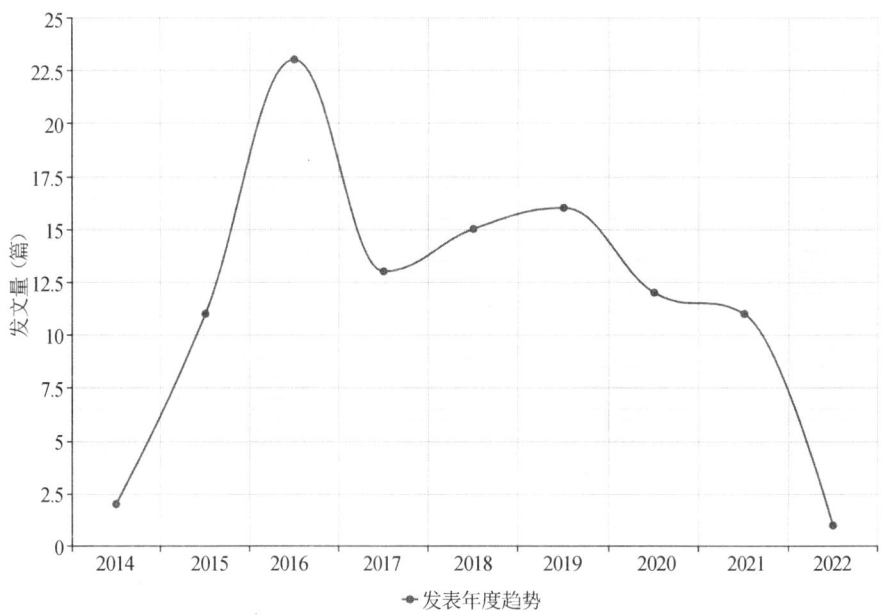

中国知网"社会组织协商"研究文献发表年度趋势图

(注:图表来源于中国知网统计数据,时间截至2022年1月25日)

第七章 社会协商治理的创新场域：社会组织协商治理

一、我国社会组织协商治理发展的历史脉络

古今中外，一个国家发展的三大力量源泉就在于政府、市场与社会。国家发展的势头不仅与三大源泉开发的数量有关，开发出的源泉越多，国家发展越好；更与三大源泉相互之间的关系有关，它们之间的关系越协调，国家发展越好。站在大历史的视野上看，近代之前的中国不存在有规模的市场经济，市场的源泉处于堵塞状态，小农经济的基础也决定了社会不可能真正实现大规模的组织与团结，处于孙中山痛心疾首的"一盘散沙"[1]状态，三大源泉只剩下苟延残喘的晚清政府。在此状态下，救亡图存的当务之急是迅速而高效地组织起新的政府，并通过政府来组织和调动社会的力量。因此，晚清及民国时代各种带有西方自由主义色彩的救国方案都很快被历史淘汰，只有中国共产党走出了一条先建党再救国的正确道路，重新把一盘散沙的旧中国组成一个坚强团结的新中国。新中国成立后，政府把市场与社会通通纳入计划体制，一度很好地发挥了集中力量办大事的优势，很快带领积贫积弱的中国恢复了国民经济和社会秩序。然而，政府单打独斗终究不能持久。改革开放后，市场的力量源泉被渐次打通，民众被束缚了几千年的渴望转化为勤劳致富的动力，创造了四十几年经济快速发展的奇迹。同时，市场的崛起必然带来社会的复苏，社会的自我组织能力日益提升，并积极参与社会治理，与政府展开了一系列良性互动。改革开放进展到今天，政府与市场的力量已经得到了很大程度的开发，"在这种局面下，中国需要在政府、市场之外充分发挥另一个改革的动力源，这就是社会自主治理。"[2]

新中国成立以后，农村的社会主义改造产生了集体劳动基础上整齐划一的人民公社，城市通过单位制建立了大大小小成千上万的"单位社会"，

---

[1] 《孙中山选集》（下），北京：人民出版社2011年版，第739页。

[2] 尚虎平：《"治理"的中国诉求及当前国内治理研究的困境》，载《学术月刊》2019年第5期，第72—87页。

完全挤占了原本的社会空间，两者共同的结果是国家与民众之间的中层社会组织或中介社会组织基本上消失了，中国民众前所未有地直接面对国家庞大的各种管理机构，工作和生活的方方面面都被计划管控，自主性丧失殆尽。虽然我国早在新中国成立之初的20世纪50年代就颁布了《社会团体登记暂行办法》及其实施细则，但随后的反右运动直到"文革"，社会组织并没有真正发展起来，更遑论参与治理。

改革开放以后，社会组织逐渐恢复发展，《基金会管理办法》（1988年）、《社会团体登记管理条例》（1998年颁布，2016年修订）、《民办非企业单位登记管理暂行条例》（1998年），这三大社会组织管理条例颁布实施。从时间上可以明显看出，基金会只占社会组织很小的一部分，却最早颁布了管理办法，社会团体和民办非企业单位是社会组织的两大主体，直到在改革开放后"野蛮生长"了整整二十年，才有了可以遵循的法规，这一时期，我国社会组织的发展仍然处于探索阶段，社会组织参与治理也仅仅局限于很小范围。行业协会是这一阶段社会组织参与治理的典型代表。它们伴随着政府机构改革而生，大多数由裁汰下来的政府机构和行政性公司转型而来，比如中国纺织工业联合会、中国包装技术协会、中国食品工业协会等，它们也因此能够很便利地参与政府部门相关的行业调研、政策咨询、政策宣传等行业治理工作。

进入21世纪，我国加入WTO，进一步向国际社会开放，催生了更多社会组织。同时，党和政府越来越重视社会组织发展。党的十七大报告提出要"发挥社会组织在扩大群众参与、反映群众诉求方面的积极作用，增强社会自治功能。"[①] 这是党代会第一次提出发挥社会组织参与社会治理的积极作用。严格地说，社会组织协商是党的十八届三中全会以后才正式发展起来，但是发展速度很快。截至2020年年底，全国共有社会组织89.4万个，比上年增长3.2%；吸纳社会各类人员就业1061.9万人，比

[①] 《十七大以来重要文献选编》（上），北京：中央文献出版社2009年版，第24页。

上年增长 5.2%。①伴随着社会组织数量的增长，社会组织协商治理也具备了越来越厚实的基础。

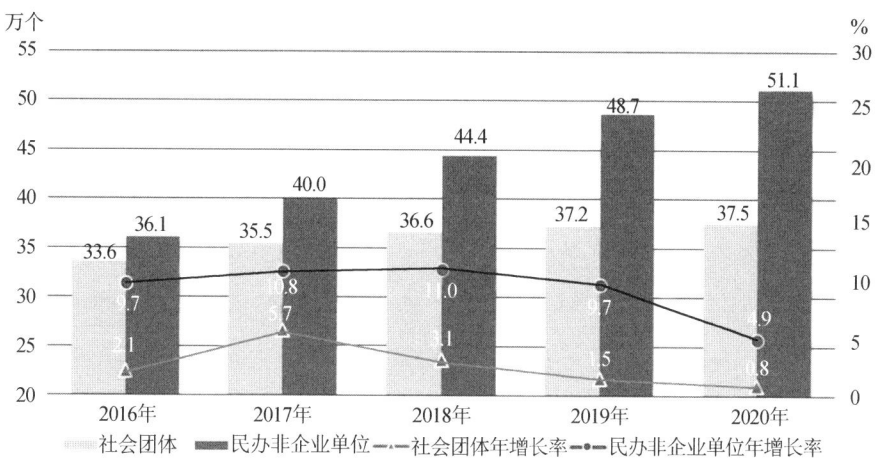

2016—2020 年社会团体、民办非企业单位情况
（图表来源于民政部《2020 年民政事业发展统计公报》）

2012 年，党的十八大报告首次提出"社会主义协商民主"。时隔一年，党的十八届三中全会作出了《关于全面深化改革若干重大问题的决定》，提出："构建程序合理、环节完整的协商民主体系，拓宽国家政权机关、政协组织、党派团体、基层组织、社会组织的协商渠道。"② 这是党中央文件首次将社会组织作为社会主义协商民主的主体正式提出来。2015 年，中共中央通过的《关于加强社会主义协商民主建设的意见》把社会组织协商放在第八部分"稳步推进基层协商"中，并且特地没有加上数字序号，同时又使用了"探索开展"的提法，这显示党中央对于社会组织协商积极而审慎的推进态度。但仅又时隔两年，2017 年党的十九大报告则进一步表述为"统筹推进政党协商、人大协商、政府协商、政协协商、人民团体协

----

① 《2020 年民政事业发展统计公报》，民政部：http://www.mca.gov.cn/article/sj/tjgb/202109/20210900036577.shtml。

② 中共中央. 中共中央关于全面深化改革若干重大问题的决定 [EB/OL]. 新华网：http://www.xinhuanet.com/politics/2013-11/15/c_118164235.htm。

商、基层协商以及社会组织协商。"① 2019 年，党的十九届四中全会作出了推进国家治理体系和治理能力现代化若干重大问题的决定，沿用了这一表述。其中，社会组织协商已经取得了与其他协商形式同等的政治地位，只是因为它属于最晚出现的协商形式而"敬陪末坐"。这既充分表明党中央对于社会组织协商的重视，将其视为社会主义协商民主广泛、多层、制度化发展不可或缺的一环，也表明社会组织协商近年来快速的发展势头。《关于加强社会主义协商民主建设的意见》提出"探索开展社会组织协商。坚持党的领导和政府依法管理，健全与相关社会组织联系的工作机制和沟通渠道，引导社会组织有序开展协商，更好为社会服务。"② 明确表达了四个意思：一是坚持党的领导，二是政府依法管理，三是健全与社会组织联系的工作机制和沟通渠道，四是引导有序开展协商及更好为社会服务。"以党的领导为保障，以依法管理为基础，以加强联系为手段，以有序协商为目标，社会组织协商既是政党领导下的有序协商，又需要在加强联系的基础上进行依法管理。"③ 这在宏观上塑造了推进社会组织协商的总体思路，后来党的十九大进一步提升了社会组织协商的地位，但并没有改变这一思路。

党的十八大以来，社会组织协商治理的发展主要体现在以下三个方面：

首先，最明显的体现就是社会组织协商治理的制度化渠道快速拓展。第一个主要渠道是立法协商，新时代以来，我国人大制度加快改革，日益强调"开门立法"和参与立法。参与立法领域的社会组织主要是行业协会，它们或者因为以前就是从政府部门演变、脱钩而来，与政府还存在着紧密的联系，或者因为经济地位高和社会影响力大，从而可以在有关的立

---

① 《十九大以来重要文献选编》（上），北京：中央文献出版社 2019 年版，第 27 页。

② 《十八大以来重要文献选编》（中），北京：中央文献出版社 2016 年版，第 291 页。

③ 肖存良：《资源禀赋与政治吸纳：社会组织协商的政治基础》，《上海行政学院学报》2019 年第 2 期，第 70 页。

第七章 社会协商治理的创新场域：社会组织协商治理

法起草、征求意见、听证等环节参与其中，贡献自身的专业知识，既表达自身的利益诉求，又提升了立法的科学化和民主化水平。第二个主要渠道是政协协商。一方面，行业协会可以通过既有的政协工商联界别，参与到政协协商中。另一方面，《关于加强社会主义协商民主建设的意见》也提出要"深入开展调查研究，在条件成熟时对政协界别适当进行调整。"① 广东等少数省份已经先行一步，试行在政协中设立社会组织界别，给社会组织分配名额。第三个主要渠道是通过党委和政府相关部门举办的座谈会、听证会、研讨会等形式，积极建言献策，协商治理。第四个主要渠道是通过基层治理中的社区议事会、乡村议事会等平台，参与城乡基层治理。城乡社会服务类组织是国家重点鼓励发展的社会组织类型，因此，这个渠道的发展尤其迅猛。

其次，社会组织协商领域和议题日益拓展。一方面，社会组织积极参与政府主导下的各级各类协商治理事务，比如参与座谈会、听证会，提供立法和政策意见，协助调解社会矛盾，承接政府公共服务项目。另一方面，社会组织也越来越多地主动倡导和引领新的公益理念和公益项目，比如垃圾分类、垃圾焚烧、水污染防治、26度空调倡议等。同时，特别值得注意的是，国家在"一带一路"倡议的背景下，积极鼓励社会组织"走出去"，与政府部门紧密合作，发挥民间力量优势，对接项目，传播文化，开展公共外交，协调国际贸易纠纷。

再次，社会组织更加注重借力新媒体技术参与协商治理。相对于政府的科层体制，社会组织更加小巧灵活，更加亲和新媒体、新技术。它们纷纷创办网站、开发APP、注册微博和微信公众号、发行电子刊物。这些新媒体技术的广泛运用，既扩大了社会组织参与治理的影响力，又为公众参与社会治理提供了多样化的渠道，特别是对于80后、90后的新兴社会群体而言，新媒体渠道已经成为他们参与社会治理的主流通道。

---

① 《十九大以来重要文献选编》（上），北京：中央文献出版社2019年版，第27页。

二、社会组织协商治理发展的理论逻辑

正如第三章所述,马克思主义国家观认为,国家消亡和社会自治是人类社会历史发展的客观规律。"国家消亡是作为政治统治机器的消亡,而新出现的则是共同管理国家事务的公共机构,是一种社会共和国。人民的真正出场只有在社会共和国出现的时候才有可能。国家消亡的过程,也就是人民主体性得以实现的过程。在这种理想完全实现尚不可能的情况下,我们可以理解为,社会把国家政权重新收回,就是规制、控制、约束权力的傲慢。国家政权本身被规制,权力被约束和规制。"① 这是"社会把国家政权重新收回"在消极面上的意味,在积极面上,社会不仅规制国家,而且社会逐步实现自治,把原来因为社会自身发展不足而未能自治的事务逐步从国家那里收归社会,实现社会的自我管理、自我约束。正是在此积极面上,社会治理、社会协商应运而生。国家统治、管理社会的合理性在于社会无力自我组织,为了避免社会在阶级矛盾中自我撕裂,必须被凌驾于社会之上的国家从外部进行组织;社会自治的前提是社会自组织意识和能力的生长壮大,在现代社会,社会自组织的载体就是社会组织,因此,社会组织也是社会治理和社会协商的载体与平台。

社会协商面临的紧要任务是将其制度化,最终法治化。将自发的、零散的、无约束力的社会协商对话行为上升为制度化的行为,成为公共决策和社会治理不可或缺的环节。在现代国家"政府—社会—市场"的三分架构中,政府与市场都是高度组织化的,唯有社会因其巨大规模、庞杂成分、多样诉求等各种内在异质因素,从而显示出低度组织化特征。足够水平的组织化是社会事务进入"可治理状态"的必要条件,组织化意味着理性化,理性化是社会协商的前提和基础。因此,现代社会公共领域自20世纪70年代起,就出现了所谓的"全球结社革命"或"第三部

---

① 陈培永:《重思马克思的"人民"概念》,载《哲学动态》2018 年第 1 期,第 34 页。

门的崛起"①,社会组织成为沟通政府与市场,民众自我管理、自我服务的主要组织载体。根据国际经验,社会组织已经是社会治理与社会协商的主要平台。

伴随改革开放对于个人经济自主权的重新肯定与释放,个人的生活自主权和社会自治权自然逐步回归。然而,问题在于这种回归并非简单的重复,市场经济带来的新的金钱价值观和"陌生人社会"状态,让原本乡土中国的"熟人社会"及其配套的乡绅自治体制不再合乎时宜,纯粹甚至赤裸裸的金钱交往总会让人们反省,人们需要寻求一种经济组织之外的社会组织,以建构社会网络,满足精神需求。基于人们自愿、非营利、非政府的社会组织正是充当了现代中国民众与国家之间的中介和缓冲。从社会学"结构—功能"的角度分析,社会组织之所以能够产生,就在于它扮演了国家与民众之间居中治理的不可或缺的角色:社会组织是民众自我组织、自我管理的必然产物,它使得政府可以安心转换政府职能,建设有限政府,而不必担心政府退出之后社会的失序与动荡。

党的十九届五中全会要求,"发挥群团组织和社会组织在社会治理中的作用。"② 在社会协商治理体系框架中,所谓的"社会协同"指向的社会治理主体主要就是社会组织。社会力量自然呈现的是分散的原子化状态。现代社会是一个组织化的社会,不仅指的是现代社会拥有统一高效的政府体系,充满了形形色色的市场组织,还在于政治领域和市场领域之外的社会领域中,活跃着广泛而多样化的社会组织。正是有了社会组织,分散的社会力量才得以整合起来,政府组织、市场组织、社会组织也才构成三足鼎立之势,共同架构起现代社会稳定的组织格局。早在党的十八大报告中,党中央就明确:"加快形成政社分开、权责明确、依法自治的现代

---

① 莱斯特·萨拉蒙:《非营利部门的兴起》,载何增科主编《公民社会与第三部门》,北京:社会科学文献出版社2000年版,第243—256页。

② 《中共中央关于制定国民经济和社会发展第十四个五年规划和二〇三五年远景目标的建议》,中国政府网:http://www.gov.cn/zhengce/2020-11/03/content_5556991.htm。

社会组织体制……引导社会组织健康有序发展"。① 形成现代社会组织体制是社会治理现代化的前提和基础,充分引导和发挥社会组织在社会治理中的协同作用、加快构建政府与社会组织协商治理的体制机制是社会协商治理的内在要求和有力突破口。

在今天这么一个社会多元化、治理多元化的时代,"非政府组织(社会组织)的理念、实践和行动模式提供了一个依托公共价值实现美好生活的典型个案。……面向多元性自治的公共生活的新模式,正在成为一种具有巨大张力空间的可能与现实。"② 社会组织的崛起成为当代世界一个普遍的事实,社会组织与政府、社会成为一个稳定社会的"铁三角",社会组织已经成为政府之外,人们公共生活的第二个领域,因为社会组织本身具有的自愿性、公益性、非营利性等特点,在相当大程度上能够更好地激发人们参与公共生活的积极性,社会组织也因此成为社会协商治理一个基础性的组织平台。

2016年,中共中央办公厅和国务院办公厅颁布的《关于改革社会组织管理制度 促进社会组织健康有序发展的意见》明确指出:"当前,我国正处于全面建成小康社会决胜阶段,改革社会组织管理制度、促进社会组织健康有序发展,有利于厘清政府、市场、社会关系,完善社会主义市场经济体制;有利于改进公共服务供给方式,加强和创新社会治理;有利于激发社会活力,巩固和扩大党的执政基础。"③ 中央要求各地区各部门要站在战略和全局的高度,来认识这一点。事实上,中央已经明确了社会组织代表社会力量与政府、市场展开良性互动的角色与地位。所谓战略与全局的高度,也只有从政府、市场、社会三分的角度才能理解。"充分发挥社会

---

① 《坚定不移沿着中国特色社会主义道路前进 为全面建成小康社会而奋斗》,人民网:http://cpc.people.com.cn/n/2012/1118/c64094-19612151.html。

② 袁祖社:《公共价值的信念与美好生活的理想——马克思哲学变革的理论深蕴》,载《中国社会科学》2019年第12期,第44页。

③ 《关于改革社会组织管理制度 促进社会组织健康有序发展的意见》,中国政府网:http://www.gov.cn/gongbao/content/2016/content_5106178.htm。

组织服务国家、服务社会、服务群众、服务行业的作用。""促进社会组织真正成为提供服务、反映诉求、规范行为、促进和谐的重要力量。"这四个方面正是新时代社会组织发挥作用的主要领域,其中,服务无疑是主要的。"支持社会组织在创新社会治理、化解社会矛盾、维护社会秩序、促进社会和谐等方面发挥作用,使之成为社会建设的重要主体。"

党的十八届三中全会以来,在国家治理现代化背景下,加强和改进社会治理,必须实现社会治理中的需求整合、资源整合和行动整合。社会组织扎根社会,多样化的社会组织分布于社会的各个层面,在政府的引导下,可以扮演社会黏合剂的角色,有效促进社会需求、社会资源和社会行动的有机整合,提升社会服务水平。

首先,社会组织协商治理可以有效提升社会需求整合水平。社会需求整合包括社会服务需求的整合与政社需求的整合。社会服务需求即人民日益增长的美好生活需要,整合社会服务需求是做好社会服务的前提,它要求及时发现、鉴别、分类人民群众多元化的利益诉求,寻求利益诉求的最大公约数。政府因为职能广泛、人力有限、体制局限,并无法及时有效地进行社会服务需求整合,必须依赖于社会组织的分布式整合。社会组织可以通过在线调查、入户调查、协商议事等途径,汇聚分散、多样、庞杂的社会服务需求,为精准化的公共服务打好信息基础。同时,社会组织充当着政府与社会之间沟通的桥梁和纽带,进行着政社需求的整合。政府由于受到科层制的局限,难免出现反应迟缓、虚假反馈、供求不对应等公共服务问题,从而导致政府"好心办错事"甚至"好心办坏事"的尴尬。政府可以通过向社会组织购买服务等方式,由社会组织反馈公众的社会服务需求,寻求社会需求与公共政策的精准对接。反过来,社会组织在政府的有效引导下,可以向公众广泛、灵活、生动地传播公共政策,增进公众的政策理解度、支持度和执行力。

其次,社会组织协商治理可以有效提升社会资源整合水平。高效的社会治理有赖于充分调动各方资源,实现资源互补与整合。形形色色的社会组织编织起政府、市场、社会三个领域的资源互动网络,以此为平台,各种资金、人力、组织、设施、社会资本可以重新组合，协同发力。资金整合是指社会组织可以广泛吸收来自政府、企业、社会的多方捐赠和资助，为社会组织自身能力建设和社会服务提供支持。社会组织中的基金会更是各方公益资金的蓄水池和其他社会组织的资金池，可以资助其他社会组织的社会服务，也可以直接提供社会服务。人力整合是指社会组织可以广泛招募志愿者、搭建人才交流平台等方式，充分发挥各类人才的知识、技能优势，提高社会服务质量。组织整合是指社会组织之间通过组建联合体的方式，促进同类组织的协同发展。以首都公益慈善联合会为例，它成立于2007年，由北京青少年发展基金会等13家慈善公益组织发起，原名首都慈善公益组织联合会，是全国首家省级慈善公益组织行业联合会，得到了北京市委市政府的大力支持。2014年换届改为现名。截至2019年，首都公益慈善联合会共有125家成员组织。首都公益慈善联合会搭建了公益组织宣传表彰平台、联合募捐平台、咨询培训平台、信息统计共享平台，使得成员组织得以快速共同发展。

再次，社会组织协商治理可以有效提升社会行动整合水平。社会组织通过对公众进行赋权增能，引导利益相关者和志愿者推进协商治理，实施集体行动，解决公共问题。北京爱思创新是促进社区多元联动治理的典型代表。2019年，利用开放空间技术，北京爱思创新在左安漪园社区召开了"居民零距离"开放空间讨论会，30位社区居民和居委会共同讨论社区公共问题，并制度行动方案。所有的与会者都可以在主题范围内提出自己关心的问题或者需求，经过整合归纳后，文明养宠物、老年服务、环境改善、社区治安、邻里关系改善被大家共同推选为优先解决的问题。参与者随后根据各自提出问题的情况，分组讨论相关解决方案，组织行动小组，实施集体行动，高效解决或改善了相关问题，得到了居委会和居民一致的好评。事实上，开放空间技术由于具备了突出的平等性、开放性、协商性等特征，已经成为社会组织广泛使用的协商技术。

开放空间协商流程

序号	流程	内容
1	开场	营造轻松活泼的现场氛围,破除参会者的隔阂与疑虑。主持人明确告知协商主题与规则
2	提出议题	确保每一位参与者都能够获得提出议题的机会,一般发布在事先准备好的黑板或白纸上
3	选择议题	参会者根据自己的兴趣、诉求、关切选择议题,在相应议题下签名
4	分组讨论	由提出议题者本议题签名者分组讨论,每个小组都应有明确的主持人、记录人、计时员和汇报人,必须确保每个人的发言都记录在案。讨论结束后,每个小组都对本小组议题的轻重缓急进行排序,形成初步共识
5	聚焦共识	小组汇报人汇报各小组意见,大组讨论后对议题的轻重缓急再次形成共识
6	制定方案	按照大组共识,由参会者再次根据自己的兴趣、诉求、关切重新形成小组,讨论具体的解决方案。该小组同时也是后续解决问题的行动小组的雏形

第二节 围绕协商治理提升社会组织建设水平

改革开放以来,尤其是党的十八大以来,在推进国家治理现代化的进程中,我国社会组织发展迅速,参与社会协商治理的广度、深度和效度都明显提升。然而,相对于政府和企业而言,社会组织是社会治理新兴主体,在治理主体能力建设上存在着诸多短板,全面推进社会组织协商治理建设水平是当务之急。

一、社会组织应以情感联结为主轴加强自身建设

现代化的过程是个体不断摆脱外在束缚、个性不断成长的过程,也是

理性不断超越情感、利益强化与人情淡漠的过程，人与人之间温情脉脉的情感联系日益退化，社会不断从情感的有机团结走向利益的无机联结。但人本质上是高度依赖于情感的社会性动物，人一旦只考虑利益不顾情感，势必走上反对他人、反对社会的道路，社会面临着解体的极大危险。选举民主和票决民主可以说是现代市场化经济和陌生人社会中，人们寻求管理公共事务的必然选择，面对大规模而心怀各自利益的人群，国家不得不以一种少数服从多数的简单"以数取胜"策略来作出关键性的重大决策，选举民主和票决民主本来就无法保证决策质量。为了弥补公共决策的质量缺憾，必须转向协商民主，而有效协商的前提显然决定了协商人群必须规模适度，并保持足够频繁的交往。

相比于建立在个人主义与市场理性基础上的现代西方社会，当代中国仍然保留了相当多传统儒家伦理重义轻利的社会特征，这是我们可以用来重建社会有机团结、凝聚人心、改善社会的宝贵精神资源。正如本文第二章第一节论述马克思主义以人民为中心的价值立场时所指出的，根据马克思主义致力于实现人的自由而全面发展的宗旨，社会治理应该致力于人性的改善和社会的改良，这有赖于充分挖掘和发挥社会内在的潜能。

在我国，高速的经济发展和社会变迁带来传统农业社会的迅速瓦解，社会形态从熟人社会转变为陌生人社会，更深刻的变化在于社会价值观的迅速分化，传统上重亲情、重义务的价值观，被市场经济和功利主义所冲淡和消解。历史上通过血缘、亲缘和地缘构成的社会资本网络，在激烈的竞争中日益削弱，以至于一段时间内出现了"杀熟"（以熟人作为主要伤害对象的行为）的极端后果。工业化和城市化的过程，使人们快速脱离了人情社会的羁绊，"城市的空气使人自由"，但自由的代价是孤独，人们半推半就地沦为原子化的个体，在市场经济中不断学习和强化自我主义与自利主义，与自由相应的自我责任意识和社会责任意识缺失。面对中国这样一个如此庞大、复杂而原子化的社会，任何政治力量无论它如何强大，也无法单独治理，因此，在国家与社会中间必须一个中间结构，承担起社会整合与辅助治理的功能。在现代社会，这个中间结构就是各式各样的社会组织。

第七章 社会协商治理的创新场域：社会组织协商治理

社会组织当然不是传统乡土社会的"熟人社群"，但也不是完全的"陌生人社群"。人们自愿组成社会组织，社会组织提供群体内的互益性服务乃至超越群体的公益性服务，这些都足以引导社会组织形成"准熟人社群"，成为开展社会协商的可靠的、主要的组织平台。因为有了各种各样社会组织的中介与筛选，国家不必再直接面对庞杂而七嘴八舌的单个民众，民众也不必再凡事都依靠政府。社会组织的社会治理功能是现代社会稳定和谐必不可少的一环。

政府、社会和市场是现代社会三大治理主体，在社会治理领域，政府的组织力量居于必不可少的引领地位，但本质上还是外在力量，市场也是外在力量，而且是单纯的利益联结力量，只有社会力量本身才是内在的力量，而且是最能激发情感的力量。现代社会组织是社会力量的中坚，**我国社会组织参与社会协商治理，应该以重建社会伦理共同体为目标，通过提升社会整体伦理水平，实现社会善治**。与我国相比，西方社会治理则主要是致力于建立和巩固社会利益共同体，二者具有以下四个方面的不同点：

一是共同体属性不同。利益共同体的利益纽带本质上是属物的，主要是经济利益和物质利益，容易通过不同的载体和渠道实现，同样的利益交给不同的人和组织，只要遵循同样的利益规则，大体不会出现大的差异。伦理共同体则是属人的，它高度依赖于创始人的情感投入，一旦建立起来，也就离不开创始人的持续投入。伦理共同体以人为核心，轻易不能换人，一旦换人，就要重新花费长期的时间和精力才能重新凝聚人心，获得认同。

二是培育共同体所需的时间不同。利益共同体建立在共同利益的基础上，人们的利益多种多样，只要时机到位，总会寻求到共同利益，短期内就可以建立利益共同体，虽然不一定很稳固，但足以促成共同行动。伦理共同体以情感和道德为纽带，正所谓"路遥知马力，日久见人心"，这两者都需要相当长的时间与各方的真心呵护，才能有所成就。

三是培育共同体遵循的规律不同。人们的利益是经过理性算计的结果，所谓的规律就是人们对于反复出现的现象的理性总结与抽象，利益共同体可以通过一系列理性思考的逻辑和规律进行建构，比如利益的互补、叠加、交换。伦理共同体所依赖的情感则是因人而异、因时而异，培育伦理共同体，都必须具体问题具体分析，做大量细致的、个性化的、情感的沟通，很难有统一的规律。

四是共同体的稳定性不同。人们的利益是相对稳定的，除非外在环境发生大的变化，否则一般不会出现大的波动。但是人们的情感是易变的，伦理共同体尤其容易受到创始人和核心人物的影响，一旦他们出现思想和情绪的波动，共同体就会出现动荡，甚至发生解体。

现代社会组织以非营利性为核心特征，国际上通称为非营利组织，它不以追求利益为目的，而是追求组织内部的互益性和组织外部的公益性，它可以依靠利益为纽带，但根本上以伦理为纽带，特别是在我国的传统文化背景下，社会组织创始人与核心人物的人格魅力、组织宗旨的公益性、组织运作的情感机制，都是至关重要的因素。简言之，我国社会组织的伦理共同体建设状况，在很大程度上决定着社会组织能否成功运作及其能否有效参与社会治理。就社会组织参与社会治理而言，我国各地政府一般都采用政府购买社会组织服务的方式。社会组织评级、招投标、第三方评估等量化和竞争手段都是基本的做法，这些手段来源于西方，贯彻的是市场竞争的逻辑，在西方奉行利益逻辑的社会治理环境中运行良好，但在我国重义轻利的社会环境中，则不尽然。如果社会组织参与的是利益为主的社会治理事务，比如环保和扶贫，政府购买的成效比较明显。如果社会组织参与的是情感为主的社会治理事务，比如社区养老、社区矫正、关爱留守儿童，一味强调市场竞争与量化评估则很可能得不偿失。这些情感关怀领域，利益不能主导，情感才是主轴。并不一定要追求社会组织的规模大、实力强、专业好，更不能过两三年就换一个组织换一批人，最关键的是参与治理的社会组织和社会工作人员能够真情沟通、真心付出、持续投入，家人伦理比市场理性更多重要。"政府如果不注意这一问题，试图以完全市场性的工具介入其中，纵以公共利益为名，亦只能造成如下后果：使用这种符合'公共利益'的理性工具越彻底，中国社会的伦理体也就越会陷入被撕裂的困境。"[①]

---

① 褚蓥：《反思慈善改革：慈善的政治属性》，北京：社会科学文献出版社2018年版，第77页。

第七章 社会协商治理的创新场域:社会组织协商治理

为了更好地说明我国社会组织的伦理共同体特点,我们可以东莞市横沥镇隔坑社区服务中心(以下简称"隔坑社工")为例。2009 年,东莞市政府为了提高禁毒效果,由市禁毒办牵头,以岗位购买的方式,引入社会组织开展禁毒工作,主要从事社区帮扶、预防吸毒等事务。隔坑社工就是第一批入选的社会组织之一。禁毒社工不仅是一项高度专业性的工作,而且是一项非常需要情感投入、营造良好社会关系网络的工作。在社区帮扶中,吸毒群体属于社会边缘群体,他们本身就有各种情感和心理缺陷,吸毒后又面临着很多的社会排斥。禁毒社工的工作要求社工必须深度介入他们的生活,必须花费大量的时间和精力,持续投入真情实感,才能取得他们的配合与支持。在预防吸毒的宣传工作中,社工虽然不需要深度介入宣传对象的生活,但仍然需要与社区各群体保持高频接触,利用各种渠道广泛进行渗透式宣传,尤其是吸毒高发的娱乐场所,如果没有积累良好的人际关系网络,甚至进门接触的机会都不可能。隔坑社工重金聘请一名香港社工督导,对 14 名社工进行了高质量培训。经过社工们 5 年的努力,他们终于扎根社区,与服务对象积累了深厚的情感与信任,围绕隔坑社工,形成了一个巨大的社会关系网络。

2016 年,东莞市开展了新一轮政府购买服务,隔坑社工意外失利,被实力更强的东莞市普惠社会工作服务中心(以下简称"普惠社工")取代。原因就是普惠社工资历和隔坑社工一样深,但规模更大,影响力更强,服务项目更多,报价也更低。按照市场逻辑,普惠社工胜出没有任何问题。但是,普惠社工取代隔坑社工,并没有带来市场优胜劣汰应有的美好结果:价格降低,规模扩大,服务提升,禁毒更出色。反而出现了一系列问题:一是具有丰富经验的 4 名隔坑社工流失,普惠社工的 4 名新人接手,但至少得花费 1 年时间才能重新上手;二是留下的 10 名隔坑社工难以适应普惠社工的新管理模式,两家社工机构存在着机构文化、管理机制、管理人员等诸多不同;三是留下的社工工资减少,普惠社工重新计算他们的工龄,引起了他们的不满;四是隔坑社工带走了绝大多数资料,这些资料都是历经 5 年精心积累下来的,其中的吸毒群体个案资料更不是简单的调查可以获得,而是需要真情实感的相互信任才能获得。总之,"原本购买服务应该为促进专业化，巩固社会关系与服务成效作出贡献的，可到头来，它却将关系网络撕碎，使原来服务的成效一概归零。"①

二、加强社会组织协商治理的内部能力

社会主义协商民主是我国社会组织发挥治理功能的政治框架，社会组织加强自身协商能力建设是社会组织协商治理的内因和基础。然而，客观上讲，我国社会组织的整体协商能力偏弱。一方面，是因为我国社会组织总体上属于自发生长，很多是人们基于利益、兴趣、情感而自发联结起来，"自娱自乐"，一开始就忽视了通过民主协商的方式参与社会治理。另一方面，不可否认，有部分社会组织在曾经相当长的一段时间内，受到西方公民社会理论的误导，过分强调自身的独立性，不理解甚至反对与政府合作的重要性。因此，当下之急务必须尽快补上社会组织协商能力的短板。

第一，社会组织紧迫的是要提高政治把握能力。在我国当下政治背景下，政治把握能力是社会组织履行协商职能需具备的首要的和基础性能力。② 提升政治把握能力，一方面要靠党委统战部门、民政部门、社会组织主管单位及时组织关于党和国家大政方针的学习，另一方面，社会组织成员，尤其是核心成员应该自觉学习，增强政治意识，提高政治领悟力和判断力，自觉与党中央保持一致。时至今日，面对美国和西方屡屡利用非政府组织发起颜色革命的事实，社会组织更应该看清公民社会理论的真面目，坚决摒弃所谓的"公民社会对抗国家"的错误理念，坚决站在党和国家一边，自觉维护国家利益，促进社会安定团结。当然，这并不意味着社会组织要完全抛弃自己的立场，成为党和政府的附庸。笔者主张社会组织

---

① 褚蓥:《反思慈善改革：慈善的政治属性》，北京：社会科学文献出版社2018年版，第73页。

② 孙发锋:《当前中国社会组织协商能力的要素、特征及其提升路径》，载《学术研究》2019年第11期，第55页。

第七章 社会协商治理的创新场域：社会组织协商治理

采取"归附而不依附"的态度（本章第三节第二点）。只要在大是大非面前保持清醒的认识和坚定的立场，本着让人民生活更加美好、社会更加和谐的宗旨，社会组织完全可以也应该诤言进谏，提出建设性的批评。同时，在当前"两个大局"背景下改革攻坚的时刻，社会组织主动围绕党和国家不同时期的中心任务，积极建言献策，协商议事，既能弥补党和政府的信息不对称，又能受到党和政府的重视，优化社会组织参与协商治理的整体政治氛围。

第二，社会组织要深入抓好内部治理能力。我国社会组织大多属于自发生长，大多数不具备规范的内部治理结构，家长制、"一言堂"、一盘散沙、外部势力操纵等现象一度泛滥。党的十八大以来，在上上下下对社会组织内部治理的强调下，局面有了根本性改观，但内部治理规范不少仍然停留在纸面上和制度上，没能落实到位。现代社会组织内部治理强调以组织章程为核心规则，以理事会为核心架构，以监事会为必要架构，以民主协商为核心理念。特别是民主协商，这是社会组织区别于政府和企业的本质性组织运作理念。政府以科层制和命令制为核心理念，企业以利润为核心理念，社会组织则是民主协商。没有民主协商，就没有社会组织；社会组织做不好内部民主协商，必然做不好外部协商民主。"民主治理结构是社会组织的软实力所在，是社会组织向外发展协商关系的重要基石。"[①] 具体而言，社会组织民主治理结构包括以下几个关键部分：一是会员大会、理事会、监事会"三位一体"的组织架构，会员大会享有最高决策权，理事会发挥日常的集体决策与运作功能，监事会履行监督权。二是健全社会组织内部财务管理制度，可以独立设置或者外包财务和审计，严格按照"公益第一"的原则，进行财务开支，严控营利行为，加强票证管理。三是完善社会组织信息披露和公开制度，普遍建立线上信息平台，及时充分披露组织关键信息和重大事项，并主动报送给民政部门和主管单位，通过它们的信息平台发布信息，接受社会监督。四是推行扁平化的内部组织结

[①] 孙发锋：《当前中国社会组织协商能力的要素、特征及其提升路径》，载《学术研究》2019 年第 11 期，第 55 页。

构,社会组织不是政府,即使是大型的社会组织,也不能过度科层化和等级化,扁平化的组织结构才能适应民主协商的组织理念,减少管理层级,增加管理幅度,柔化管理方式,是社会组织赢得员工支持和社会信任的必要方式。五是重视民主协商的组织文化建设,正如前述,重视情感联结应该是社会组织文化建设的重心,社会组织应该围绕着公益、奉献、民主、包容构建起一个温情脉脉充满正能量的伦理共同体。

第三,社会组织要持续提升专业能力。专业能力是社会组织的立身之本。一是社会组织要明确自身定位,术业有专攻,切忌贪大求多。社会组织多为几十个核心成员乃至几个核心成员的小微组织,其一般成员多游离在组织周边,积极性不高,能力一般,这就决定了社会组织只能聚焦于少数几个熟悉的领域,钻深做精,才能确立组织的比较优势。同样,社会组织在参与协商治理时,也应保持自知之明,不能什么协商活动都参与,只能参与那些符合自己专业定位、最有发言权的活动,才能发挥所长,获得政府的认可。二是社会组织要增强主动挖掘和提出协商议题的能力。社会组织的使命是提升社会整体公共服务水平,当然不能仅限于自娱自乐,要善于主动发现和分析社会问题。社会组织身处社会生活第一线,相对于政府,能够第一时间发现社会问题,了解问题的实质,这是社会组织的比较优势,也是政府有赖于社会组织的需求点。社会组织还要重视发挥组织和专业优势,对于社会问题不能笼统认知,随意反馈,而要重视深入的调查研究,整合民众的诉求,提出可行性的意见建议,与政府进行理性的沟通,切莫情绪化。三是社会组织要重视培养专业人才。2016年,中办、国办联合颁布的《关于改革社会组织管理制度 促进社会组织健康有序发展的意见》明确提出要完善社会组织人才政策,"把社会组织人才工作纳入国家人才工作体系……建立社会组织负责人培训制度……积极向国际组织推荐具备国际视野的社会组织人才。有关部门和群团组织要将社会组织及其从业人员纳入有关表彰奖励推荐范围。"[①] 这就为社会组织人才使用与培养

---

① 《关于改革社会组织管理制度 促进社会组织健康有序发展的意见》,中国政府网:http://www.gov.cn/gongbao/content/2016/content_5106178.htm。

第七章　社会协商治理的创新场域：社会组织协商治理

提供了根本遵循和保障。社会组织应该制定组织人才发展规划，注重引入社会组织管理和社会工作方面的专业人才，提供有激励性的薪酬体系和培训体系。社会组织联合会等枢纽型组织应该注重行业内人才的交流与培训，提出指导性的人才激励与约束机制。政府在购买社会组织服务时应该把专业人才作为重要的评估指标，从外部刺激社会组织网罗专业人才。

有必要强调的是，社会组织一方面要建立一支以专业人才为核心的团队，以他们为核心提高建言咨政、民主协商的水平，另一方面，又不能过度偏重专业人才，应该在专业性与代表性之间寻求平衡，也就是说，社会组织除了专业性，还有代表性，它们不是只代表专业人员的诉求，也应代表普通成员的诉求。如果专业人才的话语权过大，出现精英垄断，普通成员的利益势必受损。在参与民主协商时，可以赋予普通成员对于专业人员的选择权，迫使专业人员在协商时充分照顾到普通成员的利益，如果参与协商名额较多，应该确保专业人员与普通成员的适当比例。

第四，社会组织要丰富优化协商技术。"协商技术内含公共讨论、正式制度和各种决策方法，直接决定协商质量和效果。"[①] 社会组织协商技术包括以下三个层次：一是制度平台层面。进入新世纪以来，我国不少地方政府和社会组织主动开发了一系列诸如听证会、民主恳谈会、协商议事会、圆桌会议、民主评议会、电视问政会等富有创新特色的制度平台，成为社会组织参与协商治理的主要路径。我们应该继续坚持和改进这些制度，并进一步引入和推广协商民意测验、公民论坛、市民对话会、"互联网＋"论坛等更新的平台。当今时代，尤其应该重视"互联网＋"平台的普及推广，网络平台的开放性、包容性、可及性具有天然适应协商治理的优势，是吸引年轻一代积极参与协商治理不可或缺的主要渠道。当然，我们也应该充分警惕互联网平台的弊端，诸如信息鸿沟、话语垄断、网络暴力、民粹主义，都是有悖于协商民主。同时，网络舆论是一个社会组织监督政府的有效方式，但只能是手段而不是目的。社会组织不能单纯依靠网

[①] 孔祥利：《城市基层治理转型背景下的社会组织协商：主体困境与完善路径》，载《中国行政管理》2018年第3期，第67页。

络舆论，甚至故意制造舆情来施压政府，而应该在坚持实事求是与专业性的基础上，客观分析社会问题，建设性提出意见建议，再通过适当的、多元化的方式与政府保持理性的沟通和积极的合作。二是运作工具层面。唯有选择适当的运作工具，社会组织协商治理才能落到实处。我们可以大胆借用和创新国际上通行的罗伯特议事规则、开放空间技术、愿景工作坊等有效工具，也应该大力推广各地方涌现的本土工具，比如前文提及的北京市朝阳区麦子店街道"四问"机制和福州市军门社区工作法，以及后文将提到的汕头市金平区定期调查、定期上门走访、会务协商机制。三是话语沟通技术。社会组织协商治理要面对不同的沟通对象，需要运用多元化的话语技巧。面对内部成员沟通时，要注重平等、坦诚、信任的沟通话语。面对民众沟通时，要"接地气"，善于拉家常，会用本地话。面对政府沟通时，要注重专业性，思路清晰，逻辑严密，建议可行，特别要注重适当的政治话语表达，通过引用最新最权威的政治话语，显示自身的政治觉悟，主动融入政府话语体系，拉近与政府官员的距离。

三、优化社会组织协商治理的外部环境

毋庸讳言，我国社会组织的发展与党和国家提供的政治社会环境息息相关。鼓励、支持和引导社会组织健康发展和有序参与，这是党和国家对于社会组织发展的既定方针。深入推进国家治理现代化的进程中，需要我们据此进一步优化社会组织发展的外部环境。

第一，完善社会组织协商治理的制度环境。2017 年，党的十九大报告提出要"统筹推进政党协商、人大协商、政府协商、政协协商、人民团体协商、基层协商以及社会组织协商。"[1] 事实上，作为社会协商治理的主体，社会组织协商并非只是单独的一个协商领域，社会组织完全可以而且应该嵌入到前六个协商领域之中。一是，社会组织应该嵌入到政党协商

---

[1] 《十九大以来重要文献选编》（上），北京：中央文献出版社 2019 年版，第 27 页。

第七章 社会协商治理的创新场域:社会组织协商治理

中。党委统战部是专职统战部门,社会组织本来就是它们重要的统战工作对象,拓宽统战部与社会组织的协商渠道,是社会组织参与政党协商的必须途径。统战部应该紧扣党委工作重点,将社会组织纳入年度协商计划,指导社会组织制定协商选题。二是,社会组织应该嵌入到人大协商中。人大各专门委员会应该与相关的代表性社会组织保持常态化联系,通过调研、座谈、咨询等方式听取他们的意见建议,在审议重大事项和立法时,把社会组织协商列为必要程序,邀请具有人大代表身份的社会组织成员提出议案,反映社会组织诉求,也可以主动邀请不具有人大代表身份的社会组织成员列席人大会议,甚至进行大会发言。三是,社会组织应该嵌入到政府协商中。政府是公共事务的决策与执行主体,应该在各个环节,根据不同议题,充分利用各种协商渠道,吸纳社会组织参与公共政策的制定与实施,尤其应该注重发挥社会组织在化解矛盾、协调关系中的比较优势。建议在民政部门设立"社会组织信息要报"[1],定期收集社会组织的政策咨询建议,直接向地方党政首长报告,供决策参考。四是,社会组织应该嵌入到政协协商中。政协是专门的社会主义协商民主平台,也是社会组织参与协商治理的主要平台。应该加快试点在政协中设立社会组织界别,增加社会组织的话语权。五是,社会组织应该嵌入到人民团体协商中。人民团体在我国政治体系中扮演着承上启下的独特角色。人民团体作为执政党的外围组织,是党领导和团结人民的重要桥梁和纽带。就人民团体的群众性来说,它与社会组织具有共通的本质,它们都要代表和维护群众的利益和诉求,只不过,人民团体规模大、体系完整、政治地位高,人民团体的独特地位决定了它可以扮演沟通协调政府与社会组织的"枢纽"作用,也是向社会组织购买服务、委托项目的主要载体。同时,人民团队还能够对社会组织进行组织吸纳,引导它们有序参与。正如本章第三节第二点将要阐述的广州市反扒队的典型例子,广州市共青团通过主动吸纳反扒队,成功推动反扒队转型升级为"平安广州",破解了反扒队一系列发展困境。六

---

[1] 康晓强:《协商民主建设:社会组织的独特优势与引导路径》,载《教学与研究》2015年第9期,第10页。

是，社会组织应该嵌入到基层协商中。社会组织本身就主要生于基层，长于基层，活跃于基层。现代基层治理，社会组织是不可或缺的治理主体。基层自治除了村委会和居委会等国家法定自治机构外，社会组织就是主要的自治载体。城乡社区服务类社会组织也是当前我国重点鼓励和发展的社会组织形式。

第二，优化社会组织发展的法治环境。社会组织作为与政府、企业并列的社会治理主体，虽然已经拥有不少法规条例，但几乎都是民政部门的部门立法，至今没有一部国家层面的基本法律进行统一规范。2014年，党的十八届四中全会做出关于全面推进依法治国若干问题的重大决定时，明确提出了"加强社会组织立法，规范和引导各类社会组织健康发展"①。其后，民政部开展了一系列立法准备工作，并委托喻建中教授起草了社会组织法建议稿。2016年，《关于改革社会组织管理制度 促进社会组织健康有序发展的意见》进一步要求"加快调研论证，适时启动社会组织法的研究起草工作。"② 但这些都没有后续动作。《社会组织法》的缺位，导致了我国社会组织发展及其参与协商治理失去了最根本的法律规范。因此，应该尽快重启相关立法。同时，我们也不能单纯地等、靠、要，必须充分发挥现有法规制度的效力，加大社会组织协商治理领域的法治力度，查处社会组织违法行为，造就一个风清气正的行业环境，为社会组织正式立法做好准备。

第三，提升社会组织协商治理所需的资源禀赋。在笔者的理论研究与实际调研过程中，经常会看到或者听到关于社会组织缺乏协商意识和协商能力的抱怨，这甚至成为不少政府官员拒绝社会组织参与协商治理的口头禅。虽然不可否认，的确有相当一部分社会组织存在这个问题，但在我国社会组织深受政府政策制约的前提条件下，单纯指责社会组织意识不够能

---

① 《十八大以来重要文献选编》（中），北京：中央文献出版社2016年版，第164页。

② 《关于改革社会组织管理制度 促进社会组织健康有序发展的意见》，中国政府网：http://www.gov.cn/gongbao/content/2016/content_5106178.htm。

力不行，却难免片面。"社会组织能否进行协商并不是自身的能力意识问题，也不是党政等部门是否重视问题，而与社会组织与党政等部门之间的内在关系密切相关，不是主体而是主体间性构成了社会组织协商得以展开的基础。主体间关系的不同类型构建了社会组织的资源禀赋，社会组织的资源禀赋决定了社会组织能否协商和与谁协商，构建了协商的组织渠道，形成了协商的路径依赖。"① 提升社会组织资源禀赋，可以通过基础性吸纳、政治性吸纳和组织性吸纳三种方式实现。所谓的基础性吸纳，就是放宽社会组织直接登记条件，让更多社会组织成为合法性组织，不再游离于正式体制之外。目前，我们仍然只是放开了行业协会商会类、科技类、公益慈善类、城乡社区服务类等四大类社会组织的直接登记，《社会组织登记管理条例（草案征求意见稿）》自2018年发布并列入2019年民政部立法工作计划以后，迟迟没有下文，短期来看，基础性吸纳的门槛不会降低。所谓的政治性吸纳，就是以组织为单位吸纳社会组织进入政协，或者吸纳社会组织成员入党、成为党代表或者人大代表。受到党代会、人大和政协的名额有限，政治性吸纳也不可能迅速提升。所谓的组织性吸纳，就是吸纳社会组织进入具有官方色彩或者权威身份的人民团体或者社会组织联合会，让它们作为会员单位，加入社会组织协商治理之中。应该说，组织性吸纳是目前这三种吸纳方式中最具可行性，现实中也最主流最畅通的吸纳方式。一旦通过吸纳而拥有了相应资源，社会组织参与协商治理的主动性和积极性自然而然会增强，政府不大可不必过于担心社会组织无序参与的问题。

第四，规范社会组织协商治理的程序。目前，我国已经出台了中央层面关于政党协商、政协协商、基层协商、社区协商的指导性意见，社会组织协商因为属于最新的协商领域，仍然处于积极探索的过程中，尚未出台类似的意见。各地方可以参照相关指导性意见，出台地方性暂行办法，就社会组织协商治理的主体、议题、形式、流程、结果运用等做出规定，以

---

① 肖存良：《资源禀赋与政治吸纳：社会组织协商的政治基础》，《上海行政学院学报》2019年第2期，第70页。

便于中央后续出台指导性意见。重点是社会组织协商治理的启动机制、方式选择机制和结果反馈机制。启动机制应明确动议条件，积极探索社会动议机制，形成一个政社互动、上下联通的启动机制。协商方式选择要储备多种形式的协商工具，根据不同议题选取适当工具，比如圆桌会议就适用于凝聚共识型协商，听证会就适用于决策参考型协商。结果反馈机制必须明确责任部门、反馈渠道、反馈时限、问责方式等。此外，还应就信息公开、协商结果反馈、协商治理评价等方面建立健全相关配套政策，使社会组织协商治理体系化，避免单兵突进。社会组织协商治理的试点工作，可以在行业治理、公益慈善、灾害求助、城乡公共服务、科教普法等领域先行先试，由点到面，点面结合，形成比较成熟的经验后再推广。

第三节　完善党建引领的嵌入式社会组织协商治理机制

政府、社会组织、市场是现代国家的"三驾马车"，鼎足而立。三者都有初心和使命。政府和社会组织同属公共领域，政府以维护和促进全社会的公共利益为己任，是公共利益的最终守护者；社会组织同样也追求公共利益，但不一定是全社会的，更多是面向特定社会领域（比如慈善）和特定人群（弱势群体）；市场则以追求利润、发展经济为最高目标。三者各守初心，各担使命，相互配合，国家发展自然蒸蒸日上。然而，并非每个政府都以公共利益为己任，前现代专制政府自不必说，现代资本主义政府本质上就是打着公共利益的幌子维护资产阶级的利益；也并非每个社会组织都追求公共利益，资本主义国家的社会组织很多都是利益集团的代言人，被资本操控，只为本集团利益服务，在政治舞台上争夺对政府的影响力和控制权，比如美国全国步枪协会（NRA）就坚决反对控枪。因此，党的十八大前，甚嚣一时的公民社会理论，鼓吹社会组织的独立性，主张社会组织必须完全独立于政府，甚至对抗政府，这根本上不适用于我国。在我国社会主义制度下，资本和社会组织都必须服务于公共利益，服从于政府，社会组织应该跟党走。一方面，社会主义制度确保了社会组织的初心能够与党和政府的初心高度一致，为人民谋幸福。另一方面，社会组织追求公共利益，必须获得足够的资源，党和政府能够也愿意提供这些支持。

一、树立"人民社会"的政社合作共治理念

现代社会组织诞生于西方国家。社会组织诞生的理论与现实背景就是国家与社会的分野。工业革命以后，西方国家市民社会普遍而快速地发展，社会力量不断壮大，在自由主义政治经济学的鼓动下，"最好的政府就是最小的政府"成为西方国家的普遍观念，市民社会自行组织起来进行自治是自由主义的基本主张。西方国家的社会组织称为非政府组织，强调社会与国家的分立，事实上，在资本主义私有制的经济基础上，非政府组织往往成为私人资本控制下实现既得利益集团实现资本利益的工具，在自由民主政治的鼓噪下，非政府组织经常扮演着对抗政府的角色。

西方自由民主以"天赋人权"为核心理念和口号，鼓吹公民社会理论。公民社会来源于西方近代以来市民社会的崛起，反映了资本主义市民社会与国家之间的二元对立关系。针对"天赋人权"，徐勇主张我们国家应该大力发扬"祖赋人权"的传统。"'天赋人权'内生的是市民社会与政治国家的二元对立，因为利益冲突具有天生的紧张对立关系。而'祖赋人权'内生的是血缘社会与地域国家的共生共荣，基于利益又超越利益的情感塑造着命运共同体意识。"[①] 我国基于血缘理性和"祖赋人权"形成了悠久的家国情怀和大一统意识，国家与社会的基本框架关系是合作而非对抗，这应是当前我们推进社会组织协商治理的基本遵循。

我国历史上长期处于皇权专制时期，社会组织只是到了近现代社会尤其是改革开放以后才逐渐发展起来。然而，历史上没有社会组织，并不意

---

① 徐勇：《祖赋人权：源于血缘理性的本体建构原则》，载《中国社会科学》2018年第1期，第135页。

味着没有社会。即使是皇权专制，国家也不可能垄断一切、包办一切，乡绅自治就是社会力量最典型的代表形式。与西方政治文化中"社会对抗国家"迥异，我们传统政治文化历来强调社会与国家的合作。儒家政治思想是这种理念最集中的表达。当然，历史上社会与国家的合作是很不对等的，"普天之下莫非王土，率土之滨莫非王臣"，皇权专制是绝对主流，皇权与社会的合作只是统治术的一种而已，"皇权不下县"只是皇权控制力有限的另一种婉转表达。

为了取代西方"公民社会"概念，王绍光提出了"人民社会"的概念，就是一国之内由公民组成的政治共同体，其主体是占人口绝大多数的普通劳动大众。公民社会与人民社会在以下方面具有本质区别：①

第一，所谓公民社会声称代表所有人，其实只是代表那些有影响有资源的精英阶层，公民社会的主导者就是他们组成的各种非政府组织、非营利组织，公民社会组织经常不过是精英们操控民众、玩弄政治、干涉他国的一个工具；人民社会不仅仅关注社会（社会组织），人民社会的出发点是构筑一个人民的共同体，它不否认人民之间的阶层差别，但不承认差别的合法性与不可改变，以追求平等为目标。

第二，公民社会理论对社会组织最重要的评判标准是非政府性（或民间性）与独立性，追求国家与社会的二元分立，社会组织与政府的对立对抗；人民社会注重的是社会组织能否为共同体作出贡献，而不会刻意将它们与政府对立起来，社会组织与政府可以而且应该是合作互补关系。

第三，公民社会理论宣称公民社会组织是民主的必要条件，它将民主解释为社会对政府的权力制约，认为公民社会组织具有强大的外部效应，可以表达公民需求，制衡政府权力，没有公民社会就没有民主；人民社会将民主理解为人民当家作主，社会组织主要通过内部效应促进民主，因为社会组织可以培育人们合作习惯和公共精神，培育互信、互惠、温和、妥协、谅解、宽容的品性，培育与人交往、共事的交流技能，从而养成自主

---

① 王绍光：《国家治理》，北京：中国人民大学出版社2014年版，第455—464页。

与合作的民主品性。

第四,公民社会将自己打造成为一个普世理论,西方强国对此四处宣扬,全世界推广,甚至以此为主要理论依据大搞颜色革命;人民社会并不冒充有一套普世理论,它坦承只是一个理念,是社会建设的目标,是前行的方向,是衡量现实的理想标尺。

拒绝公民社会理论,并不意味着拒绝社会组织。相反,倡导人民社会,不应限制,而应允许、鼓励、推动各类民间团体的发展,尤其是能满足以下三类社会需求的民间组织,因为政府与市场都无法满足这些需求:人们社会交往的需求、对公共物品的多元性需求、对信息不对称性私人物品的需求。我们可以将它们分别称之为交往型社会组织、公共服务型社会组织和中介服务型社会组织。

改革开放以来,社会主义市场经济逐步深入发展,社会力量不断壮大,社会组织日益增多,独立性和自主性稳步提升,在社会治理中发挥着越来越大的作用,已经成为现代国家治理不可分割的一部分。2004年,党的十六届四中全会首次提出建立健全"党委领导、政府负责、社会协同、公众参与"的社会管理格局,社会组织被提到了协同参与管理的地位。党的十八大将"社会管理"更新为"社会治理",党的十九大则进一步提出要打造共建共治共享的社会治理格局。可以看出,我们党对社会组织的功能定位一直都是延续着国家与社会合作的思路,强调党委领导下社会组织有序参与国家治理,构建社会主义和谐社会。这一点与西方"社会对抗国家"明显迥异,也不同于我国传统的国家与社会不平等的合作思维。在新时代,我们党强调以人民为中心的价值观和发展理念,社会协同治理、国家与社会之间具有明显的平等色彩。

二、构建政府领导下的社会组织分类发展与协商治理体系

通俗地讲,我国社会组织分为官办社会组织和民办社会组织两种,前者指由政府创办,资金主要来源于政府,人事也由政府指派或者受到政府很大影响,并且主要接受政府任务的社会组织;后者指由民间力量创办,

资金主要来源于社会,人事自主,所从事工作事务也自主决定的社会组织。民办社会组织随着改革开放而兴起,规模和影响力与日俱增,总体规模已经超过了官办社会组织。

官办社会组织除了一部分转型为民办社会组织外,仍然在社会组织领域起着主导作用,但自从 2011 年以后,官办社会组织的改革已经进入加速度进程。官办社会组织改革必须去行政化,也已经成为共识。对于如何去行政化,一般认为是官办社会组织要脱离政府,成为独立的社会主体,否则就没有活力,丧失公信力,甚至腐败。这种理解事实上就是将去行政化等同于去体制化,具有明显的西方公民社会理论的底色。事实并非完全如此。社会组织作为与政府不同的社会力量,当然必须具备足够的自主性,不能完全成为政府的"腿脚"。然而,社会组织拥有自主性并不意味着社会组织一定要独立于政府。组织的自主性与独立性是一对既有联系又相互区别的概念。"组织独立性,是指组织在生存、发展的基本条件方面(尤其是在所谓的合法性层面)主要依靠自身资源,因此,在这里独立性是一个较为抽象的、外向的、与宏观层面联系的概念;组织自主性,意味着组织可以按照自己的目标来行事(前提是组织有自我管理的能力),其目标设定及自身运作过程中的决策方式都是自行确定的,所以这是一个具体的、内向的、与微观层面联系的概念。"① 也就是说,组织独立性指体制独立,组织自主性指能力自主,通常情况下,两者可以相互促进,但不互为前提和充分必要条件。我国发展社会组织与西方国家发展社会组织,最根本的不同就在于我们不搞多元竞争的政治体制,也就不接受西方公民社会理论,社会组织不能对立对抗政府,社会组织领域不能整体脱离政府的管理调控,但部分社会组织可以在认同政府的前提下拥有自主性。"官办组织去行政化改革,不是要去体制化,而只是去机关化,即去除机关作风,

---

① 王诗宗、宋程成:《独立抑或自主:中国社会组织特征问题重思》,载于《中国社会科学》2013 年第 5 期,第 54 页。

在体制内重新找定位。"① 具体而言，层级越低、规模较小的官办社会组织可以加大改革力度，拥有更大的独立性和自主性，反之则改革力度不能太大。这是指社会组织所处的层级而言的，另外还可以从社会组织所处的领域来分析。这里有必要先引入社会治理同心圆理论。

现代政治常识告诉我们，政府作为公共权力的执掌者和公共职能的履行者，任何有效的社会治理都离不开政府的支持与配合。我国政府在社会治理中扮演的角色又更为特殊和重要。众所周知，费孝通先生分析我国传统乡土中国的社会结构后，认为这是一个差序格局的同心圆结构（请见下图）。进而，乡土中国的社会结构之上构建起家国同构的国家结构，以皇权为中心的中央集权和专制体系。中国共产党领导的社会主义革命与建设，摧毁了专制体系及其社会根基，但国家治理的层次结构的合理内核被保留下来。在社会治理结构中，政府代表国家居于核心，承担着社会治理的最终职责和最大职责（请见下图）。越是靠近政府核心职能的领域越是重要，政府越是希望直接掌控，或者通过自己能够有效掌控的社会组织进行合作治理，比如社会治安领域，政府由警察部门直接治理，或者由官办色彩深厚的平安协会、联防协会等社会组织合作治理。越是远离政府核心职能或者政府一时无力治理的领域，则希望社会组织更多参与治理，比如社会慈善领域，除了官办慈善组织，各种民办慈善组织也十分活跃。当然，这种领域的划分伴随着时间和空间的转移而发生改变。比如，城市治安基本由警察统管，政府对于农村的治安联防则多借助于乡村自身的力量；党的十八大之前，生态保护相对次要，各种环保社会组织非常活跃，之后，绿色发展理念日益深入人心，政府的生态保护职能日益增强，而不少环保社会组织遭到西方资本的渗透与操控，相应地受到了政府的管控。根据社会治理的同心圆结构，我们可以得出一个非常重要的结论：社会治理领域中的社会组织，其独立性与所涉社会治理事务的重要性成反比；或者说，社会治理的领域越重要，政府越希望由官办社会组织参与治理，独

---

① 褚蓥：《反思慈善改革：慈善的政治属性》，北京：社会科学文献出版社2018年版，第82页。

立性社会组织参与其中的可能性越低,反之亦然。①

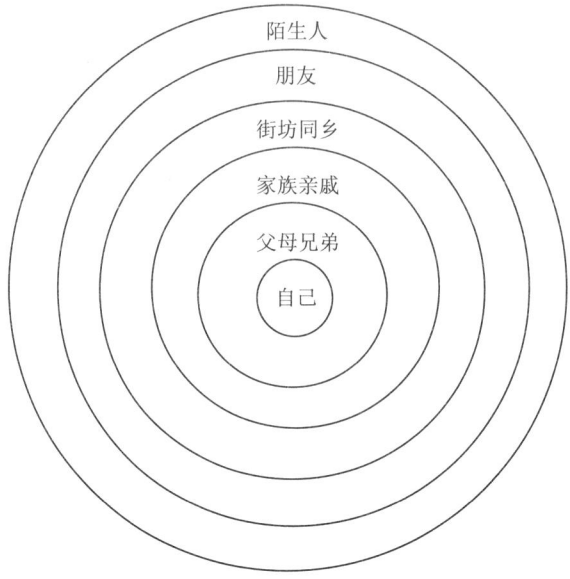

乡土中国的差序结构

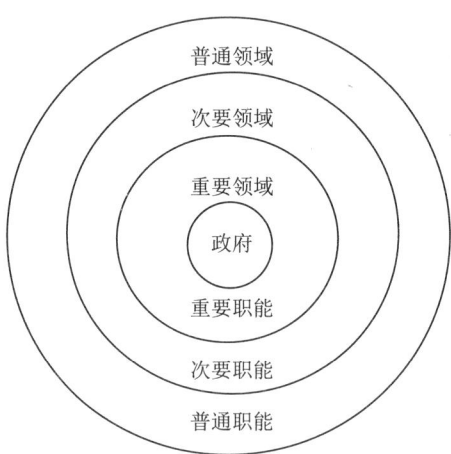

社会治理同心圆图

---

① 褚蓥:《反思慈善改革:慈善的政治属性》,北京:社会科学文献出版社2018年版,第113—114页。

第七章　社会协商治理的创新场域：社会组织协商治理

因此，官办社会组织的改革，不是要独立于政府，而是要在保持官办身份、继续获取体制内资源的同时，增强组织自主性，提高独立运作、自主治理、自主服务的能力，简言之，就是官办社会组织要依靠政府而不依赖政府。

相比于官办社会组织，民办社会组织一开始就是社会自组织的产物，更加受到西方公民社会理论的影响。西方学术界中非营利组织理论的领军人物萨拉蒙就主张，非营利组织应具有以下特征：组织性、私立性（或民间性）、非利润分配性（或非营利性）、自治性、志愿性。① 这个界定被广泛认可，引申出来的结论就是，民办社会组织只有独立自主于政府，才能真正发挥作用。在我国，事实往往并非如此。

曾经名噪广州的反扒队就是典型。反扒队诞生于2005年，起初只是一个反扒QQ群。当时广州外来人口剧增，治安状况一度恶化，以"飞车抢夺"为代表的抢劫行为引发了社会普遍不满，广州市散打协会的核心成员联同12名散打爱好者，共同发起了QQ群，以纯粹民间的力量现场抓捕抢劫嫌犯，再转交警方处理。队员数量很快超过2000人，短短两年中，共抓捕超过1000人，反扒队声名鹊起，受到当地媒体一再追捧。

然而，反扒队的行为也遭到越来越多的质疑，最为要害的就是，社会治安是政府的核心职权，反扒队主观上是想给政府帮忙，客观上却削弱了政府权威。于是，2005年10月，广州市公安局主要领导在媒体上发表了一篇意味深长的公开信，并多次派人与反扒队核心成员交流，谨慎肯定反扒队热心与成效的同时，主要强调了公安局维护社会治安的职责与努力。此后，反扒队由盛转衰，由于缺乏政府的认可，加上社会的争议，队员大量流失，留下的队员也心生疑虑，热情大减，资金也严重短缺。更为关键的是，随着公安局不断加大打击力度，治安快速好转，反扒队存在的意义大为降低。

从诞生、成效显著到由盛转衰，反扒队完全独立于政府的身份并没能

---

① ［美］莱斯特·萨拉蒙、S. 沃加斯·索可洛斯基：《全球公民社会：非营利部门国际指数》，北京：北京大学出版社2007年版，第12—13页。

保证其能够持续有效地参与社会治理，反而越来越成为其遭受困境的核心症结。

2006年，反扒队在遭遇困境之后，积极考虑转型。广州市共青团主动找上门来，愿意吸纳反扒队成为共青团下属社会组织。反扒队也乐意接受，正式更名为"广州青年志愿者协会"下设的"长治久安服务总队"。广州市共青团虽然"收编"了反扒队，但给予了它充分的自主权，服务总队所有的活动在名义上都归属共青团，而且所有的活动不受共青团限制，共青团还为服务总队对接了各种大型活动的安保工作。在此背景下，反扒队迅速成功转型为服务总队，不再直接抓捕盗贼，而是宣传人身安全知识和维护社会秩序，重新获得了社会认可，关键的是通过这种转型，反扒队重新获得了政府认可。

2013年，服务总队再次更名为平安广州，开始与消防支队合作，成功设计并实施了赫赫有名的"穿越火线"消防逃生体验项目。凭借此项目，平安广州2014年收获了广州市民政局30万元的公益创投资金。2016年，平安广州收入超过300万元，自主能力空前。同时，平安广州的组织与个人也多次获得诸如"广东省热心消防公益事业先进个人"等荣誉称号，完全成为政府的"自己人"。

我们看到，反扒队的两次转型，都放弃了原有的独立性，转而主动靠近政府，与政府合作，获取政府资源，承接政府项目，直到成为政府的"自己人"，独立性的削弱并没有伤害其自主性，反而是增强了自主能力。

通过反扒队的典型例子，我们可以得出一个结论，如果说官办社会组织的改革，是要依靠政府而非依附政府，即适当拉大与政府的距离，保证必要的独立性基础上，着重增强自主性。那么，民办社会组织的改革，则是要适当缩小与政府的距离，最终也是要保持必要的独立性，着重增强自主性，这可以概括为归附政府而非依附政府。两者殊途同归。民办社会组织归附政府，指的是它改变全然独立于政府的身份，在体制内找到定位，并与政府建立起稳固的情感纽带，能够相互信任，共同合作。

客观上讲，我国社会组织相对于政府与市场来说，发展程度还低很多，为了补齐社会组织发展短板，真正塑造起政府、社会组织、市场三足

第七章 社会协商治理的创新场域：社会组织协商治理

鼎立，共治共建共享社会治理成果，作为社会治理主导者的党和政府有必要通过以下方式循序渐进地发展社会组织。①

一是选组织。并非所有的社会组织都值得政府扶持，选择的标准就是德才兼备。"德"就是社会组织必须认同政府，绝不能反对党和政府，这是政治底线，在此底线之上，当然可以有更好的表现。具备"德"，社会组织才愿意向政府靠拢。"才"就是社会组织必须具备相应的专业水准，能够有效完成社会治理的任务。具备"才"，社会组织才能够承接政府的相关项目。

二是给身份。正如前述，对于官办社会组织，即使改革以后，它们仍然应该保持官办身份，方便与政府合作。对于民办社会组织，政府要提供渠道，吸引它们归附政府，比如社会组织党建、加入社会组织联合会、提供政协参与渠道等等。民办社会组织归附后，有了身份，就可以进入政府搭建的平台，分享资源、承担职责。

三是给空间。政府必须自我节制，加快转变职能，让渡社会治理空间。推进官办社会组织改革，让它们依靠而非依赖政府；分类发展民办社会组织，让它们归附而非依附政府。特别是对于那些主动归附政府、能力突出的民办社会组织，政府应该将其与官办社会组织同等对待，促进它与官办社会组织良性竞争，共同进步。按照社会治理同心圆理论，政府仍然牢牢掌控重要领域，可以在此前提下允许官办社会组织分担一些职责，次要领域允许官办社会组织和民办社会组织有限制进入，普通领域则允许各种社会组织积极发挥作用。简政放权之后，政府不再过多进行事前监督，而是事中事后监督，既掌握最终话语权，又将社会治理的具体实施交给社会组织，让它们在规则范围内自由发挥。

四是给资源。社会组织作为非营利组织，它既无法像政府那样收取税收，也无法像企业那样追逐利润，但它又与政府一样从事着公共事务治理活动，因此，政府有责任为社会组织提供生存和发展资源，包括资金、场

---

① 这些思路参考了褚蓥的《反思慈善改革：慈善的政治属性》（社会科学文献出版社2018年版，第217—218页）。

所、专家、政策等，政府提供这些资源的方式，既可以是孵化和培育社会组织时的无偿投入，也可以是购买社会组织服务时给予的回报。但无论哪种方式，都应该注意的是，不能过多采取市场竞争机制，正如前述的隔坑社工案例所启示的，市场竞争往往不适合社会治理领域，因为社会组织提供的社会治理服务本质上是针对人的服务，是需要相当长时间和精力的情感沟通，而非市场中"一手交钱，一手交货"的交易。

三、汕头市党建引领社会组织协商治理的典范实践

党的十九大以来，汕头市以金平区为典型代表，开展了一系列社会组织协商的有效实践。金平区位于汕头市中心，被誉为汕头"百载商埠"的发祥地。金平区辖区面积108平方公里，共设17个街道、171个社区，户籍人口85万人，流动人口约15万人。

笔者调研发现，金平区同其他城市的中心老城区一样，在社会治理中面临着以下四个突出问题：一是基层党建工作在新兴社会领域中遭遇困境。辖区内"两新组织"（新兴经济组织和新兴社会组织）、社区草根组织、流动党员日益增加，传统以单位为主的党建工作应对乏力。二是公众参与社会治理水平较低，群众的自我组织和自我管理能力欠缺，无法有效参与社会协商治理，特别是弱势群体的参与水平堪忧，他们又是最需要通过参与治理来反映诉求的群体，无法有效参与就使得基层社会管理者不能及时发现和回应他们的诉求，容易引发各种社会矛盾。三是社会公共服务供给不足。目前政府提供的基本公共服务还只能做到低水平的广覆盖，高水平、个性化公共服务存在着很大短板，原本可以依靠社会的自我组织和自我服务来弥补短板，但又面临着社会组织发展的短板。四是社会组织活动规范化程度较低。金平区自发的社会组织并不在少数，但很多都是未达到法定登记条件的草根社会组织，据统计，从2012年年底至2020年6月，已经从273个增加到612个，增长率达224%。这些草根社会组织数量多、规模小、人员散、活动乱，很多游离于社会组织管理体系之外，其中一些甚至组织和煽动社会矛盾，成为威胁社会稳定的隐患。

第七章 社会协商治理的创新场域：社会组织协商治理

金平区党委和政府经过深入调研分析认为，这些问题产生的根源在于对"党委领导、政府负责、社会协同、公众参与、法治保障"的社会治理体制认识不到位，落实不得力，尤其是党建引领不突出，社会协同不充分。为此，金平区委以基层党建为抓手，以"大党建"带动社会组织"微服务"，通过政府的规范和引导，加强社会组织自身建设和自律管理，充分发挥社会组织积极性和创造性，构建起了一整套党建引领社会组织协商治理的有效模式。

1. 建立枢纽型社会组织，促进联合党建工作

潮汕地区传统上特有深厚的祠堂、善堂、风俗等文化，由此孕育了丰富的草根社会组织，据了解，金平区现有612个草根组织中有近三分之一都具有以上文化背景。它们既在传统功能的基础上提供了不少群众喜闻乐见的群众性娱乐、传统文化传承、宗族社会福利、宗族社会矛盾调解等良性功能，又存在着家长作风、宗亲抱团、宗族矛盾等老问题，更有甚者，一小部分组织各行其是，疏远甚至对抗政府。从面上看，党委和政府面对全部612个草根组织，基层社会组织党建工作面临着面广、量大、对象分散、凝聚力差的诸多难题。基层社会组织党建亟须一个有力抓手。为此，金平区委决定组建金平区基层社会组织联合会，作为枢纽型社会组织，每个街道设立一个联合会，总共17个联合会全部接纳了612个草根社会组织，并将联合会建设成基层党建工作的平台，以联合推党建，以党建促联合，既实现了社会组织党建的全覆盖，又提升了基层党建水平和引领力。金平区委要求街道党工委副书记兼任联合会支部书记、社区"两委"干部挂钩联系或者兼任社区社会组织负责人、社会组织党员示范带动等措施，有效发挥了党组织把方向、管大局的作用，真正把党建工作嵌入社会组织发展过程，显著提升了党建引领社会组织协商治理的成效。

2. 培育约束并举，规范草根社会组织发展

金平区按照"六个一"标准，为联合会提供了人、财、物的全面支持，年均投入财政资金近90万元，提供办公场所近1600平方米，配备专兼职人员226人。区政府赋予了联合会孵化和管理社会组织的功能。设立

社区社会组织孵化室，为社会组织提供政策指导、项目协调、场所设备等一系列支持，2015年以来，共成功孵化出21个社区社会组织，并成功登记，运转良好，服务成效显著。同时，联合会制订了社会组织建设标准，出台会员单位行为规范，加强行业自律。建立社会组织重大活动报告制度，明确要求社会组织开展重大活动，尤其是大型民俗活动前必须向联合会报告，联合会党组织审核把关。2018年以来，全区杜绝了社会组织违法违规案件。

3. 购买社会组织服务，提升公共服务水平

金平区委、区政府通过转移街道功能和购买社会组织服务的方式，促进联合会发展壮大。街道党政部门共清理出创建文明志愿服务、社会组织备案咨询、环境保护巡查、居家养老服务、扶贫济困、节日送温暖、公益慈善服务等可转移职能共23项，以公益项目方式签订委托合同，并由联合会统一承接，为联合会发展创设了充足的空间。2018年以来，区政府共投入1600多万元资金购买联合会服务，社区老人、儿童、妇女、残疾人等弱势群体的个性化服务水平显著提高。联合会充分发挥在党建协同、业务协同、资源协同等方面的优势，发展志愿者5126人，培育志愿服务组织54个，打造了一支既有规模又可靠的社会协同力量。这支社会力量在全区范围内广泛开展了创建文明城市、乡村振兴、扶贫帮困、科教文卫、重大活动等方面与政府的协同服务。

4. 强化联合会协商治理主体地位，促进合作共治进程

金平区委、区政府坚持"有事好商量，众人的事情由众人商量"的协商民主原则，切实发挥联合会联通基层政府与群众、促进群众参与治理的平台作用。联合会重点实施了以下三大制度：一是定期调查制度，联合会每半年对会员单位和群众开展一次问卷调查，全面了解会员和群众对联合会的意见建议、对公共服务的需求、对社会治理的建议。二是定期上门走访制度，各联合会根据工作安排和社会反映，每季度末定期上门走访区内企业、乡贤、人大代表、政协委员以及部分会员，听取他们对联合会建设的意见建议，以及对区内社会治理和区委区政府的意见建议。三是会务协

第七章 社会协商治理的创新场域：社会组织协商治理

商制度，严格落实理事会（一年至少两次）、会员大会（一年至少一次）、日常办公会议等会务制度，针对问卷调查、上门走访以及群众反映的各种问题进行民主协商，形成会议纪要，落实解决。联合会有效发挥了协商平台作用，充分带动区内各类社会组织、驻区企事业单位、乡贤履行社会责任，协商共治，化解矛盾，建言献策。2018年以来，组织开展各类公益活动1356次，参与人数达158万人次，化解各种社会矛盾65宗，信访发生率降低37%，信访终结率提高26%。

参考文献

著作

1. 《〈中共中央关于党的百年奋斗重大成就和历史经验的决议〉辅导读本》，北京：人民出版社 2021 年版。
2. 《十七大以来重要文献选编》（上），北京：中央文献出版社 2009 年版。
3. 《十八大以来重要文献选编》（上），北京：中央文献出版社 2014 年版。
4. 《十八大以来重要文献选编》（中），北京：中央文献出版社 2016 年版。
5. 《十九大以来重要文献选编》（上），北京：中央文献出版社 2019 年版。
6. 《十三大以来重要文献选编》（上），北京：中央文献出版社 1991 年版。
7. 《十三大以来重要文献选编》（中），北京：中央文献出版社 1991 年版。
8. 《十五大以来重要文献选编》（上），北京：中央文献出版社 2011 年版。
9. 《十六大以来重要文献选编》（上），北京：中央文献出版社 2011

年版。

10. 《十四大以来重要文献选编》（上），北京：中央文献出版社 2011 年版。

11. 《习近平关于协调推进"四个全面"战略布局论述摘编》，北京：中央文献出版社 2015 年版。

12. 《习近平谈治国理政》（第 1 卷），北京：外文出版社 2018 年版。

13. 《习近平谈治国理政》（第 2 卷），北京：外文出版社 2017 年版。

14. 《马克思恩格斯文集》（第 1 卷），北京：人民出版社 2009 年版。

15. 《马克思恩格斯文集》（第 2 卷），北京：人民出版社 2009 年版。

16. 《马克思恩格斯文集》（第 3 卷），北京：人民出版社 2009 年版。

17. 《马克思恩格斯文集》（第 4 卷），北京：人民出版社 2009 年版。

18. 《马克思恩格斯文集》（第 5 卷），北京：人民出版社 2009 年版。

19. 《马克思恩格斯全集》（第 1 卷），北京：人民出版社 1956 年版。

20. 《马克思恩格斯全集》（第 2 卷），北京：人民出版社 1995 年版。

21. 《马克思恩格斯全集》（第 3 卷），北京：人民出版社 2002 年版。

22. 《马克思恩格斯全集》（第 19 卷），北京：人民出版社 1974 年版。

23. 《马克思恩格斯全集》（第 26 卷），北京：人民出版社 1974 年版。

24. 《马克思恩格斯全集》（第 30 卷），北京：人民出版社 1995 年版。

25. 《马克思恩格斯全集》（第 46 卷上册），北京：人民出版社 1979 年版。

26. 《马克思恩格斯选集》（第 1 卷），北京：人民出版社 2009 年版。

27. 《中共中央文件选集》（第一册），北京：中共中央党校出版社 1989 年版。

28. 《中共中央文件选集》（第十二册），北京：中共中央党校出版社 1991 年版。

29. 《中共中央文件选集》（第十七册），北京：中共中央党校出版社 1992 年版。

30. 《中共中央文件选集》（第十八册），北京：中共中央党校出版社 1992 年版。

31. 《中全会以来重要文献选编》（上），北京：中央文献出版社 1982年版。

32. 《毛泽东文集》（第1卷），北京：人民出版社 1993 年版。

33. 《毛泽东选集》（第2卷），北京：人民出版社 1991 年版。

34. 《毛泽东选集》（第3卷），北京：人民出版社 1991 年版。

35. 《毛泽东选集》（第4卷），北京：人民出版社 1991 年版。

36. 《邓小平文选》（第一卷），北京：人民出版社 1994 年版

37. 《邓小平文选》（第二卷），北京：人民出版社 1994 年版。

38. 《邓小平文选》（第三卷），北京：人民出版社 1993 年版。

39. 《在庆祝中国人民政治协商会议成立 65 周年大会上的讲话》，北京：人民出版社 2014 年版。

40. 《在纪念马克思诞辰 200 周年大会上的讲话》，北京：人民出版社 2018 年版。

41. 《列宁全集》（第 29 卷），北京：人民出版社 1985 年版。

42. 《列宁全集》（第 31 卷），北京：人民出版社 1985 年版。

43. 《列宁选集》（第 3 卷），北京：人民出版社 1995 年版。

44. 《刘少奇选集》（上卷），北京：人民出版社 1981 年版。

45. 《关于建国以来党的若干历史问题的决议注释本（修订）》，北京：人民出版社 1985 年版。

46. 《孙中山选集》（下），北京：人民出版社 2011 年版。

47. 《孙中山选集》，北京：人民出版社 1981 年版。

48. 《改革开放以来重要文献选编》（上），北京：中央文献出版社 2008 年版。

49. 《建国以来重要文献选编》（第一册），北京：中央文献出版社 1992 年版。

50. 《建国以来重要文献选编》（第五册），北京：中央文献出版社 1992 年版。

51. 马尔科夫主编：《社会管理学》，上海：同济大学出版社 1988 年版。

52. 马克斯·韦伯：《儒教与道教》，北京：商务印书馆1999年版。

53. 王守仁撰、吴光等编校：《王阳明全集》（中），上海：上海古籍出版社2012年版。

54. 王绍光：《国家治理》，北京：中国人民大学出版社2014年版。

55. 王浦劬主编：《国家治理现代化研究（第二辑）》，北京：中国社会科学出版社2018年版。

56. 卡尔·波兰尼：《大转型：我们时代的政治与经济起源》，杭州：浙江人民出版社2007年版。

57. 卡罗尔·佩特曼：《参与和民主理论》，上海：上海人民出版社2006年版。

58. 卢梭：《社会契约论》，北京：商务印书馆2011年版。

59. 许倬云：《历史大脉络》，桂林：广西师范大学出版社2009年版。

60. 约翰·洛克：《政府论》（下），北京：商务印书馆1964年版。

61. 李佃来：《马克思的政治哲学：理论与现实》，北京：人民出版社2015年

62. 李君如：《协商民主在中国》，北京：人民出版社2014年版。

63. 李强等：《协商自治·社区治理——学者参与社区实验的案例》，北京：社会科学文献出版社2017年。

64. 何包钢：《通往国家治理现代化：协商民主的新路径》，北京：中国社会科学出版社2020年版。

65. 余英时：《现代儒学的回顾与展望》，北京：生活·读书·新知三联书店2004年版。

66. 陆学艺主编：《社会建设论》，北京：社会科学文献出版社2012年版。

67. 陈家刚主编：《协商民主与政治发展》，北京：社会科学文献出版社2011年版。

68. 林尚立、赵宇峰：《中国协商民主的逻辑》（修订版），上海：上海人民出版社2016年。

69. 林尚立、赵宇峰：《中国协商民主的逻辑》，上海：上海人民出版

社 2015 年版。

70. 林尚立：《协商民主：中国的创造与实践》，重庆：重庆出版社 2014 年版。

71. 林尚立：《当代中国政治：基础与发展》，北京：中国大百科全书出版社 2016 年版。

72. 和思鹏：《中国特色社会协商研究》，北京：中国社会科学出版社 2019 年版。

73. 彼得·埃文斯：《嵌入性自主：国家与工业转型》，杭州：浙江人民出版社 2007 年版。

74. 周友苏等：《社会协商论》，北京：人民出版社 2017 年版。

75. 赵汀阳：《坏世界研究：作为第一哲学的政治哲学》，北京：中国人民大学出版社 2009 年版。

76. 俞可平主编：《治理与善治》，北京：社会科学文献出版社 2000 年版。

77. 费孝通：《乡土中国生育制度》，北京：北京大学出版社 1998 年版。

78. 费孝通：《乡土重建》，长沙：岳麓书社 2011 年版。

79. 贺雪峰：《组织起来——取消农业税后农村基层组织建设研究》，济南：山东人民出版社 2012 年版。

80. 袁方成：《国家治理与社会成长：中国城市社区治理 40 年》，上海：上海交通大学出版社 2018 年版

81. 莱斯特·萨拉蒙、S. 沃加斯·索可洛斯基：《全球公民社会：非营利部门国际指数》，北京：北京大学出版社 2007 年版。

82. 何增科主编：《公民社会与第三部门》，北京：社会科学文献出版社 2000 年版。

83. 黄克剑：《人韵——一种对马克思的读解》，北京：东方出版社 1996 年版。

84. 黄克剑：《黄克剑自选集》，南宁：广西师范大学出版社 1998 年版。

85. 黄国华等：《中国社会主义协商民主思想史稿》，成都：西南交通大学出版社2013年版。

86. 萧公权：《中国政治思想史（二）》，沈阳：辽宁教育出版社1998年版。

87. 黑格尔：《历史哲学》，上海：上海世纪出版集团2006年版。

88. 黑格尔：《法哲学原理》，北京：商务印书馆1961年版。

89. 詹姆斯·博曼：《公共协商：多元主义、复杂性与民主》，北京：中央编译出版社2006年版。

90. 塞缪尔·P.亨廷顿：《变化社会中的政治秩序》，北京：生活·读书·新知三联书店1989年版。

91. 褚蓥：《反思慈善改革：慈善的政治属性》，北京：社会科学文献出版社2018年版。

92. 戴维·米勒、韦农·波格丹诺、邓正来：《布莱克维尔政治学百科全书》（修订版），北京：中国政法大学出版社2002年版。

93. 魏特夫：《东方专制主义——对于极权力量的比较研究》，北京：中国社会科学出版社1989年版。

文献

1. 王诗宗：《治理理论与公共行政学范式进步》，载《中国社会科学》2010年第4期。

2. 郁建兴、王诗宗：《治理理论的中国适用性》，载《哲学研究》2010年第11期。

3. 尚虎平：《"治理"的中国诉求及当前国内治理研究的困境》，载《学术月刊》2019年第5期。

4. 王岩、魏崇辉：《协商治理的中国逻辑》，载《中国社会科学》2016年第7期。

5. 王浦劬：《国家治理、政府治理和社会治理的含义及其相互关系》，载于《国家行政学院学报》2014年第3期。

6. 蔡拓：《全球治理与国家治理：当代中国两大战略考量》，载《中国社会科学》2016年第6期。

7. 习近平：《推进中国上海自由贸易区建设 加强和创新特大城市社会治理》，载《人民日报》2014年3月6日。

8. 郁建兴：《辨析国家治理、地方治理、基层治理与社会治理》，载《光明日报》2019年8月30日。

9. 陈炳辉：《国家治理复杂性视野下的协商民主》，载《中国社会科学》2016年第5期。

10. 《完善和发展中国特色社会主义制度推进国家治理体系和治理能力现代化》，载《人民日报》2014年2月18日。

11. 《登高望远，牢牢把握世界经济正确方向》，载《人民日报》2018年12月1日。

12. 马华：《村治实验：中国农村基层民主的发展样态及逻辑》，载《中国社会科学》2018年第5期。

13. 马梦菲：《社会转型视角下中国协商民主的生成与发展》，载《南开学报（哲学社会科学版）》2020年第2期。

14. 王旭：《公民参与行政的风险及法律规制》，载《中国社会科学》2016年第6期。

15. 王岩、魏崇辉：《协商治理的中国逻辑》，载《中国社会科学》2016年第7期。

16. 王诗宗、杨帆：《基层政策执行中的调适性社会动员：行政控制与多元参与》，载《中国社会科学》2018年第11期。

17. 王诗宗、宋程成：《独立抑或自主：中国社会组织特征问题重思》，载于《中国社会科学》2013年第5期。

18. 孔祥利：《城市基层治理转型背景下的社会组织协商：主体困境与完善路径》，载《中国行政管理》2018年第3期。

19. 邓大才：《村民自治有效实现的条件研究——从村民自治的社会基础视角来考察》，载《政治学研究》2014年第6期。

20. 厉有国：《当代中国马克思主义民主理论的新发展——学习习近平

关于社会主义协商民主的重要论述》，载《世界社会主义研究》2019 年第 6 期。

21. 史春玉：《协商民主的边界》，载《国外理论动态》2016 年第 4 期。

22. 朱勇：《中国古代社会基于人文精神的道德法律共同治理》，载《中国社会科学》2017 年第 12 期。

23. 朱健刚、王瀚：《党领共治：社区实验视域下基层社会治理格局的再生产》，载《中国行政管理》2021 年第 5 期。

24. 刘建军：《上海市社会治理创新的十个维度》，载《社会治理》2020 年第 3 期。

25. 江必新、王红霞：《法治社会建设论纲》，载《中国社会科学》2014 年第 1 期。

26. 孙发锋：《当前中国社会组织协商能力的要素、特征及其提升路径》，载《学术研究》2019 年第 11 期。

27. 李传兵：《社会主义协商民主的制度逻辑与路径选择——兼析中西方协商民主的制度差异》，载《马克思主义研究》2019 年第 6 期，第 126 页。

28. 肖存良：《资源禀赋—政治吸纳：社会组织协商的政治基础》，载《上海行政学院学报》2019 年第 2 期。

29. 吴晓霞、关海庭：《中国基层协商治理的内生性演化逻辑：基于观念、动力和系统的分析》，载《天津行政学院学报》2019 年第 3 期。

30. 何艳玲：《中国行政体制改革的价值显现》，载《中国社会科学》2020 年第 2 期。

31. 汪世荣：《"枫桥经验"视野下的基层社会治理制度供给研究》，载《中国法学》2018 年第 6 期。

32. 张文喜：《政治哲学视阈中的国家治理之"道"》，载《中国社会科学》2015 年第 7 期。

33. 张师伟：《中国乡村社会多元治理的民主协调逻辑及其法律建构》，载《法学杂志》2018 年第 6 期。

34. 陈军亚：《公理共议：传统中国乡村社会的协商治理及价值——以"深度中国调查"的川西"断道理"为据》，载《山东社会科学》2019年第1期。

35. 陈进华：《治理体系现代化的国家逻辑》，载《中国社会科学》2019年第5期。

36. 陈炳辉：《国家治理复杂性视野下的协商民主》，载《中国社会科学》2016年第5期。

37. 陈培永：《重思马克思的"人民"概念》，载《哲学动态》2018年第1期。

38. 郁建兴、任杰：《中国基层社会治理中的自治、法治与德治》，载《学术月刊》2018年第12期。

39. 郁建兴：《关于马克思价值概念的商榷》，载《哲学研究》1996年第8期。

40. 尚虎平：《"治理"的中国诉求及当前国内治理研究的困境》，载《学术月刊》2019年第5期。

41. 呼连焦、刘彤：《社区协商民主：新时代社会治理的发展路径》，载《哈尔滨工业大学学报（社会科学版）》2018年第4期。

42. 和思鹏：《概念谱系、制约因素与路径选择：中国特色社会协商治理探赜》，载《中共山西省委党校学报》2017年第4期。

43. 周珊珊、姜晓丹：《这里的新乡贤有一套》，载《人民日报》2019年4月10日。

44. 郑永君：《农村基层协商治理何以可能——一个多案例的比较研究》，载《西南民族大学学报》（人文社会科学版）2020年第5期。

45. 郑言、李猛：《推进国家治理体系与国家治理能力现代化》，载《吉林大学社会科学报》2014年第2期。

46. 袁祖社：《公共价值的信念与美好生活的理想——马克思哲学变革的理论深蕴》，载《中国社会科学》2019年第12期。

47. 徐林、宋程成、王诗宗：《农村基层治理中的多重社会网络》，载《中国社会科学》2017年第1期。

48. 徐勇：《历史延续性视角下的中国道路》，载《中国社会科学》，2016年第7期。

49. 徐勇：《东方自由主义传统的发掘——兼评西方话语体系中的"东方专制主义"》，载《学术月刊》2012年第4期。

50. 徐勇：《农民理性的扩张："中国奇迹"的创造主体分析》，载《中国社会科学》2010年第1期。

51. 徐勇：《祖赋人权：源于血缘理性的本体建构原则》，载《中国社会科学》2018年第1期。

52. 黄克剑：《"自由"范畴三题》，载《哲学研究》2000年第8期。

53. 黄晓春：《党建引领下的当代中国社会治理创新》，载《中国社会科学》2021年第6期。

54. 康晓强：《协商民主建设：社会组织的独特优势与引导路径》，载《教学与研究》2015年第9期。

55. 董磊明、郭俊霞：《乡土社会中的面子观与乡村治理》，载《中国社会科学》2017年第8期。